问道管理

宋志平◎著

中国财富出版社

图书在版编目（CIP）数据

问道管理／宋志平著 . —北京：中国财富出版社，2019.8（2025.1 重印）
ISBN 978 - 7 - 5047 - 6913 - 8

Ⅰ.①问⋯　Ⅱ.①宋⋯　Ⅲ.①企业管理　Ⅳ.①F272

中国版本图书馆 CIP 数据核字（2019）第 100837 号

策划编辑　杜　亮		责任编辑　杜　亮		
责任印制　尚立业		责任校对　卓闪闪		责任发行　董　倩

出版发行　中国财富出版社		
社　　址　北京市丰台区南四环西路 188 号 5 区 20 楼	**邮政编码**　100070	
电　　话　010 - 52227588 转 2098（发行部）	010 - 52227588 转 321（总编室）	
010 - 52227566（24 小时读者服务）	010 - 52227588 转 305（质检部）	
网　　址　http://www.cfpress.com.cn		
经　　销　新华书店		
印　　刷　宝蕾元仁浩（天津）印刷有限公司		
书　　号　ISBN 978 - 7 - 5047 - 6913 - 8/F · 3048		
开　　本　710mm×1000mm　1/16	**版　　次**　2019 年 8 月第 1 版	
印　　张　26.75	**印　　次**　2025 年 1 月第 9 次印刷	
字　　数　437 千字	**定　　价**　79.00 元	

道可道　非常道

这是一本难得的书。本书作者宋志平，从技术员到两家大型央企的董事长，将一个并不在"风口"且产能过剩的建材行业中的企业，从无到有地带进世界 500 强企业的行列，其间的故事起伏跌宕、复杂纷繁、创新迭出并精彩纷呈。人们惊讶于宋志平的"魔术"之时，很想知道他是如何做到的，而这本书正是答案本身。难能可贵的是，宋志平愿意贡献自己数十年的企业管理经验和体会，并用问答集的方式写下来，形式很新颖，也容易直奔问题。问答方式有助于快速地把读者带入现实的场景，使读者获得真实的感受。应该说，像他做企业一样，宋志平写书也颇具匠心。

这本问答集，既是个人的成长史，又是中国国有企业的发展史的典型代表，也是一部改革开放时代的企业家思想史。在这本书里，我们可以看到，一个企业领导者将产品、企业、行业和国家经济命运结合在一起的精神；我们可以看到，一个企业领导者将有限的资源、瞬息万变的机会、数以万计的员工以及价值创新有效组合的智慧；我们还可以看到，一个企业领导者把体制与机制、市场与技术、国内与国际、经营与资本整合在一起的创造力。最重要的是，我们看到了鲜活的企业家精神和创新精神。

这本书令读者受益，不仅仅是在认知层面，更在于具体实践层面，包括战略、组织、经营、文化、创新、现场管理等，有很多心得与独到之处。通读此书，我受到很多启发，这里我谈谈其中四点。

一是领导者要有战略牵引与实现战略的能力。作为企业的领导者，要真正有能力确定企业的战略方向，并且运用战略引导企业的发展。正如宋志平自己的实践那样，遵循行业和企业发展规律，以正确的战略目标为指引，保持清醒的战略定力。战略的眼光对于企业家来说是非常重要的，从宋志平带领中国建材①和国药集团②的发展实践中，我们真切地理解到，"在企业的经营管理中再没有什么比想清楚目标和解决途径更重要的了。"这需要领导者本人有清醒的认识，不能够受机会诱惑，需要透彻理解行业与市场发展规律，需要有布局行业与引领行业的决心，更需要有战略的远见和追求，"为大家眺望远方，比别人向前一步"。

二是企业要充分把握互联网时代的机遇，勇于参与市场竞争。宋志平提到了"互联网+"和"+互联网"的区别："互联网+"指的是把互联网的创新成果与经济社会各领域深度融合，推动技术进步、效率提升和组织变革；"+互联网"强调把互联网作为实体经济发展的手段和工具，以创新方式推动转型升级，本质还是实业。无论是"互联网+"还是"+互联网"，核心都是依托一个优势业务或创新要素，开展跨界与融合，这就是"+"的意义，也就是互联网思维。两者的主体、视角确实不一样，但两者的共同点都是融合，用网络时代的工具来再造各个行业。在这个方面，可以说我们赶上了互联网兴起兴盛的好时代，使用并发展了信息技术，创新了商业模式，建设了配套基础设施，并远远走在了发达国家的前面，这是中国的时代机会。但是要获得时代给予我们的机会，则需要我们勇于参与市场竞争。无论是从市场本身的规律中寻求机会，还是通过敢于竞争并赢得合作的维度去发展自己的能力，或是从行业发展结构中转换新旧动能，抑或是回归商业的本质，从而获得属于自己的发展空间，这一系列的选择和实践，正是企业所需要做出的努力。

三是企业需要发展真正有效的组织管理模式。国有企业的组织管理与治

① 中国建材集团有限公司，本书中简称"中国建材"或"集团"。
② 中国医药集团总公司，本书中简称"国药集团"或"国药"。

理机制，一直是一个相对困难的问题。但是，在宋志平的实践中，这部分恰恰是展现出他管理智慧之所在。如何利用机制创新构建核心竞争力，这是一个极为重要的话题，也是一个需要创新精神与务实行动有效组合的难题。怎样理解央企的治理结构，怎样理解国有企业制度建设的规范，怎样理解国企市场化运营的边界，怎样理解约束机制与激励机制之间的双向作用，怎样理解激活人与责任担当之间的关系，怎样平衡央企社会责任与市场化竞争的关系……这一系列的难题，都关系到企业是否可以顺利发展，是否可以走进全球市场，是否可以走到行业领先位置。而这些问题的答案，你都可以在这本书里找到。

我们还注意到一个部分，宋志平在工作中强调工匠精神，在用人上寻求痴迷者，对员工提出"企业是共享平台"。虽然他认为企业员工的流动性不能一概而论，淘汰有淘汰的好处，有利于保持压力和动力，稳定有稳定的好处，有利于培养忠诚度，但我们从他的话语中能感觉到，他还是倾向于保持稳定的。为此，他设立了很完善的制度，帮助员工学习、成长、发展，并且使员工在生活上感受到幸福，具体来说就是构建出了企业与员工协调发展的"共生"平台。

四是中国企业要以成熟心态应对全球化过程中的波折。作为一家全球企业的领袖，宋志平对全球化的看法很有启发性。他认为，今天全球化面临很多争论和分歧，根本问题是利益再分配，再深层次就是价值观的问题。到底利益该怎么分配，规则要怎么变化？从中国来讲，原来的全球化模式对我们是有利的，经过过去这些年的发展，我们已经有了雄厚的基础。我们要积极地支持和维护全球化，但是，全球化不可能回到从前，而是会改变，会建立新的规则。40年来，虽然中国很多行业还很弱，但总体上我们已经建立起一个健康的经济体系，而且在这个过程中我们摸索出了一套行之有效的模式，锻炼出了一批卓有成效的领导者，我们有意愿更好地拥抱全球化，我们愿意参与并尊重全球分工，也有能力为全球更好地贡献中国的智慧和力量。当然，借用宋志平的话，中国企业要始终保持着谦虚谨慎的作风，扎实构建全球化的系统性力量，在全球化的道路上行稳致远。在2019年全球大格局巨变的背景下，这些观点和实践更具有启发意义。

因为教学的机缘，我有幸在北京大学国家发展研究院的 EMBA 课程中结识宋志平老师，之后我们有多次交流和对话。他的实战经验、独到的思考、娓娓道来的魅力，以及平易对话、挚爱学习的品性，给人留下深刻印象；他愿意分享，喜欢和年轻人探讨、探索新领域并持续理解世界变化的习惯，令人赞赏；而他热爱生活、追求美好的热情，也深深地鼓舞着学生们。

阅读此书，你会得到很多启示，例如对产能过剩行业改革发展的启示，对微笑曲线和全产业链的看法，不确定性环境下的经营管理的挑战等，并不仅仅是我所感受到的这些。

我是一个专注于中国企业成长模式研究的学者，在过去接近 30 年的研究中，感受最深的是领导者的企业家精神，而这本书，同样让我感受到企业家精神贯穿在企业经营管理的始终，甚至可以说，正是企业家精神驱动了宋志平以及他所领导的企业进入世界 500 强，企业家精神可以说是本书最核心的内容。

当我接受邀请为此书写序，可以预先看到此书时，更感受到宋志平所呈现出来的"利而不害，为而不争"的价值选择，在他每一步的实践操作中，在他每一个成功案例里，读者可以深深地感受到这一点。所以我决定用"道可道　非常道"作为序言的标题，因为宋志平是一位真正的实践主义者，他认为管理是那种永远在发展的东西，他认为理论永远深藏在实践的背后，道法自然才是真正的大道。正如他在书中所说的那样：道是中国人思想的精髓。作为一位大型央企的领导者，作为一位以学习西方管理著称的企业家，他对中国传统文化的理解和秉持，让人看到了他人生更深层次的一面。

我自己也深受《道德经》影响，老子所说的"道"，就是告诉我们，"道"并不是一个我们必须尽力遵循的"理想"，而是一条通过我们自身的选择、行动与努力不断开拓的道路。宋志平的实践，恰恰是遵循了这一点。

事实上，我由衷地希望这本书可以帮助到更多的企业家，这些宝贵的管理实践、经验和思考，既可以帮助人们理解企业成长的关键选择和鲜活方案，又可以给年青一代以真实的借鉴和学习的案例。如果我们持续用知识赋能管理者，让学习与分享成为习惯，那么，未来的中国企业，必将因为有更多优秀的新一代企业家成长而美好。

陈春花

北京大学王宽诚讲席教授

国家发展研究院 BiMBA① 院长

2019 年 5 月于朗润园

---

① Beijing International MBA at Peking University，简称 BiMBA。

自 序

2018 年，为纪念改革开放 40 周年，我出版了《问道改革》一书。该书收集了多年来一些重要媒体对我的采访，结构比较新颖，内容也很丰富，总体效果还是不错的。转过年来，我想到再用问答方式，把我在企业管理方面的心得体会整理一下，于是就有了这本《问道管理》。和《问道改革》不同的是，这本书的提问者是中国政法大学商学院的王玲老师和她率领的几位 MBA① 同学。这两年，我每年都会去这个学院给 MBA 学生讲企业管理课程，因此王玲老师和同学们对我是比较熟悉的，但他们依然很认真地归纳问题，竟也提出了 500 多个问题。我先后用了 30 多个小时对这些问题做了回答，最终呈现给大家这本书。

应该说，这本书是着重讲企业实践的，尤其是以我个人的企业实践为脚本，因此这本书的优点是极其真实，缺点是受到我个人局限性的影响。这本书不限于我们传统上理解的企业管理范畴，而是涵盖了提问者关注的企业里广泛的问题，可以说是一本关于企业"大管理"内容的书。在回答中，我尽量用直白的语言，列举了不少事例，也提出了不少直率的观点，这些观点不见得适合每个企业，但我相信会对大家有参考的价值。

我在企业工作一晃 40 年了。多年以来，我一直是个学习型和思考型的管

---

① Master of Business Administration，工商管理硕士。

理者。早年我经历了日式管理的培训和 MBA 的学习，在多年的管理实践过程中不断归纳总结，先后出过几本书，这些书都是一些做企业的体会和经验。总体来讲，我始终认为管理是一门以实践为主的学科，我比较倾向日本企业的工法式管理，觉得管理并不复杂，认真去做就行了。这几年，我在几所商学院兼任管理实践教授，给同学们讲的主要是我在企业管理中的做法和体会，我发现同学们很喜欢听，从他们的微信群中我也感受到了他们对我授课的喜爱。

同学们常常对我把中国建材和国药集团双双带入世界 500 强的经历很感兴趣，还对我经营几十年企业总能反败为胜的经历十分好奇。2018 年，中国建材的销售收入超过法国圣戈班集团，成为全球规模最大的建材企业；不仅如此，国药集团也超过美国辉瑞①成为全球最大的医药集团，这些在十年前都是无法想象的。同学们总是问我这是怎么做到的。我想说，这首先得益于这个伟大的时代，是时势造英雄；我还想说，做企业是一分汗水一分收获，机遇不会永远垂青侥幸者。大家从书中也会看到，中国建材和国药集团先天的企业基础并不好，把它们做起来并不轻松。说到秘诀，我唯一的体会是"干中学，学中干"，并把实践中的体会尽量做些归纳和整理，带着这些经验再去"干中学，学中干"。

在管理实践中，我比较重视对标和工法的研究。在反复对标中优中选优，不断优化，就能找到最好的学习标杆，而在实践中归纳出的一些管理工法往往正是那种"小药治大病"。所以我讲述的管理并没有高深的理论。"三人行，必有我师"，我主张大家进行互动式学习。我也很赞成"否定之否定"的规律，事物曲折发展，认识源自实践。我认为实事求是其实最难做到。《问道管理》中的许多内容都来自我和同事们在企业中实践的归纳，这本书中的"格子化"管控、"八大工法""价本利""三精管理"都是在反复实践中提炼出来的。2019 年 3 月，我去德国斯图加特，在奔驰汽车的一家配套企业的培训中心，我看到了美国教育家约翰·杜威先生的一句话："一克实践远比一吨理论更加重要"，我认同他的这个观点。

---

① 辉瑞制药有限公司，美国一家跨国制药公司。

记得前些年我在西南交通大学做过一场关于企业经营管理的演讲，清华大学经管学院前院长赵纯均老师对我说，MBA 的课就要像我这样讲，讲故事。我已是全国 MBA 教育指导委员会的三届委员了，我常提议商学院应该向医学院学习，医学院的教授大部分都能临床实践，我也知道让商学院的老师们都去做企业并不现实，但是能讲课的企业家可以弥补这个不足。正是基于这一点，这些年我在商学院从事管理教育，教学相长，我也会继续把这件事做下去。

我比较喜欢读德鲁克和陈春花有关管理的书籍，他们的共同点是有大量的案例研究，观点又接地气。我也喜欢艾柯卡和松下幸之助的个人传记，我觉得企业家的心是相通的。这些年，大家喜欢谈论企业的经营之道，中国人讲的"道"是从朴素的哲理中提炼出来的，介乎于哲学和宗教之间的一种东西。而经营之道，正是对管理实践和管理理论更高的概括，或许企业经营管理之道永远上升不到可放之四海而皆准的理论，但中华传统文明讲"道法自然、天人合一"，我想最高境界正是那些各有特色的企业家的经营之道，这恐怕也是企业能不断推陈出新，让管理专家们为之困惑的迷人之处。《问道管理》这本书是我对多年管理实践的一些归纳，我希望这本书能展现一些中国企业的经营之道，如能做到这点，我就十分高兴了。

最后，感谢王玲老师和她的学生。王玲老师是位治学很严谨的年轻老师，为了本书的构思她下了很大功夫，几位同学也牺牲了周末参与问答环节，还有我的同事张静加班加点整理书稿，这本书渗透着大家的智慧和汗水。我还要感谢陈春花老师欣然为此书作序，这些年我们不少企业界人士是读着她的书进入管理世界的，大家透过她的笔端了解企业管理的真谛，而真正可贵之处是她对经营企业的敬畏和对企业家们的尊重。此外，我还要感谢中国财富出版社，这是一家创新意识很强的出版社，他们出版的质量和效率给我留下了深刻印象。

宋志平

2019 年 5 月

目录
CONTENTS

I

第三章　如何参与市场竞争 // 109

企业不仅要向管理要效益，更要到市场中去寻找机会，要学会开辟、经营和创造属于自己的市场。

第四章　如何治理与选人 // 143

我深信教育是最好的管理。一个团队要快速进步，需要很多自我超越的人，能自我超越的人是不断学习、追求工作尽善尽美的人。

第五章　如何有效创新 // 197

创新是企业腾飞的翅膀。有无核心技术、能否在战略性和前瞻性领域取得关键核心技术的突破，决定着企业能否持续保持核心竞争力。

第六章　如何进行机制革命　// 245

改革不像田园诗般浪漫，改革是被倒逼出来的。回顾改革起点，中国建材与当时许多困难企业的情况是一样的，勇敢跳入水中才学会了游泳。

第七章　如何打造全球化企业　// 295

全球化是大方向，自由贸易势不可当。中国企业的全球化进程方兴未艾，我们要始终保持谦虚谨慎的作风，扎实构建全球化的系统性力量，在全球化的道路上行稳致远。

第八章　如何塑造企业文化和品格　// 349

一个企业想要从大到伟大，一定要有好的文化，因为文化是最高效的协同。企业要成为优秀文化的积极传播者。企业家要有品格，要做有品格的企业，要站在道德高地上办企业。

第一章

如何选择目标和业务

- 战略决胜
- 业务选择
- 成长路径
- 应对变化

企业领导者就是一个被绑在桅杆上的远望者，要善于思考长远问题、全局问题，时刻为企业眺望远方。

西方发达国家有不少是航海国家，早期航海的时候，常常把人绑在桅杆上，观测天气、观察航道等，为船只指引航向。企业领导者就是一个被绑在桅杆上的远望者，要善于思考长远问题、全局问题，时刻为企业眺望远方。

我从事企业经营40多年，有30多年是当"一把手"。我所管理的企业之所以能够迅速成长为行业领军企业，战略起到了决定作用。实际上在企业的经营管理中再没有什么事情比想清楚目标和解决途径更重要的了。

拿北新建材①来说，1979年刚建厂时，计划目标是配套60万套住宅的房屋工厂，所以有预制构件、外墙板保温材料即岩棉、内墙石膏板等产品。但到20世纪80年代，由于当时建筑领域条块分割严重，我们的体系难以进入北京市场，于是转而定位为一家新材料厂。随着市场的发育，1994年我提出"技工贸一体化"的思路，1998—2000年又进行了两次大调整，树立了从"中国的石膏板大王"迈向"住宅产业化"，再到"四位一体"的发展目标。现在又适时提出"石膏板+"业务战略，迈向国际化。

2003年，中新集团②由规模较小的装饰建材回归水泥、玻璃等主流业务，自此走上一条联合重组和资本运营相结合的快速扩张道路，这是集团的第一个

---

① 本书作者于1993年1月担任北京新型建筑材料总厂厂长，1996年3月总厂改制后任公司董事长、党委书记兼总经理，1997年6月至2004年10月，兼任北新集团建材股份有限公司（简称"北新建材"或"北新"）董事长。

② 中国新型建筑材料集团公司（简称"中新集团"或"中新"），是中国建筑材料集团有限公司（简称"中国建材"或"集团"）的前身。本书作者2002年3月任中新集团总经理，2005年10月起任中国建材董事长。

重大选择，结果非常成功。这个战略在我出任中新集团负责人后不久就确定下来。当时是通过一次战略研讨会，集中了行业里专家的意见，又通过资本市场来得到印证。由此我们坚定不移走下来，开创了在过剩行业高速健康成长的奇迹，其间还探索了央企市营和混合所有制经济的新模式。

2009年，面对行业结构性调整的历史机遇，我进一步提出"大力推进水泥和玻璃产业的结构调整、联合重组和节能减排，大力发展新型建材、新型房屋和新能源材料"的"两个大力"战略，加快了中国建材新常态下转型发展的步伐。后来在兼任国药集团①外部董事长期间，我又把中国建材的战略思维带到国药，明确了打造我国医药健康产业平台的目标，通过大规模重组将国药带入世界500强。战略就是看清方向，确立目标。在我看来，相对医药行业来讲，医疗健康是个更大的行业。我跟国药的同事们开玩笑说，比起跻身世界500强，在战略定位中加上"健康"两个字，才是我对国药集团最大的贡献。

2016年8月"两材重组"②之后，中国建材迅速明确坚持创新驱动、绿色发展、国际合作的三大战略，要成为行业整合的领军者、产业升级的创新者、国际产能合作的开拓者，在"两个大力"基础上，重点围绕基础建材、三新产业和工程技术服务"三条曲线"，积极推进高端化、智能化、绿色化和服务化"四化"转型，形成水泥、新材料和工程技术服务"三足鼎立"的业务格局。现在中国建材被确定为国有资本投资公司试点，致力于打造材料领域具有全球竞争力的世界一流产业投资集团。

担任企业一把手的这些年来，我想得最多的事情就是战略。领导者最重要的工作就是做好战略规划，为企业发展把好方向。记得有一年，哈佛商学院副院长问我："宋先生，每天半夜让你睡不着觉的问题是什么？"我脱口而出："是怕想错了。"2010年我被评为全国劳动模范，有人就问："董事长要做什么劳动呢？"其实董事长也是劳动者，决策是一项非常辛苦的劳动。

---

① 2009年5月—2014年4月，本书作者同时担任中国建材和国药集团两家央企的董事长。
② 2016年8月，经国务院国有资产监督管理委员会（简称"国资委"）批准，中国建筑材料集团有限公司与中国中材集团有限公司实施重组（简称"两材重组"），设立中国建材集团有限公司。

好的战略既要有好的目标，又要有独特的途径，还要有好的执行和不断的调整。战略目标一旦确定下来，缺什么找什么，这就是发挥战略创造性的地方。我们的战略选择也遭到过质疑，但我们坚持了下来，主要是因为想清楚了，而且也想办法不断发展。一路走来，正确的战略指引着我们的企业不断迈向世界一流。

01 战略决胜

※ "战略对于做企业而言是头等大事。"

问： 您有 40 多年的管理经验，并把两家企业带入世界 500 强行列，战略对于企业而言意味着什么？企业战略包含了哪些重要内容？

答： 战略对于做企业而言是头等大事。战略是一个企业的目标、方向和大的思路，到底要做什么，这决定了企业能否有大的发展。对企业而言，首先要想清楚做什么，制定非常清晰的战略，讲清楚做到怎样的目标、通过什么样的途径、如何获取资源等，这些都是战略的内容。

战略不是千篇一律的东西，每个企业都有历史沿革、生存环境，有一定的特殊性。作为企业的一把手，首先要想清楚自己的优势是什么，劣势是什么，打算做什么、怎么做，并进行分析，这就是制定战略。

大家常常把做企业的一些管理细节，比如质量控制等，和战略说到一起，大量的管理工作和普遍的管理原则不构成战略。战略和管理是两码事，战略是头脑、是旗帜，管理是腿脚、是手段、是过程，再优秀的管理也代替不了战略，再高明的管理方法也只能算作战术。

2002 年 3 月，我被任命为中新集团总经理，当时企业的目标是做新型建筑材料，主要是装饰材料。我国每个装饰材料行业规模都不大，比如说地毯、壁纸，随着改革开放，最早是由乡镇企业做，后来民营企业兴起，这些基本都由民营企业做了。我们明天究竟要做什么？这就遇到了战略问题：是延续过去的业务做杂而散的装饰材料，还是回归一个大行业、做主流业务？我们的选择是后者。

※ "种瓜得瓜、种豆得豆。如何去选目标，是做隐形冠军，还是做行业'巨无霸'？这就是你要制定的战略。"

问： 为什么选择后者，回归一个大行业？

答： 中国建材是一家央企，国资委当时要求央企要做到行业前三名。前三名是有规模的，在建材这个行业里如果去做壁纸，全国壁纸都给我们做，也做不到行业前三名。石膏板现在做得非常好，全国石膏板都由我们来做，也做不到行业前三名。作为一家央企，在考虑战略的时候，从历史责任和使命来看，要做行业的领军者，应该进入这个行业里的大产业。建材行业的大产业是水泥，如果能在水泥产业发展，中国建材就可以做成行业前三名。

也就是说，央企结合自身优势，一定要扎根大行业、做足大产业，小产业应该由民营企业或中小企业去做。小产业的市场就像一个脸盆，央企是块大石头，放在脸盆里，会把脸盆砸坏了，市场容纳不下。央企有规模、有产业属性、有研发创新能力、有核心竞争力，在行业中举足轻重，要真正做到有活力、有影响力、有带动力，其生存和发展才有意义。这也是我当时的一个思考。

这就是如何去选目标，选择做什么。种瓜得瓜、种豆得豆，种豆子不可能结出瓜，种瓜才有可能结出瓜。当然也不是说每个企业都要做这么大的行业，因为做企业可以确定不同的目标，也可以做小而美、小而精的行业，就像瑞士企业就做军刀，也可以把这种产品做到极致，那也是需要企业去做的，也可以成为一种有效的选择。不管是做小产业还是大产业，是要做隐形冠军，还是行业"巨无霸"，这就是领导者要制定的战略，必须提前想清楚，做出选择。

问： 1993 年您出任北新建材的厂长，当时是不是选择做隐形冠军的发展战略？

答： 对。你看我的经历，我最初是学化学的，毕业后被分配到北新。北新是改革开放的产物，当时需要建设很多楼堂馆所，需要大量新型建材，而我国建材行业连壁纸都是进口的，北新就是在这样的背景下诞生的。

当时有一种隔墙材料就是今天大家熟悉的石膏板，北新的目标是能够在石膏板这个窄而深的领域里做好。最开始我们的目标是让三星级宾馆使用的新型建材能够国产化，让新的饭店都能用上，能够满足楼堂馆所的需要。北新的战略也随着发展不断修正，后来就把石膏板定位在全国，从北新这个厂走出去，布局全国，这是一个比较大的变化。当时我在香格里拉饭店召集开会讨论，说北新建材石膏板年产量能不能做到 3 亿平方米，大家觉得这是很大的数字，但后来我们确定了目标：就要做到 3 亿平方米。

问： 3 亿平方米的目标是一个大体量，当初得出的依据是什么？怎么会这么有信心能够做到？

答： 我们了解国外的情况，当时美国一年用量是 30 亿平方米，日本一年用量是 15 亿平方米。随着人们用量越来越多，我们认为中国做石膏板是有市场空间的。当时我们只有一两条生产线，只有两三千万平方米产能，所以提出做到 3 亿平方米已经是一个很大的目标。我们当时把 3 亿平方米的目标登在报纸上，没人相信能做到，而今天我们已经做到 22 亿平方米，中国的石膏板市场发展得很快。

规模效应非常重要。2019 年是中国巨石①上市 20 周年，几位老总座谈回忆中国巨石之所以发展成为世界最大的玻纤生产企业，是得益于当年到北新厂 1 平方公里的院子里转了转。当年中国巨石发展布局时，我让他们要了 2000 亩（约 1.3 平方公里）地，才有了这些年的扩张和发展，现在的智能化生产基地就建设在那里。中国建材做锂电池隔膜，我说产量规模要做到 20 亿平方米，大家一听都傻了，但现在觉得我讲的是对的。没有规模就无法供应，没有供应

---

① 中国巨石是中国建材玻璃纤维业务的核心企业，1999 年在上海证券交易所上市，股票代码 600176。

就没有市场占有率，最后就赚不到钱。要么就不要做，要做就一定要有规模。

由此，我就想，中国建材的基因中很重要的一条就是身为制造业实现规模经营。这么多年，中国建材也做过房地产、互联网等，最后都没有做成功，但做制造业、做工厂，无论是石膏板厂、水泥厂、玻纤厂、玻璃厂，都做得非常成功，原因是中国建材从北新建材开始，就有制造业的基因，现在业务规模已经做出了 7 项世界第一，另有 5 项中国第一①。

※ "战略具有双重性，既是不断变化的，又是相对稳定的。"

问： 刚才您提到北新将石膏板发展战略逐渐修正为定位全国，可见企业战略会根据自身情况和发展需要不断地进行调整，如何把握战略的稳定性与动态性？

答： 战略就是最开始要树立一个目标，这个目标应随着时间推移、市场发育进行调整。

任何战略都不是一成不变的，北新建材的战略就是在不断丰富、完善和提高。最初北新开展石膏板业务，竞争很激烈，压力非常大，尤其是上市以后，投资者希望企业不只做石膏板，也做一点新东西。我们就适当扩展，提出"四位一体"战略，包括新型建材、新材料、新型房屋、物流，后来又把物流与互联网联在一起。最初如果只做石膏板，规模是做不起来的，后来随着市场发展，北新又回来把石膏板做大做强，同时做了一些住宅产业化产品，如塑料管、PVC 门窗、五金件、暖气片等。因为石膏板这个行业发展得很快，对于北新这样的企业来讲，同时做很多产品，左右开弓可能做不了，这样的选择也是对的。那时我的想法是全国以石膏板为主，但像北京和上海附近就多做一点住宅产业化产品。我们找到日本骊住株式会社做对比，日本骊住株式会社是一家集成供应商，做好多建材产品，这就是不同的选择。我们的战略也是相机而

---

① 业务规模世界第一的包括水泥熟料、商品混凝土、石膏板、玻璃纤维、风机叶片、水泥工程、玻璃工程；中国第一的包括超薄电子玻璃、熔铸耐火材料、锂电池隔膜、碳纤维原丝、超特高压电瓷。

动、量力而行，逐渐发展过来的。

2019 年 2 月我到北新开年会①，我在会上又讲到战略。北新利润逐年增加，2018 年税后利润超过 20 亿元。北新的石膏板在国内基本上做到极致了，已占到国内市场 60%，要不要创造第二个增长点？在业务上，北新选择了涂料和防水材料，同时也做"石膏板＋"业务，像石膏砂浆、泥子用量也是天文数字。在国际上，"一带一路"沿线国家也要去拓展，2018 年北新国际建厂实现零的突破，第一块石膏板在坦桑尼亚生产出来，2019 年还会再建 3～5 个工厂。北新建材一直在思考战略，也一直在不断自我调整和完善，以适应市场和时代的变化，这些随着内外环境的不断变化而进行的战略演变是建设性的。

战略具有双重性，既是不断变化的，又是相对稳定的。企业制定了适合的战略之后，首先是要坚持，不能朝令夕改。比如中国建材做水泥，起初我们没有水泥，也不会做水泥，更没有钱，很多人不相信，甚至很难接受我们能做水泥。我们做的过程中遇到很多困难，但依然坚持到了现在，水泥业务规模做到全球第一。2018 年水泥业务赚了不少钱，战略就需要这种坚持。这个例子告诉我们，战略执行的过程可能会遇到各种曲折、艰难，要按照既定目标逢山开路、遇河架桥，不断解决前进路上的各种问题，只有执着前行，战略目标才能得以实现。行百里者半于九十，我们都有这个经验，爬山即将接近顶峰时往往最艰难，很多人常常在这个时候坚持不住、退下来了，结果永远失去了登顶的机会。

同时，战略该修正时要修正，该完善时要完善，要随着环境变化、事实验证做出调整，这种调整和变动是递进式的，在内容上有一定的延续性和继承性。这么多年我想的最多的就是战略，我总讲否定之否定，螺旋式上升。

制定战略实际上是企业一把手的职责，尽管有战略部门，但最后的选择就在一把手的方寸之间，总要有一个人去按按钮。战略敲定之前，我总要反反复复地想不止八遍十遍，甚至不止一百遍，会几百遍上千遍地想到底对不对。从

---

① 2019 年 2 月 19 日，本书作者出席北新建材年会并讲话。春节前后的这一段时期也是中国建材的会议季，目的是统一思想，确定目标。

任何一个信息来源获得了新的重要信息时，我们就会思考战略是不是有问题，因为战略的决定基础是信息。

问： 您获取重要信息的渠道有哪些呢？

答： 重要信息一方面是从外部获取。作为一把手，我主张多出去看看，到别人工厂里去看，也要去一些展览会参观，还要去国外考察，要知道别人的最新进展，包括科技创新这些东西都要认真地学习，要了解外部变化、最新技术发展、产业最新的变化、最新的商业模式等，这些都非常重要。另一方面，从我们企业内部干部和部门的分析中来获取，集思广益，听听大家的意见。

※ "如果我们想明天吃上饭，今天必须想清楚，饿着肚子也要想战略。"

问： 听说您刚就任中新集团负责人的时候曾将一些老领导和专家请过来共同制定战略，当时企业面临着一个什么局面？

答： 那时我刚到中新集团做一把手，前任总经理打电话给我，有点儿悲壮地说："志平，我从弹坑里爬了出来，却换你进去了。"就任当天，我坐在主席台上收到一张法院传票，因为负债累累，一家资产管理公司要冻结我们的财产。有一阵公司大门上被叠封着封条，财务只能从后门进去上班。企业非常困难，不知道下个月工资怎么发，大家都觉得走到了尽头。在积极处理历史遗留问题的同时，我认为更重要的是发展。当时，建材局①刚刚被撤销，我把建材局好多领导和专家请到龙都宾馆开战略研讨会，让他们为企业出主意，到底怎么做、做什么。当时对这件事，大家有着不同的看法，有人觉得连饭都吃不上，一天到晚还讨论战略！我说今天吃不上饭就是因为昨天没有想清楚，如果我们明天想吃上饭，今天必须想清楚，饿着肚子也要想战略。

前面讲到生根大行业，最开始就是请这些专家们聚在一起讨论，有专家说想大发展就得做占行业 GDP 70% 的水泥产业，这让我很为难，因为我们当时恰

---

① 中华人民共和国建筑材料工业局。

恰不做水泥。在建材局里我们是一家做新型建材的单位，既没有水泥厂，也没有资金。一个穷困潦倒的单位凭什么做水泥？但大家觉得这家公司作为央企，如果只做小、散、乱的产业，就没有存在的必要。到底该怎么做？我想了很多。我大学毕业就搞新型建材，对新型建材是有情结的。当年邓小平同志亲自指示要搞一个新型建材厂，这是历史的重托，中新集团的元老们也都有这个情结。过去做新型建材的目标是减少砖瓦灰砂石、水泥的用量，现在反过来要让我们做水泥，这是很大的挑战，这个弯子很难转。但我认为专家们讲的是对的。

新型建材公司能不能做水泥，别人信不信，这些都是挑战。还有关于公司要不要改名字，我也问了很多老领导，关于新型干法水泥能不能就叫新型建材，领导觉得有点牵强附会。那怎么办呢？把"新型"两个字去掉，就叫"中国建材"，这又是一个挑战。

问： 您在《笃行致远》一书中也提到将"中国新型建筑材料集团公司"的名称"悄悄"地改了，改名为什么是一个挑战？

答： 对，做这样一个选择非常难。当时物资部有一家公司叫中国建筑材料总公司，是做贸易的，正面临破产。我们可以用这个名字，但必须等破产结束，也就是一年以后，等它的名字注销了才能用。我们要从中新集团改名为中国建材，行业里见仁见智，也有很大阻力。基于企业成长的逻辑，我们必须这么做，于是在国家工商总局悄悄把名字改掉了。2003 年 4 月 23 日，就是北京因非典①疫情宣布关闭学校两周的那一天，我们把老同志、老领导请到一起，跟大家说原来那种做法已经做不下去，公司要改名字，要做水泥，获得了大家的支持。

2002 年 3 月，我来到中新集团做一把手，任命时还是工委时代②。国资委

---

① 非典型性肺炎，又称严重急性呼吸综合征（SARS），是于 2002 年在中国广东顺德首发，直至 2003 年中期逐渐被消灭的一次全球性传染病疫潮。

② 中共中央大型企业工作委员会成立于 1998 年 7 月 9 日，后更名为中共中央企业工作委员会，简称"中央企业工委"。

2003年3月成立、4月挂牌，我们也是在那个档口更了名、揭了牌。当时工委时代结束了，国资委刚成立，这个时候我们就有了一定的自由度。回过头看，也挺戏剧性的。有时一个历史事件，不光要有想法，还得有时机，才能够实现。关键是我们定了战略，打算做起来，大家都不太相信，登报后很多人质疑我们懂不懂水泥，有没有钱，叫中国建材是否具有代表性。但我认为，不懂水泥不等于不能做水泥，没钱可以去找钱，关键在于有没有好的概念，有好的概念，就有好的盈利机会。

中国独特的文化讲"名不正言不顺"。当时我们更名为中国建材，遇到了很大阻力，但到今天如果中国建材改名，大家肯定又不习惯了。其实要做水泥就一定要更名吗？叫中新集团就不能做水泥吗？正名对企业非常重要，尤其是对央企。更名为中国建材，做水泥就理所应当，这些也属于战略性的思考。

战略是事业的起点。《孙子兵法》中讲，"兵者，国之大事，死生之地，存亡之道，不可不察也"，还有"上兵伐谋"，说的都是战略的重要性。方向弄清楚了，思路弄清楚了，问题就容易解决了。今天回过头来说，如果没有那场战略研讨，没有那次业务选择和更名，或许今天我们就不会坐在这个屋子里，或许公司早就没有了。

※"做企业必须了解环境，抓住机遇，制定一个清晰的战略，这是企业发展的前提。"

问： 企业领导者如何抓住企业发展的重大机遇？

答： 做企业必须了解环境，抓住机遇，制定一个清晰的战略，这是企业发展的前提。《孙子兵法》中讲，"善战者求之于势"，其中的"势"即机遇。有一次在香港路演时，一位记者问我："掌管大企业，你觉得自己最成功的地方在哪里？"我回答他："就是看到机遇后抓住它，然后制定一个清晰的战略，并且义无反顾地做下去。"

中国建材的快速发展就是在顺"势"而为，这个"势"指的是中国经济快速发展、产业结构调整、高质量发展、"一带一路"等历史机遇。对于大多数人来讲，人一生中的重大机遇可能只有一两次。企业的成长过程也是一样，重要的机遇可能只有一两次，有的机遇可能十年甚至百年难遇。因此，企业做什么、什么时候做非常关键。市场不可能总给我们机会，关键要看机遇来了我们能不能抓住它，抓住了企业可能顺势发展起来，否则可能会永远失去发展的机会。

机遇需要有心人去发现，企业领导者更需要有一双发现机遇的眼睛，因为很多机遇是不易被察觉的。有人说我是战略家，我确实比较喜欢思考推演，就像下棋一样，每一步都要想好，如果总错、总丢子，就输了。作为企业家，要有清晰的方向感和对机会的敏感性，也要下好每一步棋，一步走错了，可能全盘皆输。正因如此，这些年来，我一直要求自己凡事都要慎之又慎，谋定而后动。一旦机会来临，就要毫不迟疑、快速出手。工作一经启动就要说到做到、坚决执行。

02 业务选择

※"制定战略时不一定非要有什么做什么，而是先确定目标，缺什么找什么，我对这一点深信不疑。"

问： 理论上，企业制定战略时一般会充分考虑自身具有什么资源，然后根据资源优势来进行业务选择。中国建材当时选择了自己并不具有竞争优势的水泥业务，请问企业进行目标定位时，应该是资源导向还是机会导向？

答： 其实是倒推过来的。刚才讲了企业要活下去、要发展，应该选择什么，我们选择了做水泥。再说我们当时就只有一点点新型建材，该怎么做？

我在 20 世纪 90 年代读 MBA 时学到一个观点，制定战略时不一定非要有什么做什么，而是先确定目标，缺什么找什么，我对这一点深信不疑。我们在定目标时，要是受限于思维，首先想到的是现有的资源、技术和人员，也就是中国人常讲的"看菜下饭，量体裁衣"，有什么做什么，企业就不可能有质的飞跃。美国桥水基金创始人瑞·达利欧在《原则》一书中写到的想法和我的看法完全一致，原则实际上就是原理。做企业的原理是什么？具体包括四条：第一，先定目标；第二，寻找达成目标会遇到的问题；第三，分析找到解决问题的方法；第四，把这件事做成。我们也是这样，先确定一个目标，必须做水泥。

问： 目标确定之后该怎么做？

答： 应该重视机会，研究战略规划，也就是怎么获得资源。做水泥就是我们确定的目标，然后缺什么找什么。比如大年三十家里有面、盐、油，就只能烙饼，但如果想吃饺子，就得去找菜做馅儿。这就要求突破传统的以资源为导向的思维局限，转换到"缺什么找什么"，先搞清楚目标，然后再说资金怎么去找，水泥工厂怎么去找，管理者怎么去找。

中国建材是目标导向，最初并没有资源，在确定目标后主动去寻找相关资源，从而实现了快速发展。这也说明，作为一把手最重要的劳动是思考。一把手要通过劳动获取信息，通过反复否定之否定，拿出方案，按下按钮，这也就意味着巨大的责任。因为战略选错了，可能会离我们的目标越来越远，甚至全军覆没；战略选对了，每项努力都有加和作用。如果没有一个清晰的战略目标，只顾盯着眼前的资源做文章，即便再努力也是事倍功半。

※ "作为企业领导者，最重要的是能够为大家眺望远方，比别人向前一步，这是作为领袖应该具备的品质。"

问： 您说过"一把手是为企业眺望远方的人"，如何理解企业领导者与企业战略的关系？

答： 战略从古就有，像《孙子兵法》主要是讲天文、地理、借势等，讲了很多用兵之道。从西班牙、葡萄牙，到后来的荷兰、法国、英国等，西方近代史实际上都是航海和殖民主义的历史，航海就要有人看远方。

战略至关重要，关乎生死。作为企业领导者，最重要的是要能够为大家眺望远方，比别人多向前看一步，这个是领袖首要的职责。好的企业都会有个领袖，比如马云、任正非、张瑞敏、董明珠等。

问： 您领导北新时选择做石膏板，领导中国建材时选择做水泥，这些战略决策对于企业发展至关重要，领导者如何培养战略思维？

答： 领导者和领导者之间有很大区别，有些领导事无巨细地去做工作，相当于一个管理者或负责人。做企业最重要的是对战略的直觉，有战略的能力，这也是一个专长。喜欢思考战略、方向，这可能有天赋，也有实践的积累，不是每一个人都会去考虑全局性问题。在英国读 MBA 时，老师做过一个实验，屋子里放好多木块，绝大多数的同学一人抱着一个木块，只有个别同学会想要盖一个什么样的房子。这个游戏告诉大家，领导是天生的，有全局性考虑偏好。我们需要考虑的问题是，有这种偏好的人是不是站在了领导的岗位上，还是那些事无巨细的管理者站在了领导的岗位上。

问： 企业如何选出具有战略思维的人来担任领导者？

答： 选人很难，我经常讲"可遇不可求"。但如果遇到了，千万不要放弃。有时看一个干部具备这个才能或基础，就要培养他，有的人可能是帅才，有的人可能是将才。所谓帅才，喜欢看方向，是战略家；所谓将才，是管理者、战术家。

我在北新时，遇到一个小伙子。当时我讲关于 ABC 改革的思考：A 类的事情是国家层面的，比如说社会保险需要国家建立，企业做不了；B 类的事情企业可以做，比如三项制度改革；C 类的事情是企业必须做好的，比如卫生、产品质量。那个时代，在国企里大家都去想一些宏观的事情，没人从微观层面想企业该怎么做，企业脏乱差怎么解决、如何管理等。我号召大家做好企业现场管理。那时这个小伙子刚大学毕业，坐在下面"大放厥词"，说不把 A 类的事情解决好，C 类的事情也解决不好。我当时想：这是谁在跟我唱反调？后来得知这个小伙子叫王兵，他就喜欢想一些大方向上的问题，现在他就在北新做董事长。

我有时想这些干部的偏好，如果他喜欢思考一些方向和战略上的问题，经过培养就有可能成为企业战略家。我并不认为思考战略的人和做业务的人谁比谁更好，主要是大家的偏好不同。一个好企业一定会兼顾领导者与管理者，有人适合做领导者，有人适合做管理者，但不管担任哪个职务，都需要互相尊重、互相补台，形成良好的配合。高层领导者着力点应在于对全局、长远利益和目标的判断，这就是战略问题。我们在选择干部时，要很好地去统筹这些情况。

※"作为领导者，要经常权衡当期的效益和长远的发展，能辩证思考的企业才是好企业。"

问： 当企业发展的短期目标与长期目标发生矛盾时，应该如何处理？

答： 是存在这个问题，我不久前在北新建材年会上，也讲到这个问题。作为领导者，需要经常权衡当期效益和长远发展。如果没有当期效益，企业活不下去，也就不可能长远发展；但如果没有长远发展的想法，只顾当前效益，企业就没有未来。企业领导者经常在这两者之间困惑，处在"否定之否定"这样一种状态，做企业遇到的很多问题并不清晰、也不简单，能够辩证思考的企业才是好企业。

毛主席总讲，事情的发展常常超出人们的预料。我们思考战略受多方面影响，既受到控股方的影响，也受到投资人的影响；既受到当期效益的影响，也受到未来发展目标的影响。制定战略时，我们应该像做料理一样，把这些因素分出先后或不同时间的侧重，确定目标及完成目标需要的时间。

我们获得资源、达到目标有不同的路径和方式，有时是直奔目标，有时是曲线救国。比如我们遇到一个急功近利的投资者，他要求我们今年必须做到多少，甚至让我们竭泽而渔，这时就会非常困难。但我们不愿意放弃，就得跟他周旋，既能够让他满意，又能够对我们的长远发展做一些投入。

因此，做一把手要有说服和协调的能力，既要说服上级，也要说服下级，来争取资源、争取时间，让大家支持你、理解你。即使是投资者本身也既需要当期利润支撑，又希望企业做大做强，一个是近期的回报，一个是长远的发展，所有的企业实际上都受制于这两点，需要在这之间找到一个平衡，做出选择。

想清楚、讲好战略的故事，也就是要讲一个非常清晰的故事，讲清楚目标是什么、资源是什么、途径是什么、需要多长时间，而且要有情商去做说服工作，最大限度地获得理解和支持，满足自身发展的需要。

问： 如何辩证地看待小目标与大目标？

答： 这个问题与前一个问题是相互联系的。大目标和小目标之间有着很强的逻辑关联。我们既要解决小目标，就是怎么在经营里赚到钱，同时也要想大目标，即怎么能够发展壮大自己。我们做企业肯定得赚到钱，做好小目标，生存下来，才能奔向大目标。但如果没有大目标，只做这些小目标，也不知道赚这些钱究竟要干什么，或者赚多少钱才算够，企业也不会得到很好的发展。

我做企业这么多年，无论是中国建材还是国药集团，大家一定认为大目标做得不错，都成长为行业领军企业。其实两家企业的小目标也做得不错，每年都能赚到钱。有一次我讲经营之道，做了 40 年企业，一把手做了 30 多年，有两点可以讲：第一，我不是特别严厉的管理者，很少跟大家发脾气；第二，我经手的企业没有亏损的，都赚到了钱。在充分竞争领域里，赚一点亏一点、今年赚明年亏，是常事。但我经手的北新、中新、中国建材、国药，整个过程都是赚钱的。所以我认为，一定要重视小目标，小目标完不成，上级和企业内部会没有信心，更谈不上大目标，一把手可能提前就被解雇了，有再大的理想也实现不了。

后面我们会讨论这些小目标是怎么实现的，如何解决企业持续盈利的问题。持续盈利的问题和健康发展的问题是连在一起的，但是又有矛盾。即使定了再辉煌的战略，也要一步一步地去实现，有时还得迂回，为了小目标也会耽误一些实现大目标的时间。今天我们可能为了小目标停了几步，甚至可能退了几步，但是我们非常清晰地知道要干什么、我们是谁、从哪儿来、向哪儿去。投资者希望投给具有清晰战略、能把故事讲清楚、一往无前、坚定执行的人。但我们也要照顾到投资者或上级的当期指标——利润，把这些统一辩证地看待。

※ "专业化和多元化是企业面临的重大选择，焦点在于把鸡蛋放在几个篮子里。"

问： 企业扩张常常采用业务多元化的方式，但是，多元化就意味着需要解决资源有效配置的问题——如何确立多元化发展战略？

答： 这是一个挺大的问题，所有企业在思考战略时都会想到这个问题——到底是走专业化还是多元化的道路。从历史上看，工业化早期大多数企业的业务都较为单一，但随着经济的迅速发展和机会的不断增多，单一业务面临的竞争日益激烈，不少企业逐渐开始开展多元化业务。但是多元化做下来，绝大多数企业做得并不够好，还是坚持做专业化的更好一些。欧洲绝大多数的公司都是专业化的。而像韩国现代、日本三菱、中国的香港长江实业和华润集团等，则是典型的多元化公司。

专业化和多元化是企业面临的重大选择，焦点在于把鸡蛋放在几个篮子里。如果放在一个篮子里就必须放对，否则一旦这个篮子出了问题就会全军覆没；分放在多个篮子里，虽然安全系数高了，但篮子太多又会增加成本，带来专业性和平衡能力的考验。在业务方向的选择上，我主张按照业务归核化原则，聚焦主业、做强主业，把主业做强做优做大，在此基础上，如有必要可适度开展多元化经营。

工欲善其事，必先利其器。做企业首先要有专业化能力。著名的帕卡德定律认为，如果人才成长速度跟不上企业成长速度，企业很快会衰败；企业面临的机遇太多，选择太多，也可能会衰败；很多企业失败并不是因为不创新，而是战线拉得过长，导致顾此失彼，找不到重点和关键。企业的资源和能力都是有限的，业务不在于多而在于精，对大多数企业来说，还是应该集中财力、人力、物力在一个领域里做好。当然专业化也有弱点，那就是任何一个领域都会有周期性的问题，当周期来临时无法对冲，是很多专业化公司遇到的困扰。

在培育和巩固专业化能力的基础上，如有必要，企业可适度开展相关多元业务。我主张一个为主、两个为辅，总数不超过三个，再多了不一定能做好，而且没有必要。在选择多元业务时，投资型公司会从风险对冲的角度出发，进入相关度不大的行业，以规避单一行业波动引发的颠覆性风险，从而确保稳定持续的收益。但制造型企业还是应立足于专业化大生产，步步为营稳扎稳打，不断扩大自身优势。多元化的弱点是分散了财力、人力、物力，而且很少有人能够同时驾驭完全不同的行业。

企业到底是专业化还是多元化，关键取决于自身的文化沿革和管理能力。多元化发展对企业的投资水平、管控能力、财务管理等都提出了更高要求，许多中小企业未必有足够的驾驭能力，走专业化道路是更好的选择；大企业则可以开展适度的多元化投资。"多元"前面为什么要加"适度"？就像杂技转盘子表演，技艺再高超的杂技演员也只能让一定数量的盘子同时转动，盘子再多就很难控制了。多元化一定要量力而行。

由于一直管理工厂和产业集团，我更加认同欧洲公司的专业化路线。我是个专业主义者，或者说身上有专业化的基因，过去很多年一直坚持"有限相关多元"战略，核心是先做好现有的主业，再根据需要有限度地向多元化方向发展。建材这个领域里产业很多，全世界做水泥和做玻璃的并不都是一家公司，做水泥的是水泥公司，做玻璃的是玻璃公司，法国做水泥的公司叫拉法基①，做玻璃的公司叫圣戈班②。中国建材走的是一条大的专业化的路线，旗下都是专业化的产业平台，有水泥、玻璃，还有新型建材。这是企业历史沿革形成的，过去北新做新型建材，做得很成功，没有必要清理掉这项业务。

　　※"产业之间保持相关性，以某一产品为核心，相关多元向外扩张，但这个扩张是有限度的。"

---

① 拉法基集团成立于 1833 年，2015 年与豪瑞公司合并成立拉法基豪瑞公司，主营水泥、石膏板、骨料与混凝土，在 2019 年《财富》世界 500 强排行榜中位列第 441 位。
② 圣戈班集团成立于 1665 年，主营水泥、玻璃、陶瓷等建材制造，在 2019 年《财富》世界 500 强排行榜中位列第 226 位。

问： 针对多元化战略，您曾提出过"同心圆模式"，这个模式是在什么情境下提出的？

答： 我在北新建材的时候就认为产业之间必须保持相关性，以某一产品为核心，相关多元向外扩张，但这个扩张是有限度的，这很重要。1997年，北新"石膏板大王"规划呼之欲出。当一个产品进入成熟期，就会面临多个竞争者。一味走产品单一化道路，会重复很多企业好年头盈利、差年头亏损的老路。于是，我就提出以"同心圆模式"进行产业扩张，带领北新迈向住宅产业化。

企业在扩张过程中，若选择的业务没有密切的联系，最终由于结构不合理而支撑不住，是很多企业倒下的一个原因。有的大企业做着做着做散了，东一块西一块，说不清楚自己是什么。像北新、中国建材和国药，基本都是在熟悉的领域里去做，能说得清楚，都没有做散。

※ *"选择新业务是企业里最难的事情。企业要有选择地做业务，而不是有业务就做，在选择业务之前要进行'四问'，还应牢记'四要'。"*

问： 企业选择"相关多元"的新业务时需要注意哪些事项？

答： 选择新业务是企业里最难的事情。企业要有选择地做业务，而不是有业务就做，在选择业务之前要进行"四问"。

一问自身是否有优势，即拟进入的领域是否符合企业战略需要，企业是否对该领域有充分的了解和认识，并能结合技术、人才、管理、文化等优势，形成足够的驾驭能力。像中国建材之所以进入铜铟镓硒薄膜太阳能电池领域，是因为我们在玻璃领域具备强大的技术优势，而太阳能电池是玻璃的衍生品。新型房屋是轻钢龙骨和石膏板的组合，风机叶片是复合材料的下游产品，这些新业务都是我们之前主营产品的延伸，都取得了巨大成功。

二问市场是否有空间，即拟进入的市场是否有足够的容纳度，能否为业务成长提供支撑，如市场太小甚至几近饱和就不宜涉入。前面我们说到了央企的业务体量像块"大石头"，如果市场像湖泊或海洋一样大，就能有足够的空间容纳度，如果市场容量像"脸盆"一样大，就很容易把"脸盆"砸坏。

三问商业模式能否复制。商业模式有的容易复制，如肯德基、麦当劳、星巴克等企业的商业模式；有的不宜复制，例如全聚德烤鸭，A 师傅和 B 师傅烤出的鸭肉味道就不完全一样。选择能迅速复制的业务，就能更快形成规模。像中国建材在山东德州做的智慧农业大棚，把现代农业与光伏产业结合起来，大棚透光性好，还能全方位智能控制种植条件，生产出的蔬果十分喜人，这种模式正在全国迅速推广。

四问与资本市场能否对接。企业的效益不仅包括从产品中获得的利润，还包括资本市场的市值，要把产品利润在资本市场放大。

对照"四问"，一项业务能不能做就有了基本判断。那这项业务能不能长久地做下去呢？我们还应牢记"四要"：一要风险评估，明确风险点在哪里、风险是否可控可承受，一旦出问题能否进行有效的切割和规避，把损失降到最低；二要专业协同，专业的平台公司要与现有业务产生协同效应，提升产业链综合竞争力；三要收购团队，重组技术就是重组团队，重组团队要重视收购研发中心，有一个扎实的基础，有一班整齐的人马，再去做创新就会相对容易一些；四要执着坚守，发展新业务不是一朝一夕的事，一定要有执着的劲头、坚守的毅力，否则是做不成大事的。

问："有所为有所不为"，您还规定了一些不能做的业务，哪些是不能做的呢？

答：是的。我也给大家规定了一些底线，比如"四不做"，包括不赚钱的、不熟悉的、产能过剩的、有明显法律风险的业务不能做。这每一"问"、每一"要"、每一个"不做"都是我从多年来的成功和失败中总结出来的，也是回答年青一代脑子里潜在的问题，告诉大家界限是什么。

我讲的很多话，有不少与其说是我的经验，不如说是我的教训，因为我在这 40 多年的管理过程中，历经了很多的挫折，管理的企业总会有各种各样的失误，甚至是失败。聪明和愚笨的人的区别是什么？聪明人不犯同样的错误，愚笨的人总是重复犯错误。一个好的企业，应该是认真地总结成功的经验和失败的教训，尤其是失败的教训，这是非常重要的。

※"'三条曲线'是讲企业的三种业务，分处于不同的发展阶段。中国建材把产业装进'三条曲线'，制定相应的策略。"

问： 您针对企业发展战略提出过从"两个大力"到"三条曲线"，当时是怎么考虑的？

答： 自 2009 年以来，中国建材一直坚持的战略思路是，大力推进水泥和玻璃产业的结构调整、联合重组和节能减排，大力发展新型建材、新型房屋和新能源材料（我们简称"三新"产业）。后来结合新形势，受管理思想大师查尔斯·汉迪"第二曲线理论"的启发，我把"两个大力"战略进一步延伸为"三条曲线"战略。从"两个大力"到"三条曲线"，说明我们一直在根据外部环境和企业发展实际进行业务调整培育。

"三条曲线"是讲企业的三种业务，分处于不同的发展阶段。第一条曲线是传统产业，像水泥、玻璃这些传统业务应该怎么做，主要是联合重组、结构调整。第二条曲线是大力发展"三新"产业，主要是建立新线、扩张规模。第三条曲线是研发和技术服务，主要是加大研发投入、能够快速进入。

这样的好处是什么呢？"第二曲线理论"的核心道理是一个产业到最高点时，可能越过高峰就要衰落，这时候就要有第二条曲线接上。以前讲要吃着一个、做着一个、看着一个。第一条曲线是现在正在做的，第二条曲线是正在发展中的，第三条曲线是刚刚进入的一些新领域，形成这样三条曲线。我们把中国建材的产业装进"三条曲线"中，然后再来分析哪一条曲线应该按照什么样的策略去发展。这也是战略管理的重要部分。

问： "三条曲线"可否理解为产业升级的过程？

答： 是的。"三条曲线"是从产业发展过程的新旧动能转换角度去思考的。一个产品在做的过程中要考虑到替代产品，就有了"三条曲线"。所以中国建材较早地筹谋布局，为后来的业务调整转型奠定了基础。

问： 那么如何进行业务结构调整，保持企业的持续发展和投资收益？

答： "三条曲线"中的水泥、玻璃业务只能通过结构调整和技术升级来提升。全国的水泥需求经过一个高峰以后就会下降，现在逐渐在减量，每年要减一亿吨。所以我们要关注"第二条曲线"已经量产的一些新材料产品，弥补水泥需求量下降对营业收入和利润的影响。还要有"第三条曲线"，即一些新业态，比如海外电商、新型房屋、智慧农业等，要把它们快速做起来。对企业来讲，就得在变化里找一条平稳的成长曲线，传统的东西要减少，新的东西要增加，不然企业就会越做越小。

中国建材基于实施"两个大力""三条曲线"战略的多年积累，已经形成水泥、新材料、工程技术服务"三足鼎立"的业务格局。2018 年，集团利润同比增长 37%、收入增长 15%，新材料业务利润占集团总利润的 30%。集团规模超过法国圣戈班，成为全球最大的建材企业，资产总额、营业收入、息税前利润三个指标均位居世界建材企业首位，这是很不容易的。

※ "按照投资公司的发展思路，中国建材将聚焦基础建材、新材料、工程技术服务三大核心投资方向，利用归核化的上市公司平台优化资源配置，以管资本的方式推动产业进退。"

问： 2018 年 12 月，中国建材被确定为国有资本投资试点企业，在战略和业务选择上有哪些新的考虑？

答： 过去，中国建材是产业集团，集团总部是小总部，收取一点管理费，企业成长主要靠业务板块平台公司的滚动发展。现在，中国建材成为国有资本投资试点企业，就要靠集团层面有的放矢地进行投资，支持子公司扩大。与过去相比，是反过来做。在董事会上，外董们讨论提出，将来总部不仅仅是收取管理费，分红也应该分上来，因为分上来以后再投下去支持业务平台，这样的逻辑是对的。投资公司将来有三种资本来源：一是国有资本金投入，二是企业自己赚的钱收上来，三是从市场上发一些债、做一些基金等。也就是说，中国建材过去底子薄、条件不充分，是自下而上的发展，现在作为国有资本投资试点企业可以进行自上而下的发展，这是完全不同的发展思路。

按照投资公司的发展思路，中国建材将聚焦基础建材、新材料、工程技术服务三大核心投资方向，利用归核化①的上市公司平台优化资源配置，以管资本的方式推动产业进退。在集团总部投资公司层面，以适度多元化对冲经济周期。在实体公司层面，发展专业化的业务经营平台，以专业化夯实竞争基础，打造几个具有国际影响力的行业领军企业和一批专注于细分领域的"隐形冠军"。

这也是借鉴日本财团模式，母公司作为投资控股型企业负责投资管理，注重业务之间的对冲机制；构成联合编队的各子企业是专业化的实体企业，任务是聚焦核心业务，持之以恒地把企业做好、把产品做精、把市场做大，同时各业务单元之间既独立运作、良性竞争，又相互协作、有机统一。组建业务多元的联合编队模式，最大的好处就是让多元化与专业化相互弥补、合理搭配，获取投资收益和提高核心竞争力两不误。

03 成长路径

※ "有了战略目标，就要考虑实现路径。中国建材采用资本运营和联合重组'两个轮子'，解决资金从哪儿来、资源从哪儿来的问题。"

问： 中国建材确定了做水泥的目标，在缺什么找什么的过程中走了一条什么样的成长路径？

答： 有了战略目标，我们要研究怎么做到、如何落地。前面讲到我们要做水泥，但一吨水泥也没有，怎么做？巧妇难为无米之炊，这就需要我们考虑实现路径。中国建材在做水泥的过程中，路径就是两条，我们叫资本运营和联

① 意指多元化经营的企业将其业务集中到其资源和能力具有竞争优势的领域。

合重组"两个轮子"，主要是解决资金从哪儿来、资源从哪儿来的问题。如果要做水泥，全国水泥产业已经过剩，我们不可能一个一个去新建，必须走联合重组的路，借鉴了米塔尔整合东欧钢铁产业①的做法。中国水泥产业当时的状况是"多、散、乱"，是我们进行整合的机会。后来我们进一步调整战略，适时提出"两个大力""三条曲线"，实现路径也从"两个轮子"发展到"四种方式"，在"两个轮子"基础上加了管理整合和集成创新，分别解决了效益提升和技术来源的问题。

问： 您曾于20世纪90年代带领北新上市，对石膏板业务做过一次并购，后来又带领中国建材在香港上市，并对水泥企业开展大规模联合重组，前面的成功经历对后面的决策有没有一些影响和帮助？

答： 是有帮助的。1997年北新上市是高盛集团帮着做的，最开始高盛集团、国际金融公司希望北新到境外上市，但当时北新规模太小，只有一条生产线，不具备境外上市的条件。我当时任厂长，不知道PE（市盈率）是什么，不理解为什么股票每股1元，跟着高盛集团跨过这个门槛，学到不少东西。高盛集团派来的总裁曾帮日本人收购美国的洛克菲勒中心，他当时讲了两点：第一，北新让他想起日本企业，当时北新的管理学日本，1平方公里工厂，14万平方米厂房，干干净净、整整齐齐。第二，他认为当时很多国企效率低下，但北新是个特例。他们思想比较超前，希望对北新进行改制，后来北新在国内A股上市，他们功不可没。当时在讨论为什么要投北新建材时，现场负责人说投北新建材不只是投这家企业，北新建材的宋志平是要投的无形资产，这个人能把北新做好。那是在工厂时代、计划经济转向市场经济的过程中，当时讲投资是投人，大家不是特别理解，今天就都理解了。

2004年，中国建材经过债务重组和战略转型，逐步步入了发展正轨，但做

① 1990年开始，米塔尔先后以低价并购俄罗斯、乌克兰、哈萨克斯坦等国家的国有钢铁企业，通过管理团队调理，在更新少量设备的情况下，使之迅速恢复生机。后又成功收购美国ISG钢铁集团、欧洲传统钢铁巨头安赛乐，缔造了世界迄今为止最大的钢铁企业——安赛乐米塔尔集团。

水泥业务、实现企业发展需要大量资金。正当我为之苦恼时，一天翻看办公桌上的报纸，上面写了一则消息：某公司将内地的上市公司资产打包后在香港上市。我兴奋地抓着报纸在屋里来回踱步，我相信就像当年北新上市一样，我们也能够在香港上市。于是，我们把旗下两家 A 股公司——北新建材、中国玻纤和集团仅有的几个有利润的企业打包，组建成中国建材股份有限公司。在香港上市这件事，很多人不相信，因为我们实力弱、利润薄，合作券商甚至中途打起了退堂鼓，我每次都去给他们讲概念，树立信心。2006 年 3 月 23 日，中国建材股份在香港 H 股成功上市。路演时，投资者的关注点就是水泥、水泥、水泥，规模、规模、规模。

中国建材由此也进入并购期，开始大规模推进联合重组。实际上做石膏板的并购是和水泥的重组差不多的时间，做石膏板并购时，已经在推动水泥重组。"并购"这个词在中国很敏感，我们讲鸡头凤尾，认为被并购很没面子。而在西方不是，西方任何企业都会讲它的历史和发展过程，可能经过好多次不同股东的变换。我们就想到用"联合重组"这个词，这也是我们的创造，甚至有的企业比我们弱得多，我们也称强强联合，大家更容易接受。

问： 请问业内同行对此如何评价？

答： 记得起初中国建材规模还很小，我拜访全球最大的建材企业法国圣戈班时，跟时任圣戈班 CEO（首席执行官）的白峰谈到，中国建材识大体，不能走自建式的产能扩张道路，而是要把现有的企业联合起来，走一条基于存量结构优化的全新成长路径。白峰当时很吃惊，他认为普通企业考虑的是怎么引进技术、建新线，我们却是从行业的角度、市场的角度、战略的角度来考虑企业发展。他说中国建材是全球最具动力的建材企业，他们每个月度会上都会问一句中国建材在想什么。那时我们只知一路向前，对自己的未来并不十分确定，所以听了他的话后我有些意外。今天回想起来，白峰是较早发现了中国建材这匹黑马，作为一位全球知名的企业家，他从企业的战略和成长路径里洞见中国建材的未来。

※ "老母鸡理论是指，重组中只收会下蛋的母鸡，收来之后我们可以多给一两个月的鸡蛋钱，不能斤斤计较，过两个月，蛋就都是我们的了。"

问： 重组第一家是徐州海螺①吗？这次重组是如何发生的？为什么选择徐州海螺？

答： 开启大的联合重组是从徐州海螺开始的，他们做得非常好。当时有个特别的机会，徐州海螺是由海螺集团员工持股平台海创投资的，所以海螺集团②和海创之间面临同业竞争，这个问题亟待解决。如果海螺集团收购海创，存在关联交易，估价怎么办？徐州海螺本身也遇到一些困难，借了基金一些钱，在外借款到期要还。我当时获知了这个情况，认为应该重组它。不然我们两家在徐州打得不可开交，会两败俱伤。

重组徐州海螺也是个战略问题：第一，是构筑核心利润区。在徐州不能有两家水泥企业，中国建材的巨龙水泥是两条日产 5000 吨水泥线，徐州海螺是一条日产 10000 吨水泥线，从实力来讲我们打不过徐州海螺，那场收购也是不得已而为之。关于收购要公平的问题，关键取决于是谁要做。如果卖的人要主动想卖，买的人一定会占便宜；买的人想买，卖的人就会占便宜。当时我们必须重组它，不然我们的水泥业务就有全军覆没的风险。第二，从战略上讲，我们也想向资本市场喊话。上市以后，很多人不相信我们能做成水泥，这场可谓"蛇吞象"的收购，向全世界投资者表明了中国建材要做水泥，而且决心和魄力是巨大的！

问： 重组徐州海螺的过程中有没有遇到大的波折？

答： 倒没有大的波折，就是讨价还价的问题。因为对我们来说，风险是海螺集团不卖了。海螺集团并不缺钱，只是遇到了一些暂时的问题，如果他们

---

① 徐州海螺水泥有限责任公司，简称"徐州海螺"。
② 海螺集团当时是水泥行业排名第一的龙头企业，现在是水泥业务规模全国排名第二的水泥企业，仅次于中国建材。

把这些问题解决了，还愿意卖给我们吗？我们这时必须快速做决定，不能让对方有回心转意的机会，这点非常重要。

重组徐州海螺是件很有意思的事，但大家普遍认为我们多花了钱，国资委还专门派来评估专家组调查了一番，结果认为战略上是对的，效益也是非常好的，并支持了这场收购。过程中大家可以这样想、那样想，但作为领导者，决心是非常重要的。收购徐州海螺时，我跟大家说不谈收它行不行，只谈不收它行不行，如果说不收它不行，就必须收。我还讲了一套"老母鸡理论"：重组中只收会下蛋的母鸡，我们收来之后可以多给一两个月鸡蛋钱，不能斤斤计较，过两个月，蛋不就都是我们的了吗？最终，中国建材出资 9.6 亿元重组徐州海螺。对于这场交易，有人认为中国建材亏了，多付了钱；也有人认为海螺集团亏了，输了战略。但事实上，这场收购是双赢的，中国建材赢得徐州市场，海螺集团赢得了丰厚的回报。重组后，我们当年就多挣回 3 亿元利润，把多付的几个月的"鸡蛋钱"挣了回来。

重组徐州海螺后，国际资本市场对中国建材刮目相看，认为过去在香港 H 股的只有海螺集团，现在又来了个中国建材，大家都通过中国建材来看中国的水泥。过去海螺很少路演，但中国建材要跟国际投资者接触，股票从每股 3 元多一直上涨到 39 元多，大家都支持中国建材做重组者的想法，愿意给我们投资。股票涨了就可以增发，增发以后就有了现金，有了现金就可以完成后面的重组。

问： 组建南方水泥①的想法是在重组徐州海螺成功之后开始酝酿的吗？

答： 行动是在那之后，但是组建南方水泥的想法由来已久。刚才讲到中国建材是 2006 年上市，2004 年就开始到西方的一些水泥公司路演，希望能够向他们先私募一点资金。当时，银行吸引外资私募是 9.9%，我们也希望他们能投 9.9%，但路演了一段时间之后没有人加入。记得我去说服法国拉法基集团，他们问水泥到底是什么战略，投了资打算在哪里发展。我拿了一份中国地图，把苏

---

① 南方水泥有限公司，简称"南方水泥"。

浙沪、湖南、江西画了个圈，说在南方区域发展。当时我们主要在湖南、江西有一点点拨改贷，在一些水泥公司里有一点股份。没想到这样一说，这些跨国公司的人眼睛都睁大了，都对中国建材的战略投了赞成票。虽然他们后来没有投资做私募，但这一幕令我印象深刻。所以在香港上市之后，中国建材就先重组了徐州海螺，这一举动震动了整个行业乃至全球资本市场，因为中国建材在资本市场拿到20亿港元，花了13亿港元重组一家企业，这表明了决心。

我们要做重组，光有战略不行，还要有具体的途径，上市靠讲故事，解决资金靠上市，上完市以后我经常跑美国华尔街、英国伦敦、新加坡，跟他们讲我们重组的故事，让更多的人投资，投资多了股价就上去了。新加坡一位基金经理说，宋先生挺有意思，先跟我们讲故事，讲完故事股价就升高，升高了以后就去增发，拿到钱把讲的故事做成。讲故事也要做到两点：第一，故事得激动人心，大家愿意听，不然讲着讲着没有听众了。第二，故事得一直讲下去，大家都在听，不能讲了第一季，没有第二季了，所以在讲第一个故事时要想好第二个故事。

我们接下来讲的故事就是组建南方水泥。很多人感兴趣：为什么这场重组选择从浙江突破？重组必须找一个薄弱环节，像海螺集团这种龙头企业很难撼动，所以我们不去安徽。浙江没有大型水泥企业，而且竞争最激烈、打得最厉害，价格打到了成本线以下，这里就有"爆发革命"的好机会。

※ "《三国演义》讲打仗、分分合合，是研究战略的。《水浒传》里面的英雄好汉身怀绝技，是搞联合重组，研究怎么把他们聚在一起的。企业一把手都应该好好读一读。"

问： 浙江是如何"爆发革命"的？听说联合重组中有一场著名的"汪庄会谈"，当时会谈的四家企业都是浙江的？

答： 是的，四家都是浙江的。浙江当时有上百条水泥线，这个地方市场经济较为发达，小水泥线比较早就被淘汰了，留下来的民营企业都投重资建了一些大的水泥线，但是一家一户建得多了，就恶性竞争，打得头破血流。

我们在浙江做重组有三个理由：第一，这里的技术结构调整已经靠市场做完了，所以不是落后的生产线。第二，浙江经济发达，每年有 1 亿吨的市场销量，是刚性支撑。第三，没有像海螺集团这样超大型的公司，都是中等规模的公司，所以在浙江重组起来会快一些。参加"汪庄会谈"的实际上是浙江的四大家，在全国可能不构成最大的，或者不在前十名里面，但是这四家的量构成了浙江的半壁江山，如果能把他们统一起来，浙江其他企业就会跟着我们走。

当我们看到机会的时候别人也看到了机会，当时这四家都有人在谈重组，其中有三家是海外跨国公司在谈，有的都已经进厂做了尽职调查，有的已经接了定金。我们等于要从别人手里夺过来，但央企在这方面有得天独厚的优势：第一，地方政府支持。第二，民企对央企是信任的。第三，逻辑是正确的。想说服别人就要知道他们内心怎么想、最担忧什么，我说你们四家虽然各自找了一家"雇佣军"帮着你们打，但还是在打仗，赚不到钱，只有合到一起、不打仗了，价格才能恢复。我们就是要把大家联合起来，不去恶性竞争，价格恢复了就都赚钱了。这个道理大家都懂。加上我们和颜悦色，在风景如画的汪庄摆了茶局，跟大家边聊边喝茶，还请了两位"大佬"在旁边坐镇敲边鼓，一位是时任中国水泥协会会长雷前治，一位是时任浙江水泥协会会长李辛龙。我一一回答了大家的顾虑，包括中国建材有钱吗，战略、目标、思路是什么。人都会理性分析，你讲的逻辑是正确的，就有人听；你讲的逻辑是错误的，就没人听。有人说，现在南方的企业家不能见宋总，见了宋总 20 分钟就会跟着他走。我说，他们都不是小孩子，都是腰缠亿贯的成熟企业家，之所以跟着我走，是因为我说到了他们心坎上，满足了他们的诉求，这非常重要。

问： 联合重组过程中企业一把手该怎么做？

答： 我喜欢《水浒传》这本书，宋江并没有什么武功，却在一百零八将中做了首领，没人反对他。鲁智深、林冲都很厉害，却服宋江。宋江到底有什么特异功能？他很谦虚，以诚待人。好汉们都说宋江仗义，愿意拥戴他。

我常想，中国的四大名著中，《三国演义》讲打仗、分分合合，其实是研究战略的；《西游记》里全是宝贝，想象力无穷，是研究创业创新的；《红楼梦》是讲大企业病的；《水浒传》里的一百零八将个个身怀绝技，是搞联合重组的，研究怎么把他们聚在一起。企业一把手都应该好好读一读。

问： 您是用四大名著来解读"管理之道"。

答： 这就是讲故事。要搞联合重组就得读《水浒传》，好好读，就能理解大家了。这些水泥"山大王"们，都是《水浒传》里的英雄，而且各有各的出身，各有各的性格，中国建材就是"梁山"，得有这种胸怀，把大家聚在一起。中国建材做水泥，我和曹江林①都承认，我们不是水泥专家，不会做水泥。但我们是整合者，把会做水泥的人整合进来。中国建材在浙江把这四家重组在一起，后面就一呼百应了，就把浙江水泥市场整合了，在浙江市场占有率达到70%，企业实现了很好的效益。重组时大家总是跟我争论钱是不是付多了，其实重组价格很低，关键是拿到了那么多的矿山和土地，现在矿山和土地都涨价了，今天看这场重组非常合算。

※**联合重组中的"三盘牛肉"是一个重要原则。**

问： 总结前面提到的联合重组的几大相关因素：一是中国建材的央企背景，二是讲了一个好故事，三是阐明了未来的发展，四是企业领导者的个人魅力和影响力。除此之外，我在书中看到还有"三盘牛肉"的关键机制，这个因素也应是重中之重吧？

答： 对，机制很重要。刚才讲重组，我们想跟对方谈，一方面得有道理，另一方面得拿出好处，关键要端出"牛肉"来。未来学家、全球50位管理大师之一的约翰·奈斯比特在《定见》一书中有句名言："变革，就要端出牛肉。"要告诉大家好处是什么，且好处要显而易见，这是我们联合重组的一个

---

① 现任中国建材集团有限公司董事、总经理、党委常委，中国建材股份有限公司董事长。

重要原则。

第一盘"牛肉"是要公平地评估，按照国际通行的定价原则。中国建材要重组，一定是在评估基础上加上适当的优惠。虽然今天优惠了，但是明天的价格可能远远高于今天的价格，收购者还是占便宜的，这就是刚才讲的"老母鸡理论"。此外，比如购买矿山、土地的价格很低，可以实现原始投资的较大增值。所以不要过于计较，如果我们必须重组，就要让对方觉得公平。一方考虑投资收益，一方衡量机会成本，这盘"牛肉"让收购双方都很满意。

第二盘"牛肉"是整合效益和留给创业者部分股份。水泥行业区域性强，在竞争中，如果不进行联合重组，所在区域的水泥企业许多都处于亏损。而联合重组后，可以通过管理整合与企业协同，提高资源配置效率和企业竞争力。留给创业者一定的股份能够让他们有机会分享整合后产生的财富。过去，民营企业股权100%是民企老总自己的，如果亏损可能"活不下去"，加入中国建材之后，民企老总虽然只占30%的股份，但有了利润，做到了利益共享，皆大欢喜。

第三盘"牛肉"是对那些有能力、有业绩、有职业操守的创业者给予充分信任并继续留用，吸引他们以职业经理人的身份加入中国建材。很多民营企业家，做水泥这么多年了，还是愿意留下来做中国建材的职业经理人，继续从事自己所热爱的事业，实现个人价值。

问： 您留任那些有能力、有业绩、有职业操守的创业者以职业经理人的身份加入中国建材，这"第三盘牛肉"可谓深入人心！因为对创业者而言，创立的企业就像自己的孩子一样，割舍不下。

答： 是的，最后这盘"牛肉"最打动人。水泥是个短腿产品，需要当地的人脉关系，中国建材留用创业者，既能够稳定重组企业的管理团队，也保证了集团经理队伍的来源。当时也有这方面的质疑：中国建材搞这么多水泥厂，经理从哪儿来？总工程师从哪儿来？我说一切皆来源于市场。我以前也一直担心这件事。这些民营企业家，通过卖水泥厂赚了很多钱，而我们给职业经理人最多200万元年薪，他们愿不愿意做职业经理人？结果，他们不仅留了下来还很努力，"带枪参加革命"，开着自己的车上班，请客可能是刷自己的卡，有时给他们的工资卡，他们一年也没有刷过。所以人不是一有钱了就什么都不干了，还是热爱工作的，中国建材现在有很多这样的股权经理人。

中国建材有三种经理人，第一种是像我这样体制内的国企干部，第二种属于市场招聘的，第三种是重组进来的股权经理人。很多人想知道这些队伍是什么样的，是不是都是"土豪"。你参加我们水泥板块的会议就会看到，大家整整齐齐，年富力强，每个人都拿着一个笔记本，穿西服打领带。水泥是重资产，做水泥的在民营企业里是比较有身份、有地位的，也是比较能干的一些人。他们不是那种自由散漫的样子，而是市场训练出来的企业家。重组这么多年，我很认同他们，他们是从市场中拼杀出来的。

问： 您在书上提到有合作者开玩笑说不要跟您谈，一谈就要被您吸引过去了，这也是一个成功要素。有的人即使能看到机会，也能找到人才，但是他未必能把人才吸引过去，您是如何做到的？

答： 其实这也是一个很重要的事情，我们搞了一些重组，都很成功，而且跟着我们的人很少有反水、干了一段不干了的，这跟我们的价值观有关系。对于人的吸引，是建立在理解人的基础上：怎么最大限度地去理解别人？人家到底在想什么？我们在跟每一个潜在的合作者谈判时，首先搞清楚对方最需要的是什么，应该给予对方的是什么。我们要让人家跟着我们，就要有显而易见的好处，而且得给人家安全感，不能让人家刚刚"带枪参加革命"，第二天就被"下了盒子枪"，这肯定是不可以的。我们很多企业，比如中国巨石的一把手张毓强，是个创业者，那个企业一直交给他做。中复神鹰①的张国良，也是个创业者，企业也一直交给他做，这也是中国建材的文化。我老讲中国建材是什么，中国建材是个平台，大家都可以上来，实现自己的理想。这种文化在中国建材是深入人心的。

---

① 中复神鹰碳纤维有限责任公司，简称"中复神鹰"。

※ "整个重组过程，我一直强调文化认同，必须接受中国建材的文化，这是前提。"

问： 中国建材在水泥行业推动的重组对象多数是民营企业，这个重组过程中有没有出现央企和民企因文化差异产生的冲突？

答： 整个重组过程，我一直强调文化认同，在利益上多一点少一点都可以讨论，但文化上不行，企业必须接受中国建材的文化，这是前提。如果企业没有整体文化，带着各自的文化进来肯定不行，因此，文化的整合至关重要。

我们重组的都是中小规模的企业，假如是要和海螺集团重组，海螺集团有50年的历史，两家企业的文化不是一夜之间就可以融合的。但是一家一户的民营企业没有顽强的文化根基，重组是一个大文化融合无数个小文化的过程，所以文化冲突在中国建材这场融合里不是主要矛盾。大家也非常认同中国建材的文化，核心是"创新、绩效、和谐、责任"，行为准则是"敬畏、感恩、谦恭、得体"，每个人都能背下来。有时电视台会到集团旗下企业采访，他们回来后都跟我说："宋总，在你这个企业里到哪儿去，跟你说的都一样。"我说那就对了。文化融合是我们的一大特点，不然没有这么强的生命力。我们重组了这么多家企业，还没有不干了退股的，大家一直携手走到了今天。

问： 所以联合重组的关键之处在于重组对象首先要认同中国建材的文化，保持一致性。重组国外企业的情况与国内企业一样吗？有没有遇到文化冲突难以协调的困难？

答： 我们在国外的并购不多，在德国并购了几家，都是高科技企业，也没有大的冲突。外国公司更习惯于并购，比较职业化，尤其是德国。我们接收了德国的公司，他们马上在衣服上钉上司徽，名片上打上中国建材的标识，他们觉得中国建材是一家世界500强企业，很荣耀。有的经理病了，中国建材也会派干部到医院看望他们，全世界的人心是一样的，这些会让他们更有归属感。我们企业开年会时，会有世界各地的公司代表来听会，挺融洽的。他们也会被中国的企业管理和企业文化所打动，甚至比我们国内企业的干部归属感更强。他们在国外参与竞争，"中国建材"这个牌子发挥了很大的作用，所以能够获得他们的认同。

※ "中国建材的重组战略，不是'包打天下'，而是'三分天下'。"

问： 南方水泥联合重组之后，中国建材后来又进行了几次大的重组？

答： 南方水泥之后还有北方水泥[①]、西南水泥[②]，还有最早的中国联合水泥[③]。再后面跟中材集团合并，当时中国建材下属四家水泥公司有4亿多吨水泥产能，中材集团有五家水泥公司，但规模偏小些。现在我们一共有九家水泥公司、5.3亿吨产能，在全球市场的影响力是很大的。

问： 您当时有一个"三分天下"的提法，那个提法是基于什么样的情况下提出来的？

答： 中国建材的重组战略不是"包打天下"，2018年，全国水泥的产量大概有22亿吨，中国建材有4亿吨，只占不到20%。因为水泥是短腿产品，经济运输半径大概200公里，我们最开始制定了一个区域战略，不是要全国布局，而是区域布局，在一个区域增加定价实力和市场控制力，就此提出"三分天下"，不要什么都自己做。那时中国建材、中材集团两家都是央企，也存在竞争问题，但如果我们能给中材集团一份市场，它就能在它的市场里做。

问： 关于"三分天下"的做法，您当时有跟中材集团的领导沟通过吗？

答： 没有沟通过，但实质上大家都彼此会意。比如在西北，当时的祁连山、天山水泥，我们都是股东，后来我们撤出来了。开始我们的干部思想不太

---

① 北方水泥有限公司，简称"北方水泥"。
② 西南水泥有限公司，简称"西南水泥"。
③ 中国联合水泥集团有限公司，简称"中国联合水泥"。

统一，不明白为什么要让给中材集团。事实上只有给了中材集团，让它在西北做"西北王"，它的很大的精力就会放在西北。如果不给它，我们到哪儿它也到哪儿，竞争就会更加激烈。

问： 企业战略布局犹如打仗布阵。

答： 有个成语叫"网开一面"。我们网开一面，它就会朝着那一个方向走，如果我们全堵死，它就会困兽之斗，反而对我们不利，所以要"三分天下"。做企业有两个问题很重要：第一，要有分利的思想，不能钱都自己挣了，也得让别人挣。我们做企业时往往觉得赚钱越多越好，但也得让上下游都赚钱，也得让竞争者赚钱，这是很难想通的事情，但必须想通这一点。第二，必须各有地盘，我们有地盘也得给人家地盘，要让竞争者有生存的空间，不能统统自己占了，没这个必要，也没这个精力。也就是说，是围追堵截把对方打死，还是把他放到一个小岛上生存，也是我们在制定战略时要思考的，这跟打仗差不多。

问： "战略"一词最早就是用于军事方面。

答： 中国最早也是在军事方面。做企业要好好研究过去的一些战争案例，看当时是怎么打仗的。所谓"三分天下"，是诸葛亮"隆中对"里提出来的。中国建材做水泥，就要分析海螺在哪儿生存、金隅①在哪儿生存。比如北京是金隅的地盘，中国建材就不在北京做水泥厂，我们在北京有商混，买金隅的水泥做商混供应。比如安徽是海螺集团的地盘，我们就不在安徽做水泥，大家彼此有一个分割。

问： 您在战略规划中持有"分利"和"分地方"的观念，这是大格局和大智慧。

答： 每个人都有自己的偏好。我不喜欢跟人打仗，很少跟人红脸，希望

---

① 金隅公司是北京市属大型国有控股产业集团，主营新型建材、房地产开发、物业管理等。

用智慧的方法，让企业获得生存、发展。我们希望学习西方管理思想，同时，学习中国古老的文化和哲理也非常之重要，从中国的文化里可以得到很多涵养，比如《论语》《道德经》《易经》等。《道德经》最后一章有两句话，"天之道，利而不害。圣人之道，为而不争"，讲的是融合。我 2018 年在建材行业的大会上演讲，最后讲了这段话，中国建材就是遵循古训"利而不害，为而不争"。如果大家都这么想，不是你争我夺，都能够有自己的核心利润区，能够自律，市场就会健康发展。

※ "**重组企业一把手的选择很重要，要是一个经营者，得会赚钱。**"

问： 中国建材前后重组了上千家企业，在重组的过程中有过失败案例吗？

答： 完全失败的还没有，但有做得不够理想的。中国建材的文化是包容，但弱点在于太包容。企业到中国建材来，强制化的改变是不多的。有些组织认为自己那套东西挺好，我行我素，但事实证明是不对的，这中间就付出了代价，耽误了时间，浪费了钱财，失去了时机。对中国建材来讲，要包容大家，但要有尺度，要用大家，但也不能照单全收，文化认同不能拖得时间过长。

问： 中国建材今后再进行联合重组，应该要在哪方面加强？

答： 因为过去有一些教训，今后在重组过程中，会特别重视一把手的选择。重组以后，这个单位是一把手带过来的，单位还用他，但如果他确实不会经营，又很强势，就会出问题。我们反复总结思考，有一些关键的地方，是不能妥协的。重组企业的一把手要是一个经营者，得会赚钱，否则不能做。

刚才讲到文化，重组的某些企业存在落后的政企不分和级别文化。落后的文化特别容易滋长，因为落后的文化符合人的劣根性，容易发酵。举个例子，中国建材领导出差从来不会前呼后拥，都是尽量少的人。我是从做销售员、技术员过来的，没有那种官商思想。但是我们收购的个别企业就有，一个人开会，来好几辆车，随从一大堆，有拿杯子的、提包的，这就是落后文化。这些如果不去改变，就会导致其他企业盲目跟从。回过头来说，我们出现的这些问题和自己在整合过程中过于包容、当断不断有关系。

※ "中国建材包容的文化，就是要一碗水端平，同时还要向对方多倾斜一点。"

问： 中国建材和中材集团的联合重组是两家大型央企重组，整合的过程中有没有出现文化冲突？最后是怎么融合起来的？

答： 中国建材和中材集团的合并，文化冲突并不大。

第一，我们同根同源，过去都从属国家建材局，常在一起开会，只是后来分出来各自干了十几年。第二，我们都是央企，国资委对我们的要求是一致的。但两家企业这些年在一个行业中，难免有竞争，竞争不免伤感情，走到一起不容易。中国建材规模相对大一点，我在企业里是一把手，在重组的过程里充分照顾中材的干部，两股绳拧成一股绳，两家人成为一家人，这个很重要。中国建材在这个过程中迅速融合，宣布合并后，一个礼拜就把集团总部合到一起办公，不像有的企业重组一年了，两个总部还在不同地方办公，就容易出现问题。

问： 您可否分享一些两材重组的具体经验？

答： 国资委领导向国务院总理汇报时，重点讲到两材重组①，介绍我们文化融合得特别好。在两材重组过程中，组织调整和干部调整规模非常大，27个部门调整到了12个部门；33家二级企业调整到了10家。从开始调整到今天，没有一个干部不高兴、不满意，没人找过我，也没有群众来信和向上级反映的。这也有赖于中国建材强大的文化基因，所谓包容的文化，就是要一碗水端平，同时还要向对方多倾斜一点，合并起来才能够顺畅平稳。

---

① 两材重组整合具体措施在第二章中介绍。

※ "院所应该放到产业集团里，产业集团把院所联合在一起，不用自己再搞技术中心，真正做好产研结合。"

问： 中国建材重组过民企、国企，国内企业、国外企业，另外还有一大块是研究院所，比如中国建材总院①。研究院所和企业不一样，重组后如何整合？这种模式是否打通了产学研的经脉？

答： 合并研究院也是一件大事。过去中新集团改成中国建材，主要是制造业，里面有几个小的研究院，规模都不大，所以一直想把中国最大的建材研究院②合并进来。合并是从战略角度考虑的，时任国资委主任李荣融说，中国建材和中国建材研究院合并，为中国建材成为具有世界竞争力的企业创造了可能。

过去，中国的研发与产业长期是两张皮，经历这么多年，现在融合得还不错。过去老讲产学研，学校能进来更好。美国很多实验室在学校里面，德国、日本、韩国的中央实验室在企业里，相当于技术中心。中国的院所既不在学校里，也不在企业里，是游离出来的，过去由部委管着。2000 年改制时，国家有242 家院所脱钩，大院大所也从事业单位变成了企业。今天看这场脱钩，也是过于匆忙。我们的院所有悠久的历史积淀，在我国经济发展过程中起了很大作用，当时国家让院所全部市场化，可院所一下子不会市场化，中间出了不少问题，一些院所被削弱，很多人才流失了。

现在看，院所应该被放到产业集团里去，产业集团把这些院所联合在一起，不用自己再搞技术中心。中国建材重组中国建材研究院后，又把集团内的院所联合在一起，有了自己的研发平台——中国建材总院，研发也有了产业基础，产研结合得非常好。把院所放到企业里，就要掌握几个度：第一，要保留院所体制，不要简单地将其当成科技企业看待，有的院所被简单地改制成公

---

① 中国建筑材料科学研究总院，简称"中国建材总院"或"建材总院"。

② 中国建筑材料科学研究总院前身，是国内建筑材料与无机非金属新材料专业最大的综合型研究机构和技术开发中心。

司，我们认为不妥。经历数十年的发展，这些院所都有自己的历史积淀、技术积淀，一定要保持。第二，要促进产业转化，像中国建材总院里的瑞泰科技①做耐火材料，做成了上市公司，CTC 检验认证也做成了上市公司②。第三，要和集团产业之间进行合作，把技术应用到产业里来。我们把这些问题都解决好，既没有让院所散掉，也没有让它因循守旧，而是让它市场化、企业化，同时与集团之间互相借力，形成这样一种结构。

当时重组中国建材总院后，确定了"六大平台"的定位。第一是国家级建材与新材料重大科学技术的研发平台，因为院所是国家的，要承担国家任务。第二是建材行业共性、关键性、前瞻性技术的研发和服务平台，要促进整个建材行业技术进步和产业升级。第三是建材与新材料高科技成果的产业化平台，把成果转化了。现在建材总院一年收入 80 多亿元、利润 10 亿元，刚重组时收入只有 2 亿元、利润就更少。第四是中国建材所属企业技术创新的支撑平台，和中国建材产业合作。第五是建材行业高素质科技人才开发和培养的平台。第六是国际建材与新材料学术和技术的交流平台。今天，建材总院的"六大平台"做得很好，在央企里也是发展最好的院所。这是一个战略定位问题，也就是说院所的发展战略怎么和集团一致，还要保持特色。我刚到过建材总院所属哈玻院③调研，让我特别感动的是我们的院所为国家所做的贡献，在一些新材料上不断突破，解决了"卡脖子"难题。

问： 您提到的"新材料"都有哪些？

答： 很多人理解中国建材是水泥大王，实际上我们有很多新材料产品，并且都实现了工业化量产。中国最大的碳纤维生产商是中国建材下属企业，还有超薄电子玻璃、薄膜太阳能电池、锂电池隔膜、工业陶瓷轴承等解决了很多"卡脖子"问题的新材料，应用也很广泛。碳纤维可以用于轮毂，钢材、铝材都很重，而碳纤维很轻，用手指头一勾就能提起来，用于汽车轻量化，以后能

---

① 瑞泰科技股份有限公司，简称"瑞泰科技"，股票代码 002066。
② 中国建材检验认证集团股份有限公司，简称"国检集团"（CTC），股票代码 603060。
③ 哈尔滨玻璃钢研究院有限公司，是我国最早从事树脂基复合材料研究和应用的专业机构之一。

省不少油、不少电。新型飞机机身、机翼 70% 也是用碳纤维做的。钓鱼竿、高尔夫球杆、登山杆、自行车，甚至桌椅板凳，都可以轻量化，既结实耐温，强度还特别高。高科技、新技术与生活结合，任何一个成果转化，都可能打造出独角兽企业[①]。

　　※ *"资本运营也好，联合重组也好，管理整合也好，集成创新也好，其核心都是找到资源、聚集资源和整合资源。"*

　　问： 资本运营和联合重组"两个轮子"转起来后，企业将迅速扩张、快速成长，企业在战略方面有没有相应地进行调整？

　　答： 战略的制定一定要遵循行业、企业、市场的客观发展规律。中国建材顺应行业和企业发展需要，在"两个轮子"基础上提出"四结合"，坚持走资本运营、联合重组、管理整合和集成创新相结合的成长道路。

　　这也是企业发展过程中总结出来的。中国建材通过上市、引进战略投资者、间接融资等资本运营方式，为联合重组提供了保证。之后围绕主业，用市场化的方式积极稳妥地开展了跨所有制、跨区域、跨行业的大规模联合重组，在水泥、玻璃、轻质墙体材料和玻纤、碳纤维等领域形成了国内、国际主导优势。

　　随着主营业务规模的迅速扩张和联合重组企业的不断增加，我们又下大力气推进管理整合工作，通过采取"格子化"管控模式、对标管理、辅导员制度等方法，强化了企业的内部资源配置，全面提升了企业的管理水平和市场话语权，提高了企业的盈利水平。同时通过集成创新，集团的水泥等业务的技术水平和整体装备能力达到世界一流，新材料产业成为新的经济增长点，全面提升了发展后劲。

　　资本运营也好，联合重组也好，管理整合也好，集成创新也好，其核心都是先找到资源，把资源聚集起来，然后找到资源整合的办法，把各种资源有效地整合在一起，这是中国建材成长过程中一个最根本的东西。

[①]　指那些估值达到 10 亿美元以上的初创企业。

04 应对变化

※ "互联网也好，跨界经营也好，不是完全进入不同领域，而是从核心业务出发，进行一些相关的扩展，目的还是让核心业务跟上时代的变化。"

问： 随着互联网、人工智能等技术的发展，经济社会出现了很多新的变化。行业与行业之间的界限变得越来越模糊。您是怎样看待这种变化的？

答： 市场环境永远在不断变化。关于行业边界模糊，大家讲得比较多的是跨界经营。尤其像阿里巴巴等，通过移动互联网进入了很多其他领域。但我理解，互联网也好，跨界经营也好，不是完全进入不同领域，而是从核心业务出发，进行一些相关的扩展，目的还是让核心业务跟上时代的变化。过去我们是用传统模式，现在可能需要结合互联网金融等。纯粹的互联网公司，可能在发展业务的时候会有选择，比如今天做共享自行车，明天做共享旅店。作为制造型的产业集团，跨界是通过互联网和其他的形态结合，不是说中国建材一定要做医药、做旅游，而是说要有互联网思维，从专业出发进行适当延伸。

※ "对于企业来讲，如果不创新，不研究新的方法、新的模式，就可能被颠覆。"

问： 有一些传统行业被其他跨界行业颠覆掉了，建材行业有没有可能被其他行业颠覆？

答： 战略是主动的，被动就容易死掉。我觉得会有，不光是建材，包括医药。我离开国药集团时，国务院国资委让我提战略性意见，我讲了三点：第一，要发展"互联网＋"的商业模式，因为现在这种物流模式容易被互联网颠覆，必须自己主动做。第二，要跨界做医院。美国整个医疗产业的 GDP 是 3 万亿美元，其中医药只占 3000 亿美元，医药并不是个大行业，国药集团要想扩张，就要进入医院领域。目前中国医院有公立医院、军队医院、私立医院三种，还应该增加一种央企医院，因为央企有实力，服务也会很好，同时央企自身也有好几千万职工，也应该为自己做好服务，解决央企职工看病难的问题。第三，鼓励他们收购海外的高科技制药公司，弥补在研发和制药方面高科技不足的问题。这三点是关乎战略的，尤其是"互联网＋"，如果不做好，就会被别人颠覆。

建材也是这样，水泥的业务销售绝大多数是传统销售，但有一些公司已经开始用互联网销售、App 下单和结算。在这个行业里谁控制了销售权，谁就控制了行业的制高点。中国建材必须借助互联网建立新型销售模式，不然会在这个地方被颠覆掉。我也经常讲这些道理，但是习惯改起来非常难。

问： 我们常说，"唯一不变的就是变化"，企业该怎么做才能应对被颠覆？

答： 实际上已经有好几个知名的国企被颠覆了，所以要把创新纳入企业的战略层次。中国建材有三大战略，其中创新驱动是首位。

被颠覆的最早像是大连的华录[①]，从日本引进了一条最新的录像机生产线，当时很感激日本公司能把这个录像机生产线卖给他们，可当生产线装上、还没有生产，DVD、VCD 就来了，一下子录像机就没人用了，这个工厂就被颠覆掉了，后来转向动漫等，现在作为文化公司也发展得不错。

还有彩虹[②]，当年在咸阳做玻璃显像管（CRT），当时大家研究，CRT 将来会被等离子、液晶技术颠覆掉，但觉得也没那么快，认为液晶还面临很多问题，只有城市里的富人才用液晶，城市里不用 CRT 还有农村用，中国不用还有非洲用，找各种各样的理由。结果没想到 2008 年金融危机一来，液晶大发展，价格一降下来，一夜之间把 CRT 全部颠覆掉了，工厂全部停产了。

---

① 中国华录集团有限公司成立于 2000 年，是专业从事音视频产品及相关应用技术研发、制造、销售的大型国有企业。

② 彩虹集团公司前身成立于 1977 年，是中国第一只彩色显像管的诞生地，也是中国生产量最大、配套能力最强的彩色显像管生产企业。

还有个例子是乐凯①，在保定做胶卷（感光材料），技术是传统的卤化银技术。当时数码相机只有100万像素，大家研究这个新的技术会不会颠覆掉传统的胶卷。很多专家认为不可能，因为卤化银技术一两百年了，数码相机像个小孩玩具，怎么能够代替胶片？结果数码相机迅速地从200万像素提升到2000万像素，到现在可能都有2亿像素了。

也就是说，随着技术的发展，过去我们认为的新技术、新产品的问题会迅速被解决。企业如果不创新，不研究新的方法、新的模式，就可能被颠覆。即使像中国建材这样的"巨无霸"，如果不用新技术、新模式，也会被颠覆，这是我常想、也常给干部们讲的问题。企业有一些惰性、惯性，还有一些很熟悉的东西不愿意放弃，学习新东西要有一个过程。有时我常想，改革其实是被倒逼的，企业的变化也是被倒逼的，企业主动改变是很难的，只有到了崩溃的边缘，或者到了悬崖边上，才可能会"迷途知返"，这也是我给企业年青一代的忠告，不创新必然死亡。

大企业失败的原因，往往是他们总用过去成功的经验。这句话是在北新建材时我写进一个宣传片里的，后来到了中国建材也经常讲。过去我们有些成功的经验要记住，但环境变了，如果不创新，不学新东西，总用自己过去成功的经验，就会导致失败。这就是为什么我经常到一些企业去看一看。一重②邀请我讲课，我也在一重的车间里认认真真地看了。前不久我到了西宁，去看了五六个当地的工厂。过些天我还要去美国，也是到美国的实验室去看看。为什么去这么多地方看？就是想看到更多的东西，学到更多的东西，联想到更多的东西，而不是说把自己固化在这个企业里，固化在成功的经验里。看到外边的世界，才能发现问题，才能在观察和思考过程中否定之否定，把一些认识螺旋式上升。这对于企业领导者是非常重要的。

---

① 中国乐凯集团有限公司是中国航天科技集团公司全资子公司，前身是始建于1958年的保定电影胶片制造厂。
② 中国一重集团有限公司，简称"中国一重"或"一重"，前身为始建于1954年的第一重型机器厂。

※ "创新无处不在，但并不是说变化是频繁地去改变战略和业务。战略应该相对稳定，企业家要在坚守业务和创新业务之间寻找平衡。"

问： 中国建材这么大体量的一家企业，如何在战略稳定和战略动态变化之间进行平衡？

答： 前面讲创新无处不在，但并不是说变化是频繁地去改变战略和业务。战略应该相对稳定，企业家要在坚守业务和创新业务之间寻找平衡。刚才讲到胶卷产品使用的卤化银技术被数码技术彻底颠覆了，但也用了上百年。今天的电动汽车也会颠覆传统的燃油汽车，但今天电动汽车在全球占比还不到5%，还有大量技术人员服务于燃油汽车的节能、减排、舒适度、智能化等，也不是说完全不做了。这说明颠覆必须得到重视，但持续性改进和颠覆性创新之间也是辩证的关系。

铜有4000多年的历史，钢铁有2500多年的历史，而水泥只有180年的历史。巴黎、圣彼得堡那些老城市都是用石头和砖头建起来的，水泥是历史较短的近代产品。水泥最大的好处是作为胶凝材料取材容易，各地都有石灰石，加黏土一烧，就变成水泥，这也是偶然的发现。过去我们的石灰石烧了是白灰，没有强度。后来在英国波特兰小镇，下了雨石灰石上沾了很多黏土，一烧就成了硅酸钙，于是水泥被发现了。发现之后，水泥被大量使用，尤其我国改革开放以后，主要是用水泥做建筑材料，如果没有水泥，很难想象今天的城市是什么样。水泥不只是建筑材料，在核电站使用可以防辐射，在大坝使用可以抗压，在隧道使用可以防水，在航空领域使用可以做火箭发射导流槽，也就是说有多种功能。在更好、更廉价、拥有更多功能的产品出来之前，水泥是不会被替代的。

问： 技术变革有两种情况，一种是渐进性发展，逐步迭代；另一种是技术发生跃升，出现颠覆性替代。根据您的判断，水泥产品短期内有没有会被淘汰的可能性？

答： 做企业最担心的就是这种完全替代、颠覆性的，比如像胶片和数码相机。前不久有一位领导跟我说，水泥已经被淘汰了，我说您说的不对，原因有三个：第一，生产水泥的材料容易取得。第二，水泥的价格很便宜。第三，水泥的特性非常好。大概 10 年前，我到法国拉法基，拉法基总裁突然问我，在未来 50 年之内，有没有一种材料会颠覆掉水泥。我们都认为没有。我常跟大家讲这个故事，大企业的领导者，一方面做着这个产品，另一方面也在思考着会不会被颠覆，会不会出现替代品，这也是挥之不去的问题。

水泥不会在短期内被颠覆，但工艺和产品质量都在进行迅速创新。今天做水泥的方法和 20 年前有根本区别：过去是立窑，现在是悬窑；过去是湿法，现在是干法；过去是小生产线，现在是万吨生产线；过去一条线需要几千人，现在一条线只需要几十个人；过去生产的是低标号产品，现在生产的是高标号产品。技术在创新，但原料和水泥产品的最终形态没有根本改变，这也是我们能在这个行业里做产业相对安全的一面。当然也有相对困难的一面，就是赚不到太多创新的钱，没有高额利润。

在思考变与不变时，我们要辩证看待，要解决好变和不变的关系，解决好持续性创新和颠覆性创新的关系，解决好现有产业和新产业之间的关系，企业领导者永远是在这两难之间进行平衡和选择。

※ "新技术层出不穷，任何一项新技术，都带有新的逻辑，告诉我们一个新方法。这是我们应该认真研究和学习的。"

问： 随着 3D 打印技术的发展，从早期打印塑料，到现在打印金属，未来有没有可能以水泥为材料直接 3D 打印建筑物？

答： 3D 打印是增材技术，是在计算机程序指导下制造一些产品。有一些产品使用传统技术很难做，尤其是特殊的金属部件，各种不同角度、拐弯等不好做，3D 打印都可以做，有很大优势。现在 3D 打印做合金类和塑料的东西比较多。昨天朋友送我一双美国 3D 打印的鞋，这次去美国，他们也希望我去看一个 3D 打印的建筑公司，用 3D 打印技术盖房子。

3D 打印是一个方向，但也取决于它的成本和难易度。3D 打印一定是能做房子的，但如果成本过高，没必要非得 3D 打印。水泥材料要跟钢筋结合在一起，有了钢筋，水泥混凝土可增加十倍的强度。加上钢筋，3D 打印就会比较困难。现在 3D 打印技术也有用到水泥这种胶凝材料，在计算机指挥下浇铸，做一两层的房子，这个高度可以不加钢筋。

并不是说任何一项技术在每一方面都能够应用，只是说应该很好地利用这项技术的原理和逻辑。比如我们把"互联网＋"的思维移植到经营里，开展"水泥＋""玻璃＋"等业务。3D 打印也一样，不是说每一个行业统统都用 3D 打印技术，也不在于非要今天就用 3D 打印一座大楼，而是 3D 打印的原理可以抽象出来，就是怎么让工作更加有效率，更加简单化。

问： 新技术的发展速度惊人，如何考虑其应用的效益和效率？

答： 现在像 3D 打印这种新技术层出不穷，过一段时间媒体就会炒一个东西。每一项新技术，在一些特殊领域里会非常好用，但对于其他领域来说，不一定能够复制，主要是研究它的逻辑。任何一项新技术，都带有新的逻辑，告诉我们一个新方法。这是我们应该认真研究和学习的。

※ "大数据可以改变我们的商业模式，促使制造业向制造服务业发展。智能化对我们的改变就更大了。"

问： 大数据、人工智能等新技术会给中国建材带来什么样的机遇和挑战？

答： 大数据和智能化，也是我们现在最热门的话题，其实每个企业都在其中。

大数据可以改变我们的商业模式，促使制造业向制造服务业方向发展。举个例子，过去我们做新型房屋，是一家一户去做，很难把个性化的需求和大规模的生产结合起来；有了大数据，有几千套图，客户根据需求，点击一个图纸，就会迅速分解，给出所需要的详细零件图，这些数据就会指导企业生产线开始生产，在规模的生产线上来进行个性化的生产，生产线并不知道这是谁家

的，最后把这个东西拿去家装，就是客户要的房子。作为制造者，以前是
B2C①的模式。比如生产鞋，生产商不知道客户的脚是多少号，只能按固定的
号码做；有了大数据以后，就可以按每个人的脚去做合适的鞋，这样就变成
C2B②，得以个性化生产。织毛衣也是这样，有人要单色的，有人要彩色的，
有了大数据就可以改变工艺流程，改变商业模式，让生产者更接近客户，来满
足客户的需求。让客户的数据指导生产，是大数据带来的一场根本性变革。

　　智能化对我们的改变就更大了，比如我们日产5000吨的水泥厂，最早的
时候需要2000多人，后来减到200人，现在只需要50人。最近我们跟法国一
家工厂谈，他们可能只需要一个按钮就可以了，免除了繁重的体力劳动。大家
现在困惑的是如果都智能化了，工人去哪儿，会不会没工作了。这是大家的问
题，也是我的问题。但我最近读了一本书，是关于AI③对未来的影响的。我们
在历次变革的过程中，都会提出这个问题，从水力到蒸汽机、机械化到电气
化，再到自动化、智能化，都是为了把人从繁重体力劳动中解脱出来，也为了
提高效率，但同时都存在工人的失业问题，确实存在这个矛盾。

　　问：　正如您提到的，从2000人到50人，智能化把人从繁重的体力劳动中
解脱的同时，也带来了失业的新问题。那么该如何看待和解决这个问题？

　　答：　这倒不完全是智能化带来的问题，是个经济问题。在历次技术更替
后，都会达到一种新的平衡，人不见得非得在生产线上从事繁重的劳动。比如
过去造鞋需要1000人，现在还造那么多鞋甚至更多，也就是物质极大丰富了，
只是不需要那么多人造鞋。现在又派生出来很多新职业，就有不同的分工。比
如电子游戏编程，过去可能没有几个人编，以后可能很多人编；比如写网络小
说，以前没有人写，以后可能很多人写，并将它变成了职业。

　　问：　在智能化时代，人类的职业会发生什么变化？

---

① Business - to - Consumer，意为"商对客"。
② Customer to Business，即消费者到企业。
③ Artificial Intelligence，即人工智能。

答： 有漫画里画的未来人的发展，进化方向是四肢短、脑袋大，这其实很形象。当然，智能化不光取代了体力，甚至取代了人的脑力，这些东西都在进程之中，也像科幻片一样，描绘了很多未来的情景。

智能化也是这样，我们不知道这种智慧的机器究竟会把人类引向何方，也不知道生物技术、克隆技术、基因技术会给自然界和人类带来什么影响。像工厂里的智能化，过去看窑需要看火工，后来都是中心控制室里摆上一堆计算机，操作员一人一个工位。现在甚至不用计算机操作了，完全智能化，就是智能工厂自己控制。实际上也是模拟人过去的经验，过去烧一吨熟料要用 115 公斤的煤，这已经是最好的水平。现在智能化可以只消耗 85 公斤的煤，减少 30 公斤煤的损耗。像大飞机降落如果仅靠人风险很大，都得靠智能技术。

智能化不光解脱了人，关键是实现了精准化。我们也在大规模推进智能化。我们在和法国公司合作，做一个新工厂，做一个不需要人、只需要一个按钮就可以生产水泥的工厂。

建材是很传统的产业，恰恰在传统产业里会爆发这种智能化的革命，因为它最需要，我们就做得很好。我去西宁时，看了一些高科技企业，他们觉得多晶硅是高科技，所以带我去看他们的窑炉控制，我一看还是操作员一人一台计算机，一字长龙十几个人，就告诉他们，现在变化很快，这些岗位可以取消，使用智能技术操作。

问： 1997 年，北新改制时有 500 名富余员工需要处理，您想方设法不让北新的员工下岗，全部做了转岗的处置。今天再次面对裁员问题，您将如何处理？

答： 这是特别纠结的一件事，特别是国有企业，过去国企脱困时就觉得职工跟着我们那么多年，突然说市场经济了用不了你们了，你们该回家了，很难启齿，觉得那个时代形成这样的局面不是大家的责任，是我们体制的责任，是传统体制的问题，不应该让员工背负困难和牺牲。

今天的问题仍然是这样，智能化可以提高效率、减少用工，工人的成本也越来越高，很多地方招工也很困难。说来也奇怪，一方面，我们担心失业，政府今年也把就业摆在优先位置；另一方面，很多地方招不到工，很多人不愿意到工厂里做工人，也是一个现实。所以和当年比，今天最大的不同是当年如果把工人减掉，工人不知道去做什么，小部分人会到街上摆摊，绝大多数人就回家待着了，叫下岗待业。今天选择多了一些，尤其服务业的发展提供了更多的岗位和就业机会。智能化可能会使就业发生大的转变，过去大家是在车间里从事体力劳动，今后可能从事服务业偏多。

对于企业本身来说，我们会综合考虑企业和员工发展的最佳结合。比如产业链在延伸，产业在智能化，让企业从制造业向着制造服务业转化。这样可以让员工继续有工作做，只是从一些繁重的体力劳动中解脱出来，做得更多的是制造服务业的工作。

这个问题会得到很好的解决，会在过程中慢慢消化。过去机械化、电气化、自动化过程中，实际上都遇到过类似问题，慢慢被新的发展消纳了。

问： 面对就业结构调整的过程，发达国家是如何调整和应对的？

答： 前不久我怀着一种愿望去日本，看日本管理到底和过去有什么变化。到了日本丰田的皇冠生产线，我看到一个场景很惊讶，他们的工人都是二三十岁的年青人，没有老人，老人做不了，因为它的流水线看板管理都在快速工作，每一个人都必须保证完成在这个时间段装多少螺丝、装多少方向盘的任务，如果做不完就得立即停车，一停车全线停。每个工序都是设计好的，走几步、拿什么东西，非常有序。问题是这些人都不是大学毕业生，都是职业高中的毕业生。

智能化也做不到连方向盘、每个螺丝都能装。智能化解决什么呢？车身焊接不需要人操作了，几个机械手焊，但是后面组装线还需要很多人。需要的这些工人，不是大学毕业、研究生毕业，而是从技校毕业或中学毕业就来到工厂，成为生产线的操作人员。我常常想：中国工人能不能这样定向培养？大家总愿意大学毕业读研究生，无休止地往上读，但生产线也需要高级技术工人。

我跟德国一个企业家讨论过这个问题，我说德国职业化教育做得非常好，德国工匠精神就是建立在这样的基础上的。他跟我感慨，那是过去，现在的德国年青人也不都是这样，他们都去读大学，一线工人也很短缺。我们单位有一台日本车凌志，12年没有进过一次修理厂，日本的东西造得精益求精，他们一直在坚持工匠精神。德国有工业4.0，但工匠这一块变弱了，这是我观察到的一些现象。围绕着技工的培养，智能化不能全部取代工人，有些岗位仍需要训练有素的技术工人，怎么去看这些事情，怎么对待技工等，是我们要讨论的问题。

※ "快速切入一个新行业的方法：这个行业里有人成功了，我就迅速重组他，给予经营资金支持。"

问： 应对变化的另一个方法就是开拓新业务。如何判断企业进入的时机？

答： 做企业不赚钱就会死掉。企业常常思考，如果选择了一项新业务，应什么时候进入。其实看到这项新技术是一个方向，但要做起来就要前赴后继，不知道要经过多少时间。对一个企业来说，到底什么时候切入最好，这也是企业经常困惑的事情。如果企业早走十步，可能就成了"烈士"；但如果晚走了一步，也可能失去了机会。怎么才能做到恰当其时呢？

如果狭隘一点，站在企业的利益角度来看，我一般不会做第一个吃螃蟹的创新者，而是会考虑这项新技术有没有人做成功了，有没有人完成了一个循环，也就是说这项新技术有没有颠覆性的风险，这是我非常关注的。

比如有人做了碳纤维，是不是有这么个东西，是不是应用上了，合格率是不是达到了，这要很好地观察。当我了解到这个技术确确实实是成熟的，或者说没有颠覆性的风险，又适合中国建材的专业领域，我就会快速切入，同时必须量产，必须规模化。

问： 中国建材是如何快速切入的？

答： 我的方法说出来也挺简单的，就是要找一个行业里做这个的领先者，这个企业可能是第二、第三，没有成功，但是这个行业里有人成功了，我迅速地重组它，给予它经营资金支持，这样就会快速切入。因为切入一个新行业，要从零开始是非常难的，也没有这个必要。像我们做碳纤维也好，做电子玻璃也好，做太阳能薄膜电池也好，采用的都是这个方法，没有一个是白手起家的。如果从全社会来说，这个社会总有不少的创新者，他们在创新的过程中是前赴后继的，一个产品做出来是不容易的，有时成功的只是最后一个。

问： 也就是说，您会选择一个行业里面没有成功的领先创新者进行支持？

答： 对。因为创新者基本上要弹尽粮绝了，所以我选择一些能够成功的人，认为他做的方向是对的，我去支持一下，帮助他克服困难。德鲁克认为最好是当别人创新完成90%的时候你再切入。爱迪生做灯泡时，前面已经有好多人做了电灯泡了，但有很多问题没解决，爱迪生解决了后面的，也就是说前面可能有人做了90%的工作，爱迪生做了后面的10%，即使是后面的10%，他都做了6000次实验。我不是科学家，爱迪生进入的时间我不会进入。

在这样一个漫长的过程里，作为一个企业家什么时候进入？我可能等到爱迪生做不好时进入。爱迪生不会管理，只相信创新，只相信"科学家＋基金"就能做好企业，他做 GE① 做得不成功，后来被基金"踢"了出去。他忽视了企业家的作用，忽视了经营者的作用。如果让我讲这个故事，我会选择在爱迪生被"踢"出去之前找爱迪生，GE 就是我的了，就不是杰克·韦尔奇的了，这个故事就变化了。

做企业是个漫长的过程，不能着急，也不能冲动。有时我们会看到一些东西在发展，该进入时进入，不要失去机会。但我们也不能在成功遥遥无期时过早进入，把大量的财力和精力投入到里面。这就是经营之道。从大创新、人类进步角度来讲，这可能有点狭隘。但是从企业自身有限的财力和稳健发展来讲，这可能是个最好的选择。

问： 创新具有滞后性，或是因为没有经费支持，或是因为没有找到应用场景，或是因为不能实现量产。事实上，有很多好技术因为上述各种原因停滞了几十年。

答： 实际上很多新的技术都是由企业家推动的。比如我们老讲热力学的

---

① 美国通用电气公司，成立于1892年，2018年《财富》世界500强排行榜中位列第41位。

节流原理，气体在膨胀时吸热，压缩时放热，这样的原理大家早就发现了，但一直不知道怎么用，后来这一原理被应用在了冰箱上，再后来又被应用在了空调上。今天的格力①、海尔②，就是企业家投入把节流原理的发现变成一个个产品，产品应用到社会，企业赚了很多钱。企业从自身来讲，是想盈利、想赚钱的，但客观上促进了这个技术的发展，促进了这些创新的实现，促进了人类的进步。所以没有这些科学的创新不行，但是没有企业的投入也不行。

问： 创新的滞后性出现是因为没有形成一个生态，如何减少企业创新的盲目性呢？

答： 这其实也是个规律，即使我给大家讲了，大家也不会按我讲的在90%的时候切入。因为有的人很敏感，对成功很渴望，认为明天就成功了；而有的人判断可能是一年以后成功，还有的人判断十年以后，大家的判断会完全不同，所以人是多元的。比如赛跑时总有人抢跑，发令枪还没响就跑了起来，现实生活中也是这样，所以大家不用担心，宋总讲完了以后就没有人做1%、0.1%的创新，还会有的。因为前面有好多好多人做了贡献，最后成功的需要一个特别的机会，一个特别的环境和特别的人。马云的淘宝也是这样，1999年和2000年时，全国一股脑都做电子商务，我也做过，但大家没有坚持，马云坚持了下来，15年以后淘宝才成功。

我也常讲，2000年时为什么没有成功，因为那时没有移动终端，手机都是按键式的，没有平板手机，需要打开桌上的电脑看；那时也不能进行网上支付，缺了这些基本条件。马云一直坚持，当这些基本条件都成熟了，有手机、网上支付，还有第三方物流等都成熟了，这种商业模式就成功了。这种商业模式最早在美国出现，大家都觉得这真是一个未来，后来我们引入是对的。传统贸易是利用信息不对称，如果信息对称了，传统贸易就被颠覆了。当时大家都看到了这一点，我也看到了，那时也搞了一个中国建材总网，逻辑是没有错误的。但要实现

---

① 珠海格力电器股份有限公司。

② 海尔集团。

这个逻辑，还要有一些环境和手段。马云成功后常讲，他不懂电脑，只是搭建了一个平台而已，真正的核心专长是数据，核心能力是数据的处理。

减少创新的盲目性也很重要。尤其像我们这样的大企业，如何进入一个新业务领域？在进入新业务领域时，我们更像一个投资人进行选择，像风险投资基金，是专业的投资人。如果让我们做"电动车"，我们也能做出来，为什么呢？因为我们找那些会做的人，就把它做成了，但我们肯定不做。

※ **"企业能否壮大取决于做企业的格局够不够大，而企业能否攻坚克难则取决于企业所蕴含的能力。"**

问： 企业在每一个战略阶段都面临新的挑战，"打铁还需自身硬"，企业应该如何夯实基础以应对挑战？

答： 成功的企业总是把格局和能力建设考虑在先。我写过一篇文章，讲企业的格局和能力。企业的格局要大，其实格局就是站得高，看到全局性。过去我们老讲，"不谋全局者，不足以谋一域"，实际上也是讲的这个道理，就是要有更大的格局来看待事情。能力讲的是特殊能力，不是一般性经营能力。其实做企业的人，都要有一些特殊的东西，这些特殊的东西也是构成企业家品质的一部分。

企业格局主要反映在四个方面：第一，企业领导的认知格局，企业领导要见多识广，了解市场情况、行业走势、技术和商业模式的新变化，洞悉重大机遇，"读万卷书，行万里路，交四方友"；第二，企业的战略格局，不同的战略格局会带来不同的结果，制定战略既要锁定目标也要确定市场范围，应是明确目标后，缺什么找什么，而不是有什么做什么，像麦当劳和星巴克把生意做到世界各个角落，首先得益于全球化战略格局。小企业也可以有大格局，如隐形冠军企业都是以国际市场为目标市场；第三，企业的工作格局，企业怎样看待资源，怎样制定分配机制，怎样处理环保、安全和效益的关系，怎样面对竞争者等，这些都是格局问题；第四，还有处理复杂问题的格局，对待复杂问题要战略上藐视、战术上重视，站在问题之上、问题之外看问题，用历史的、发展的眼光看问题，学会把问题简单化，不要把问题长期化和复杂化，也不要眉毛胡子一把抓，要能纲举目张。一方面，认真解决处理好问题；另一方面，用发展解决问题，费过多精力在小问题上纠缠，不如腾出手来做些新业务，用新业务的成绩"以丰补欠"。做企业需要格局，格局越大，企业就越自信。

企业的特殊能力，要经过积累锻炼才能具备。我总结为五种特殊能力：一是捕抓力，指企业要善于发现并把握机遇，保持敏锐嗅觉，持续跟踪学习，失去机遇是最大的失误；二是整合力，指企业不应只有创造资源的能力，还要有整合资源的能力，不断提高资源利用效率；三是创新力，指企业的核心能力，不能持续创新的企业，再大也没有竞争力；四是承压力，指的是做企业会不停地遇到难题，要耐受住各种困苦，不拼到最后一刻绝不放弃，要有逆势而上的定力；五是复原力，指企业抗风险的能力和企业受到打击后的恢复和再生能力。许多企业成长过程中，都有过风险或走过麦城，有的一蹶不振轰然倒下，有的却置之死地而后生，有着超强的复原力。企业要把风险和困难当作成长过程，用我们的生命力和赋予企业的希望来渡过难关，这是企业最重要的特质。

中国企业的战略愿景是走向世界，要成为一流企业，就需要我们的企业家有更大的格局和更强的能力。

第二章
如何理解从管理到经营

- 聚焦经营
- 整合优化
- 以法求精
- 超越规模

现在我们不仅要有好的管理，更需要好的经营。管理是正确地做事，经营是做正确的事。

做企业要重视管理，优秀的企业大都有自己的一套"心法"。我所总结的主要就是中国建材的管理方法，日本人把管理方法叫作工法。我认为，现在我们不仅要有好的管理，更需要好的经营。

我在企业做过4年的技术员、10年的销售工作、10年的工厂厂长、17年的央企领导者，又担任几所大学经管学院的兼职教授，还是三届全国MBA教育指导委员会委员，请教过不少经济学家和管理学家，但是我仍然常常感到，要想把企业管理的事情真正说清楚不太容易。

中国建材的管理源于学习和实践。1997年我当北新厂长时，去日本产业进修者协会组织的培训班学习了一个月，回国后我写了一篇名为《浅谈日本企业的经营管理》的文章，思考日本企业是怎么管理、怎么转型的。这些思考对我在北新做厂长那10年非常重要，即使我今天做央企的董事长，包括企业管理、制度和创新的概念也是从那时开始树立的。我感到20多年前日本的许多问题我们今天正在面对，这些想法今天来看也有用处。

中国建材的"工法"都是从实践中来。我同意德鲁克的看法，讲管理就要从实践来讲。这些年来我们搞了整合优化，提炼了治理规范化、职能层级化、平台专业化、管理精细化、文化一体化的"格子化"管控，还实施了"八大工法""六星企业"等，提出了"三精管理"，成功解决了大规模重组与高速发展带来的管理挑战。现在我们已经和国际一流企业并肩赛跑，管理上也在赶超。

讲经营是一个大管理的思路，因为传统的管理理念对于今天的企业来说太窄了。现在全世界企业都面临新的挑战。前段时间我看新闻，在MBA发源地美国，全日制MBA课程的申请人数近年来出现了下降，排名靠前的艾奥瓦大学蒂皮商学院甚至决定停掉 MBA 项目，这表明传统的管理理念和培养体系正在遭受冲击。

德鲁克讲，管理是正确地做事，经营是做正确的事，这两者有很大的不同。管理处理的是人、机、物、料之间的关系，目标是提高效益；经营是面对不确定性，市场的变化、技术的创新、商业模式的变化，做出决定和选择，目标是提高效益。管理是眼睛向内，经营是眼睛向外。好的经营不仅要赚到钱，还要使企业能持续地发展。

所以我要求中国建材旗下企业的一把手，无论哪个单位都要从管理到经营，进行思维转换，就是要有重心的改变，把管理下移。企业一把手应该是个经营者，眼睛要向外，要看到变化，针对不确定性做出选择。诺基亚的总裁说他们什么也没做错，但是他们倒闭了。他讲的是什么意思？诺基亚手机有管理，没有经营，这就很难适应这个变化的时代。

从管理到经营，并不是说管理不重要了，管理还是基础，仍然是企业永恒的主题。有一次我去青岛的四方车辆厂，当时赵小刚还在南车①做一把手，我对他说："川崎的工厂我去看过，我一看你的工厂比他也差不多，我们现在不会输给他们了。"赵小刚跟我说："不是，我们现在还是形似神不似，我们现在停留在要我做，日本的企业是我要做，这就是区别。"我很认同这一点，要跻身世界一流，我们还需要一流的经营理念和管理方法，仍然需要一场自上而下触及灵魂的深刻变革。

01 **聚焦经营**

　　※ "管理是正确地做事，解决的是效率的问题。经营是做正确的事，解决的是效益的问题。企业一把手首先是一个经营者。"

　　问： 您多次讲到管理与经营的区别，您认为两者之间有什么区别和联系？

---

① 中国南车集团公司，前身是中国南方机车车辆工业集团公司。2015 年 3 月和中国北车合并，成立中国中车集团有限公司。

答： 我做过 10 年的厂长，后来又做了 17 年大型企业集团的领导者，对管理和经营研究得比较多，这几年我讲得也比较多。管理和经营实际上很难分开，经营里面有管理，管理里面蕴含着经营，但如果按照中国人的文字把两者区分一下，赋予它们各自侧重的一个理念，会让我们理解得更加清晰。

管理面对的主要是人、机、物、料之间的关系，是看得见、摸得着的。最早的管理是管人，工业革命初期主要是人的作业管理，为的是提高效率。即使今天去看日本丰田的生产组装线，还会看到当年泰勒科学管理①的景象，比如每名工人的工序、操作等。一路发展至今，管理的出发点没变，就是让人、机、物、料更好地配合，目标也没变，就是提高效率。管理学家法约尔②将企业的全部活动分为技术活动、商业活动、财务活动、安全活动、会计活动、管理活动这六种，并提出计划、组织、指挥、协调、控制作为企业行政管理的主要内容。泰勒提出例外原则，指出企业的高级管理人员把一般的日常事务授权给下级管理人员去处理，而自己只保留对例外事项即重要事项的决策和监督权。虽然他们已经意识到超出管理的技术、投资决策等经营问题，但在早期工业阶段，大都是卖方市场，技术相对低下、员工人数众多，在那种情况下，管理就是主要矛盾，只要能提高劳动效率、降低成本、保证质量，企业就可以生存和发展。

随着科技的进步和企业的发展，自动化、智能化大大提高了生产效率，生产线的工人越来越少，管理不再是主要矛盾。相反，企业在激烈的竞争中面对的不确定性越来越高，经营者如何在不确定性中研判和选择技术路线、市场策略、价格策略、商业模式等成为影响企业发展的主要矛盾。

拿我国水泥行业举例，20 多年前我国处于城市化和工业化早期，水泥产能只有 3 亿吨，处于市场紧缺阶段，而那时的技术也落后，有看火工、烧窑工等，一个日产 5000 吨的水泥工厂需要 2000 人左右。在那样的条件下，做好管理几乎就是企业活动的全部内容，那时的口号叫"眼睛向内、苦练内功"。而

---

① 弗雷德里克·温斯洛·泰勒，美国古典管理学家。泰勒认为科学管理的根本目的是谋求最高劳动生产率，重要手段是用科学化的、标准化的管理方法代替经验管理。

② 亨利·法约尔，古典管理理论的主要代表人之一，也是管理过程学派的创始人。

现在，整个市场是过剩市场，生产线也进入智能化时代，一条日产 5000 吨的生产线只需要 50 人左右，现场管理工作大大减少了，而且由于技术同质化，企业间的运营成本十分接近，因此，现在做企业的主要任务是面向市场，发现需求，选择销售策略，创新技术，细分产品，为顾客创造价值，从而占领市场、取得利润。

德鲁克很早意识到这个问题，他说，管理是正确地做事，解决的是效率的问题；经营是做正确的事，解决的是效益的问题。现在对于企业的一把手来讲，最重要的不再是管理，而是要把管理授权给别人去做，自己花更多的时间、精力去面对不确定性，这是别人无法取代的。这就是我现在经常跟大家讲的管理和经营的区别，管理是眼睛向内，经营是眼睛向外，企业一把手首先是一个经营者。我们先要做正确的事，然后再让大家正确地做事；如果我们做的事情选择错了，即使大家做得再正确也没用。

　　※ "经营之道就是赚钱之道，是做企业经营者最核心的东西，大家不要觉得俗，赚不到钱就谈不到创新、环境保护，也谈不到社会责任。"

问： 所以您认为经营是做正确的事，管理是正确地做事？

答： 是的，我前不久到瑞士会见了 80 多岁的德国雇主协会总会名誉主席迪特·洪德博士，他是给大公司做汽车车身配套的。我问了他一个问题："你做企业这么多年，觉得企业最重要的事情是什么？"他说是如何去做正确的事，如何能够让大家按照正确的想法去做事。他洞察到了本质。

世界上管理杰出的企业因经营失误轰然倒下的例子屡见不鲜。大家熟知的摩托罗拉就是这样，著名的"六西格玛管理"就是它创造的，但当年投资铱星电话的一个经营失误就使它一蹶不振。诺基亚公司倒闭时，诺基亚总裁说了一段引人深思的话，"好像我们什么也没做错，但我们倒闭了"。其实这句话发人深省，他认为一直是在正确地做事，但是在智能手机出现的时候，企业没有做出正确的选择，认为手机是通话的，没有必要拿手机解决上网的问题，所以就被颠覆了。企业在关键时刻没有做正确的事，即使有很好的工程师、实验室、工厂，甚至也有智能化的技术，但都没有用，最终也会失败。

如今我讲经营时讲得比较多的，是希望企业的一把手改变过去的观念。穿着工作服，深入一线，身上粘着油污，带着工人一起干活，那是早期工业时代企业一把手的形象，现在不行了。现在车间、矿井的一线，不再需要一把手带头干了，而是需要一把手时刻关注外界最新的变化，让企业做正确的事，因为一个错误的选择，企业可能就会有灭顶之灾。

经营是面对企业外部环境中不确定的东西，更多的是做决定和选择，目标是赚钱。作为企业一把手，必须学会赚钱的本领。经营之道就是赚钱之道，是做企业经营者最核心的东西。大家不要觉得俗，经营者的初心就是赚钱，赚不到钱就谈不到创新、环境保护，也谈不到社会责任。但是很多经营者在这个问题上是模糊的，把这件事先想清楚，我们就能够更正一系列错误的认识。

问： 您对于企业经营重要性的认知是从一开始担任企业领导者就有，还是因某个事件触发而感悟出来的？

答： 在过去隶属行政管理的情况下，虽然企业也讲效益，但更重要的是完成任务，让上级满意，那些年我个人总是羞于把"赚钱"两个字挂在嘴边。后来，我逐渐想明白了，如果企业不挣钱，怎么实现健康发展？怎么让职工安身立命？怎么获得投资者的理解和支持？怎么让国有资产保值增值？怎么承担社会责任？尤其是1997年北新建材上市之后，我的经营观念脱胎换骨，从过去追求"任务型"转化为追求"效益型"，把利润最大化作为做企业的根本目的。上市前我常以"社会人"自居，上市后作为上市公司的"掌门人"，必须首先成为一个"经济人"。在北新上市的头三年，我体会到市场配置资源实际上是资本以市场的取向和好恶进行选择，体会到必须得到股东的支持、给股东回报、追逐利润最大化。

2006年，我带着中国建材团队在香港成功上市，上市后的两年进行了10次路演，我可能是往华尔街跑得最勤的中国企业董事长了。我也领悟到，一方面，上市后资本市场的支持使企业能以低成本获得发展所需资金，促进企业的快速成长；另一方面，企业拿到资本市场的钱，意味着对市场的庄严承诺和高度责任，要与国内外优秀企业相比，要以对投资者的良好业绩回报为己任，这就迫使企业管理层要不断给自己"加码"、加压。我们的年度利润指标在很大程度上来自投资者的要求，投资者每年都会根据已有数据从技术层面给上市公司做出评价和提出指标。这些指标既考虑了外部客观因素，也考虑了企业内在条件，是海外成熟投资者主要的参考指标。如果企业能完成这些指标，就会赢得投资者的信赖；如果每次都完不成，就会被投资者抛弃。因此，我们要用高于投资者预期的优异业绩，打动投资者。这些都对我之后的企业经营观念产生了重要影响。

问： 在这个过程中，中国建材的下属企业领导者的经营观念是否也发生了相应的转变？

答： 刚到中国建材时我很忧虑，因为那时企业没有月度财务报表，下属企业的领导者也不清楚自己的年度经营指标。去下属企业时，我发现企业的员工着装、办公环境、厂区状况等都非常整洁，但企业负责人不提业绩。一是因为业绩不好，难以启齿；二是企业的指导思想有问题，效益观念缺乏。由于不会经营，有的长期亏损的企业甚至形成了亏损文化，觉得亏损了很正常。曾有企业一把手问我："北新建材上市后每年都赚钱吗？"我说："是呀，不赚钱怎么行呢？"后来才知道其管理的上市公司很少有年头在赚钱。带有这种亏损文化的干部怎能做一把手呢？另外，当时上级企业负责人到下属企业调研时，也往往是以领导的身份，关注点集中在管理层面，如现场管理、设备维护、质量控制等。这些根深蒂固的观念都应当被彻底改变。

做企业究竟是为什么，如果离开了效益，一切都谈不上。但长期以来，不少企业的导向出了问题，大家更多追求让上级满意和表观的东西，企业经营还停留于管理甚至是管制的概念，这是极不应该的。去下属企业调研座谈时，我会开门见山地说："我一不是领导，二不是官员，我是以出资人代表、股东的身份来提问的。请告诉我，你的企业资产负债率如何，净现金流有多少，投资回报率怎样，ROE（股本回报率）、EVA（经济附加值）是多少……"因为企业归根结底是个经济组织，要有效益和发展。作为经营者，首先要明白企业的根本任务就是提高经济效益，创造价值。

利润是经营出来的，财务只是对利润的真实归纳。每个经营者都要本着"利润、利润、利润"的原则做好日常经营工作，日常经营工作包括销售、采购价格、生产成本、质量等，只有把这些环节全方位做好才能增加企业利润。但如果经营者不到位，不能把绩效观传递到管理末梢，没有恰当的商业模式，整个系统不闭环，就不会产生利润。在企业价值的衡量标准中，获利能力是个重要的量化指标，即我们常讲的投资回报率。通过资产负债表、损益表和现金流量表这三张财务报表，一个企业的价值故事便可一览无余。任何企业都应从根本上转变观念，把全面提升企业价值作为根本任务，交出漂亮的财务报表，创造更多的经济效益。

※ "做企业领导也要诲人不倦，自己要不停地学习，不停地思考，然后不停地给大家讲道理。"

问： 您有没有想一些办法帮助中国建材的干部转变经营意识？

答： 我把"绩效"写进企业的核心价值观，引导经营者把创造效益作为首要目标。中国建材每个月都会有一个三段式的月度经营分析会。第一段是各企业汇报月度经营情况，主要是 KPI①，这是我们的数字化管理。中国企业大多对数字不敏感，愿意笼统地定性，而不愿意用数字定量，很多企业领导者不知道企业的销售收入是多少、利润率是多少、价格是多少等。这是不可以的，经营企业是要用数字表达的。第二段是集团总经理总结分析并安排部署下一步工作。第三段是我讲一些经营之道，包括经营进展、环境变化和下一步的经营思路。

中国建材干部都知道，我的管理是布道式管理，很少有惩罚、免职等，我说你们如果是"好学生"能听进去，可能就做得好一些；如果贪玩不愿意听，或者觉得自己更高明，那可能就会做得不好。因为我想一件事要无数次地想，

---

① Key Performance Indicator，即企业关键绩效指标。

很少有人像我那么深入地想。我非常赞成桥水基金创始人瑞·达利欧在《原则》一书中讲到的，企业家只有两种结局，一种是成功，另一种是成为精神病。是什么原因呢？企业家太偏执，正常人做不了，有无数次地思考的习惯的才有可能成为企业家，就像运动员要想成为奥林匹克运动会冠军，一定要经过无数次的训练。

为了让中国建材的干部完成这个转变，我在中国建材的会议上，无论是年会，还是月度经营分析会，都会和干部们谈经营之道，也就是赚钱之道。我常给干部们讲，我们的每次会都是EMBA①的高级课程。孔子说，"学而不厌，诲人不倦"，其实做企业领导也要诲人不倦，自己要不停地学习，不停地思考，然后不停地给大家讲道理。经过多年训练打磨，中国建材培养出一大批经营者。在中国建材的各个业务板块的一把手，80%的工作内容是经营，20%的工作内容是管理，因为作为一个成熟企业，管理是个基本功，大量管理工作已经由基层干部承担起来了，而经营工作却是别人无法替代的。

※ "领导者目前最重要的是重视企业外部的变化，主要任务是在不确定性中进行正确选择。当然不是说经营者就不关心管理，而是要把管理下移。"

问： 回到前面提到的经营与管理的区别与联系，您对中国企业的领导者有何建议？

答： 人、机、物、料是企业内部看得见摸得着的，所以在管理层面解决它们的问题，以提高效率实现最大化。新技术的应用、商业模式、市场环境的变化等，都是企业外部的，是不确定的。领导者目前最重要的是重视企业外部的变化，主要任务是在不确定性中进行正确选择。当然不是说不关心管理，而是要把管理下移，把更多精力放在经营层面上，这是我给大家的提醒。中国企业最初的管理是粗放的，或者说就没有管理，是历经40年改革开放一步一步

---

① Executive Master of Business Administration，即高级管理人员工商管理硕士。

学习完善的，包括当年学习日本的管理，学习欧美的管理，像管理十八法、TQC①、5S②、定置管理③、看板管理④等都是学习引进来的。改革开放到今天，中国企业在基础管理上应该说做得不错了，但是和日本企业相比还是有差距的。

问： 中国企业在管理方面确实与日本企业还存在一定的差距，我们仍然要重视管理工作，进一步提升管理水平。按照您的想法，是否企业领导者更需要树立大局观，进行"从管理到经营"的观念转变？

答： 是的，即使是有一定差距，我也认为企业领导者不要再死盯管理了，而是应该全力去做经营的工作，一定要对做什么做出正确选择。有的人一生就喜欢管理，他的位置已经变化了，变成一把手了，可是他还是把自己当成过去的厂长和车间主任，还迷恋过去的管理，喋喋不休地讲这些东西，听起来好像挺有道理，但是他错位了。

02 **整合优化**

※ "重组是最高级的经营活动，我们的重组有四个原则：重组的企业必须符合企业的战略，必须有协同效应，必须有潜在的利润，风险可控可承担。"

问： 您曾说过，"重组是最高级的经营活动"，从企业经营的角度，应该关注重组的哪些内容？

答： 重组有很多的内容，并不是说大家哗啦啦"揭竿而起"弄到一块儿就行了。基于经营之道，我们确立了重组的四个原则。

---

① Total Quality Control，全面质量管理是一种综合的、全面的经营管理方式和理念。
② 5S 现场管理法，即整理（Seiri）、整顿（Seiton）、清扫（Seiso）、清洁（Seiketsu）、素养（Shitsuke）。
③ 定置管理是对物的特定管理，目的是实现生产现场管理的规划化和科学化。
④ 看板管理方法是在同一道工序或者前后工序之间进行物流或信息流的传递。

第一，重组的企业必须符合集团的战略。战略里确确实实需要，比如它在核心利润区里，我们就会重组；如果不在，就不会。

第二，必须有协同效应。什么是协同效应？我们重组徐州海螺的时候，徐州也有一家中国建材的企业，跟徐州海螺在竞争，在打价格战，如果两家继续打下去，都会亏损。中国建材重组了徐州海螺之后，市场价格稳定了，下半年就多赚了3亿多元，这就叫协同效应。所以重组的时候，资本市场会问是否有协同效应，协同效应不光指被重组的这个企业，也包括发起重组的企业自身原有利益的增长。重组很多时候是在考虑协同效应，这也是非常重要的。

第三，要有潜在的利润，必须有效益。重组不是为了大，归根到底是要赚钱。我们重组的时候，这些企业都在打价格战，苦不堪言，基本都是亏损的，这个时候就像买股票一样抄底进入，这是重组的好时机。重组前需要认真研究，一定是重组以后有利可图，而且是有显而易见的利益，这样才能去做。

第四，风险可控可承担。重组不可能没有风险，但风险应该是可控的。这么多年我们在处理风险上花了不少工夫。中国企业说要防控风险，不要发生风险，事实上这是做不到的。西方人叫风险管理，认为风险和利润是双刃剑，利润是平抑风险的边际，甚至风险越大利润越大，风险越小利润越小，这符合市场经济的逻辑。我们要研究的不是有没有风险，而是风险发生了是不是可控、可承担。如果发生了风险以后，一下子火烧连营，把整个集团给搞垮了，这种风险是要坚决避免的。我以前写博士论文时就想写如何防范风险，但我发现西方人讲的风险跟我们讲的不一样，大家看法不一致，后来就换了一个题目。西方人讲得多的是自然风险，比如偶发式风险，这类风险是可以通过保险来保障的。而中国人讲的风险，绝大多数指的是经营中的风险，西方人认为这类风险是很难避免的。在经营中，任何经营体既有盈利的可能，也有亏损的可能。重组过程中我们要防控的风险是指不可控的、承担不了的风险。比如我们在香港上市时写的招股说明书，100页中总有十几页是要披露风险的，风险披露得越全，说明我们对风险的认识越足，股民越愿意买我们的股票。如果说做这件事一点风险都没有，投资者是不敢买我们的股票的，觉得风险披露得不充分，也就是经营者对风险的认识不足，对此大家会非常谨慎。

重组的这四个原则对企业经营非常重要。然后在重组过程中，实际上遇到最难的是整合，这么一大堆企业进来了，如果整合不好，肯定是一团乱麻，重组的企业越多，脖子上的"绞索"就会越多。

※ "一个集团应该对企业实施'格子化'管控，'格子化'管控是我们的一种工法，就是把每一个企业放在一个小格里，规范好每一个企业，避免企业管理的混乱。"

问： 中国建材完成了那么多企业的重组，是怎么整合在一起，做到多而不乱、管理有序的？

答： 这个问题已经被问到很多遍了，国资委领导、社会投资者，甚至是企业内部的干部员工都问过我这个问题。答案很简单，其实只要找到一套适应企业经营发展的管控模式，事情就好办了。管控模式多种多样，而我的办法是进行"格子化"管控。说到这，我就想起以前我奶奶蒸发糕时，中间用箅子隔开；还有给小孩子买的巧克力，都是用格子分开，这样，黑巧克力、白巧克力、牛奶巧克力就不会黏在一起。企业也是一样，一个集团应该对企业实施"格子化"管控，各个企业分别是做什么的都应该区分开，我研究的这套"格子化"管控就是把每一个企业放在一个小格里，规范好每一个企业，避免企业管理的混乱。"格子化"管控包含以下五个方面。

第一，治理规范化。现在不管是几级企业，都是有限公司，都是按《公司法》注册的，都要建立规范的法人治理结构，包括董事会、监事会、管理层在内的一整套规范的治理体系。上面是有限公司，下面还是有限公司，不再是简单的上下级，所以得靠治理规范化。

第二，职能层级化。把集团分成三个层级，进行分层次的目标管理，明晰不同层级有不同的职能。这是很传统的管理理论，也是非常有用的。集团和股份公司是决策中心，不从事生产经营，只负责战略管理、资源管理和投资决策。业务平台是利润中心，任务是把握市场，及时掌握产品的变化、价格的走向，积极促进市场稳定，提高市场话语权和控制力，推动产品更新换代。工厂是成本中心，任务是研究在生产过程中如何把成本降到最低。我老讲，在集团层面需要投资高手，做高质量的投资；在业务平台层面需要市场能手，主要解决盈利的问题；在工厂里需要成本杀手，主要是控制成本，这样就不会打乱仗。三个层级里每一层、每一项职能都很重要，并不是投资高手最高级，而成本杀手不高级，要消除这些误解。

第三，平台专业化。中国建材相当于体委，旗下每一个平台公司相当于篮球队、足球队、排球队、乒乓球队，都是专业化的，要么做水泥，要么做玻璃，要么做石膏板，要么做碳纤维，只能做一个专业，不允许平台公司是综合性的，什么都做。我跟干部们讲，中国建材只需要专业队，不需要多面手，大家把一方面做好就不错了，如果专业都打不赢，多面手肯定更做不好。所以在中国建材里全是专业平台，没有北方建材、南方建材，一定是北方水泥、南方水泥，一定要专业化，把业务做到极致。今天的竞争异常激烈，是专业对手和专业对手的竞争，只有专注才能形成更强的竞争力。

第四，管理精细化。管理精细化指的是强化精细管理，核心是数字化。中国建材每个月召开经营分析会，企业一把手每人几分钟汇报 KPI。中国建材的干部压力会比较大，KPI 得倒背如流。过去国有企业中绝大多数干部讲数字不太准确，但今天做企业就是无数数字的堆积，如果搞不清楚数字，就很难搞好管理和经营。为了克服大家对数字不敏感的问题，我从北新开始，到中国建材，都是要求大家生活在数字里，赚了赔了都要说道说道。还有像中国建材重组的水泥厂、商品混凝土厂大都来自民营企业，机制虽灵活，但管理上并不完全到位，重组后集团通过推广一系列先进的管理方法，降低成本、规范内控、稳定价格，帮助它们实现效益最大化。所以说机制不能代替管理，管理还要靠学习、靠实践、靠反复对标、靠数字化训练、靠积累经验、靠建立制度等。

第五，文化一体化。文化一体化指的是一个企业必须有上下一致的文化和统一的价值观。如果集团内各企业各唱各的调、各吹各的号，随着企业的盘子越来越大、加盟的公司越来越多，企业就会越发危险。联想创始人柳传志就要求四个字——"入模""复盘"，入模就是得认同联想的文化；复盘就是做完一件事，再检查一次。围棋和象棋都有复盘，因为有时候你赢了，可能是你水平高，也可能是对方走了一步错棋，所以不是赢了就完了，要复盘一下，总结、归纳才能提高。华为创始人任正非也是四个字"认同""分钱"，认同就是要认同华为的文化；分钱就是分配，他认为分好钱才能多挣钱，分不好钱，钱就没了。无论是联想，还是华为，它们都有一个核心，就是对文化的认同，这是非常重要的。

※ **"企业管理要有一些原则立场，三个职能分层就是原则立场，要切分得很清晰。"**

问： 职能层级化讲到了管理层级和各自不同的职能，在实际执行过程中，三个职能层级会不会出现交叉和冲突？是更有利于授权还是不利于授权？您是用怎样的管理手段来处理的？

答： 企业管理要有一些原则立场，三个职能层级就是原则立场，要切分得很清晰，不能商量，不应该有过多的交叉。关于授权，在"格子化"管控里，不同层级的职能是不同的，我们按照职能进行授权。我们按照《公司法》注册，大大小小都是公司，分厂制并不多，因为地方政府要求在当地纳税，所以地方的水泥厂都是水泥公司，是公司就有章程，甚至还有董事会，也有的是执行董事。虽然大家都是公司，都有决策机构，但我们把下属公司的职能做了分配。比如南方水泥是利润中心，集采集销、市场价格就授权给它，但投资的权力还是在集团；南方水泥下面的工厂是成本中心，给它的授权只能是成本的控制，它在生产作业方面有权力，但不能参与市场，在产品的价格、采购方面它是没有权力的，甚至也没有销售的权力。在现代企业制度下，我们把决策中心、利润中心和成本中心的职能讲得很清楚。这就是职能和授权的确定，是非常重要的。企业管理就像窗户纸，一定要捅破，要把话给大家说清楚。

问： 投资决策中心进行决策时，这个过程中利润中心和成本中心的基层管理人员能不能参与到决策里来，提供一些相应的信息？

答： 是可以的。刚才谈到工厂是成本中心，管理人员对于工厂的发展是有思考和建议的，但是没有权力决策。比如水泥厂想搞"水泥＋"业务，要建设一座商混站或建一条骨料线，需要先上报到利润平台，利润平台经过研究再上报到投资决策中心，最后由决策中心来决策。利润平台也是如此，虽然价格由利润平台来定，但集团决策层面可以对价格给予指导。三个中心的权力是清晰明确的，但也是可以自下而上或自上而下沟通互动的，集团的月度经营分析会就是研究这些事。

我们的工厂大都是大工厂，每一个都有几十亿元的投资，而且每个工厂的干部都有做大企业的想法，甚至以前也制定过一些不切实际的指标和扩张的计划，可如果那样做就全乱套了。集团就让他们放下"武器"，全部分好层级，明确各自的权力，让干部们集中心思做好自己的事。

全集团也是收支两条线，生产运营的资金和投资的资金是两条线，不能相互挪用。过去工厂是自成系统，进入中国建材后，就不能再做投资，甚至也不让卖东西了，主要的任务就是生产，这也有一个思想转化的过程。很多跨国公司也是这样，投资50万元的权力都不一定有，因为投资是总部的权力，但运营项下上亿元都可以动用。把运营的资金拿去投资，这也是不被允许的。

问： 您刚才提到了两类权力的管控，一是运营权，一是投资权，具体是怎么规定的？为什么？

答： 在投资方面中国建材是完全限制的，必须报上来审批。但工厂里的一些大修理、一些技改升级的决定权，我们下放给了平台公司，从折旧里出钱。坦率地讲，修理、技改算不上投资，偏向运营多些。

为什么中国建材把这个看得很重要？因为大企业乱就乱在两个地方：一是行权乱，不知道该听谁的了；二是投资乱，各企业都想要投资权，一旦放松一点，就可能会越投越多，最后不知道自己有多少企业，就控制不住了，这恰恰是很多大集团崩盘的原因。

中国建材底子薄，并没有多少铺底资本金，这种情况下，盲目的扩张有极大的风险。这么多年，我们的"格子化"管控起了很大作用，限制了盲目扩张。当然这些年中国建材依靠联合重组发展得非常快，扩张得也非常快，这是中国建材的一大特色，但这个扩张是规范有序的，是在严格控制和管理下进行的，而非盲目的扩张。

问： "格子化"管控模式从五个方面实现了重组企业的有效整合，这套模式值得深入学习。以管理精细化为例，中国建材对于提升重组企业的管理水平有没有一些具体措施？

答： 这么多的企业，而且都是重组而来的，管理水平可以说是参差不齐，要让他们短时间内出效益，必须对其进行整合优化。我采取的是辅导员制，这是整合优化的一种有效方法，是跟日本人学的。我有一天在飞机上看《哈佛商业评论》，里面专门讲了"辅导员制"。丰田汽车的质量跟国别无关，无论是中国的，还是非洲的，只要是丰田的汽车，质量都是一样的。其他的汽车公司就不是这样，在德国可能造得好，在中国可能造得不好。什么原因呢？文章分析，因为丰田有个辅导员制，有 3000 多位辅导员。比如在中国天津建设丰田汽车厂，他们会派 300 位辅导员来，跟中国的工人一起干，待中国工人完全会了他们才走，确保每一个工厂都是一样的复制，管理的方法也都是一致的。这个做法在整合的时候就很重要，中国建材重组时也用了辅导员制。比如我们接收泰安的泰山水泥，这个厂原来是新汶矿务局下属的，他们自己做时上半年亏了 6000 万元，后来我们接收之后派了 5 位辅导员过去，同样的装备，还是原来那些员工，下半年就赚了 7000 万元。再比如我们在内蒙古的乌兰察布水泥厂原来是当地电力局的，连年亏损，派驻辅导员后，迅速止血、造血，转变为盈利企业。

※ "'辅导员制'能'点石成金'，辅导员去了以后，进行对标优化，通过一系列的整合，改造提升企业。"

问： "辅导员制"起到了对标优化的作用吗？

答： 是的，"辅导员制"能"点石成金"。我们派出的 5 位辅导员去了以后，就会跟好的模板进行对标，对工厂的管理等各方面提出新要求，改变了大家的一些做法，很多企业一开始的做法就是错误的，但是没有人纠正，自己也不知道是错的，因为没有对标。辅导员去了以后，进行对标优化，告诉他们应该这样做，通过一系列的整合，改造提升企业。

问： "辅导员制"是如何运作的呢？他们的权威性是由谁赋予的呢？

答： 辅导员制度并不复杂。一是选拔和任用，辅导员是在管理好的标杆工厂里培养出来的，他们可能是生产线上的工人，也可能是中控室的操作员，总之他们都有丰富的优秀经验。二是培训，通过培训，辅导员们会系统了解自身的工作任务和权责界限，提高解决实际问题的能力。三是组成辅导小组，派驻企业。辅导员小组一般由5位专家组成，分别负责工艺、控制室（主控室）、采购、市场、现场装备管理等事务。当然针对不同的重组企业，辅导员小组构成也会相应调整。

但是有一点值得注意的就是，这些辅导员派驻之后，并不取代原有企业人员开展日常生产经营工作，而是帮助企业分析解决重点难点问题，建立起长效机制，等派驻的工厂得到健康提升后，这些辅导员还得撤回到原来单位。

其实辅导员是平台公司选拔派驻的，他们的权威性也是平台公司赋予的。比如中国联合水泥培养的辅导员调到新接收的企业或比较差的企业里，他的权威就是中国联合水泥赋予的。

问： 辅导员小组的5位专家就让原来亏损几千万元的企业，短时间内盈利几千万元，辅导员的激励措施是如何设定的？有没有根据工作绩效来进行奖励？

答： 其实奖励也不高。在工厂里达到辅导员的水平的员工，会得到500元象征性津贴。当时辅导员制之所以能够成功，并不是因为辅导员有多高的待遇，而是我们给了辅导员实现自我价值的平台。一些本来可能要在车间干一辈子的普通员工，因为做了辅导员，就可以跨越大半个中国，到另一个工厂传道授业、获得尊重，这本身就是一种自我价值的实现。在企业管理中，收入待遇固然重要，但能创造兴趣更重要，要让大家活学管理、乐在其中，而不是成为额外负担。过去我们总说交流经验，辅导员制比交流经验更高一个层次，这种制度让辅导员更有责任感、荣誉感、成就感，这也是管理兴趣化的一种实践。

当然你讲的这个激励措施也很对，现在我们在搞机制革命，探索超额利润分红，应该给辅导员激励。但是这个辅导员制是前些年大规模重组的时候，在被重组企业里起了很大的作用，现在重组企业不多了，企业都比较均衡了。丰田的辅导员也是在建新厂的时候会派一些，当发展成熟时就不是太重要了。

问： 辅导员制重要且有效，您刚才也总结了它的应用场景。

答： 是的，这个制度尤其有利于收购、兼并、复制的时候，有利于好的经验的传播，不然怎么对标、尺子是什么、工厂里到底该怎么做、做得对不对，这些都是要解决的。

问： 国药在重组的时候是不是也使用了辅导员制？

答： 没有。国药是进行了分销网络的重组，在全国地级市前三名的药店里选择一个进入，形成全国的医药配送网。国药也有生产企业，但是很少，主要是物流流通。国药听起来是药，但是制造业板块不大，还有中药、疫苗等，占90%的是医药分销网，所以就没有做辅导员制。

问： 国药重组整合跟中国建材看似不太一样，它的整合又是怎么成功实施的？

答： 国药是分销体系，各地是销售公司，我们建立了一些中心库，把物流中心与其嫁接起来。这些销售公司按照七三模式，给原来创业者30%的股份，国药拥有70%的股份，迅速建立起来，然后再发展下线。比如我们先在河北石家庄发展省级公司，再发展承德、保定等地级市，每个地方都得有我们的公司，国药是这样发展起来的。主要覆盖医院，所有的医院都应该有国药的销售人员，国药是按这个思路做的。

※ "就像袁隆平选稻种一样，从大量的稻子中选一个好的稻种，集团也会在众多企业中优中选优，不断发现并推广优秀的管理经验与方法，并迅速在同类企业内推广复制，从而实现整个系统的不断改善、不断优化。"

问： 用的也是对标的方法、优化的方法吗？

答： 是的。对标优化就是反复地优中选优，具有集团效应，是自身不断提升的优势和动力。国药内部大家互相学习，过去没有被重组时，石家庄和郑州的企业相互之间没关系，没法学习；但现在进入同一个体系之后就有关系了，彼此之间就会交流，就会把好的方法复制给大家。中国建材也是跟内外部企业开展对标，逐步优化业务指标。对外要跟别的企业对标，到底谁做得最好，就跟谁对标。集团内部也对标，把做得最好的选出来，就像袁隆平选稻种一样，从大量的稻子中选一个最好的稻种，再去培育更多的更好的稻种。当众多管理方法放在一起时，就会发现谁更优秀。集团在众多企业中优中选优，不断发现并推广优秀的管理经验与方法，并迅速在同类企业内推广复制，从而实现整个系统的不断改善、不断优化。

※ "对集团内部来讲，在对标优化的带动下，伯乐相马就变成赛场赛马，既是一种激励，又是一种鞭策，大家你追我赶，互相学习借鉴，也就形成了比学赶帮超的良好氛围。"

问： 这是大集团的优势吗？

答： 对。这个优势是单个企业所没有的，所以单个企业和一个集团竞争是非常困难的。对集团内部来讲，在对标优化的带动下，伯乐相马就变成赛场赛马，哪家企业有节支降耗的好做法，其他成员企业就会快速借鉴并复制；哪家企业做得不好，就会成为"帮扶对象"。在这样的参照之下，既是一种激励，又是一种鞭策，大家你追我赶，互相学习借鉴，也就形成了比学赶帮超的良好氛围。在这种氛围里，有些进入中国建材的民企负责人就很感慨，在中国建材干活，"脸"比"钱"更重要。这也是学习型组织的一种表现。学习型组织并不是一人拿一本书，也不是人人都去读 MBA。学习型组织涉及组织动力学，是组织内部之间进行的一种互动学习、团队学习。

问： 两材重组让中国建材成为名副其实的行业"巨无霸"，在如此规模下，大集团的优势是不是更加明显？

答： 是的。两材重组不只是让中国建材成为世界最大的建材制造商和综合服务商，关键的是原中国建材和原中材集团同根同源，业务互补性非常强，协同效应和叠加优势非常大。央企中有不少业务同质化企业，以前是为了提倡企业之间的竞争，部委企业在脱钩时，总要构建两个以上的集团公司，这些年的竞争也确实促进了这些公司的发展。随着企业发展和国际化进程，同为国资委管理的企业，大家在海内外市场展开激烈的价格竞争，这不合逻辑，但埋怨哪一家企业好像都不对。2014 年，我从国药卸任后，根据上级领导的指示，主动推动两材重组。从两材来看，由于分开经营十多年，竞争中难免有些矛盾，而且由于重组涉及大量企业和人员，所以重组难度相当大。我和原中材集团的领导多次深谈，制定了详细的重组方案，每个环节都想得很细致。结束两家长期恶性竞争的局面，组建一家世界级建材航母，是我们共同的梦想，也是上级部门在深化国企改革、打造世界一流企业、推进供给侧结构性改革、贯彻"一带一路"倡议等多方面综合考量的决定。

※ "纵观全球成功的重组，都不是简单的物理混合，不是把企业、人员、设备组合在一起就行了，而是要产生化学反应，重组的企业一定要深度融合。"

问： 两材重组已经近三年了，从集团内部到国资委、到资本市场、再到社会各界，评价都很高，您认为整合的主要经验是什么？

答： 纵观全球成功的重组，都不是简单的物理混合，不是把企业、人员、设备组合在一起就行了，而是要产生化学反应，重组的企业一定要深度融合。就好比烧菜，土豆、萝卜、白菜不能简单堆放在一起，而是要把它们做成一锅好菜。你中有我，我中有你。因此，更为关键的是重组后的整合，而整合是一件非常难的工作，也是一项系统性的工程，需要确定非常清晰的思路。我们主要是确定了三个方面：一是资源优化，就是如何让两材企业这么多的资源更加优化，提高企业自身整体的竞争力和经济效益，这是核心思想。二是市场整合，如何让国内、国际建材市场更加规范化，避免无序恶性竞争，降低单位成本，提高运行效率，这是整合的应有之义。三是通过整合如何真正实现"1＋1＞2"的效果，最终目标是提质升级参与国际竞争。思路和方向是非常清晰的。

问： 请问是如何逐步推进的？

答： 前面讲到了，两材是同根同源，重组是大势所趋、民心所向、水到渠成的事情，大家都知道合并是好事，无论是对企业，还是对员工，都是有利的。整个重组可以说是"润物细无声"地推进，大家都同心同德，两股绳拧成一股绳，两家人成为一家人。也是在全体员工的共同努力下，重组整合确实达到了协同叠加效果，实现了公司的整合再造。经营效益方面，2016 年重组当年利润总额 81 亿元、实现了开门红，2017 年利润总额 151 亿元，2018 年利润总额 207 亿元。新材料业务也异军突起，包括高性能碳纤维、超薄电子玻璃、铜铟镓硒和碲化镉薄膜太阳能电池、锂电池隔膜、高精工业陶瓷等新材料实现量产。"一带一路"建设方面，凭借先进技术、优势产能和优质建材，成为我国实业"走出去"的国家名片。

问： 两材重组是涉及 1000 多家下属企业、20 万人的超大规模整合，采取了哪些具体措施？

答： 我们的深度整合可总结为"四大优化、六大整合"。"四大优化"主要是集团层面。第一，优化战略规划。我在讲战略时已经讲过了，我们迅速确定了"一个目标、三大战略、六大平台和三条曲线"，这为后续发展指明了方向。第二，优化总部机构，由原两材的 27 个整合为 12 个，人员由 269 人调整为不到 150 人，保持了机构精简、人员精干。这项工作涉及部门设置、人员安排、办公室布置等大量具体工作，而我们在一个月之内就全部完成了。第三，优化二级平台，两个月内就完成了二级平台搭建，由原两材的 33 家整合为 13 家，现在已经整合到 10 家。第四，优化制度体系。我们建立了协调良好、运作有效的董事会、党委会、经理办公会、职代会协调机制，建立起有效高效的会议制度和管理制度。此外还全面梳理、补充和修订了管理制度和工作流程，使得重组后的管理和工作流程有章可循。

问： "六大整合"是更加具体到业务层面吗？又有哪些内容呢？

答： 是的。"六大整合"主要指业务层面。

品牌文化整合对于重组至关重要。在两材文化基础上，我们确立了八字核心价值观和八字行为准则①，沿用了中国建材 CNBM 标识，统一发布了企业标识识别手册，在集团进行宣贯，实现了完全统一。现在大家到集团所属企业调研时，都会感受到集团上下一心，经营理念和文化高度融合。

组织板块整合主要是按照业务归核化思路，每家子公司都围绕核心业务形成一个大的产业，争取做到全球前三，同时多种方式整合好同质化业务，提高资本运营与重组整合能力，把上市公司价值做大。

水泥业务整合力度很大，定期召集 9 家水泥平台公司进行专题工作会，带动水泥行业集中度提升至 63%。同时，共同做好错峰限产、环保限产等供给侧结构性改革工作，成为维护行业健康发展的中流砥柱。

国际工程业务整合方面，我们明确了"划分区域市场、精耕细作根据地、开展适度多元的工程服务"三项要求，定期召集 14 家工程服务公司进行专题工作会，让大家相互借鉴、深入交流、扎实开展合作。从效果来看，整合工程公司的技术、品牌和渠道等资源，在国内、国际两个市场产生了良好的协同效应，明显提升了企业的经济效益。

再者就是产融整合，重点是防范化解金融风险。中国建材一路重组成长起来，负债总体偏高，两材重组后，我们有了自己的财务公司，提高了企业资金归集度，降低了资产负债率，保护了资金链安全，提升了抗击金融风险的能

---

① 八字核心价值观是创新、绩效、和谐、责任，八字行为准则是敬畏、感恩、谦恭、得体。

力。同时我们与 8 家银行合作共获近 4000 亿元授信支持，与中国农业银行、交通银行签订 400 亿元市场化债转股协议，设立了 800 亿元产业发展基金，这些都极大支持了集团新业务形态的培育和发展。

最后是产研整合。重组后集团有 26 家国家级科研设计院所和 3.8 万名科技研发人员，科技创新资源优势更加凸显。我们在集团层面进行了统一部署，以中国建材总院、蚌埠院①、南玻院②、工陶院③为平台，打造行业"中央研究院"，加大重点领域技术投入，为集团产业板块提供强有力的技术支持。

问："四大优化、六大整合"工作量十分巨大繁杂，如何实现协同优化？

答： 在具体操作上，我们采取了分层分段"三步走"方略，就是集团层面（大两材）、港股公司（小两材）和业务板块（A 股公司）。这三步之间既相互独立，又有所重叠，逐层深入、环环相扣，这样很好地解决了上市公司整合操作难度大、业务板块存在同业竞争等问题。从进展来看，我们前两步已经圆满完成，正在扎实推进第三步 A 股业务板块的整合。我们现在有上市公司 14 家，其中境外上市公司 2 家，A 股公司 12 家，这些都是我们非常优质的资源，所以第三步的整合优化对集团发展非常重要。

问： 您为什么把整合第二步"小两材合并"称为"复兴号"？

答： 取这个名字的时候，我内心是有期待的。两材刚上市的时候，股价都很高，大家都心怀希望和憧憬，但是中间这些年，两家股价一度都很低。我希望，合并后的新公司能努力降低管理成本、减少管理层级，实现集中管理、降本增效、有效协同，让三足鼎立业务格局更加清晰。我觉得，新的中国建材股份会以小两材合并为契机迎来一场复兴，提高股价，提升融资功能，成为资本市场的绩优股，开启发展新纪元，持续推动集团和行业健康发展。实践也证明了我的期待，"小两材合并"获得投资者支持，2018 年 5 月，合并后的新中

---

① 中建材蚌埠玻璃工业设计研究院有限公司，简称"蚌埠院"。
② 南京玻璃纤维研究设计院有限公司，简称"南玻院"。
③ 山东工业陶瓷研究设计院有限公司，简称"工陶院"。

国建材股份有限公司 H 股正式在香港联交所上市交易。公司不久前发布的2018年业绩公告显示，发展质量和经营业绩实现了双提升。这些都是大集团协同优化的优势。

03 以法求精

> ※ "从管理到经营，并不是说管理不重要了，管理还是基础，仍然是企业永恒的主题。"

问： 企业领导者"从管理到经营"转变观念，并不代表企业的管理不重要。您是如何看待管理的作用的？

答： 其实我是热衷于管理的，以前对管理也很痴迷，因为我做过 10 年工厂厂长，是个有管理经历的人。我讲经营重要，是说企业一把手需要眼睛向外，不要一天到晚沉醉在过去的管理里，应该把管理交给年青人、交给现场的那些人，并不是说管理不重要了，管理仍是企业永恒的主题。我认为做企业有"三大法宝"：管理、机制和企业家精神。管理还是基础，仍然是企业永恒的主题，只有起点，没有终点。我们还是要扎扎实实地苦练管理内功，持续提升管理水平，强化管控防范风险，确保企业健康运营，不能"按下葫芦浮起瓢"。

> ※ "管理就像是拧螺丝，要一点点拧，最后才能够拧紧。"

问： 您担任北新建材厂长时，是如何提升公司的管理水平的？

答： 我主张学习日本企业管理，包括安全管理、质量管理。北新建材比较早地引入了 ISO9000 质量认证体系，当时该体系在国内刚刚开始。我说要做就不糊弄，不能随便找一家认证公司糊弄着把证书拿到，而实际上并没有根本改变。当时我们是引进一家国际公司来认证，虽然看起来是质量认证体系，实际上可以让企业管理更加全面、更加规范。后来北新又引进了 ISO14000，还学习了日本的 5S、TQC、定置管理等管理方法。

管理就像是拧螺丝，要一点点拧，最后才能够拧紧。接受了管理理念的人，如果让他从一个管理好的企业到一个管理脏乱差的企业去，他就受不了。其实我对马斯洛需求层次①、霍桑实验②等对人行为的影响研究都很感兴趣，我也相信组织行为学里通过实践归纳出来的一些结论。好的思想会改变环境，好的环境实际上也可以改变人的行为，比如到五星级饭店里，你肯定不会随地吐痰。

※"管理并不复杂，也不高深，就是把平时认可的那些尝试，归纳成一些方法。"

问： 按照社会学观点，制度影响行动者的心智结构，从而对其行为进行限制与造就；同时个人行为的能动性又能带动改变，涌现出新制度。

答： 是的，我在工厂里做了 10 年厂长，当时的北新建材不敢说是全国最好的工厂，至少在建材行业里是最好的、最漂亮的，无论是绿化、道路，还是厂房、车间，甚至洗手间都非常干净，从里到外透射的还是企业经营者心中的理念。我在北新的管理，包括现场管理、质量管理、作业管理等，基本上都是学习日本，我也让干部们去日本学习日本企业的管理工法。日本的管理，一是对标，谁做得好就向谁学习；二是工法，研究出很多方法。今天我们到日本企业会发现，日本 30 年、40 年前的方法在车间里还在持续使用，包括 PDCA 循环③、看板管理、TQC 等。管理其实并不复杂，也不高深，就是把平时认可的那些尝试，归纳成一些方法。中国建材就是有一些管理工法，比如"八大工法""六星企业"等。

---

① 马斯洛需求层次理论将人类需求像阶梯一样从低到高按层次分为五种，分别是：生理需求、安全需求、社交需求、尊重需求和自我实现需求。
② 霍桑实验是为研究工作条件、社会因素与生产效率之间的关系，探求提高劳动生产率的途径而进行的实验。
③ PDCA 循环又称戴明环，其含义是将质量管理分为四个阶段，即计划（Plan）、执行（Do）、检查（Check）、处理（Act）。

问： 您能详细介绍一下中国建材的"八大工法"吗？

答： "八大工法"是我们这些年来在管理整合实践中归纳总结的管理经验，或者说是我们的武功秘籍，内容包括五集中、KPI 管理、零库存、辅导员制、对标优化、价本利、核心利润区和市场竞合。"八大工法"是一套综合的工法，里面既有生产管理，也有外部经营，既有内控成本，又有外抓市场。其中，五集中、KPI 管理、零库存、对标优化和辅导员制属于内部管理；价本利、核心利润区和市场竞合属于外部市场建设，侧重的是对行业价值的重构和竞争生态的重塑。

"五集中"是指市场营销集中、采购集中、财务集中、投资决策集中、技术集中，主要是针对重组企业过去各自为战，采购、销售、融资成本都很高，技术资源不全面，管理基础参差不齐，还存在市场交叉、内部竞争等隐患，对症下药，将重组进入的企业聚合为一个整体，解决组织的负外部性，实现规模效益、协同效益。

KPI 管理是中国建材的一大特色，就是关键指标的数字化管理，用数字说话，前面已经讲过了。

零库存是学习借鉴了日本丰田适时生产 JIT[①]，我们是将原燃材料、备品备件、产成品库存降至最低限，并加快周转速度，从而减少资金占用，避免资源浪费，降低生产成本。

对标优化和辅导员制，前面都讲过了。

价本利是我们提出来的，是一种新的经营理念，是与"量本利"相对的一种经营模式，不同于我们常说的"薄利多销"，而是围绕"稳价"、以销定产、降本增效，维护区域市场供需平衡。

核心利润区是我们在重组水泥时提出的，就是细分市场，针对某一区域提高产业集中度，增强在区域市场的话语权。

市场竞合是一种新市场竞争的理念，就是在市场中，竞争不是零和博弈，

---

① 适时生产 JIT 是保持物质流和信息流在生产中的同步，实现以恰当数量的物料，在恰当的时候进入恰当的地方，生产出恰当质量的产品。这种方法可以减少库存，缩短工时，降低成本，提高生产效率。

竞争者不仅是竞争对手，也是竞合伙伴，应该是从红海到蓝海到绿海，做到适可而止、适得其位，这才是过剩经济下应有的经营智慧。

问： "八大工法"既有企业内部和市场外部的结合，也有学习国外和自己探索的结合。除此之外，您还制定了"五有干部""六星企业"等管理标准？

答： 我们还针对干部管理提出了"五有干部"标准，即有学习能力、有市场意识、有专业水准、有敬业精神、有思想境界，也是工法化了。我们还有"六星企业"，就是针对什么是好企业，制定了六星的标准，包括业绩良好、管理精细、环保一流、品牌知名、党建优秀、安全稳定，也是工法化了。"五有干部""六星企业"是让大家脑子里对一个好干部的要求、一家好企业的标准，有一个能够看得见摸得着、能理解的标准，而且耳熟能详。此外，我们还有增节降工作法，是旗下六星企业中国巨石探索的，讲的是增收、节支、降耗，怎样控制成本。

我始终认为管理是门以实践为主的学科，也比较重视被日本视为"管理工法"的经验总结，大家更喜闻乐见的是企业的这些工法。我记得 2006 年刚重组徐州海螺时，我不知道该怎么管水泥，跟海螺集团原董事长郭文叁有一场谈话。他告诉我说，管两点就行了：第一是管操作员，水泥厂中控室有一些计算机操作员，每个月把操作员的业绩对一次标，采用末位淘汰制，操作员只要管住了，成本就控制住了，运转率就会好；第二是"六对标"，比如电耗、煤耗、润滑油的油耗、钢球的球耗、耐火砖的砖耗，还有大修理费，拿出一些指标来，让每个工厂横向对比，谁好自然就出来了。我把他的这些做法引入中国建材，效果非常好。

※ *"管理说难也难，说简单也简单，得让职工知道他在做什么，知道他做的是有意义的事情，他就会喜欢。"*

问： 企业员工有的是发自内心地"我要做"，而更多是被动地"要我做"，

从管理者的角度怎么有效地推进实现"要我做"到"我要做"的转变？

答： 我们在管理学里老讲组织行为学，就是研究这些东西。我刚做北新建材厂长的时候，工厂是脏乱差的，可以说不堪入目。我当时主张学习日本的5S管理等，工厂面貌很快就焕然一新，员工面貌也焕然一新，确实非常好。日本企业来参观后，社长们都说，没想到宋总的工厂管理得这么细致，每个旮旯都打扫得非常干净。美国企业的人来参观，说让他们想到了日本的工厂。我听了这些很高兴。当时我提出外学日本、内学宝钢①，其实宝钢是日本新日铁②支持做的，也是学的日本。

特定的组织在一定条件下会形成一定的行为。我一开始在北新推行5S管理时，职工是抵触的。我刚当厂长时遇到一件事，就是美国国防部原部长黑格将军③退休后来中国访问，计划要参观一家工厂，就推荐了北新厂。当时北新的工厂脏乱差，根本没法看，我就动员大家打扫了一个礼拜的卫生，大家都很辛苦。结果外交部最后通知不来参观了。对于这件事，有些员工有意见、有情绪，后来我就开了个会，我说："打扫卫生只是为了迎接黑格将军吗？这是我们给自己做的，生产现场是大家一天到晚工作的地方，干干净净不好吗？今天明确地告诉大家，我们今后不只打扫卫生，还要学习日本的5S管理，就是整理、整顿、清扫、清洁、素养。"当时厂区比较大，有1平方公里，我是第8任厂长，前13年的车间制造垃圾和生活区垃圾都堆在厂里，我们全部都清理干净，还把厂区所有的窗户玻璃补齐，把厂房全部刷了一遍涂料，把马路修好，把绿化做好等。我带领大家做了三个多月，工厂焕然一新，大家的精神面貌也不一样了。

管理学科里面的组织行为学比较科学，因为它是建立在实证的基础上的，就是人们在特定环境下会有一些特定的反应。比如刚才讲的，我们把北新厂区环境做得非常好，就会提高效率、提高质量、提高安全度，员工的精气神也会

---

① 中国宝武钢铁集团有限公司，以下简称"宝钢"。
② 新日本制铁公司成立于1970年，2012年与住友金属工业株式会社合并，成立新日铁住金株式会社，在2018年《财富》世界500强企业排行榜中位列第238位。
③ 亚历山大·梅格斯·黑格曾任美国白宫幕僚长和美国国务卿。

不一样。这不只是一个表面的东西，也涉及本质。我在北新当厂长之前，工厂每年都有工伤死亡事故，我当厂长的十年间，工厂没有因伤死过一个人。有时我常想，我是一个比较温和的人，不会拍桌子瞪眼睛，我的管理也不是那么严厉，但是为什么我当了厂长就没有死亡事故。这也是一个谜，我也在研究。其实想来想去，就是管理到位了，现场环境治理了，跑冒滴漏少了，乱七八糟的东西都被收拾掉了，职工们愉悦了，有了正常的工作状态。其实出事故有时候是因为大脑出现空白、心不在焉，或者是有情绪、心情不好。比如在初春的季节，大家往往就会有春困的状态，企业就要研究怎么让大家有一个好心情。我在北新就搞了个春季运动会，给大家提升一下精气神。管理说难也难，说简单也简单，得让职工知道他在做什么，知道他做的是有意义的事情，他就会喜欢。

※ "我们在管理上的一些问题，往往不是技术上的问题，也不是制度上的问题，而是在思维方法上出了问题。"

问： 您在《改革心路》中提过北新石膏板线产量上不去的例子，并总结"管理很重要的一点是把问题看清楚"。

答： 是的。我们在管理上的一些问题，往往不是技术上的问题，也不是制度上的问题，实际上是思维方法上出了问题。比如提到的这个例子，我们的一条石膏板线设计产能是 2000 万平方米，却只能生产 700 万 ~ 800 万平方米，原因是什么，很多年没有人想这个问题。我当了厂长以后，发现有两个问题影响了生产，一个是注机，搅拌器突然被石膏凝固住了，所以要停机拆下来，一点点把石膏凿出来，清理一天再装上去，这会影响生产。另一个是塞板，烘箱很高很大，有 400 米长，里面有 12 个分层板，结果石膏板都跑到一层里，中间塞住了，越滚压力越大，塞住以后要降温，从 270℃ 降到普通温度，打开烘箱全部拉出来，然后再关上，才能重新启动生产，清理也要 1 ~ 3 天的时间，大量的时间在干这个工作。

我每天夜里 12 点左右会到工厂里去看，风雨无阻，往往回来的时候身上会沾很多石膏。后来我跟德国人谈时，他们说从来没发生过注机，可是我们为什么总发生，这里一定有原因。我年青时精力也旺盛，就发现半夜之所以会注机，是因为很多生产线上的临时工不在岗或精力不集中。塞板也是一样，是因为现场刮浆工溜号了，控制室里的人睡着了。看起来好像是挺大的问题，但其实不大，只是一直没有解决。我就搞了工业电视，每一个关键的部位统统装上摄像头，不光在车间控制室和值班室，总厂值班室也装上，而且总厂值班室能看到工厂的每一个部位，摄像头把每一个车间里的工作情况都记录下来。今天看来很容易，很多工厂都有摄像头，但是在 20 世纪 90 年代初那是非常前卫的。后来不注机了，也不塞板了，产量一下子就上来了。本来好像无法解决的事情一下子就被解决了，忽然会发现管理的事情原来这么简单。

我们的工厂冬天不生产，职工们说是因为板裂。冬天为什么会裂？石膏是热的不良导体，我不相信它会裂。后来发现是因为冬天成型车间特别冷，没有暖气。我说给整个生产线装上暖气，大家都暖和了，冬季也就能生产了。他们说挺怪的，自从宋厂长当了厂长，这个板再也不裂了。我说其实以前也不裂，是因为太冷，大家不愿意做。北新以前用的石膏矿石都是从宁夏大老远用火车运过来的，那时保运煤，不保证运石膏矿石，所以工厂经常因为没原料而停产。其实河北、山东的石膏矿石都很多，但一直说不能用，我问为什么，他们说石膏石矿点是德国人确定的。我说德国确定的时候，他们并不知道这个矿点是在什么地方，所以他们拿几块石膏，认为哪个最好就用哪个了，并不知道我们的运输问题。后来调整为河北和山东的石膏石，一点问题都没有，产品质量也非常好。

大量的问题都是大家从一开始就这样做，没有人去想为什么，但实际上很多做法是经不起推敲的。在企业里我喜欢研究这些细节，你说是这样，我会问你为什么是这样，你要能回答我，我还会一直问下去，直到问清楚为止，问到我自己确信是这样的。有些管理者没有去这样问，这就是思维方式方法的问题。

我讲这些，是想让大家从习以为常中学会反问，从细节上看这些习以为常的东西到底该不该这样。从这些方面来考虑，可能能够转变我们的思维方式，转变我们的学习方法，这很重要。

※ "管理的主要任务是发挥，要让每一个人的优势都得到充分的发挥。这才是我们提高效率和效益最重要的手段。"

问： 德鲁克认为，"管理的本质是激发每一个人的善意和潜能"。但是，很多管理者将管理理解为"改变别人的想法"。您是如何看待这个问题的？

答： 以前我也经常为管理苦恼，发现有的人跟我工作 20 年，突然讲一句话，还是 20 年前第一次见他时的想法，20 年居然没有改变。我原来对管理的定位是改变人，这种情况让我觉得管理很苍白。德鲁克讲到，管理的主要任务并不是改变；而是发挥，并不是要把每一个人都改变了，而是要让每一个人的优势都得到充分的发挥。这才是我们提高效率和效益最重要的手段，这也是我的一个体会。

我总讲《西行漫记》这个故事，作者埃德加·斯诺跟毛主席是好朋友，在延安时采访毛主席，写了一本《红星照耀中国》，也翻译成《西行漫记》。他曾说毛主席改变了世界。毛主席则说他什么也没有改变，只是改变了身边那么几个人。看完这段话，我觉得毛主席太伟大、太谦虚，但细想也觉得他说的是心里话，改变是很不容易的。

大多数管理者把改变人作为一生的追求，但是改变人非常难，从科学的角度讲，从一出生，人的性格、认知基本上在哺乳期就形成了，就像计算机一样，它的逻辑、程序很早就被录入、形成了，而且是终身的。所以应当回到德鲁克讲的，把管理定位于如何发挥大家的长处，各尽其才。从我自己来讲，身边那么几个人也没有被改变，我后来就理解了，不再为这个事情纠结。我也有这样一个思想过程，希望告诉管理者，如果你还在苦口婆心试图改变别人，还在为改变不了别人而难过，你就放下，发挥大家的长处就行了。

围绕这一点，我在教学上也有一些看法。我是三届 MBA 教育指导委员会的委员，也参与教学，在北京大学、中国政法大学两所高校给 EMBA、MBA 上课。MBA 的课程到底是教学生管理，还是教他们经营，这也是我的一个困惑。工业革命以来，总结得比较多的是管理的知识，但是发展到今天，最重要的是变化、不确定性，是经营的问题。可是由于课程的设计、大家的常识和过去的习惯，现在给学生们上的是管理课，其实他们很大程度上是想学经营之道，想学怎么赚钱，想学在变化的世界里如何去做正确的选择，但是 MBA 的课程给不了答案，老师们也回答不了这个问题。为什么张瑞敏说越学越不行，马云说学了也没用？我们要反思为什么大家提出这样的问题。

在企业里和学校里一样，社会在变化，过去我们的管理就是提高效率，让人怎么有效地去工作，但现在学生们是要学会选择和放弃，如果我们不去教这些东西，就文不对题。我也读了很多管理的书，但是我不愿意在学校里给大家讲这些管理的理论，我更多的是给大家讲一些基于实践的经营之道。

对于 MBA 的教学，我认为要结合实际，这一点医学院做得就很好。医学院有两个东西特别值得学习：一个是老师大都要做临床；另一个是医院有会诊制度，不同医院、不同科室的医生共同对一个重症病人进行会诊，这也增加了医生们交流和实践的机会。

做企业是一个实践性非常强的工作，MBA 教学也是一个实践性的教学。怎么解决实践的问题？让老师们一边当老师一边做企业，这不太现实。企业家中也有一些能干能说能写的人，应该请这样的企业家到课堂上去。有一年国资委组织开展学习活动，邀请了一些世界 500 强的企业家去讲课，很精彩，大家听着也很来劲。有人说企业家跑到学校里去讲课是不务正业，这个想法不对，MBA 应该是一个学校和企业融合的平台，应该是和很多企业都挂钩的一个组织。我给中国政法大学商学院建议，认为应该有 20 家左右的企业作为长期的实习点，商学院全面了解企业的情况，包括企业领导者、企业文化、企业最新进展、企业最近遇到的风险和困难等，学生们一定很喜欢这样的教学平台。

做企业是实践性的，MBA 教学也应是实践性的，就像医学院与病人，没有病人，医生天天坐而论道，是学不会东西的。

问： 但是愿意让学生参与实践的企业少而又少。

答： 这也是目前存在的现实问题。德鲁克的成名之作《管理的实践》里面有大量的案例，他研究过大量的企业，所以才有发言权。不是说一定要做企业，而是要了解这些企业。我们企业也应该主动和MBA结合起来，企业家去上课时，肯定要提前总结归纳、提炼升华，对自己也有好处，同时他们也有很多问题，可以跟老师、同学们交流探讨。中国企业老讲要提高企业素质、高质量发展、做世界一流，同时也希望中国企业家提高管理素质、经营水平，那么就应该走进课堂检阅一下，让老师和同学们听听对不对，这个很直接。

※ "每个企业家都急于想做大规模，急于多元化，盲目地投资，我讲的'三精管理'是反其道而行之。"

问： 您最近提出"三精管理"模式，请问内涵是什么？适用于什么类型的企业？

答： 精健化是日本人创造的，我们叫"瘦身健体"。这几年民营企业遇到一些困难，央企和国企发展得还可以，大家就从外部找了很多客观原因，比如贷款难等。其实大家忘了一点，前几年民营企业股票不错的时候，很多民企质押贷款，利用表外和影子银行融资做了很多盲目的扩张发展，当去杠杆缩表时就受不了了。而央企这些年与民企截然相反，按要求瘦身健体、做强主业、压缩层级、去杠杆，严控了盲目投资扩张。中国建材过去有1700家独立核算企业，现在压缩到1200家，将来还要压缩到1000家。很多人没有看到这一场此消彼长的变化。其实，民营企业和国有企业的发展规律是有共性的，国有企业吃了苦头，严格落实了国家要求，进行了瘦身健体；而民营企业没有引以为戒，盲目膨胀，急于做大规模、多元化，导致了不好的结果。所以我提出的"三精管理"实际上并不只针对国有企业，所有企业都应该认真思考。

其实我们以前也搞压减，也搞过"四增四减"，但去年我们概括为组织精健化、管理精细化、经营精益化的"三精管理"，轮廓更清晰了，干部们也明白了。

组织精健化，就是落实一个"减"字，主要指减机构、减层级、减冗员。企业在发展过程中会不自觉地持续膨胀，人越来越多，机构越来越多；管理恰恰是一个相反的过程，有意识地去控制膨胀、缩小规模。减机构方面，中国建材近两年累计减少法人近 500 户，压减比例超过 20%，未来要继续压减 20%，实现轻装上阵。减层级方面，大家都看过一个传话的游戏，信息经过几层传递到最后一个人，就会大变样，甚至是截然相反。企业也是如此，层级过多，管理就会失控，必须进行压缩。过去有的央企最多层级达到 10 级以上，中国建材经过压减，实现了管理层级 4 级、法人层级 5 级。减冗员方面，我们在集团总部以下采取"五三三"定员，即业务平台公司定编 50 人，区域运营中心定编 30 人，日产 5000 吨水泥熟料生产线在定编 300 人的基础上，进一步精简精干，智能工厂已做到 50 人。

管理精细化，主要也是三个内容，即降成本、提质量、增品种。降成本方面，我们全面落实成本费用节约计划，总结并推广了"增节降工作法"，降本效果显著。提质量方面，我们始终坚持"质量上上、价格中上"，把质量做到最好。增品种方面，我们是沿着产业链延伸，推广"水泥＋""玻璃＋""石膏板＋"等模式，应用"＋"的思维，把水泥、玻璃等过剩产业做出了新名堂，赢得了更多利润。其实，管理精细化并不复杂，一要用好工法。我们各级企业深入实施"格子化"管控、"八大工法""六星企业"、增节降工作法等特色管理"组合拳"，管理水平实现了大幅提升。二要长期坚守。成长型企业都是长期主义的信奉者，像日本丰田公司几十年如一日地进行现场精细管理，工厂安装工作完成后，工人们会拿小锤轻轻敲打每一个螺栓，根据声音辨别其松紧度，他们精益求精的工匠精神让我印象深刻。用好工法、长期坚守，两者缺一不可。

经营精益化，就是围绕提高效益开展企业经营，也有三个内容。一是"价本利"经营理念，不同于以往的"量本利"，主要突出稳定价格、降低成本而取得利润。二是零库存，以销定产，适时生产。三是集采集销，也就是内部采购和销售的协同，比如南方水泥有 100 多家工厂，不能每家工厂都分别采购煤炭，每家工厂都单独卖水泥，而是要依法合规地集中采购、集中销售，这样才能控制成本、提高效益。其实经营精益化并不是简单的精细管理的问题，也不是眼睛向内的问题，而是眼睛向外的问题。"价本利"实际上讲的是市场价格，零库存也要和企业外部相配合，比如日本的丰田汽车，零件厂商送来的零件只在装配厂旁边停留两个小时，用完后再送下一批零件，汽车下流水线后是直接开到码头装船运走，没有地方存放。有市场就生产，没有市场就停下来，不要存放。中国建材就不主张存煤或其他原材料，杜绝原材料价格便宜了就多采购些存起来，一切都随行就市，这样就减少了资金占用，提高了利润率。我们也不主张存很多熟料，在产能严重过剩的情况下，没有市场就停止生产，不搞恶性竞争。

企业管理追求的是先进思想的系统推进和因地制宜的深入实践，任何企业都要找到符合自身发展的管理体系。"三精管理"是针对中国建材变强变优、迈入高质量发展提出的管理理念，组织精健化解决组织竞争力的问题，管理精细化解决成本竞争力的问题，经营精益化解决可持续盈利能力的问题。虽然"三精管理"内容只有三条九项，但并不只是这九句话，我提纲挈领地提出"三精管理"是为了提醒大家要有这个意识，至少有这根弦就不会盲目膨胀。

问： 刚才您讲到组织精健化时提到了压减层级，目前也有一些大型企业在推行扁平化的组织机构，现在看起来效果并不是特别好，企业的层级真的是越少越好吗？

答： 其实选择扁平化组织机构，还是选择金字塔形的组织机构，对企业来讲也是一个迷思。扁平化的组织机构适用于像宝钢这样的大型工业制造企业，它有很大的基地，可以做到扁平化。但类似于销售组织就很难做到扁平化，比如加油站要到每个区、每条街道，要不停地分级，就难以做到扁平化。是扁平化还是金字塔式的管理，最后合理层级是多少，是需要根据企业自身情况而做出决定的，以中国建材的探索来看，我们合理的层级是四级。

问： 分别是哪四级？

答： 中国建材是第一级，是国资委直接管理的母公司；H股上市公司中国建材股份是第二级，占集团80%的资产；上市公司下面有第三级平台公司，比如北方水泥、南方水泥；平台公司下面的工厂是第四级。如果集团这一级不存在，直接是一个整体上市公司，三级就可以了。按照我老讲的"格子化"管控，最理想的是三层结构，第一层是母公司，第二层是平台公司，比如水泥、玻璃或者其他专业公司；第三层是工厂。我们现在的情况是做到了四级，"组织精健化"这个原则必须长期坚持。我常讲不要忘了管理的目标和任务，如果这个企业有管理，就会向着精健化运行；如果没有管理，就会盲目地扩张，所以企业管理必须要精健。

※ *"管理精细化不是应急之策，而是持久之功，要常抓不懈。"*

问： 中国建材有"早细精实"的管理格言，是不是也包含在"三精管理"模式之内？

答： "早细精实"非常重要，不是应急之策，而是持久之功，要常抓不懈。我早在北新做厂长时就一直坚持这项管理原则。

做管理要立足于"早"。早谋划、早下手，一年之计在于春，一日之计在于晨。日子要一天天数着过，不能往后拖，每年一季度就开始抓利润，协调产销关系和供需关系。就像鲁迅先生讲的"时时早、事事早"。像做水泥业务，按照以前的行业规律，一季度不赚钱，二季度持平，三季度赚些钱，四季度赚大钱。大家总是这样一种想法，做到最后就会来不及了。中国建材做水泥还是立足于"早细精实"，立足于一季度都争取赚到钱，这几年都实现了这个目标。所以必须早一点，能今天做到的，就不拖到明天。

做管理要突出"细"，就是认真细致地分析形势，细分目标、细化措施，把工作做细、管理抓细、流程管细，不同的区域、不同的企业、不同的季节，都要有相对应的不同的经营策略。降低成本、提高效率、增加品种都取决于非常细致的工作。一个工厂，进去一看就知道管理水平怎么样。我在北新推行 5S 管理，日本三泽房屋社长 70 岁时到北新，看到每个细微的地方都很干净，称赞北新是中国 5S 管理最好的工厂。

做管理要强调"精"，就是该管的地方都要管到，要精准。针对管理中的短板和弱项，持续推进开源节流、降本增效，精心组织技术改造、精益生产、集中采购、定岗定编，动员全体员工找问题、想办法、定措施，严格控制成本费用，提升质量效益。

做管理要注重"实"。就是重细节、重过程、重落实、重实效，扎扎实实埋头苦干，一步一个脚印地做，夯实企业发展基础。不能把管理当成一阵风，日本企业没有多么高深的管理理论，就是归纳总结的管理工法坚持了几十年。

问： "三精管理"模式对于企业系统化运营的能力要求非常高，像您刚才提到日本丰田的零库存管理，中国建材在这方面有没有一个总体的统筹规划？

答： 丰田制造是一个部件集成商，做到零库存的条件是允许的，所以能够坚持几十年。建材制造业是一个把原料做成产品的复杂过程，这个过程中机器可能会有一些备品备件存放，一放就是半年或者一年，比如润滑油都要存一点，做不到像丰田那样精细。但是它的原则是对的，我们尽量做到不要存放，或者不存放很多没用的东西。以前也发生过有的企业采购的润滑油够用30年，有的采购的耐火砖够用6年，这样就是盲目采购。如果有了零库存的要求，大家脑子里就有这根弦，生产到底需要多少润滑油、需要多少耐火砖，就会定出一个标准。我们零库存的具体做法有两个：一是发布库存指引，各基层企业严格执行，原燃材料、备品备件按需采购，产成品随行就市、以销定产；二是加大监督检查力度，将库存作为一项重要考核指标，专职人员对库存量实行监管监控。做汽车流水线和做水泥是不同的，学习他们的管理经验时，学到精髓就好，不能完全地复制。

※ *"任何企业管理都有利有弊，如果控制得很严，大家的积极性就会受影响，但如果让大家过于自由，可能就控制不住了，所以得做好平衡。"*

问： 您刚才提到严格的控制和管理，这样确实能把风险控制在可控的范围内，但会不会影响到效率和积极性的发挥？

答： 任何企业管理都有利有弊，如果控制得很严，大家的积极性就会受影响，但如果让大家过于自由，可能就控制不住了，所以得做好平衡。问题的关键是中国建材的平台业务很多、企业也非常多，如果不进行严格控制就会搞乱。中国建材的业务涉及水泥、商混、玻璃、石膏板、玻纤、风机叶片、碳纤维、锂电池隔膜等，还有科研、贸易等板块，有1200多个独立核算的企业，约有20万名员工，这么庞大的一个集团公司，要在充分竞争的市场中有条不紊地运行，靠的是什么？中国建材不像中石油、中石化，有几个大的油田或石化厂就构成几千亿元的收入。中国建材像老母鸡带着一群小鸡，这些工厂跟民营企业比，可以说规模不小，但跟宝钢等大企业比就是小工厂，中国建材就是靠无数个这样的小工厂组合成为那种集团式的企业，所以我们这套管控体系特别重要，一定要保持，不然分分钟就崩盘了。

问： 中国建材这套管控模式培育出了若干个隐形冠军，让他们在各自细分的领域里做到了最好。

答： 是的。像北新建材的石膏板就是个隐形冠军，做到了世界第一；中国巨石的玻璃纤维也做到了世界第一，也是隐形冠军。

问： 还有凯盛科技①的电子薄玻璃。

答： 对。中国建材除了水泥之外，其他的业务体量都不是很大，大概一两百亿元的销售收入，这些企业都是在很窄的细分市场里深入地做，逐步成为隐形冠军。我老讲企业家应该是痴迷者，做一行爱一行，做一行精一行，精耕细作自己的行业领域，这样中国建材就会拥有优秀的乒乓球队、篮球队、足球队，他们虽然是不同的项目，但他们都得了第一名。

　　※ *"谷仓效应是指只有垂直管理，没有横向的沟通和协同，这也是企业里的一个问题。我们通过内部整合优化的措施，来破除谷仓效应。"*

---

① 凯盛科技集团有限公司，简称"凯盛科技"。

问： 各业务单位之间如何协调、合作呢？

答： 这个问题我们也想到了，在实践中也发生了。关于各企业横向协同的问题，就是我老讲的"谷仓效应"。谷仓效应是指只有垂直管理，没有横向的沟通和协同，这也是企业里的一个问题。这些年关于协同效应，我们做了积极的整合优化。比如中国建材有 9 家水泥公司，我们内部有一个 C9（Cement 9）会议，就是打破谷仓横向协同，各水泥公司内部还有协同会，关于价格、采购等的协同，特别说明一下，一个法人体系内协同价格是可以的，并不是价格串通。再比如我们还有 11 家国际工程公司，内部也开会，要求大家内部协同，不要"出去打架"。此外，工程公司和工厂也要一起开会，解决工程对工厂的服务等问题。通过这些内部的协同，我们叫整合优化，合作发展。集团的管控规范了管理，但也限定了大家不能做的事情，规定了非常明确的界限，我们进一步通过内部整合优化的措施，来破除谷仓效应。目前就是这样一种做法。

问： 两材重组以后是不是也采用这样的方法？

答： 两材合并以后，中国建材集团确确实实成了大集团，大集团最重要的就是内部的协同效应。我在前面讲过，不仅是在水泥企业之间，或者国际工程业务之间，实际上在集团各业务板块之间都产生了巨大的协同效应。比如，我们现在在做"水泥＋"的过程中，希望地方政府能有一些原料等方面的支持。地方政府要求在新材料上能做一些新项目，这样就能给予一些石灰石等原料上的支持。如果是单一的水泥企业就很难做到这一点，而大企业就可以做到。

不仅如此，中国建材在各方面的很多业务之间都互为协同。比如，中国建材有光伏业务。如果我们做新的工厂，工厂的立面、屋顶都可以用我们自己的铜铟镓硒和碲化镉薄膜太阳能电池。同时，很多工厂要搞新能源水泥厂，院子里就能用我们的光伏组件。这都是巨大的协同。包括在海外也是这样，如果我们去海外做水泥厂，也可以把光伏带过去。同时我们做国际工程，也可以把新型房屋带过去。因此，整个集团如果善用这种协同，就会产生巨大的力量，产生巨大的协同效应。这也是大集团区别于单一的专业型公司的最大优势。对于一个集团来讲，要特别重视协同效应，一定要发挥这种优势，否则这种优势就闲置了，甚至成为包袱。

问： 您擅长思考和学习，中高层人员有一些好的管理理念能够及时反馈给您吗？发生的次数多吗？

答： 作为一把手，我给他们讲学习，我自己要学在前面。当年我在北新建材做副厂长时，被推荐去读 MBA，读的过程中我当了厂长，于是我跟我的老师说我不读了，太忙了，老师说越忙越应该读，这个道理是对的。

读 MBA 对我来讲有两方面大的补充。第一，补充了财务知识，我过去学理工科，财务的知识是没有的，读了两年 MBA 后我把这个东西搞清楚了，这对我来讲非常重要。第二，学了一些管理的基本知识、基本逻辑，比如刚才讲到组织行为学这些东西也很重要，后边自己就一直不断地学习，包括如何构建一个企业、最近大家在做什么、美欧日正在做什么、哪些东西能放在我们企业里、企业用什么管理方法等，这些都要很好地研究。

企业的管理方法并不是很多，不是每一天都产生好几个方法，以至于我们都学不过来，或者有些我们都不知道，不是这样的。我在企业这么多年，由部下来给我提管理办法的情况很少，因为绝大多数都是我来学习、研究，研究以后教给大家，要求大家做什么、怎么做。对于学习也是这样，我每年给大家推荐一两本好书，2019 年春节我推荐的是克劳斯·施瓦布的《第四次工业革命》，主要讲 AI 智能化引发的一些变化，节后一上班，每个干部桌上就摆着这本书。如果说大家给我讲讲新的见闻，这种情况有，偶尔也有干部给我讲一些新的理念和概念，但这种情况并不是很多。

问： 您在繁重的企业经营工作中，几十年如一日地保持着阅读、学习、思考和写作的习惯，您是如何做到的？

答： 我们讲学习型组织，学习型组织最顶端的这个人一定是一个学习的人。我差不多每天晚上都要读两个小时的书，每天早晨我可能还有两个小时要思考，有时还要写作，有时还要给干部们发一些微信。在我觉得脑子最清晰的时候，我会进行一些深度思考。早晨我会醒得比较早，晚上我会睡得比较晚，这么多年一贯这样，大概脑子里就是企业的这些东西、学习的东西和思考的东西。我也跟我的干部讲，你们应该把时间用在学习上，把心思用在工作上，他们都知道这是宋总对大家的要求。年青人就会问："宋总，我们就不能干点别的吗？"我说："你们还想干点什么？这个还做不好呢。"这也是希望大家有更多的精力去学习和工作。这个时代变化这么快，我们是学不过来的，还得挑一些重点学。现在中国经济社会迈入高质量发展阶段，学得比较多的是咱们讨论的 AI 智能化，这会根本地颠覆我们今天的工作和生活，所以这也是我主张让大家投入精力，有针对性地研究和学习的东西。

04 超越规模

※ *"中国企业的规模在快速扩大，大企业不断涌现，但是大不代表强，企业发展的质量也至关重要，就是要高质量发展。"*

问： 当前国家倡导由高速增长向高质量发展跨越，企业如何才能朝着高质量发展的目标前行呢？

答： 随着国民经济的高速增长，中国企业的规模也在快速扩大，大企业不断涌现，这些年世界 500 强榜单上中国企业数量在快速增加，但是大不代表强，企业发展的质量至关重要，就是要高质量发展。谈到做大做强，刘俏教授写的《从大到伟大》[①] 思路都是对的。但从另一方面来看，目前我国银行利息太高，税收太高，企业息税后利润太低，并不是中国企业不会挣钱，而是因为财务费用过高、税收也过高，所以企业盈利太少。这样企业就不能正着转，只

---

① 《从大到伟大》分析阐述了目前大多数中国企业追求规模上的庞大而忽略了如何成长为一个伟大企业的原因，并通过对具有代表性的企业的分析，指出了中国企业开启第二次长征的路径选择和策略方法。

能倒着转，企业杠杆就会越来越高。2012 年我就曾建议，降利息、降税费、增加企业的投资意愿。因为只有企业发展了、强大了，银行坏账才会减少，国家税源才会增加。这么多年我一直坚持这么一个大逻辑，我也在持之以恒地去建议。

问： 在这种大的经营环境下，中国建材为实现高质量发展制定了哪些具体措施？

答： 中国建材是一家在高速增长阶段快速壮大起来的企业，现在进入高质量发展阶段了，我们的目标也有了调整，要实现从大到伟大、从优秀到卓越的跨越，打造材料领域具有全球竞争力的世界一流产业投资集团。我们的措施也是基于现在的形势做出了调整，概括起来有五个方面：第一是做强主业，业务要归核化，逐渐去除边边角角的非核心业务，加强利润平台建设，提升核心竞争力和盈利能力。第二是瘦身健体，前面组织精健化中讲到了，我们过去两年压减了超过 20％ 的企业，未来三年还要继续压减 20％，确保企业提质增效。第三是强化管理，"格子化"管控和"八大工法""六星企业""增节降工作法""三精管理"等特色管理方法是经过实践检验过的好的工法，要继续用好，练好企业基本功。第四是创新转型，我们一直把创新驱动放在战略之首，培育新的经济增长点。第五是机制革命，通过建立有效机制，使企业成为社会、股东、员工的共享平台，构建企业干部员工利益和企业效益之间正相关的关系，这样才能使企业焕发新的活力。

其实我们迈向高质量发展是有一定基础的，基于清晰的战略、独特的发展路径、优秀的管理团队、丰富的管理经验和团结向上的企业文化，在通往世界一流的进程中，我们一定能走出一条有特色的高质量发展之路。

※ "成为世界 500 强企业并不是世界一流企业的标志，世界一流应该是在技术、管理、效益、质量、品牌知名度、人才队伍这些方面综合起来看的。"

问： 现在很多企业都提出要打造世界一流企业，您怎么看待这个问题？

答： 其实你问的问题也是我想的问题。从工业革命到现在，我们一直崇拜企业规模，也坚信企业的规模效益。改革开放初期，我们总是对西方大企业的营业额着迷，世界 500 强也一直是中国企业追求的目标。直到我国世界 500 强数量已直逼美国，我们才觉得有些茫然，中国本身就是个硕大无比的市场，再加上中国产品在国际上的成本优势，现如今对中国的优秀企业来讲，做大并非难事，但规模越大代价越高，所以做企业的目标要完成从大到优的转变。过去企业家相见总是问有多少员工、多少销售收入、多少产量，今天问得比较多的是赚了多少钱、负债率是多少，这表明了中国企业发展理念的进步。其实，相比大企业，隐形冠军展示的小而美的生存优势也是耐人寻味的。

我刚刚从中国一重讲课回来，一重董事长刘明忠让我去讲讲改革和管理。一重是有历史的，始建于 1954 年。毛主席曾经到莫斯科参观乌拉尔重型机械厂，他说我们也要有自己的乌拉尔重型工厂。建厂大概投资 4 亿元，当时中国有 4 亿人，每人 1 元，一重是这样做起来的。现在这个工厂销售额 160 多亿元，利润也不多。但历任国家领导人都去视察过。看了一重以后我很震撼，因为一重都是重型机械，是造工厂的工厂。他现在主要做两项大型设备，一项是核电站的成套设备，一项是钢厂轧钢的大型设备，轧辊都是几百吨的。我也在思考，现在世界 500 强的门槛是 1600 亿元的收入，一重不用做那么高的营业额，可以做另一类的世界一流企业，在技术上有独门绝活，能做别人做不了的产品，做到世界最好。像山东万华①大约有 650 多亿元的收入，能做到 160 亿元的税后利润，也是世界一流企业。

问： 您刚才提到世界 500 强并不是世界一流的标准，那您是怎么定义世界一流的？有哪些标准？

答： 世界一流是党的十九大提出来的，十九大报告的完整表述是"培育

---

① 万华化学集团股份有限公司（万华化学），其前身是烟台万华聚氨酯股份有限公司（烟台万华），成立于 1998 年 12 月 20 日。

具有全球竞争力的世界一流企业"，这其实是为适应新时代高质量发展提出来的。我认为，世界一流至少要有以下六个基本标准。

第一，技术是一流的。要有一流的创新能力，有一流的国际实验室。像中国建材的碳纤维和电子薄玻璃都是有一流的技术。现在全世界跨国公司都来用中国建材的技术和装备，全球 65% 的大型水泥和玻璃 EPC① 工程项目，都是中国建材做的。

第二，管理是一流的。管理是企业永恒的主题，但并不神秘。你到中国建材任何一个工厂去看，包括水泥厂、玻璃厂、石膏板厂、玻璃纤维厂等，看完后就会觉得很惊讶，因为管理上是一致的，也是一流的。

第三，效益是一流的。企业归根结底还得有效益。我认为，做企业就要赚钱，赚了钱的企业不见得都是好企业，但是不赚钱的一定不是好企业。对大多数企业来讲，赚到钱才是一流的。当然国有企业除了经济效益外还有社会效益。

第四，质量是一流的。我大学毕业后第一份工作就是在北新的生产车间做质量管理室主任。尽管工作岗位不断变化，但直到现在，质量工作始终是我关注的重点。当然质量不是狭义上的产品的质量，还有服务的质量等，各环节各要素的质量。

第五，品牌知名度是一流的。做品牌不容易，要久久为功。像中国建材旗下的北新建材、中国巨石，用了三四十年的时间，品牌做到了一流。

第六，人才队伍是一流的。企业的核心是人，做一流的企业得有一流的人才队伍，包括一流的管理人员、技术人员和一线工人。

问： 刚才提到"质量世界一流"，您一直很重视产品质量，曾因质量的事情对自己进行了罚款，有这回事吗？

答： 那是 1994 年的事情了，当时北新出口一个集装箱的岩棉吸声板到韩国，没想到一张吸声板上有个明显的脚印。接到投诉后，我迅速召开经理

---

① Engineering Procurement Construction，即工程总承包。

办公会，做出道歉、赔偿、退换产品的决定，并对主管副总经理、部门经理、工厂厂长和有关人员分别罚款，我对自己处以最高罚款500元，并把自罚告示贴到公告栏里。有人认为这有点儿小题大做了，但我却说："这个脚印其实是踩在我们'龙牌'产品的金字招牌上，如果我们今天认为它只是一笔小买卖就小事化了，那明天就会出现更大的纰漏。"现在人们对生命非常珍惜，稍有不适小则做CT检查，大则住院检查。质量就是生命，产品质量一旦出了问题，将直接关系到企业能否生存下去，大家应该像对待生命一样对待质量。正是本着小题大做抓质量的严谨态度，北新硬是把产品合格率提升到近乎百分之百。

问： 很多人误认为世界一流企业一定是大型企业，两者之间有必然联系吗？

答： 正如我刚才说的，世界一流不意味着一定是规模很大的企业，当然也不能规模很小。比如赫尔曼·西蒙①举的例子，德国一家做铅笔的公司，世界上80%的铅笔都是它供应的，它就是世界一流了。另外，西蒙还举了一个做浴缸的公司的例子，也是个隐形冠军，规模虽不是很大，但是浴缸做到全球最好，也是世界一流的公司。世界一流的公司应该是把技术、管理、效益、质量等方面综合起来看。当然，党的十九大报告提出，"深化国有企业改革，发展混合所有制经济，培育具有全球竞争力的世界一流企业"。按照这段话的逻辑，其中讲到的世界一流企业指央企，要让央企到全球参与竞争。刚才我们说到隐形冠军，其实它的市场也是国际市场、全球市场，或者大的区域市场。它的市场目标是窄而深，因为全球并不需要那么多的东西，就需要这么一点。比如拴狗的链子，德国一家公司的产品占全球的70%，它做得最好，所以是隐形冠军企业，也是世界一流企业。再比如前面讲到的北新建材只做石膏板，中国巨石只做玻纤，这两家企业都做到了世界最好，也都是世界一流企业。

---

① 赫尔曼·西蒙，德国管理学思想家，"隐形冠军"之父，著有《隐形冠军》《定价制胜》。

※ **"大企业就有大企业病，而且都是不可避免的，也很难防治，就像人老了一样，企业也是有寿命的，很难逃出这样的宿命。"**

问： 我们经常听到"大企业病"的提法，您接触到的一些世界一流的大企业，他们有哪些"通病"？

答： 大企业病是企业发展中绕不过的坎儿。我把大企业病的特征概括为六种现象，就是机构臃肿、人浮于事、效率低下、士气低沉、投资混乱、管理失控，或兼而有之或全部有之。企业一旦得了大企业病，就会像"帕金森定律"描述的那样，层级不断增多，人员不断膨胀，运作程序越来越复杂，组织效率越来越低，员工越来越没有进取心。大企业病也是许多大企业轰然倒下的内因。

西方大企业的毛病比我们还要厉害，企业大了以后就容易得大企业病，活力就会降低，就会很官僚。西方大企业也很官僚化，一些 CEO 不了解基层，也不知道这个企业的生产经营情况，超乎我们的想象。日本一些大企业的高管上班时，手里带着一个小印章，有文件了就看一看盖上章，然后就去喝咖啡。我 2019 年春节时写了一篇文章《超越规模 活出质量》，其实也是讲的这个问题，大企业就有大企业病，而且是不可避免的，也很难防治，就像人老了一样，企业也是有寿命的，很难逃出这样的宿命。你可能会问我们为什么不能按照线性增长，为什么不可以无限增大，我能做到 100 亿元就能做到 1000 亿元、1 万亿元的收入。规模的实现也有它自己的规律，你是不可能做到那么大的，就像树无法长得很高，动物也无法长得很大一样，企业也是这样，服从亚线性增长的规律，长到一定程度就不长了。

问： 现在中国建材处在什么样的阶段？刚才您说前一段时间联合重组比较多，最近变少了吗？

答： 英国物理学家杰弗里·韦斯特在《规模》一书中认为，从数量级来看，公司规模的极限是 5000 亿美元的总资产，就是 3 万~4 万亿元，中国建材的总资产目前是 6000 亿元。我们是对大多数企业来讲，按照总资产算，企业不一定非要做到万亿元的收入，能做到 5000 亿元就可以了。我为什么提出这样的观点呢？从对央企、地方国企和一些大型国有企业的观察，如果能做到 5000 亿元的销售收入，在我们目前的能力和控制幅度下还是可以的，再大我们可能就很难控制。中国建材 2018 年做了 3500 亿元的收入，未来几年可能会做到 5000 亿元收入，但是一旦到了 5000 亿元就不一定再往上做了。

　　※ "企业自身有时会快速成长，有时也会停滞不长，有时还会缩减一些，这都是正常的。"

　　问： "不再往上做了"，那将来如何达到对上市公司业绩增长的要求呢？

　　答： 这个要求不够科学。为什么我们有一些公司会盲目扩张？西方也是因为华尔街那些投资者，要求上市公司必须每年都有增长，逼得上市公司拼凑销售收入去增长，有些公司为了满足这些，做了很多与企业业务没有关系的、无机的成长。华尔街目前股票市场和资本市场的判定方法，实际上对企业的有机增长是有害的，也已经逼垮了很多的企业。企业自身有时会快速成长，有时也会停滞不长，有时还会缩减一些，这都是正常的。我们不要指望着企业线性增长，线性增长是一直增长，像我们人一样，我们小时候长得很快，每年都长一点，但是长到一定程度就不长了，也不用再长了。但投资者总希望我们能永远长下去，还希望一年比一年长得快。

　　问： 大企业为什么会失去活力？

　　答： 企业成长到很大，就必须加强管控，否则会崩盘，所以大企业很大的精力是在进行控制，使得很多的活力得不到发挥，灵活性不够，对市场的反应也就不够，企业初创时期的活力就没有了，没有活力就容易崩塌。GE 这家知名的公司目前在衰退，很多人觉得 GE 的衰败是杰克·韦尔奇①不在了，换

---

① 杰克·韦尔奇 1981—2001 年任 GE 公司董事长兼 CEO，使 GE 的市场资本增长 30 多倍，达到了 4500 亿美元，排名从世界第 10 位提升到第 1 位。他所推行的"六西格玛"标准、全球化和电子商务，几乎重新定义了现代企业。

了人的原因。我却不那样认为，即使杰克·韦尔奇在，他的企业也会崩塌的，因为他从 160 亿美元的市值做到 6000 亿美元的市值，到了一个最高点，紧接着它就会衰退。这和人没有什么关系，而是个自然过程，不一定都归结到人的身上，这也是我的一个体会。在美国，如果你看洛杉矶的黄页，差不多每 10 年就有 80% 的公司会消失。美国的上市公司，每 10 年就有一半消失了，而正是因为有这种消亡，才有新的血液进来，才能巩固住市场。我们现在不愿意让这些上市公司死掉，在那拖着，形成僵尸企业，就会影响我们上市公司的整个估值，对市场来说是一个问题。我们思考一个企业的战略，或者思考企业的成长，这些概念是应该要想到的，企业不可能无限制地做大，规模是受限的，没有必要制定那么巨大的目标，柯林斯《基业长青》一书中提到的很多企业后来都衰败了。

※ "企业根本无法基业长青，在我们制定企业目标的时候就得定一个切实可行的目标，不能太理想化，也没有那个必要，要活好当下。"

问： 是的，《基业长青》书中提到的 18 家高瞻远瞩的企业，其中好几家已衰败了。

答： 美国管理学家彼得斯后来又写了《追求卓越》，书里面列举的优秀企业，绝大多数都衰败了，不是他说得不对，也不是他选的这些企业不对，而是企业根本无法基业长青。在我们制定企业目标的时候就得定一个切实可行的目标，不能太理想化，而是要活好当下，每一年、三年、五年的目标，可预见的，考虑怎么做得更好一些。

韦斯特在《规模》那本书里做了个预测，认为能做到百年的公司只有 0.0045%，也就是说世界上 1 亿家公司中只有 4500 家能到 100 年；如果到 200 年，他认为只有十亿分之一，这种概率几乎不可能。现在也有号称 300 年或 500 年的企业，都是些小酒店、家族的小作坊，一些日本企业是这样的，而不是像中国建材这样规模的制造企业。他讲的是对的，事实上也是这样。以美国为例，今天美国上市公司的半衰期只有 10.5 年，也就是说美国有一半上市公司存活期只有 10 年左右。根据麦肯锡的研究，1958 年在标准普尔上的 500 强最长可达 61 年，而到 2011 年只有 18 年；1955 年在《财富》世界 500 强榜单上的企业到 2014 也只留下了 61 家。华为也不例外，田涛老师写了一本书《下一个倒下的是不是华为》，任正非自己也说华为一定会倒下，这并不是他的谦虚，而是他认为任何企业都会死掉，不用大惊小怪。就像 GE 经历了成长过程，最后也会分家变成几块，原来的 GE 可能就不存在了。

问： 既然大企业病是绕不过去的，您有没有预防和克服的办法？

答： 拿中国建材来讲，我们曾是市场竞争的落魄者，但痛定思痛、锐意改革，一跃成为世界 500 强企业，这个时刻就得特别当心大企业病。所以，在 2013 年集团总部从旧的小办公楼搬进新办公楼时，大家都很高兴，我却泼了盆冷水：绝不能有李自成进城式的骄傲思想，一旦思想麻痹大意，开始养尊处优，危机就会悄悄到来。有人说，这些年大家顶着困难和压力一路走来，好不容易现在日子好过一点儿，宋总怎么还吓唬人呢。我的确有很多担忧，古人讲"生于忧患，死于安乐"，虽说企业的快速发展带来了规模经济、协同效应、影响力等，但随着规模的扩大、层级与人员的增加，管理企业的难度骤然增加，很容易患上大企业病。

对于如何预防克服大企业病，其实前面提到的"三精"管理、"格子化"管控等，都是有效的措施。我在《超越规模 活出质量》中第二段写的是企业分家。现在中国建材被列为国有资本投资公司试点企业，使得企业分家成为可能。央企大多数是进行了企业分家的，像中国建筑就有八个局，每个局都是独立的竞争体，在这方面我曾和中国建筑的领导讨论过分家后的协同问题，他却认为正是这样分灶吃饭甚至不惜内部竞争的代价，使中国建筑的企业获得了竞争力和快速发展。作为试点企业，中国建材可以在每个平台有我们的股本，这些股本可多可少，比如股价低的时候我们多买一点，股价高的时候我们卖出一点，是可以调整的，让每家企业自由地成长。我们做得好的公司，恰恰是集团控制不严格的公司，比如北新建材，集团只有 20% 的股份，中国巨石我们只有 15% 的股份，但是这两家公司反而更有活力。

前面我们讲得比较多的是企业合并、重组，但是当企业大了还得要求企业分家，中国建材是个合并的公司，但底下是分着家的公司，除了有共同的投资人之外，他们之间都没有必然的联系。中国建材作为投资公司，投了很多家，不是说每一家都是"巨无霸"，让他们能在一个合理的规模里可控就可以了。

※ **"对大企业来讲，要克服大企业病，提高创新意识、倡导创新文化非常重要。"**

问： 您提到的大企业病我认为还有一个，就是在大企业里创新往往困难重重，克莱顿·克里斯坦森在《创新者的窘境》一书中也提到过这个观点。

答： 关于企业规模与创新的关系，从逻辑上来说，大企业有官僚主义，会漠视创新，这对创新的活力有影响。菲尔普斯认为大企业不创新，创新的都是草根企业。德鲁克认为大企业也创新，不是不创新。他讲到当汽车时代来临的时候，铁路公司一股脑都去做汽车，但是没做出来，还是福特家族做出来了。航空时代来临的时候，所有汽车公司都去做飞机，也没有做出来，实际上是麦道①和波音做起来了，但美国强生、3M 公司都是一路创新，发展过来。

大企业的官僚机构确实会影响创新，这也是大家都看到的一个事实。但我感觉大企业、小企业都一样，创不创新与企业的创新文化有关，与企业领导者的创新意识有关，如果一个企业有创新文化，企业领导者有创新意识，可能大企业的创新更厉害，因为创新需要资源，需要实力，如果创新都让小企业做也会非常困难。中国建材就是这样，作为一个大企业，它会选择一些创新增长点予以支持，比如高性能碳纤维，中国建材培育了 10 多年，最终打破国外垄断，攻克了技术难关，实现了产业化量产。

---

① 麦克唐纳－道格拉斯公司。

对大企业来讲，要克服大企业病，提高企业的创新意识、倡导创新文化是非常重要的。西方很多大公司，在高层通过猎头公司选聘有流动性的 CEO，我国叫职业经理人。其实他们不见得很有创新意识，有些也很官僚，没有危机感，不会去感受每日每时市场的变化。中国的公司为什么会超过他们？因为中国人的勤奋超过他们，我对中国公司很有信心。

第三章
如何参与市场竞争

企业不仅要向管理要效益，更要到市场中去寻找机会，要学会开辟、经营和创造属于自己的市场。

经营企业主要的目标是盈利，企业不仅要向管理要效益，更要到市场中去寻找机会，要学会开辟、经营和创造属于自己的市场。

我是技术员出身，后来转做了 10 年销售工作。从在北新厂开发和推销岩棉、石膏板开始，组织销售公司，举办推介会，有很长时间天南海北地跑，有时候在客户办公室门外一等就是半天，多年接触客户使我能够深入市场。后来我领导大集团、上市路演、并购重组、战略合作能够攻坚克难、赢得多方支持，与这 10 年积累的市场经验分不开。

优秀的企业没有固定的模式，盈利模式也是因行业而异，随时间而变的。能够抓住行业的特点、紧扣市场的变化，才能够形成有效的盈利模式。中国建材在发展过程中创造了独特的盈利模式。作为大宗基本原材料提供商，我们发挥规模和技术优势，在材料成本上夯实盈利基础；面对从分散走向集中的行业结构变化，我们将成本领先、差异化、集中化策略与产品结构、区域布局、客户类型加以组合，形成强大的竞争策略体系；面对行业过剩和低水平竞争的难题，我们摒弃"量本利"的思维，采取"价本利"的价格策略，推动了行业价值的回归；在转型为综合建材服务商的过程中，我们重视商业模式创新，通过为客户创造价值获得良好效益。

中国建材发展过程中有一个重要的管理思想飞跃，就是从做工厂到做市场。企业是一个大系统，企业的管理工作不应局限于企业内部，而要提升拓展到影响企业效益的整个系统中。小企业需要适应环境，大企业不但要适应环境、做好自己，还要有全局眼光、行业意识，主动参与大环境的建设。简单地说，就是外抓市场、内控成本。中国建材在开辟大规模重组、减量发展、高速成长的路径的同时，一手抓市场整合，一手抓优化升级，成为供给侧结构性改革和高质量发展的先行者。所以说小企业经营自己，大企业经营行业，这也是不能回避的责任。

做市场要看清发展趋势。在建材行业做市场，首先要面对过剩问题。过剩是中国制造面临的最突出的问题，过剩行业如何通过结构调整实现科学发展，需要有大思路、大智慧、大气魄。中国建材独辟蹊径，掀起重组风暴，短短几年使市场结构风云巨变，集中度大大增加。因为我们是从水泥行业成长的全球规律和中国水泥行业的总体格局出发来看待自身发展，把企业的利益放在行业中来考虑的，所以能够成功。我常讲，一个行业既有共同的利益，也有企业各自的利益。企业的利益是天然就有的，没有谁不顾自己的利益。共同的利益是人为的，需要理智引导。如果说逐利是天性，那么寻求共同的利益就是一种智慧。行业走向成熟就在于大家理性看待企业与行业的关系，把私利驱动的非理性竞争，转换为理性的包容和有序的竞争。我们还提出"价本利"的模式，也是希望推动行业竞争模式转变。2018年，虽然基础设施建设步伐减慢，但在环保整治、错峰生产、优化产能结构等因素推动下，中国水泥行业取得1500亿元的历史好成绩。

无论是行业竞合还是走出国门，都离不开良好的沟通。实际上，商业谈判能力是中国建材能够快速发展的原因之一。我们在快速成长和国际化过程中也留下了不少有趣的商业谈判实例。谈判是一门艺术，要从对方角度来看问题，解决对方的关切，要讲感情，能够打动人心。

伴随着两材重组，中国建材成为世界建材龙头，需要在经营理念、盈利模式、市场关系等方面向领跑者转变。今后我们不仅要看清和适应趋势，还要在如何引领全球建材市场的问题上做更多深入的思考。

01 价格策略

※ *"在过剩的情况下，量没法增加了，'量本利'就失效了。"*

问： 您经常提到"做企业归根结底要赚钱，经营之道就是赚钱之道"，那

么企业如何才能实现长期盈利、可持续发展呢？

答： 其实这是每个企业每天都要思考的问题。中国建材在长期经营实践中，探索出了几种有效的盈利方式。

第一种是靠"两头"盈利。一头是资源类材料，就是占据得天独厚的资源优势，"让黄土变成金"。古人讲"天工开物"，我们也要利用好大自然赐予的资源，用现代化生产方式，让它有更高的价值。另一头是科技类材料，就是制造高科技产品，靠产品、技术、服务的领先性来盈利。建材行业依赖的自然资源具有稀缺性，不可再生，必须得到善用并发挥有效价值，而开发高科技新材料是高质量发展的重要途径。

第二种是靠竞争策略盈利。关于竞争策略，管理学经典理论提出成本领先、差异化、集中化的三大战略。我认为，竞争策略是一个体系，要根据实际情况综合运用三种方式，全面提升竞争力。拿水泥来说，我们通过技术和管理创新不断降低成本，通过产品的高标号化、特种化、商混化、制品化延伸产业链，提高产品附加值；在市场布局上，既要不断开辟新市场，又要有所侧重地主攻某个特定的客户群、某产品系列的一个细分区段或某一个地区市场。我一直主张做企业要"三分天下"，在一个区域内精耕细作。这样既能充分发挥自身的资源优势，也能减少竞争压力。

第三种是靠价格策略盈利。合理稳定的价格是绝大多数企业盈利的基础。做企业既要关注销量又要关注价格，两者有一定的矛盾，最理想的状态是量价齐涨，做到价涨份额不丢、量增价格不跌。当价格和销量不可兼得时，我们思考问题的原点应是确保合理利润，找到价格和销量之间的最佳平衡点，一味牺牲价格去增加销量是行不通的。尤其在经济下行、产能过剩的情况下，降价扩量的经营思路无异于自杀。因此，理智的做法是竞争各方要有坚持合理价格的定力和自制力，尽量理智地减产，通过行业自律减产保价渡过难关。

第四种是靠商业模式盈利。商业模式创新是盈利的秘密武器。企业不单单是为了创新而创新，而是为了解决客户的问题、为客户创造价值而创新。我们在商业模式上动脑筋，在价值链或价值网中思考问题，通过改变商业模式的构成要素或组合方式，用不同以往的方式提供全新的产品和服务，从而不断提高价值创造能力和盈利水平。

问： 刚才说到靠价格策略盈利，"薄利多销"是企业常用的"法宝"，认为只要降价就能扩大销量，从而增加收益。您是如何看待薄利多销策略的？

答： 薄利多销是传统的"量本利"的盈利模式。过去我们认为价格是市场决定的，企业在定价上无能为力，唯一的办法是扩大市场占有率，增加产量和销量，降低每一个产品的固定费用成本，进而取得利润，也就是我们常讲的"薄利多销"。从工业革命以来，一直是增长的时代，尤其是改革开放 40 年，实现了快速增长，但最终出现了很多行业的产能过剩的问题，过剩这个问题始终没有解决好。市场经济的优点是有竞争，缺点是过度竞争。马克思发现了市场经济带来的周期性的问题，他认为这是无法解决的。当遇到市场经济危机，出现严重过剩，市场容量增加不了，企业该怎么办？比如，企业生产了 20 万辆汽车，只有 10 万辆能卖出去，还有 10 万辆放在仓库，不但没有真正降低每一个产品的固定费用，还会占用大量的流动资金。在这种过剩的情况下，量没法增加了，"量本利"就失效了。这是我们制造业面临的一个难题，我做企业这么多年一直在思考，过剩的情况下该怎么办。

※ "做企业必须考虑价格，不能完全交给市场决定。"

问： 我国当前很多行业过剩，就是您说的这种情况。那么面对这种情况，企业应该如何渡过难关呢？

答： 做企业必须考虑价格，不能完全交给市场决定。但是很多企业家、厂长和经理有个认识误区：把市场竞争理解为扩大市场份额，把牺牲市场份额当成奇耻大辱，常常为抢占市场份额而不惜大幅降价。但事实是，在丢份额保价格和保份额降价格两种做法之间，保份额降价格、走价格竞争的企业往往都倒闭了。赫尔曼·西蒙不仅写了《隐形冠军》，还写了一本名为《定价制胜》的书，也非常值得一读。他在书中算了笔账：一个产品如果减量 20%，企业利润会下降 5%；而如果降价 5%，企业利润则减少 20%。企业成本和价格都在平衡线上，一降价就会亏损，紧接着现金流就会出问题，贷款自然也随之遇到问题，企业就会迅速破产。过去很多航空公司遇到这种竞争就互相杀价甚至免费送票，以此增加上座率，但后来送票的航空公司大都倒闭了。现在航空公司是几家联合起来，客机坐满一架就起飞一架，减少成本。对于过剩经济来说，这才是出路。

问： 除了行业过剩和市场竞争激烈导致价格战外，还有其他因素吗？

答： 还有一个常见的价格误区，就是经营者把价格完全放给销售员，而且还以销量为指标来考核销售员，这样销售员就很容易压价销售。因此赫尔曼·西蒙提出把售价和销量结合起来的考核方式，甚至价格应作为首要目标。我年青时在工厂工作，那时生产和销售"两张皮"，管生产的一味追求超产，管销售的则要保证不能压库，当时销售员采用的办法就是降价和赊销，往往使企业蒙受不必要的损失。现在不少水泥、商混等企业仍是把降价和赊账作为销售手段，有的企业甚至因收不回欠款而做不下去，这是很失败的。行规和商业模式是可以改变的。经营者不能凡事都听销售员的，如果经营者自身没有定力，对市场和客户不了解，那最后一定是价格降得一塌糊涂、应收账款高筑，把企业拖垮。因此，经营者应该特别关注价格和应收账款两个指标，树立好行规，确保好价格、不欠款，否则经营就无从谈起。

※ "价本利，价格是龙头，成本是基础，利润是目标，一定要做好定价和降本这两件事情，通过保价降本取得利润。"

问： 中国建材采取的是怎样的价格策略？

答： 中国建材在发展的过程中也在研究价格到底是什么，企业是否有定的发言权，还是毫无发言权，到底企业该怎么做。经过这么多年的实践，我们探索并提出了一种全新的盈利模式——价本利。我们认为，在基础原材料行业里，企业在市场面前要积极地去应对，而不是消极地对待，基本的逻辑就是要巩固市场占有率，同时提高定价实力外，增加市场话语权。除了靠规模对市场产生定价实力，企业还可以靠技术掌握话语权。比如苹果手机，出一个新款定价 1000 美元一个，很多果粉排着队买，它是自己定价的。这就说明价格并不是市场给定的，而是企业定的。有了价格再降低成本，企业就能取得更多的利润。在过剩的情况下，第一要稳定价格，第二要降低成本。价本利，价格是龙头，成本是基础，利润是目标，一定要做好定价和降本这两件事情，通过保价降本取得利润。这就是在经济危机、产能过剩或者经济下行的情况下，企业应该采取的方法。

※ "价格是把双刃剑，世界上从来不存在所谓的质优价廉，因为质量肯定会有成本。做企业不能一味地去降价、拼价格，应该走高质高价的路线。"

问： 您认为企业该如何理性地制定价格策略？

答： 市场在不断发展，形势已经发生了变化，企业要顺应形势，实现从"量本利"到"价本利"的转变。我们必须采取理性竞争的态度，不要盲目地竞争、盲目地降价。价格是把双刃剑，世界上从来不存在所谓的质优价廉，因为质量肯定会有成本。我以前在北新建材的时候就跟大家讲"质量上上，价格中上"的八字经营原则，这一原则一直沿用至今，指的是在质量上要有过剩质量，即把产品做得更好些。这样做虽然要多承担一些成本，但却能因此铸就品牌和赢得长远利益。在确保质量的前提下，要保持价格稳定，既不搞价格战，又要适当让利，维护客户长期利益。所以北新的石膏板比进口的都要贵，但这么多年坚持下来，却卖得非常好，因为大家相信北新的质量，做得好就应该贵一些。像女同志到商店里挑件衣服，或者去买护肤品，大家会挑最便宜的吗？我想绝大多数肯定不会。因为大家脑子里也有价格崇拜，会相信 5000 元的产品比 2000 元的产品好。

做企业不能一味地去降价、拼价格，这是错误的。日本企业喜欢拼价格，拼市场占有率，每年市场占有率下降一点是不得了的事。在世界 500 强里，日本企业的利润率普遍较低，这跟日本是个岛国有关，国土那么小，市场那么少，所以日本的企业把丢掉任何一寸"土地"都看得非常重要，围绕着市场占有率，你争我夺，所以价格是偏低的。

中国是个大市场，中国企业也多，竞争也激烈。在这种情况下，中国的企业就应该理性对待价格。因为盲目降价、恶性竞争，会导致质量低下、假冒伪劣等问题。过去国内有很好的儿童奶粉，后来打价格战，就出现了三聚氰胺事件。从这件事的表面来看，是企业家的良心问题；但是从另一方面看，实际上是因为这种竞争模式的逻辑，必然导致"逼良为娼"这么一个结果。

问： "奶粉事件"确实是一个因恶性竞争引发的商业伦理缺失的负面典型。中国建材是怎么把企业的竞争模式和行业发展联系起来的？

答： 价格实际上折射了价值观，折射了一个行业是不是理性地看待问题。行业的价值是在与上下游产业的博弈过程中提升的。我们看中国经济发展的过程，实际上是一个能源和资源价格不断上涨的过程。在原燃材料价格大幅波动的情况下，作为中间环节的行业，必须把不断增长的成本成功地传递出去，这样才能确保企业有利润。行业如果没有议价能力，或者没有话语权，不能把上升的成本传递出去，就相当于靠天吃饭，无法掌握自己的命运。

这也是做企业要经常研究的事情。企业要盈利，产品就要有价格，没有价格谈不上盈利。成本是刚性的，而且是边际递减的，企业不可能永远降低成本，到了一定程度再降低成本一定是以质量为代价的。我们应该走高质高价的路线，而不是走低质低价的路线。中国建材讲"五优"，即优技、优质、优服、优价、优利。其中的优价不是便宜的意思，而是中上的意思，应该是这样的竞争理念。在市场里，中国建材没有一个产品是靠低价打压别人的。这是中国建材的经营文化，质量做得好一点，价格就要高一点，我们坚持走这条路线。

02 从竞争走向竞合

※ "良性、理智的竞争是好东西，无序、盲目、恶性的竞争是坏东西。"

问： 您前面提到了要高质高价、理性对待价格，但是我国水泥行业以前是"多、散、乱"的状态，低价竞争，对此您怎么看？

答： 水泥行业是国民经济的重要基础产业，这么多年来为国家经济建设做出了重要贡献，但是并没有充分享受到中国经济高速发展的成果，行业价值也一直没有得到充分体现。中国房地产价格涨了那么多倍，水泥的价格几乎没怎么涨。过去水泥的价格是煤炭的两倍，后来煤炭是水泥的两倍。全世界钢铁和水泥的价格比是 3∶1，而中国的钢铁跟水泥的价格比是 10∶1。20 多年前每吨水泥的价格是两三百元，现在还是两三百元。长期偏低的水泥价格，让很多水泥人习以为常，认为一直以来就是这么竞争过来的，以为这就是合理的价格。殊不知我们的水泥价格长期在不合理的轨道上运行，一直在用水泥产品的低价格、用水泥行业的低价值补贴房地产等高利润行业。这种不合理和低效率的状况需要改变。

问： 那国外的水泥行业是怎样的？

答： 国外不是这样的。有一年爱尔兰 CRH 公司①首席执行官阿尔伯特访问中国建材，我问他要改变水泥行业的现状靠什么，他说只能依靠自律和竞合。以美国为例，在 2008 年全球金融危机时，水泥需求量一下子从 1.2 亿吨降到 5000 万吨，由于大企业自律水平比较高，水泥价格就很好，达到了每吨 95 美元，美国水泥企业因此安然渡过难关。再比如印度，水泥产能利用率只有69%，但是印度的水泥价格是每吨 100 美元到 140 美元不等，毛利很高。印度人在竞争中保持了平和淡定的心态。相比之下，中国的很多企业往往都想放量抢占市场，尤其是在市场下行的时候更是如此，甚至一些大企业也出现过恐慌性的降价和抛售，导致恶性竞争不断，全行业苦不堪言。

问： 在价格战的时候您也倡导过，企业要减产保价、行业自律，当时呼应的企业多不多？

答： 呼应的不多。2009 年，我在徐州海螺的会上提出，行业利益高过企

---

① 爱尔兰 CRH 公司成立于 1970 年，2019 年《财富》世界 500 强排行榜中位列第 397 位。

业利益，企业利益孕育于行业利益之中。但是当时也有人主张还要再打一场恶战，恶战以后才能够好。我说战争该结束了，因为大家打了 30 年也没有打出个名堂来，水泥行业早应该走出"丛林"了。

现在我们的理念越来越得到广泛地认同，过去几年市场压力很大，但是企业经过锻炼走过来，水泥行业也出现了整体价值的回升，水泥行业的转型升级、高质量发展在过剩行业中很突出。

问： 如何才能推动行业自律呢？

答： 以行业协会为主导，大企业带头，促进行业内企业之间的信任关系和诚信建设，引导企业顾全大局，不搞盲目新建、恶意杀价、低价倾销，从竞争到竞合，实现包容性增长。

在国外，维持市场健康的工作主要由行业公会来做，维护本土市场，对国外企业实施反倾销。我们也应充分发挥行业协会的主导作用，加大行业管理力度，建立市场行为约束机制。

在加强自律方面，大企业要带头，中小企业要跟上，千万不要做价格的破坏者。无数事实证明，打价格战没有最后的胜利者，大家应像爱护眼睛一样爱护市场环境。

问： 您说的"丛林"，是不是"丛林法则"的"丛林"？

答： 是的，就是自然界里弱肉强食的法则。市场竞争既有好竞争，也有坏竞争。良性竞争、理智的竞争是好东西，能够实现生产效率、产品质量、创新能力等方面的提升，但是比勇斗狠的竞争、无序、低价、盲目、恶性的竞争就是坏东西，虽然短期会带来价格大幅下滑，消费者貌似受益，但是长期这样就会导致假冒伪劣问题，进而扰乱市场秩序，破坏行业生态，最终危害消费者。所以恶性竞争不值得提倡，我们主张良性竞争，要走出"丛林"。

我们是从行业发展规律的角度提出来的，水泥行业发展到一定阶段，结构就会发生变化，会集中起来。无论是对比发达国家的经历，还是回顾我们水泥业发展的经历，这是一个规律性的东西。我主张竞合，这个词是西方人提出来的，既要竞争又要合作。但讲协同就涉嫌垄断，因而大家觉得竞合这个词挺好，既有竞争又有合作，能够接受。现在更好了，北京大学国家发展研究院陈春花教授提出了一个词叫"共生"，现在叫共生竞合，不是你生我死，而是要共生。

问： 既有竞争，又有合作，对于企业的管理者来说，两者的尺度怎么把握？

答： 竞争，主要是在生产效率、产品质量、创新能力、节能减排等方面，大家对标优化，学习先进，比学赶帮超，共同提高。合作，主要是指共同遵守国家法律法规，共同遵循市场游戏规则，互相尊重各自利益。最后就是，合作中有竞争，竞争中有合作，这样才能推动市场经济的健康发展。

※ "经历若干次大规模兼并重组后，绝大多数产业的集中度会提高，市场也变成大企业之间的一种良性竞争，既保证了竞争的理性化，也保证了投资者、员工和客户的利益平衡。"

问： 市场经济发展经常出现由竞争引起生产集中再到寡头的现象，您是怎么看待这种现象的？

答： 西方人最早搞市场经济，市场经济有一个弱点，就是一定会过剩。市场经济就是过剩经济，过剩了怎么办？就得淘汰、倒闭，就会引起多米诺骨牌效应，不知道会砸到谁，是无序的，所以引起倒闭潮，这是过去工业时代曾发生过的事情。19世纪初，最开始发生经济危机、倒闭潮时企业怎么做？最早是企业搞卡特尔价格串通①，就是今天讲的垄断。后来搞辛迪加②，就是形成共

---

① 也称价格卡特尔，是指两个或两个以上具有竞争关系的经营者为牟取超额利润，以合同、协议或其他方式，共同商定商品或服务价格，从而限制市场竞争的一种垄断联合。

② 辛迪加是指少数大企业通过签订统一销售商品和采购原料的协定以获取垄断利润而建立的垄断组织。同卡特尔相比，辛迪加较为稳定，存在的时间也较持久。

同的销售公司。再后来觉得这也不行，直接合并吧，就是托拉斯①、康采恩②，形成大的集团公司。美国在 1900 年前后，进行大规模的钢铁重组、石油重组。当时美国有 2000 家钢铁公司，摩根合并了 65%，增加了集中度，也赚了很多的钱。列宁 1916 年在瑞士创作了《帝国主义是资本主义的最高阶段》（常被称作《帝国主义论》）一书，认为帝国主义到了垄断的最高阶段。20 世纪 30 年代的时候美国出台了《反垄断法》，提出对于兼并、合并进行审查，不能独占市场。那时学术界也认为垄断一定是低效的，后来才知道在"看得见的手"和"看不见的手"之间的平衡有一个变化，市场结构集中化既是一种趋势，也带来了效率的提高。其实合并是合理的，市场要有竞争，也要有市场价格，但是企业也不能太分散。

西方早期崇尚极端的市场竞争，也曾发生过大规模倒闭潮和企业家跳楼的惨剧。但经历若干次大规模兼并重组后，绝大多数产业的集中度会提高，市场也变成大企业之间的一种良性竞争，既保证了竞争的理性化，也保证了投资者、员工和客户的利益平衡。现在美国、欧洲对于合并的批准率是非常高的，否决率很低。美国仅有的两家航空器材公司——麦道和波音，也合并了。逻辑上是不应该合并的，两家公司合并后，加上空客③，世界上只有两家大飞机公司，现在再加上中国商飞就有三家。过去俄罗斯有大飞机，后来俄罗斯也不做了。而波音和麦道合并通过了反垄断调查，这是市场体系在起作用。

问： 您刚才提到市场有弱点，比如过剩，我国当前有一些行业产能严重过剩，该如何化解？

答： 我常常跟大家讲，任何体系都不完美。现阶段我们觉得市场这套东

---

① 托拉斯是垄断组织的高级形式之一。由许多生产同类商品的企业或产品有密切关系的企业合并组成，旨在垄断销售市场、争夺原料产地和投资范围，加强竞争力量，以获取高额垄断利润。

② 康采恩是一种规模庞大而复杂的资本主义垄断组织形式。它以实力最雄厚的大垄断企业或银行为核心，由不同经济部门的许多企业联合组成。金融寡头通过大银行或大工业企业，采用参与制掌握股票控制额，使其他参与者从属于自己，从而得以控制比其本身资本大几倍甚至几十倍的资本，在经济上占据更有力的地位，攫取高额垄断利润。

③ 空中客车公司。

西不完美，但是还没有找到一个比它更好的东西，所以还在用市场的这套东西。过去觉得搞计划就可以减少这种无序竞争，实际上计划经济效率很低。我们现在不再做计划经济，但市场经济的问题一直存在，就是怎么能够最大限度地抑制无序、过剩等。

现在供给侧结构性改革主要是去产能，在供给端采取措施，而不是在需求端。过去我国经济长期增长，水泥、钢铁越做越多，一有波动，国家觉得这么多的工厂怎么办，就去拉动、做投资。我们老讲水多加面，面多加水。但是最后加不下去了，因为脸盆就那么大，水和面都冒出来了，怎么和面呢？要舀出一些面和一些水，才能继续。供给侧结构性改革很简单，就是供给侧必须去产能，这个"面"才能和起来。再不能让钢厂、水泥厂无限度地增多，逼着国家扩大无效投资。现在要从国家层面加以限制，淘汰落后，减量发展，加速转型，这些都是对盲目市场经济的修正。

※"企业要从'做工厂'转向'做市场'，这是中国建材在管理认识上的一次飞跃。'广义的企业管理 ＝ 外部市场管理 ＋ 内部运行管理'，简单说，就是外抓市场、内控成本。"

问： 在这种市场环境下，企业应该怎么面对呢？

答： 就是要快速转型。首先要做的就是转变思想、转变观念。在短缺经济情况下，企业只要管好工厂、控制好成本、扩大销量、增加品种就能盈利。但在过剩经济中，低价跑量的模式已不可行，如果一味地增加产量，就会导致恶性竞争，整个行业都没有赢家。所以企业不能只埋头于内部提高效率和压缩成本，必须把眼光转向市场，即企业要从"做工厂"转向"做市场"，这是中国建材在管理认识上的一次飞跃。我们认为，企业是一个大系统，企业的管理工作不应局限于企业内部，而要提升、拓展到影响企业效益的整个系统中。"广义的企业管理 ＝ 外部市场管理 ＋ 内部运行管理"，简单地说，就是外抓市场、内控成本。这些年来，中国建材就是按照这个思路，不断地进行探索和尝试。

问： 大企业是行业的支撑和引领者，在推动行业健康的过程中，大企业该如何行动？

答： 大企业对行业负有更大的责任，应该带领行业健康化，应当系统地、全面地、长远地想问题，不光治自己的"病"，更要治行业的"病"。

这些年来，中国建材开展了一系列的联合重组，都是着眼于解决系统性问题，注重系统和组织结构的再造。2005年，中国建材进入之前，水泥行业只有80亿元的利润。2018年实现了1500多亿元的利润，而且是在非常过剩的情况下取得的。我讲这个就是说要改变一些思路，小企业经营自己，大企业经营行业。

问： 这会不会形成垄断呢？

答： 不是垄断。因为市场经济下，原材料行业必须有一定的相对规模的企业，有一定的集中度。水泥的集中度我们叫R10，R10指的是前10家企业的市场之和占有整个市场总和的比例。我们在重组之前，2005年水泥行业的集中度只有9%，现在到了60%左右，所以市场才能够稳固。但是欧洲、美国的集中度在几年前都已经是70%以上，我们还有一定差距。这样增加集中度、减少家数、减少散乱差的竞争，其实也是市场的"正道"，并不能归结到垄断里去。而且全世界的水泥行业都是这样做的。

※ "**拓展海外市场，与当地企业合作是非常重要的。**"

问： 刚才您提到了全世界水泥行业都是采用"竞合模式"发展的，中国建材进入海外市场也是采用这种模式吗？

答： 是的，我们在国际化"走出去"的过程中倡导这种合作包容的文化。中国企业"走出去"有三个原则，也是我在土耳其项目上首次提出来的。一是为当地经济做贡献，二是与当地企业合作，三是与当地居民友好相处，做公益、做好事。

拓展海外市场，与当地企业合作是非常重要的。过去中国建材国际工程集团有限公司出去做一些 EPC 项目，基本上连小工都带着，土建的公司统统都是中国公司。但是这样一来，在当地就会形成挺大的反响。因为当地人认为这些工作他们能做，为什么中国公司不用当地工人，都从中国带来。而且中国的公司都是"远征军"，去那儿拖家带口并不经济，工人也经常闹事，到使馆闹，不给涨工资就不按工期完工，带来很恶劣的影响。依托当地市场，就解决了这个问题。

"一带一路"走出去，一定要跟当地企业合作，给人家机会。土耳其萨班吉项目，我们把整个土建交给当地的公司，只做机器安装，合作得非常好。当时土耳其当地媒体报道中有这么一句话："昔日的竞争对象变成今日的合作伙伴！"土耳其人觉得过去双方是对手，而现在企业之间又进行了合作。

问： 像这样的海外合作多不多？

答： 很多，而且我相信以后会越来越多。最近我们在埃及做了一个世界最大的水泥厂，6 条日产 6000 吨的新型干法水泥生产线，我去看过，做得非常不错。这个项目整个土建全部包给了当地的公司，由 8 家当地公司一起来做。最多的时候工地上有 1.2 万人，中资公司有 2000 人，当地公司 1 万人，场面非常恢宏壮观。假定这 1.2 万人都是中国公司派去的，光食堂就需要 100 个，需要很多厨师，这是无法想象、几乎不可能实施的。承包给当地公司后做得非常好，土建也非常漂亮。所以我说在非洲市场，就让这 8 家当地公司跟着我们一起做，他们对当地也很熟悉。

现在我们的"一带一路"不只是跟当地公司合作，还跟跨国公司合作。因为"一带一路"的很多市场过去是跨国公司的，现在中资公司来了，大家就要争夺市场。有一本书叫《争夺非洲》，讲中国公司怎么争夺非洲市场。我们现在的想法是要与发达国家的跨国公司联合开发第三方市场。非洲有很多讲法语的国家，中国建材就跟法国公司像施耐德①、拉豪集团、法孚②等合作，联合开

---

① 施耐德电气有限公司成立于 1836 年，主营机械制造、电气自动化及能源管理等，在 2018 年《财富》世界 500 强排行榜中位列第 354 位。

② 法孚集团成立于 1812 年，是一家跨行业领域、专业技术广泛的工业工程集团。

发第三方市场，有饭大家吃。我们在东南亚主要跟日本三菱集团合作开发市场。其实也就是联合共生。这个世界，不能说你活让别人都不能活，大家都要活下去。

03 终结过剩产能

※ "过剩并不可怕，市场经济本身就是过剩经济。化解过剩的主要方法是联合重组，增加集中度。"

问： 企业管理者对待过剩应该保持一种怎样的心态？

答： 我们是从短缺到过剩。企业管理者都不太喜欢过剩，而是比较喜欢短缺，因为处于短缺市场的时候，企业生产多少就能卖掉多少，即使经营管理得差一些，日子也会很好过。过去 30 年就是这种情况，在经济高速增长下发展企业，特点是机会多、空间大，主要方式是靠投入、靠增量。

但到了今天，中国大多数行业都进入过剩和市场饱和阶段，企业只能靠存量优化和转型升级实现可持续发展。过剩并不可怕，市场经济本身就是过剩经济。市场经济一定是商品琳琅满目、供大于求，过剩是必然规律。目前全世界大宗原材料、大型制造业产能普遍过剩 30%，像中国的钢铁、水泥等行业过剩超过 30%，放到全世界来看并不稀奇。

问： 到底应该如何解围产能过剩？

答： 对此大家也有不同的看法。一种看法是靠市场自己的力量，用"丛林法则"和"自然选择"来进行市场竞争。但事实是，过度竞争解决不了当下的问题，只能把行业引向打恶仗、打乱仗、恶性无序竞争的境地。恶性竞争是场没有时间表的战争，是市场竞争的低级方式，太原始、太残酷、代价太大。像钢铁、煤炭、水泥等大宗原材料行业，恶性竞争会造成债权人、投资者的重大损失，引发失业、税收损失、资源浪费、环境污染等一系列经济和社会问题。事实证明，这不是理想的方式。另一种看法是让政府出面解决。这就需要大量的资金，还涉及大批员工安置等一系列问题。这些问题如果都推给政府的话，会给政府造成很大压力，解决起来非常困难。过去纺织业限产砸锭时，政府把包袱都背起来了，现在不能指望让政府再去收拾烂摊子了，必须另谋出路。

问： 过剩是全世界的难题，其他国家有什么好的治理经验可以借鉴吗？

答： 其实他们跟我们一样，并没有什么好方法。主要的方法是进行联合重组，增加集中度。比如在泡沫经济时，日本全国有 26 家企业、1.2 亿吨的水泥产能，后来通过大规模重组，只剩下 3 家大型水泥企业，总产能也只有 4000 多万吨，只有高峰时期的三分之一，不少工厂在重组过程中被关停了。虽然如此，日本水泥企业的整体盈利情况仍然很好，目前东京每吨水泥的价格超过 100 美元，几乎是中国水泥价格的一倍。再比如欧洲目前只有 3 家大型水泥公司，美国也只有 2 家大型水泥公司。以前都是几十家，现在只有两三家，想法也就好统一了。另一个就是走出去，美国人搞了马歇尔计划，日本企业也有一个出海时代。这是西方发达国家的经验，对中国和中国企业是很有借鉴意义的。

　　※ "过去'有增长'是一种生存方式，现在'没有增长'也是一种生存方式。我们要围绕供给做功课，不能再套用以往的高增长模式。"

问： 您如何看待供给侧结构性改革及其所起的作用？

答： 推进供给侧结构性改革①是我国的一大创举，是对我国社会主义市场经济理论的重大创新，为中国经济转型升级提供了一剂良方。供给侧结构性改革具有丰富的内涵，核心任务就是去产能、去库存、去杠杆、降成本、补短板，简单说就是"三去一降一补"，关键是解决好过剩产能的退出和供给结构

---

① 2017 年 10 月 18 日，习近平总书记在十九大报告中指出，深化供给侧结构性改革，建设现代化经济体系，必须把发展经济的着力点放在实体经济上，把提高供给体系质量作为主攻方向，显著增强我国经济质量优势。

的调整两大问题，提高供给体系质量。对于过剩行业来说，供给侧结构性改革尤为急切、至关重要。

近两年来，国家在钢铁、煤炭等过剩行业深入推进供给侧结构性改革，成效非常显著。从建材行业来看，中国是建材大国，改革开放以来，国家鼓励"大家办建材"，建材工业迅速告别短缺局面，满足了经济建设需求，尤其是在过去10多年的"黄金发展期"里，伴随中国经济高速增长，水泥等大宗建材产能跃居世界第一。与此同时，长期粗放式发展也带来了结构性产能过剩的顽疾，积累了高投资、低效益、低价无序同质化竞争等供给侧问题，需求侧的故事演变为供给侧的故事。过去"有增长"是一种生存方式，现在"没有增长"也是一种生存方式。我们要围绕供给做功课，不能再套用以往的高增长模式了。

问： 在国家的这个政策出台之前，中国建材是不是已经开始探索相关的解决之道？

答： 中国建材身处充分竞争领域，水泥又是典型的过剩行业，因此我们较早开始关注供给侧问题。2009年，在经济高速增长的刺激和影响下，水泥产能过剩加剧，我在行业里提出"停止新建生产线""行业要科学布局，进行听证""形成大企业主导的区域市场格局"等10条建议，有媒体就把这些建议解读为"休克疗法"。其实我当时的想法很简单：水泥行业的资源和实力并不充裕，用在铺摊子、盲目增量上，对行业是巨大的损耗，我们应先把盲目建设停下来，把主要精力放在结构调整和转型升级方面，使行业更加精干。后来，我进一步提出了水泥行业要"做好有效供给""写好供给端的故事"。这些都发生在供给侧结构性改革这一概念提出之前，我们自2006年以来开展的联合重组、整合优化、市场竞合等，实质上都是围绕供给侧发力。

※ *"在市场经济高度发达的今天，是谁在调节市场？我认为是大企业。"*

问： 您针对水泥行业曾提出"大企业是过剩产能的终结者"？

答： 是的，也是借鉴了全球水泥行业发展规律和中国水泥行业现状分析得出的。自中国经济进入"新常态"以来，中国水泥的市场需求大幅减少，过剩严重加剧，行业已从高速增长进入平台期——从2014年开始的8~10年内，中国水泥需求量将不会再有大的增长，而是保持在22亿吨左右。这一判断既是中国经济转型的微观反映，也是行业发展规律的必然结果。一是投资乏力，产能过剩加剧，供需形势更加严峻。二是我国水泥产能全球最大，面对治理雾霾等环保要求，水泥产能不可能再大规模增加。三是从世界范围来看，中国人均水泥用量远超其他任何一个发达国家和经济体。水泥行业之所以经营困难，主要问题就是供给过剩。如何做到均衡、有序和高质量地供给，这是眼前最急切的问题。从西方经验看，治理过剩最合理的办法就是由大企业牵头进行整合优化，解决产能过剩、集中度低、竞争无序的"多、散、乱"问题。解决"多"，就是要减量；解决"散"，就是要重组；解决"乱"，就是要进行行业自律。

问： 为什么是大企业？

答： 我们常讲，市场是看不见的手，这是18世纪英国经济学家亚当·斯密①在著名的《国富论》中提出的。另一位英国经济学家凯恩斯②提出，政府是看得见的手。在市场经济高度发达的今天，是谁在调节市场？我认为是大企业。企业史学家钱德勒③指出，大企业是现代经济中"看得见的手"。大企业本身不是政府，而是一个市场化的手，它的调节作用非常重要。这也是由大企业自身的特点和优势决定的。

第一，大企业资金雄厚，有能力支付重组整合所需的大量资金，而且在人才、技术、规范治理等方面具有优势。对于小企业来说，实施跨区域、跨所有制的大规模整合，难度是很大的。

---

① 亚当·斯密，英国经济学家，经济学的主要创立者。代表性著作有《国富论》《道德情操论》。

② 约翰·梅纳德·凯恩斯，英国经济学家，现代经济学最有影响的经济学家之一，被称为宏观经济学之父。

③ 艾尔弗雷德·D. 钱德勒，企业史学家，战略管理领域的奠基者之一。

第二，大企业重组后，投资者的股权、银行贷款等就转移到了大企业，大企业可以通过关工厂等方法按比例减量发展，同时通过稳定市场秩序与价格获得合理利润，这样既关了工厂、去了产能，也没有损害投资者利益，银行也不会形成死账坏账。

第三，大企业更有力量解决员工安置问题。工厂关闭后，大企业可以发展水泥制品、骨料等关联产业，就避免了单家工厂破产倒闭后全体员工失业的后果，也减轻了社会再就业压力。

但我并不赞成由外国大企业来重组中国的基础原材料行业。像水泥这种高度依赖资源能源的产业，依靠的是本国资源、人力和市场，而且我们在技术和成套装备方面已经十分成熟了，没有理由将市场和机会拱手相让。如果被跨国公司重组，那将是战略性的错误。中国的公司有能力做好水泥业务，要解决的只是怎么"组织"的问题。

问： 您提到"要由大企业来重组过剩行业"，所以，是由中国建材牵头解决水泥行业过剩的问题吗？

答： 是的，总得要有企业带头。在建材行业，就是中国建材带头。一方面，中国建材是央企，有这个责任；另一方面，是我们提出了一套解决方案，如果我们自己都不做就没人信。

中国建材抓住国家产业结构调整的有利时机，自觉肩负起"行业整合者"和"过剩产能终结者"的历史重任，在中国水泥行业掀起了一场声势浩大的联合重组运动，自2006年开始短短几年时间，先后重组上千家水泥企业，水泥产能达到4.5亿吨，一跃成为全球水泥大王。规模大了，责任自然也重了，我们提出了带头做到"六个坚定不移"，就是要站在国家和行业的高度，带头做到坚定不移地限制新增产能、坚定不移地淘汰落后、坚定不移地执行错峰生产、坚定不移地推进市场竞合、坚定不移地推进联合重组、坚定不移地进行国际产能合作，坚决做维护行业健康的中流砥柱。

问： 中国建材在带头做六个"坚定不移"的过程中肯定有一些代价，您是怎么看的？

答： 我们当排头兵，确实牺牲了很多。因为我们的体量大，假如水泥恶性竞争价格下降 10 元，中国建材就少了 50 亿元。同时也是因为体量大，所以我们不是特别在乎减的那一点产量，而是更在乎整个行业的健康化。全世界都是通过大企业维护市场健康。美国学者奥尔森指出，要想产生集体行动，克服免费搭车现象，要有额外的激励。企业也是这样，大企业会主张市场健康，因为市场不健康对其影响最大。在中国的煤炭、钢铁、水泥等产能过剩行业的供给侧结构性改革中，大企业都发挥了重要的引领带动作用。

※ "把去产量和去产能有机结合起来，标本兼治，打好'组合拳'。"

问： 中国建材作为行业领军企业，具体是如何带头推进供给侧结构性改革，化解过剩的？

答： 这么多年来，我们围绕供给侧开展了大量的工作，总结以前的经验，主要是把去产量和去产能有机结合起来，标本兼治，打好"组合拳"。

问： "去产量"和"去产能"一字之差，您认为两者之间的区别是什么？

答： 去产量是治标，是短期行为，是解决眼前需求不足、价格过低的问题。去产能是衡量供给侧结构性改革是否成功的"试金石"，是水泥行业供给侧结构性改革的关键，是治本的长期行为，只有去产能才能从根本上解决水泥行业长治久安的问题。在去产能进展缓慢的情况下，去产量可以为去产能赢得时间，但是去产能是根本的目的，两者之间是有本质区别的。

问： 中国建材在短期的"去产量"方面采取了哪些措施？

答： 我们不但身体力行而且大声疾呼，采取了多种措施。

第一是带头执行错峰生产。中国水泥产业集中度低，无法按照日本人的方法平均去产能，因为谁也不愿意去，不得已只能用错峰生产的办法，就是在冬天的采暖季、雾霾严重的季节大家都停产。这个方法是中国建材率先在东北地区探索的，后来得到工信部①、生态环境部等部门的认可，现在已经推广到全国范围了。错峰生产是在行业去产能得不到实质性解决的情况下实施的一个办法，虽然不是一个完美的方法，但行之有效，跟北京汽车限号一个道理。汽车太多了就得限号上路，不然谁的车都跑不快，公平的办法就是限号。

第二是带头限制新增。当前中国水泥行业是无处不过剩、无时不过剩，已经没有淡旺季之分，没有任何理由建新线。从美欧日等国家和地区来看，他们当年去产能后几乎没建过新线，相反我们在严重过剩的情况下，还总有人开口子，也总有人钻空子，出现了一边限制、一边新增的怪象。例如，在云南等一些原本已经过剩的地区，有些人打着异地置换的幌子大搞新线建设，令人匪夷所思。在供给侧结构性改革中，我们不仅带头限制新增，而且倡导和呼吁下决心、下狠心解决"边限边增"的顽症，不能再为新增产能开任何口子。

第三是带头强化行业自律。这方面我们积极配合行业协会，带头引导企业顾全大局，不搞盲目新建、恶意杀价、低价倾销，不做价格的破坏者，从竞争到竞合，实现包容性增长。

※ "今天在产能过剩的情况下，我们完全可以让以销定产、错峰生产成为长期模式，实行例行长假制度，让水泥厂工人像大学教授一样快乐工作。"

问： 我国水泥行业这几年一直在开展去产量工作，错峰生产模式从最开始在几家企业、一个区域实施，最终扩展到全行业、全国范围，起到了很好的效果。您能详细地介绍这一模式吗？

答： 错峰生产的历史脉络是这样的：2014 年年底，由于冬季取暖季雾霾严重，环境负荷加大，东北三省包括我们北方水泥在内的 103 条水泥熟料生产

---

① 工业和信息化部，简称"工信部"。

线全部实行冬季错峰生产；2015年11月，工信部和环保部①联合发文要求在北方采暖区全面试行冬季水泥错峰生产；2016年10月，两部委再次联合发文，要求在长江以北的15个省市进一步加大水泥错峰生产力度。后来错峰生产在南方地区也开始实行，除了取暖季之外，还有雾霾错峰、环保错峰等，不仅是响应国家政策稳价格、稳市场、稳增长，也是水泥行业大力减少雾霾的社会责任感的体现。

理论上来看，其实错峰生产契合了供需平衡、以销定产这一市场经济最朴素的原则。以销定产本来是大家很熟悉的一句话，可是多年来，在过剩经济和饱和市场中，大家只知道竞争，忘记了这句话。早在2011年，江浙一带因用电紧张，水泥行业一度被拉闸限产，没想到因祸得福，市场供需关系趋于平衡，当年全行业利润超过1000亿元。相反，2015年，在经济下行压力下，部分水泥企业放量抢占市场，带来的是行业利润全线下滑，全行业利润只有200亿元。正反两个方面的实践证明，错峰生产是维护供需平衡的必要措施，是以牺牲短期利益和局部利益换得行业的长期利益和整体利益，必须长期坚持。

通过错峰生产，我感觉到，在产能过剩时代，我们真的要改变很多观念。过去我们知道欧洲水泥企业产能利用率只有60%~70%时，对自己120%的利用率感到很自豪，觉得欧洲人太懒，技术也不如我们先进。经过这几年的实践我们发现，产能过剩时期，市场就那么大，生产太多又有什么意义呢！为什么欧洲人实行5天工作制，每天上班6个小时，就是因为生产多了也没用。所以我想，要给职工放假，能多放的就多放，因为多生产出来的东西也没人要。煤炭行业在供给侧结构性改革中，提出所有煤炭企业一年内开工不得超过276天。水泥行业现在产能利用率是67%，意味着水泥企业每年可以平均放假120天。这就像在南方种水稻，不够吃就种三季，够吃就种两季，而且两季稻要比三季稻好吃。水泥也是，不够用就开足马力生产，过剩了就少生产。过去建设高速增长时期，建材供应短缺，工人很辛苦，节假日都要坚持生产。今天在产

---

① 2018年3月13日，十三届全国人大一次会议在北京人民大会堂举行第四次全体会议，组建生态环境部，不再保留环境保护部。

能过剩的情况下，我们完全可以让以销定产、错峰生产成为长期模式，实行例行长假制度，让水泥厂工人像大学教授一样快乐工作和生活。

问： 在中长期去产能治本方面又采取了什么措施？

答： 也是采用组合拳。

第一是加强联合重组。实现实质性去产能，主要方法还是联合重组。中央也出台意见，要求积极稳妥化解产能过剩，要尽可能多兼并重组、少破产清算。这些年，在中国建材带头推进联合重组下，水泥行业集中度从 2005 年的 9% 增至目前的 60% 左右，但与发达国家 70%～80% 的集中度比还有差距，行业整合仍然需要继续推进。

第二是加大淘汰力度。早在 2007 年，我们在山东枣庄重组水泥厂时，就集中爆破拆除了 9 条立窑生产线，打响了"中国水泥第一爆"。对于过剩产能，我们是"消化一批，转移一批，整合一批，淘汰一批"，还积极呼吁全面淘汰 32.5 低标号水泥。

第三是加强国际产能合作。我们在参与"一带一路"建设时，并不是把国内落后的过剩的装备搬到国外。以前，抗日战争爆发时，上海很多纺纱厂、机械加工厂的设备都被拆下来沿江运到重庆，但像水泥厂、钢铁厂，能拆的部分只有 30% 左右，所以是搬不走的。这些年中国建材的产能合作是我们充分发挥资金、技术、设备、管理、经验等优势，去海外开展全方位投资。

问： 水泥行业消化过剩产能大概需要多长时间？

答： 从全球来看，水泥行业消化过剩产能长则需要 40 年，短则需要 15 年，所以大企业对此要有充分的心理准备，并不是一朝一夕的事情，要做好长期调整的准备。

※ "区域整合是水泥行业自我救赎的机会。"

问： 中国建材是如何通过整合优化成为水泥行业过剩产能的终结者的？

答： 前面我们已经讲了中国建材前期大规模的联合重组和整合优化的内容，在经历了重组整合中小企业的过程之后，我们又不断创新区域整合模式，投资入股海创、亚泰集团等 7 家大型水泥上市公司，实现了从收工厂到收股权、从与中小企业产业融合到与大企业资本融合的转变。现在来看，区域整合是水泥行业自我救赎的机会。之所以这么判断是基于水泥行业的一个特点，就是水泥是"短腿"、非贸易性的产品。所谓非贸易性，是指不可长时间存储，不可远距离运输，经济半径比较短。因此，我认为水泥行业要围绕这一特点，推进供给侧结构性改革，解决产能过剩问题，根据区域需求量进行合理布局，这样才能实现"长治久安"。

问： 具体如何开展区域整合，您可否总结一些经验？

答： 我认为开展区域整合有三条路径。

第一是股权合作。区域内企业作为股东，集中打包成一家公司，并由其统一规划、统一经营、统一去产能，科学合理地发挥该区域内水泥生产线的产能。

第二是企业相互置换产能。如果甲乙两家企业在两个区域都有产能，则为了降低成本、增进效率、节约能源和保护环境，可以通过产能置换的方法，把产能集中到在一个区域内效率更高的那家企业，让一个区域形成一家优质企业占主导的格局。在西方国家，如果三家企业在一个区域市场的占有率达到70%以上，这个区域市场基本上就是健康稳定的。但由于中国市场的成熟度不高，企业的竞争心理也不健全，现在在有些区域，即使只有三四家大企业，仍然存在恶性竞争的情况。我认为，我们可以通过整合，在一个区域内组成一家具有规模效益的企业，只有这样才能让这个区域市场变得稳定健康。当然，这家企业可以是多股东的。

第三是整合销售环节，由大家共同出资组建销售共同体。通过委托经营、交叉持股、资本纽带合作等方式，加强优质企业之间的合作，促进行业和企业长远发展、合作共赢。

我觉得，去产能是推动供给侧结构性改革的首要任务。区域整合是具有中国特色的去产能方式，也是解决中国水泥行业产能过剩的最好办法，或许有可能超过西方兼并重组的效果。

　　※ "建工厂是生产力，收工厂是生产力，关工厂还是生产力，该关的不关就是破坏生产力。"

　　问： 整合之后，发现过剩产能依然存在，该怎么处理？

　　答： 关停并转。在大企业进行区域整合之后，有一项非常重要的工作就是"间苗"。什么是"间苗"？就是关闭多余的工厂。这就好比种田要"间苗"，只有这样，留下的苗才能长得更好，这样大田的总体收获也才更高。过去我们建工厂是为了经济效益，收工厂是为了经济效益，现在关工厂还是为了经济效益；建工厂是生产力，收工厂是生产力，关工厂还是生产力，该关的不关就是破坏生产力。大企业的管理者对此一定要有清晰的认识，该关的关掉了，产销平衡了，才有利于生产力的发挥，整个行业才会有经济效益，企业才能长久获利。

　　我们看中国水泥的发展历史，在过去的十四五年间，我国水泥业完成了西方国家五六十年的工业化过程。其间也经历了水泥工业的初始化阶段，地方政府和企业热情高涨，到处建工厂，记得我那时差不多每个礼拜都会去参加生产线奠基、开工仪式。后面的 10 年就是收工厂，搞联合重组，中国建材因此有了四大水泥企业。产能严重过剩后，我们开始关工厂，把以前建设和重组的一些工厂关掉，虽然很多人想不通，但这是规律。很多年前，我去日本考察，看到日本住友大阪等大型水泥公司的很多现代化生产线都停掉了，锈迹斑斑地立在那里，当时我还很不理解，觉得很可惜，而现在到了我们关工厂的时候。关工厂必然有阵痛，却是绕不过去的关口。水泥行业首先要关闭小立窑、日产2500 吨以下的熟料线和直径 3.2 米以下的水泥粉磨，其次要关闭过剩的日产2500 吨、5000 吨熟料线。日产 5000 吨熟料线尽管技术已很先进，但过剩后同样会造成资源和能源的巨大浪费，所以要视情况关闭，一切服从于市场。

问： 关掉落后的工厂、替代落后技术，真正落地执行是比较困难的。您一直在呼吁淘汰 32.5 低标号水泥，行业是如何反应的？

答： 有些人不理解，行业里也有些不同的声音。但是随着新型干法技术、环保技术、智能化控制等技术的推广，以及国家环保要求的不断提升，决策者和我们企业管理者对水泥行业淘汰落后的认识也在逐渐改变。

第一要从等量淘汰到减量淘汰。"等量淘汰"是一个时代名词，以新换旧，以优换差，等量替换。但是在已经严重过剩的局面下，如果只是拿新增的量置换淘汰的量，产能过剩问题将永远得不到解决，甚至还会进一步恶化，形成越淘汰产能过剩越严重的悖论，因此水泥行业的淘汰落后产能必须走向"减量淘汰"，做减法消化存量。在实际操作中，一些地方政府和个别企业为了局部利益或个人利益，不仅不做减量淘汰，反而在等量淘汰之名的掩盖下行增量淘汰之实。

第二要从淘汰落后工艺到淘汰落后品种。过去淘汰落后小立窑的力度很大，现在各地零星还有立窑水泥，以后都要淘汰掉。新一轮的淘汰应该着眼于淘汰落后品种，也就是淘汰 32.5 低标号水泥。从全世界看，欧洲的 32.5 低标号水泥只占 10%，日本不到 5%，非洲很多国家也都不再生产低标号水泥了，而我国 32.5 低标号水泥约占总产量的 50%。如果淘汰掉 32.5 低标号水泥，我国就可以减少 7 亿吨低端水泥供应，这对行业来说，是不伤筋动骨的好办法。虽然有难度，但是必须做，而且也是行之有效的方法。32.5 低标号水泥是个大杂烩，一些小粉磨站为了蝇头小利，用 300 公斤熟料就能产出 1 吨水泥，而不是按正常标准的 700 公斤熟料生产 1 吨水泥，这样偷工减料生产出来的劣质水泥就相当于加了三聚氰胺的奶粉，会带来巨大的安全隐患。

中国建材这些年来一直主张淘汰 32.5 低标号水泥，但是到目前为止还是存在争议。其实 32.5 低标号水泥是立窑时代的产物，现在立窑已经被全面淘汰，没有理由继续保留这种水泥，在 5 年前甚至 10 年前就该淘汰了。一方面，我国水泥行业拥有世界最先进的技术，正在推行第二代新型干法水泥技术；另一方面，我国水泥行业却还在生产和销售低档次水泥，这是违背发展规律的。中国水泥行业完全可以走在世界前列，企业的管理者要站得高，不能只考虑局部利益，不能找任何理由继续使用低标号水泥。我认为，政治、经济、技术是统一的，技术要服从经济，最终为经济服务，经济要服从政治。淘汰32.5低标号水泥不仅是技术问题，也是供给侧结构性改革必须解决的问题，是关乎经济和政治、全局和大局的问题。如果32.5低标号水泥都不能淘汰，何来的高质量发展呢？我们企业的管理者要形成共识，不要再出现杂音。

04 商业谈判

※ "交流其实是门艺术，也关乎情感。交流时，首先要理解对方关注的是什么，对方心里最纠结的是什么，立场是什么，这个非常重要。"

问： 您完成了许多次的联合重组，谈判的过程是一个博弈的过程。您能谈谈这方面的经验吗？

答： 中国建材是通过重组成长起来的，经历了多次重要的谈判。除了谈判还有别的方式，比如到市场上去拼。我们看到了在过剩条件下，联合才是出路，所以我们都是主动去谈，后来大家也慕名而来，主动和我们谈。这些谈判当中确实有的一开始也很难谈下来，甚至边谈边打，但是最后都谈下来了。在关键的谈判当中我们总是去把握战略的主动，了解对方的关切，营造多赢的局面。企业家应该有比较好的沟通能力，这当然和个性有一些关系，但主要从实践中来，善于学习也很重要。

问： 您谈判的成功率几乎为百分之百，比如中国建材的沙特阿拉伯纳吉兰项目，工程因为各种状况延期了，还要面临巨额罚款，您特意飞过去跟王子进行谈判，最后顺利解决问题，让人印象深刻。请问是怎样做到的？

答： 交流其实是门艺术，也关乎情感。交流时，第一要理解对方关注的是什么、对方心里最纠结的是什么、立场是什么，这非常重要。如果只理解自己的立场，不理解对方的立场，就很难交流，只有双方都理解才行。第二要关切对方的需要，要照顾到对方。既要注重自己的要求，同时也要照顾到对方的要求，所以要在中间找出一种妥协，既能让对方接受，又能够实现利益的最大化，实际上谈判就是在找这个点。

交流并不是站在自己一方进行的。为什么很多谈判谈不成？因为谈判者是站在各自方面谈的。谈判应该是在双方立场的妥协点上进行，考虑到底妥协点应该是什么，如果这样想，那么这场谈判很可能就谈成了。即使是力量悬殊、高度对抗型的谈判，既然要坐下来谈，就不会是只有一方获得最满意的结果，否则谈判就没有必要了。合作型的谈判是寻求双方的最佳利益结合点，它需要双方都要互谅互让，来取得一个妥协的结果。

谈判要坚持道德关切，以此取得主动。我在企业里一再讲要理解人、关心人、爱护人，这大概是与人相处最根本的。首先要理解别人，了解别人的关注点是什么，这么多年我跟大家打交道就是站在这样的角度。另外还有一点很重要，对于一件事情如果大家有一些不同的看法，那么要思考道德的高地是什么，到底什么有可能是对的，如果能让大家都觉得是站在了道德高地上，那也会谈成。我们经常讲义利之辩，沟通谈判要动之以情、晓之以理，还有一个更重要的就是合之以义。讲道德，讲良心，这个也是世界通行的商业语言。

刚才讲的纳吉兰项目，那个项目工地的环境简直跟火星上差不多，比新疆的戈壁滩还要严酷，中午温度高达50℃，经常会有沙尘暴，空气流夹杂着沙子，每天都是如此，我们是在这样的环境下施工。而且哪怕是买一个螺丝，可能都要跑到迪拜去买。在开始做这个项目时，按照我们的算法，在国内十个月能做成，在那里两年完成应该没有问题；在国内我们1亿美元可以做成，在那里2亿美元应该完全能做，还能赚不少钱。但是去了以后才发现，在那样的地方，怎么做都完不成工期，怎么做都赔钱。在纳吉兰这个项目上，我们的工人吃了很多苦，遭了很多罪，但做完以后他们还要被罚款。因为确实是我们拖延了工期，根据合同条文就是可以罚款，而且钱也不少，1600万美元。

当时准备去谈判的时候我爱人就说："你去能解决这个问题吗？"我说："我去不一定能解决，但是我不去分分钟就罚完了。因为我们有银行保函，根本不用打官司，直接把钱划走就可以了。对方让我去，我觉得就有得谈，如果对方不让我去，那分分钟把钱划走就完了，所以必须去一趟。"我去了之后并没有跟对方争吵，而是感动了他。我说："纳吉兰工厂是在戈壁滩上、人都无法生存的地方，我们建设了那么好的工厂，我们的施工人员付出了艰辛的努力才做完，你们还要罚我们款！……"在我上飞机的最后一刻，对方通知我不罚款了。

阿拉伯人在全世界是出了名的会做生意。在这场谈判里，对方内心纠结的点位在哪？就是在那么艰苦的地方，中国公司费了很大的劲才建完工厂，中国公司没有赚到钱，这些他们都很清楚，最后还要罚款，这样做好不好？这场谈判既不是讨论延误工期，也不是讨论合同问题，而是讨论道德，讨论这样做好不好的问题。因为不管怎么说都是拖了工期，根据合同我们也是输了，那就得罚款。虽然最后因为沟通顺利，对方没有罚款，我们还是从项目里面，充分吸取了教训。

问： 现在"一带一路"上合作越来越多，谈判能力就更重要了。

答： 是的。谈判首先要把业务做好，有良好的合作基础，虽然有时难免会发生一些困难或者小问题，但是如果能够从对方角度来看待，采取行动认真解决，大多数问题都能够通过谈判顺利解决。

"一带一路"建材先行，我们与沿线国家政府和企业签署了一系列重要的合作协议，这些协议大都是双赢的协议。我们不仅要和当地的政府、企业谈判，还要和其他利益相关者谈判。特别是对外国企业的投资，更是高度敏感的。我们需要做好这方面的谈判甚至司法应对的准备，要学会和方方面面打交道。现在很多项目越来越多地使用当地的员工。国外的企业中有强大的工会组织，员工的工资和待遇是通过劳资双方不断谈判确定和调整的。在我们企业"走出去"的过程中，不少投资者对国外的工会组织很不习惯，也发生了不少问题。这些也是我们需要学习和注意的。

※ *"为什么一定要去打仗呢？"*

问： 纳吉兰项目是一对一的谈判，"汪庄会谈"是一对多的谈判，您当时是怎么说服几位民营企业家与中国建材合作的呢？

答： 汪庄会谈奠定了我们大规模重组成立南方水泥、掌握东南重要的半壁江山的基础，是一次关键的谈判。

那次是我在做南方水泥重组的时候，在西湖边的汪庄饭店跟当时浙江的四位水泥大佬的一次会谈。他们都很强势，都是当地大水泥企业很有资历的领导者，彼此之间见面都不说话，仗打得不可开交。中国建材虽然是央企，但做水泥是个外行，把他们叫到一起谈，其实也是挺艰难的，要在一块儿把四家说开摆平，不太容易。

问： 谈判的难度可想而知。

答： 对。当时他们都有自己的"下家"，因为除了中国建材看到了重组的机会，别人也看到了，所以除了我之外，别人也在找他们谈，但区别在于别人是跟四家中的一家达成协议，而中国建材是要跟四家都达成协议，而且还要重组浙江全省的水泥企业。所以我就说："现在是四家在恶性竞争，如果你们各自找到下家，相当于每个人请来雇佣军接着打仗，还是解决不了恶性竞争的问题。"这也是他们一个共同的困扰和心理关切，他们每个人都知道，即使他们引入外来者也还是在打仗，其实他们都希望做好，不想恶性竞争。我说："我知道你们每一家都找到了新的战略伙伴，有的入厂尽职调查了，有的收了定金，中国建材给的钱不会比他们少，而且中国建材的关键点位是不打仗，让大家融合在一起，恢复浙江水泥的市场健康化，这不更好吗？为什么一定要去打仗呢？"我最后说服了大家。

※ "沟通谈判应该找到共赢和多赢的点位，跟对方说清楚对方的利益是什么，我觉得就能够成功。"

问： 当前的中美贸易摩擦怎么谈？

答： 道理是一样的。我在 2019 年达沃斯论坛[①]上引用了钱其琛外长到美国

[①] 2019 年 1 月 22—25 日，本书作者应邀参加了在瑞士达沃斯举行的"世界经济论坛 2019 年年会"，简称"达沃斯论坛"。

说的一句话。当年美国、欧洲制裁中国，形势很紧张，钱其琛带人到美国游说，在一场宴会上他讲了一段话：美国人没有中国能过得很好，中国人没有美国也会发展，但是合作不是更好吗？这句话很有智慧，很有哲理，打动了美国人。今天的中美贸易摩擦也是这样，没有美国，中国的天也塌不下来，美国没有中国也能过，但是双方合作不是更好吗？所以这是大智慧，这就是我讲的互相关切。

再者，要转变思维方式，大家不要都一根筋，抱着各自的想法。谈判和沟通是个利益问题，同时也是个艺术问题。最早的时候我们认为没有双赢和多赢，你赢我就输，是零和的，像打牌、赌博，一定是有赢有输，利益上的关系、竞争上的关系、市场上的关系都是赢和输的关系。这也是沟通障碍的根源，总是去判断这一场下来谁赢了、谁输了。中国进入 WTO① 的时候，提到了双赢和多赢，有不少人怀疑有双赢和多赢吗。后来看，是有的。双赢和多赢是建立在利益增量上，也就是说有协同效应，效益有增量，而不是零和游戏。沟通谈判应该找到这些点位，跟对方说清楚对方的利益是什么，就能够成功。

问： 从您的谈判里可以看到，既有理性的一面，也有感性的一面。您是怎么把它们融合到一起的呢？

答： 我的个性就比较温和，但是做事情又喜欢琢磨。另外年青时做销售工作的这段时间，也给了我一些锻炼。

记得有一次我去广州一家公司推销"龙牌"石膏板，当敲开门向材料处长说明来意后，人家说："我现在很忙，回头再说吧。"遭到拒绝了怎么办？我就往过道的小板凳上一坐，边等边想愉快的事情。时至中午，他开门一看说："小伙子还没走？"我说："我的话您还没听呢。""那咱们进来说说吧。"就是这样，我慢慢用真诚和努力打动了很多客户，从最初的被拒绝到后来被大家接受和喜欢。

还有一件事现在想想也是很有意思的。我做销售员的时候，经常跟北京市

---

① World Trade Organization，即世界贸易组织。

建委①下面的一建到六建打交道，这六家建筑公司都是大公司，每次去都要拜访每个建筑公司的材料处处长。我当时年青，才30多岁，这些处长大多50多岁，我给他们做工作。有时候是开会，给他们讲新型建材，同时也讲讲美国的故事、日本的故事。有时候也一起吃顿饭，就是北京火锅涮羊肉，饭桌上也给他们讲讲外面的故事，讲讲新奇的东西，增加一点知识面，或者一起念诗、一起背诗。我的竞争者用的什么办法呢？就是找他们打牌，故意输给他们点小钱，总之大家各有各的高招。最后发现，讲故事比打牌吸引力要大。有时他们会说，小宋又好久没来了，很想他，想听他讲讲故事。

企业家面对四面八方的人，需要经历丰富一些。决策要理性，对人要温情，干事要激情。沟通也需要理性、温情和激情。有的干部跟我说，觉得我的激情不如以前了。我说："你以为我还是30岁呢，30岁时你们觉得我侃侃而谈，我现在已经63岁了，已经够有激情了。"激情要用在刀刃上。可能现在考虑的事情更多了一些，更深了一些，表达上就不像年青的时候了。

---

① 北京市住房和城乡建设委员会。

第四章
如何治理与选人

- 治理结构
- 知人善用
- 成长超越
- 学习传承

我深信教育是最好的管理。一个团队要快速进步，需要很多自我超越的人，能自我超越的人是不断学习、追求工作尽善尽美的人。

从北新百户试点①到中国建材董事会试点，我探索公司治理也有 20 多年了。后来我又被选中兼任国药集团的外部董事长，成为当时央企唯一的双料董事长。虽然中央企业现代企业制度建设时间不长，但是成效是很显著的。中国建材和国药集团能够跻身世界 500 强，优良治理在其中起到了重要作用。

近年来，上市公司包括海外上市公司出现一些问题，说明我们改善治理的任务还任重道远。从业主企业到后来的股份制公司，公司治理一开始就是为了解决所有权与经营权的分离带来的信托问题，焦点在分权与制衡、激励与控制上，后来又把职工等利益相关者引进来。这里面其实埋藏着现代企业发展的内在趋势。企业越大，一方面，需要委托专业人员，激励他放手经营；另一方面，牵涉的社会利益越多，就越要规范、均衡、透明。应该怎样治理一家公司，牵涉到对公司本质和目的的看法。文化不同，治理传统也不同，英美讲究分权制衡，在日本是社长说了算，实际上是典型的内部人控制。我们则要加强党委会的领导。规范治理说起来有一些共同的目标，但又没有固定的成规可以抄录，还是要从实践里面来寻找。

董事会建设是公司治理的重头戏。2005 年国资委把我们列入试点，中国建材从此由管理时代跨入治理时代。经过一段时间的认真探索，我们找到了正确的方向，党委书记、董事长、总经理职权、定位问题都解决得很好。过去我们

---

① 1994 年 11 月 2—4 日，国务院召开全国建立现代企业制度试点工作会议，确定在百家企业进行试点。

有过仪式型的董事会，就是董事会上董事长一人讲话，实际上还是一人负责制。在西方还有开放型的董事会，一人一票，董事有积极性，但协调比较难。我们现在主张建设积极进步型董事会，董事会充分引导公司创造价值，董事之间和经理层之间良性互动，决策和执行分权制衡，有效运行。国药董事会采用"三三制"，就是内部董事、国资委派驻董事、社会聘请董事各占三分之一，我觉得这个结构很好。

当了多年的董事长，我感到，对董事长最大的挑战就是决策。董事会既为公司负责，又为股东负责。董事会的决策是集体决策，要平衡风险和发展、风险和效率。我的体会就是董事长得做到让大家都民主地发表意见，最后又能有效率地做出重大决策，这真是一门艺术。

董事会的核心工作就是决策和用人。与决策相比较，我觉得后者可能更为关键一些，因为优秀的人才是战略决胜和良好治理的基础。人才往往是应运而生的，会有时代烙印，我自己是销售出身，团队里还有许多技术出身的一把手。中国建材也是在实践中形成自己的用人之道。因为建材是一个艰苦的行业，所以我们喜欢寻找心无旁骛的痴迷者。在各级岗位上，我们都有一批肯埋头苦干的优秀人才。

为了培养优秀人才，我很重视建设学习型组织。我们在重组过程中把人才培养和凝聚起来。我深信教育是最好的管理。我把青年干部都送去集训，学财务、学管理，我自己也去讲课，有的还送到海外。我设立了读书角，给大家推荐新书，编书给大家看，将公司的无形财富固定下来。我认为，一个团队要快速进步，需要很多能自我超越的人，能自我超越的人是不断学习、追求工作尽善尽美的人。

领袖是需要机会和长期磨砺才能成长起来的。领导工作不同于管理，对一把手的要求是多方面的。稻盛和夫讲人格厚重是一等人才，我很赞同。韦尔奇说挑选接班人让他彻夜难眠，我也很理解。选人用人是最难的，既希望他能够了解公司的历史、传承公司的文化，又希望他能够适应时代的变化，这个答案只能交给未来。

01 治理结构

问： 随着投资活跃度的提升，更多的利益相关者参与到企业的决策中，形成公司的治理结构。您怎么看待公司治理问题？

答： 治理和管理只有一字之差，但是重点完全不同。打个比方，盖一座房子，要想稳固，必须有坚实的基础、合理的结构和牢靠的用材，这种基础性、框架性、制度性的安排，就是公司治理。在这种安排下，房子怎么盖，怎么组织施工，多长时间能盖好，怎样能在保证质量的前提下尽可能地省钱、节约材料，出现问题怎么处理等，则属于公司管理。当前已经进入企业治理时代，我们要从管理到治理。

西方管理界认为，公司治理有五方面的功能：保障股东的权益、强化董事会的职能、发挥内控机构的功能、尊重利害关系人的权益、提高信息的透明度。这些观点有非常重要的借鉴意义。具体来说，治理与管理至少有以下几点区别。

第一，治理是以防范风险、提升公司价值为目的，其要素是绩效和公司价值，企业要能提供良好的财务报表；管理是以提高效率、提高效益为目的，其要素是"质量、服务、价格"。

第二，治理是人对制度而言，企业要靠管理层和所有者共同对其进行管理，所有者进入企业，强调董事会、监事会和管理层的制衡；管理是以人、财、物为要素，主要强调管理层的内部控制，如现场管理、ISO9000以及组织管理、成本控制等。

第三，治理的点位是在决策层面，主要是引进先进的产权制度，突出所有者在企业治理、战略选择、重大决策、经理人选聘和风险防范上的功能和作用；管理的点位是在基础层面，强调的是企业的自主权，即要成为自主经营、自负盈亏、自我约束、自我发展的企业。

第四，治理时代要求公司管理透明化、公开化，国内A股公司有季报，香港上市公司是半年报、年报，每半年还要路演一次，向投资者报告，并回答投资者提出的问题；而管理时代公司的有关信息并不那么透明。

问： 从企业组织形式的演化过程来看，公司作为现代组织的基本特征就是所有权和经营权的分离以及职业经理人这个群体的出现。在执掌企业过程中，您认为治理结构的变化对企业有什么影响？

答： 现在大家所理解的公司是个营利组织，通过经营，为社会提供产品或服务，获得盈利。公司的组织首先是资本的所有者，但是公司本身又不完全是所有者的。因为所有者注册了公司之后，公司就有了法人财产权。而法人财产权是独立于所有者的，所有者只享有分红权，即所有者的利益，两者是不一样的，这一点大家往往会混淆。尤其是中国人，大家普遍认为公司是个人的，别人管不着，这是错误的。公司的所有者一旦注册了公司，就只承担有限责任，而且财产是法人财产权，对社会要承担责任。很多人在这个问题上是不清楚的。

问： 其实是混淆了两个概念，一是所有者权益，二是法人财产权。

答： 对。现在讲得比较多的是，要让股东的利益最大化。实际上这句话是有缺陷的，或者说是错误的。因为，根本的目的是让公司的利益最大化，让公司能够有很好的发展，股东只是公司里的一部分。这就是根本上的区别。

刚才讲到，公司的利益相关者是多方面的，有所有者、经营者，还有劳动者、客户、享受税收的政府等。以前，大家仅仅重视股东，往往忽视了其他方面，这个必须要改正。作为公司，我们既要重视股东的利益，又要重视经营者的利益，还要重视劳动者的利益以及缴纳税收、保护环境、提供一流的产品和服务等，是非常综合的。

　※ "一个好的公司，必须能够把利益相关者和各种关系处理得平衡和谐，这个非常重要。"

问： 如何对利益相关者进行利益分配呢？

答： 良好的治理与合理的分配紧密联系。我们发展到这么大，利益相关者这么多，企业财富分配的问题也是我常想的一个问题。中国建材一年做到3500亿元的收入，有160亿元的财务费用、300亿元的税收、210亿元给员工的劳动薪酬、有一定的所有者回报，还要安排20万人的就业，可以说为社会做出了巨大的贡献，这也是这个公司真正的价值所在。

说到公司财富分配的问题，我也有一些个人看法。我们从内部来看，公司是由三部分人组成的：第一部分是股东；第二部分是经营层，既含有董事会又含有经理层；第三部分是员工、劳动者，包括技术人员、业务人员和体力劳动者，当然现在体力劳动者越来越少了。对这三部分人，到底利益怎么分配，就是我经常讲的机制问题。

从19世纪的资本主义社会来看，马克思那时看到的主要是剥削，工人只剩下了双手，而劳动的剩余价值都被资本拿走了。他认为这是不公平的，那怎么办呢？后来提出了生产资料的公有制。而列宁就把公有制的实现形式做成了国有制，从企业层面就是有了国有企业。中国延续了苏联模式，搞了国有企业。国有企业把员工当公务员看待，有行政级别，所以国有企业员工能分房子，没有医疗保险的时候能够公费医疗，有很多待遇跟国家机关工作人员是一样的，还可以互相调动等。

市场化改革以后，要把原来国有企业享受国家公务员的那套福利拿掉，跟民众一样了，这就牵扯到员工利益分配的问题。同时随着社会的发展，智力资本这个概念也冒了出来，包括人的经验、知识、能力。同样的企业由于不同的人经营，不同的技术人员创造能力不同等，会产生不同的效益和不同的结果，并不是有了资本和劳动就一定能搞好一个企业。大家会发现我们三张财务报表里没有人力资本概念，只有实物和现金资本。这就是我们要谈的，资本和经营层、和劳动者到底是怎样的一个利益关系，这也是我们在公司治理里有关分配和治理的概念。西方人把这个当作治理概念，我们当作是分配概念。

不同的管理者可以把企业经营得完全不同，可谓天壤之别。如果财富都被所有者拿走，管理层就没有积极性；如果不照顾到员工，员工不好好干也不行。所以这又牵扯到公司的目的，创造的财富到底应该给哪些人？过去我们说薪水只是成本，并不是财富，是维持劳动者再生产的基本成本。但是创造的财富呢，财富该归谁呢？我们讨论共享和分享的机制就来了。华为是1:3，坚持"财散人聚"理念，所有权是1份，管理者和劳动者是3份，它之所以能够迅速发展起来，就是因为有一个非常好的机制。所以，要能够处理好利益相关者的关系，处理好内部的关系。当然也要处理好外部的关系，和金融银行、债权人、供应商和社会大众的关系，还有照章纳税、环保等，这些都要处理好。一个好的公司，必须能够把利益相关者和各种关系处理得平衡和谐，这非常重要。

问： 实践中如何处理？

答： 首先要看清这个关系，然后在实践中加以改进。我认为应该全面理解公司的价值和意义，而不是过分地重视股东的利益。一些上市公司把股价和高管人员绑定，给他们一些期权、股票，本来是一件好事情，可以调动大家的积极性，让上市公司的管理层跟广泛的股东连在一起。但实际上这种做法就容易引起一些短期行为，比如减少技术研发费用的投入、不做长期的投资等。无论是华尔街的上市公司，还是中国的上市公司，这些年在资本市场的推动下，都产生了不少的问题，公司越来越重视短期的利益。但是如果公司只重视短期的股价，甚至为了提高股价做一些短期炒作，不仅对公司的长期发展不利，其实对所有人都是不利的。这是我们过去一段时间观察上市公司发现的一些问题。有了正确的方向，一旦看到发生了偏离，就应该想办法调整回来。

※ *"规范治理就是把股东和决策者、经营者之间的关系界定清楚，不打乱仗。"*

问： 如何构建一个好的公司治理体系？

答： 这是我经常思考的问题。刚才讲到了，作为公司如何让所有权和经营权分离。实际上《公司法》对此做了两个分离：一是将股东会和董事会做了分离，限定了所有者的权利，就是所有权和经营权的分离；二是对董事会和经理层进行了界定，董事会是做决策的，进而将决策权和执行权又进行了分离。

仔细研究《公司法》，就会看到它的描述很有趣。比如投资，股东会是决策投资预算的，一年需要多少投资，要报股东会研究。中国建材是国资委直接管理的中央企业，只有一个股东，所以每年要跟国资委上报投资预算。董事会是决定这个投资到底该怎么投、投向哪儿、投的项目是什么、投资回报率如何，这些是董事会要认真决策的。经理层是执行这个投资决策的。可见《公司法》对于投资的问题有三个不同层面的描述，是非常明确的。

规范治理就是把股东和决策者、经营者之间的关系界定清楚，不打乱仗。公司是建立在《公司法》基础上的有限责任公司。什么叫有限责任公司？股东是有限出资，同时负有限责任，公司用自己的法人财产权在社会上承担经济责任。比如出了什么问题，这个公司只以法人财产权承担法人责任，跟股东没关系，股东也只以出资额为限承担有限责任。这是《公司法》核心的地方。

※ "公司确确实实是股东投的资，但一经投出之后公司就是社会的，股东不能超越股东的权利。目前出现的一个很大的问题是，公司建立在股东至上基础上，应该是公司至上。"

问： 您谈到的是股东权利问题？

答： 是的。很多人认为既然是股东的公司，股东就可以超越其权利，在公司里发号施令，做各种各样的事情。公司确确实实是股东投的资，但一经投出之后公司就是社会的，不再是股东的，所有股东必须明白这一点。但是很多股东恰恰不明白这一点，所以就会超越权利，甚至会掏空公司进行财产转移。中国的传统观念认为这个买卖是自己开的，就是自己的，然后买汽车、游艇、飞机，一家人出去旅游等，都在公司开支。实际上这都是违规违法的，股东并没有这个权利。对公司的性质完全不理解，是非常大的问题。由于很多股东超越了自身的权利，所以应该对公司负无限责任。比如现在有一些公司借了很多钱，然后把这些钱都转移出去，最后公司破产。这是不可以的，因为股东一旦转移财产，就超越了股东权利，就应该负无限责任。在法律上这叫"刺破面纱"，在国外也是很重要的一件事情。

问： 您是如何理解董事会的职权以及董事的职责？

答： 从我们国家来讲，很多人都认为董事要为股东负责。在国外不是这样的。董事有可能是股东推荐的，一旦成为董事之后，就只能为公司负责，不能为股东负责。因为如果董事为股东负责，就会让股东参与和操纵这个公司，股东就不能承担有限责任。从这个意义上讲，董事应该是独立的。在西方，董事是流动的，比如欧洲的董事会是不定期轮换的，有的是三年轮换一次，但并不是三年到期把董事全撤了，而是三年期里每一年轮换三分之一，滚动着来。

我们讲独立董事、内部董事、外部董事，他们会有不同的权利和义务，事实上不管什么董事，权利和义务是完全一致的。《公司法》里关于董事的描述，不会区分不同的董事有不同的义务，这也是我们有时候搞不清楚的问题。董事是为公司负责，而且负的是无限责任，而股东为公司负有限责任，这一点必须清楚。

有时候我们聘任一些董事，大家认为这是一种荣誉，一种光环。实际上董事意味着巨大的责任，而且意味着承担无限责任和刑事责任。这也是我经常在董事学习班上跟大家讲的。我常讲这么几点。第一，公司是什么、是谁的，公司要处理好与利益相关方的关系。第二，公司的独立性，即法人和财产是独立的。第三，董事会的独立性，即董事会是独立于股东的。

虽然我们说董事会要对股东会负责，要有诚信义务，但不意味着每一个董事要为各自出资方的股东负责。如果是那样的话就容易让股东操纵这个公司。董事会的董事可以由大家派出，但是一经派出，董事的身份就不再代表着原来的股东，对股东而言有点信托的意味，而没有根本的责任。因此，派出的董事要对自己独立负责，要对公司负责，而不是对股东负责。目前我们出现的一个很大的问题是，整个公司是建立在股东至上基础上的，实际上应该是公司至上才对，这是在整个治理层面首先要进行改变的。

问： 从"股东至上"向"公司至上"的观念转变，是不是更有利于企业的长期发展？

答： 其实西方人也在反思这个事情，这些年搞股东至上，搞股东利益最大化，过分炒作股票市值，带来了很多公司的短期化行为，带来很多虚假利润。股东为了满足自己的短期利益，给管理层做了期权等，让大家利益一致化，共同把股价做起来，短期套现，实际上这种倾向都是不好的，因为共享和分享基本的原理不一样。这些公司都是给管理层很少的基薪，绝大多数是给股票，给了股票之后，管理层跟股东的利益一致，就有可能会做假账、炒作而谋求短期利益。因此，看起来股价很高，但管理层走马灯似地在变，公司很难长期发展。

这个问题我也问过西方的管理学家，他们告诉我说，现在公司就得不停地迎合华尔街的需求，不停地进行重组，不停地进行切割，而且要什么就去买什么，不要了就赶紧切割出去，变成了这样一种做法，造成公司混乱。为什么要这么做呢？因为要迎合投资者对股价的需求。

我们老讲短期主义和长期主义，这样做就使得公司基本上都是短期主义，没有整体性和长期性，无法实现稳定的长期的发展。20世纪七八十年代，很多公司都是长期主义，而且大部分都是实体经济。21世纪初以来，由于这种新的游戏规则，公司基本都是短期主义的思想，大家都在炒作概念，尤其是在中国，因为中国的股票市场是近几十年做起来的，中国的资本市场就更明显，很多都是在炒作。

问： 公司股票价格没有跟企业的价值关联起来。

答： 对，就是在迎合、在追风，完全为了股价去做，使得中国的股票非常不稳定。表面上看这是个股市问题，实际上是跟我们对公司深层次的认识有关，跟公司利益相关者的结构有关。我们常说价值型企业，什么是价值型企业？这要从公司制的产生说起。现代公司制是在市场经济中为降低交易成本而产生的。一家一户地交易会带来巨大的交易成本，而合伙成立公司，有组织地开展采购、销售和生产活动，交易成本就会大大降低，企业利润和股东回报也会大大增加。公司制的产生就是为了降低交易成本、提高股东收益，直到今天，这个初衷仍没有改变。做价值型企业，应当围绕增加企业价值来考虑问题。企业的目标就是实现利润最大化，实现企业价值最大化。当然，企业还有更多的目标，如员工满意、为社会做贡献等。到底我们倾向于什么？这有点像公司理论方面的问题，也回到了你刚才提的治理结构的问题。

※ "每个国家的公司治理结构都是不一样的，这和每个国家的历史、文化、沿革都有关系，董事会也在动态发展，不断地完善。"

问： 公司治理与国家文化、历史等都密切相关，请问中国公司的治理结构与美、日、德的有哪些不同？

答： 比如美国，一般是董事会，另外还有 CEO 制，董事长兼总经理，就是首席执行官制。董事会有的设董事局主席，对 CEO 增加控制，对 CEO 比较信任就不再设其他的主席，就是 CEO 直接管了，美国人是这么一个做法。

德国是有监事会，但德国监事会底下也有些设董事会。监事会是最高组织，董事会起什么作用呢？其实就相当于我们常说的战略委员会。所以德国是监事会结构，美国是董事会结构，是不同的。

中国的公司治理结构既有董事会也有监事会，包括股东大会、董事会、监事会、经理层，结构是比较全的。我们国家的董事会，董事长是法定代表人，董事长是个实职，相当于美国的 CEO，总经理是执行层面的，相当于美国的常务副总经理，是这样的一个结构。再加上中国企业还有党委，董事长和党委书记一般是一个人。我们把决策权和执行权进行分离，董事会主要做决策，经理层去执行。为什么刚才说董事长相当于 CEO？因为中国还有法定代表人，是要负法定责任的，一般情况下董事长就是法定代表人。当然新的《公司法》里说法定代表人也可以是总经理，也可以是公司里执行层的任何一个人，这也是跟国外学习的。香港的法定代表人可以是多个，可以是各位执行董事。

日本叫株式会社，株就是股份，株式会社就是股份有限公司。日本株式会社的会长不同于董事长，我国董事长是法定代表人，日本会长退到二线相当于总顾问；日本的社长相当于 CEO，也不同于我们的总经理。所以日本是社长掌大权，基本是内部人控制。

所以，美国、德国、中国、日本的公司治理结构都是不一样的，这和每个国家的历史、文化、沿革都有关系，董事会也在动态发展，不断地完善。

※ "伟大的公司需要伟大的董事会。"

问： 在股东大会、董事会和经理层三重结构中，董事会起到什么关键作用？

答： 董事会在企业里是个核心组织，我们老讲委托代理理论，实际上股东设立了公司以后，不可能自己经营，而且《公司法》也不同意股东直接经营。

问： 是的，股东大会与董事会形成了信任和托管的关系，而董事会与经理层形成了委托代理关系。

答： 对，也就是逐层委托。股东会委托给董事会，董事会再委托给经理层。一个好的治理结构可以降低委托代理的成本。中国建材现在就是股东大会、董事会和经理层的逐层委托代理方式。做得越规范，治理得越有效，代理成本就会越低，这是基本的大逻辑。我们老讲股东会相当于公司的立法机构，相当于"人民代表大会"；董事会相当于"国务院"，也就是说董事会是一个决策机构，要制定决策。董事会也相当于打仗时候的"总参谋部"，要定战略、做决策、管大事、把方向，能够运筹帷幄之中，决胜千里之外，对企业非常重要。我常说，有些错误可以犯，有些错误是不可以犯的，因为有些战术上的错误犯了还有改正的机会，而战略上的错误一旦犯了，可能就没有机会了，是一生一世的错误。也就是西方人常说的，伟大的公司需要伟大的董事会。董事会是一个企业的中枢机构，上面是股东会，下面是经营层。股东是通过股东会行使权利、享受红利，投资等公司运作则要靠董事会进行，所以董事会至关重要。

※"董事会最大的任务和困难就是处理风险和发展之间的平衡。如果过于防范风险，什么都不做，企业就发展不了。如果不防范风险，企业遇到问题就会崩盘。"

问： 正如您所讲，"伟大的公司需要伟大的董事会"。企业经历了不同的发展阶段，董事会是如何随着企业的发展而不断演变发展的？

答： 总结来说，董事会经历了几个阶段。最早叫仪式型的董事会。董事长权力很大，或者威信很高，大家开会基本不发言，就是听董事长讲，董事长定了基本上就定了，董事们没有太多不同的意见。仪式型董事会基本上是这样一个组织。

后来由于发生了美国安然事件，引起了董事会的革命，产生了所谓的开放型董事会。经理层提交议题由董事们审查，大家觉得要承担法律责任，都不愿意表态，变成这样的情况，效率就很低。其实，董事会在企业里不是一个简单的审查机构，而是领导机构，应该对企业的发展负总责。如果一个企业做不好，应该更换董事会，而不是更换经理层。但是认识到这一点的人并不多。当时美国的《塞班斯法案》就是想界定董事的责任，不能签个字拿点钱就走了。但是该法案出来后也发现另一个情况，就是大家都不签字了，造成效率低下。

所以美国人也在议论，到底美国公司能够好过世界其他公司的原因是什么，就是因为有创新、冒险精神，而现在让大家负这么大的责任，大家就不作为了。我想这和今天中国讲追责后的董事会情况差不多。这该怎么办？因此，董事会的发展进入第三个阶段，即建立积极进步型的董事会。董事在公司里既要起到防范风险的作用，同时又得支持企业的发展，这是董事的责任。董事会最大的任务和困难就是处理风险和发展之间的平衡。如果过于防范风险，什么都不做，企业就发展不了。如果不防范风险，企业遇到问题就会崩盘。这是根本性的问题，任何一个董事会都会遇到这个问题。比如要开董事会，一大堆议题拿来讨论，任何一个决策都有风险，这该怎么办？怎么让董事们充分了解信息？决策的依据是什么？这些非常重要。公司要对董事透明，要让董事们尽可能多地知道公司的消息，不能收买董事，这也是非常重要的一个观点。

※ "要开好董事会，最重要的是充分地获取信息和深入地沟通。"

问： 中国建材是如何建立董事会制度的？

答： 中国建材是建立制度、做好服务、保障信息，把董事会真正开起来。有这么几点做法效果很不错。

第一，开一些座谈会。请专家们来讲一讲专业。讲一讲最新的进展，讲一讲创新和环境的变化，让董事们增加一些新的知识。第二，大规模调研。经常组织董事们去调研，大量地调研，多多地了解。调研完了以后，大家有了一手的材料，有了感性的认识，再去决策就能减少决策风险。对于重大项目、重大决策要让董事们深入调研，见人见物才行。第三，深度沟通。我们的董事会会围绕议题提前开展多层次的沟通，每次会前10天把所有开会的议题文件发给董事，不只是纸上谈兵，而是细致沟通。第四，充分民主。我做董事长基本上是民主的，让每个董事有话就说，知无不言，言无不尽，多让大家表达。董事会不能闭门造车，这是决策正确的根本保证。

问： 董事会的沟通机制有哪些？外部董事如何参与制定重大决策？

答： 董事会最重要的就是跟各位董事的沟通，而且要在会前沟通。我会尽可能地腾出时间跟外部董事沟通。董秘会在会前把每个议案详细地跟董事们沟通，主管部门会跟各位董事先过一遍，然后再上董事会。沟通过程中各位董事的问题我们会整理，也会告诉董事们我们担心什么事情。在沟通上不光要告知好消息，也要告知坏消息，让董事们更加全面地认识这件事情，这样比较好，不能蒙骗董事、封锁消息，让董事们做出错误判断，最后董事们也会怪罪我的。

有的决策可以不做，但是必须给大家讲清楚，做董事长必须要把握好这一点。同时让董事多去调研，更好地理解管理层，不然也是一个很大的问题。要开好董事会，最重要的是充分地获取信息和深入地沟通。我们这个董事会这么多年在国资委一直是优秀的董事会的原因，就在于这种深度沟通。

※ "董事会要防止内部人控制，实现平衡。"

问： 企业选聘外部董事和独立董事，这其实是在制度发展的过程中为防止内部人控制问题而进行的自我调整。您能谈谈您的看法吗？

答： 刚才讲到了几种董事身份，其实董事的身份只有一种，就是董事。我们有时讲外部董事、独立董事、内部董事（或者叫非外部董事），名目繁多，但也反映出我们一直努力采取措施，让董事会更加规范、董事更加充分地表达意见、减少内部人控制等。

很多人不知道内部人控制讲的是什么，实际上指的是董事会的控制导致公司听不到股东的意见。因为随着公司股权多元化的发展，股票慢慢被稀释了。日本公司一般最大的股东只有5%左右的股票，松下实际上只有1.2%，丰田只有2%左右。稀释了以后这个公司就被董事会控制了，咱们一般叫内部人控制，这也是美国人不同意的一种治理方式。日本绝大多数公司是被内部人控制的，日本的公司社长掌大权，能做到70岁，董事会有绝对的权利，股东被完全踢了出去，听不到股东的声音。刚才我们强调公司不能股东至上，但也不能听不到股东的声音，没有制约。这怎么办呢？股东会做了一些新的安排，比如外部董事进入，防止全部是内部人控制；比如请来一些独立董事代表小股东，也是防止内部人控制，实现平衡。

※ "以外部董事为多数的董事会，使得国有企业的董事会成为真正的董事会。"

问： 央企的董事会制度是什么时候开始推行的？

答： 2005年以来，国资委大规模推行董事会试点，朝着完善现代企业制度、建设规范的公司治理结构、给董事会更大的独立性和权力空间这个方向积极探索。时任国资委主任李荣融跟我说过，这是国企改革的最后一招，如果再不起作用就麻烦了。他把董事会看得非常重要，后来开大会时讲，"央企建立规范的董事会，不亚于神舟飞船成功发射"。这一次国资委董事会的设立跟以前搞的董事会不同，之前《公司法》出来后我们都设立了董事会，但我们的董事会是一帮人马几块牌子，董事会是这几个人，党委会也是这几个人，经理层还是这几个人，开来开去都是这几个人签字，签在不同的文件上，形同虚设，所以这个董事会是不成功的。有感于这一点，2015 年，国资委想出了一个很好的主意，就是派外部董事，而且外部董事要占多数。外部董事都是聘任央企里一些退休的、有经验的一把手或大企业的副手或 CFO①。因为这些人有经验，也不是派驻公司的下属，不用看企业领导者脸色，就可以产生一定的制衡作用。

问： 外部董事占多数的情况下，其实践效果怎么样？

答： 在这种新模式下，国资委是出资人代表，董事会是受托经营企业的机构，请一些有决策能力和水平的董事做决策，再找一批年富力强的职业经理人执行，形成了"国资委—央企董事会—央企经理层"的清晰的委托代理模式，真正建立起所有权和经营权分离的规范的治理结构。外部董事的进入使公司的决策机制发生了变化，从根本上否定了过去那种"一言堂""家长式"的管理制度，这是很了不起的改革。这些年我们总讲政企分开，怎么分、从哪分，这个界面应该是董事会。董事会像一把刀，解决了政企不分的问题。

大家都知道，董事会下设有专业委员会，包括审计委员会、薪酬委员会、战略委员会、提名委员会。在这几个委员会里，战略委员会和提名委员会一般是由内部的董事长担任召集人，但是审计委员会和薪酬委员会一般都是由外部董事来出任召集人，做一些内部的制衡。以外部董事为多数的董事会，使得国

---

① Chief Financial Officer，即首席财务官。

有企业的董事会成为真正的董事会，不然就会形同虚设。比如中国建材共有 11 名董事，其中内部董事 4 人、外部董事 6 人、职工董事 1 人，外部董事占大多数。这些外部董事都是决策高手，他们来自不同行业，经验丰富，站位很高，与内部董事形成很好的互补。

问： 我们知道您除了担任中国建材的董事长外，还担任过国药集团的董事长，您能介绍下国药的董事会吗？

答： 国资委希望我来推动医药行业的重组，因此我在国药工作过几年，担任外部董事长，同时还做着中国建材的董事长，这也是一个尝试。国药的董事会是非常好的一个董事会，一共有 9 名董事。我当时是国资委派的外部董事作董事长，另外 2 名外部董事是国资委系统内的企业领导者。有 3 名董事是国药内部的，其中 1 名是总经理，1 名是党委书记，还有 1 名是工会主席，相当于职工董事。另外 3 名董事是外请的社会名流，一位是原来哈尔滨制药厂退休的董事长，一位是上海财大的财务专家，一位是新加坡淡马锡的投资专家。这样企业的内部董事、国资委的外部董事、社会上的外部董事各占三分之一，我称为"三三制"。它的特点是把社会名流引了进来，这对董事会来说也是至关重要的，也就是说国有企业对外公开透明了。如果只是企业内部的董事，就会对整个国资委是封闭的；如果只是国资委体系的董事，对社会就是封闭的，只有把社会名流引进来，才是对社会开放的治理结构。

这一点我们是跟新加坡淡马锡公司学习的。淡马锡是个国有企业，是国家投资公司。但是淡马锡的董事会只有两名是新加坡政府派驻的执行董事，剩下的十几名董事都是请的全世界的专家和社会名流。这就是新加坡政府向全世界表明，虽然这是家国有企业，由国家出资，但是经营决策权交给了社会，所以是市场化的投资。为了说明这一点，新加坡也确实是这样做的。这给了国资委很大启示，国外有职业经理人市场，我们的董事会的董事也不能都从企业内部产生，不能只在国资委系统产生，还要吸引社会名流，要建立一个专家库，开展交流，吸收更多优秀人员进入董事会。这样做的好处是多方面的。

※ "做董事长是一门艺术，你得做到让大家都民主地发表了意见，最后又能有效率地做出重大决策。"

问：　"三三制"的董事会运作起来效果如何？

答：　我在国药的五年里，这个董事会运作得非常有效。"三三制"的好处就是更加公开透明，少犯错误，因为社会名流不会看你脸色。我做董事长，是国资委体系的，国药的董事都在意这个，但是外部来的人跟我没关系，就不会在意这个。我在国药董事会的五年里，每一次开董事会，差不多都是从早晨9点开始，中午吃一个盒饭，一直到晚上9点，开整整一天，是很辛苦的。国资委有一位局长专门参加了国药的一次董事会，临走的时候跟我说，你做董事长真不容易，左一勺右一勺都得平衡好。其实这样也有利于充分讨论交流，有利于做出更科学的决策。

刚才我讲了，董事会主要面临的困难和任务，是在风险和发展之间的两难中做出抉择。此外董事会还有一个挑战，要在效率和风险之间做出选择。如果只说风险，大家讨论来讨论去，开12个小时的会，一件事都没决定，这就是没效率。效率和民主之间也要做个选择，就是要让每个董事发言，但最后还要做出个决定。如果做不出决定，这个董事会就没有效果。做董事长是一门艺术，你得做到让大家都民主地发表了意见，最后又能有效率地做出重大决策，这是非常难的。

我在国药期间也遇到过不少的问题，比如我收购一家公司，现在叫中国中药控股有限公司，因为这家公司是红筹股，董事们不太知道红筹股该怎么做，过程也不是特别清楚。我们就找投行、中介一次一次地讲，讲得不清楚就再开一次董事会，一共开了三次。

※ "对一个错误决定投了赞成票和对一个正确决定投了否决票，责任是一样的，也就是说必须让企业发展。"

问：　董事问责制使一些董事过于保守。您如何看待个别存在的董事"规避风险和责任"的现象？

答： 在国药做董事会表决的时候，也经常有否决票或弃权票。这也是正常的，如果都是全票也不正常。好多人说，董事会的董事只要没有投赞成票，就可以不负责任。比如做了这件事情，后来损失了，但是如果当时投的是否决票或弃权票，就可以不负责任了。确实也有一些这样的规定。但是这会引发董事们都不愿意投赞成票，都来投否决票，那还会有效率吗？对一个错误决定投了赞成票和对一个正确决定投了否决票，责任是一样的，也就是说必须让企业发展。我们的任务不是经理层拿了方案，我们来表决，而是说我们自己作为董事会，应该知道该怎么做，责任在我们自己。可能会有董事不太明白这个道理，实际上董事在企业里是核心的，经理们是为董事会打工的，是可以撤换的。

问： 董事会如何处理好与经理层的关系？

答： 董事会跟经理层要处理好关系，这是很关键的一点。因为中国企业还有个党委会，这些问题都是有中国特色的治理结构。董事会对于经理层负有指导的责任，不只是定了就让他干，如果他不会干还要教他，还要经常跟他沟通。因为经理层是负责执行的，作为董事长也要给经理层讲清楚，我们的战略是什么，为什么这样决策而不是那样决策，要让经理层更加详细地了解董事会的战略意图，要指导经理层的工作，这也是董事会的一大责任。

问： 董事长这一角色无论对董事会，还是对公司都是至关重要的，您曾被媒体称为"董事长专业户"，您对这一角色有着怎样的理解？

答： 我确实当了很多的董事长。从40岁开始，我就一直在做不同类型的董事长，陆续担任了北新集团董事长、北新建材A股上市公司董事长、中国建材董事长、中国建材H股上市公司董事长。从2009年5月至2014年4月，在担任中国建材董事长的同时，又被任命为国药集团董事长，成为迄今唯一一位兼任两家央企董事长的央企负责人。不少人对我"双料董事长"的经历感到很好奇："两家企业的业务风马牛不相及，一家做建材，一家做医药；一家处在周期性行业，一家处在非周期性行业。你是怎么当这个跨界掌门人的？你如何一心二用?"富士康总裁郭台铭曾开玩笑地说:"你要么是个奇人,要么是个精神分裂症患者。"那时候医药改革正是焦点,其实国资委给我压担子,也是用我所长。我在任期间推动了医药行业的大规模重组,继中国建材之后,把国药也带入了世界 500 强。为此我牺牲了几乎所有的休息时间,从头来熟悉医药行业,做了很多的调研,就是为了把这个工作做好。

董事长是董事会的一个核心人物,虽然董事会是一人一票,董事长只有一票,但是如果遇到旗鼓相当的表决以后,仍存在不同意见的情况,可以给董事长再加一票,给他一个最后裁决的权利。总的来说,董事长在董事会里既是普通董事,又是董事会的组织者,需要平衡、协调、归纳董事们的不同意见,不然就开不成董事会了。所以有一个好的董事长至关重要。

问: 担任董事长面临的挑战是什么?

答: 前面我讲过哈佛商学院副院长曾问我:"宋先生,每天半夜让你睡不着觉的问题是什么?"我回答:"是怕想错了。"董事会有这么多的智囊,但是董事长只有一个,是不可替代的,任何一个决策,最后那个按钮得董事长按,到底按还是不按,按下去就不由你了。做一个决策的时候真的是千思万想,在方寸之间进行多次否定之否定,而且是战战兢兢的。做董事长并不像文学作品里描写的那样风光,那样豪迈,那样有激情。其实做企业的决策是非常难的,我有时跟大家说,如果你问我做企业的感受,让我回答一个字,就是"难",让我回答两个字,就是"真难"。但恰恰是因为这样,我们需要更好、更优秀的董事长。

问: 企业需要优秀的董事长,那该如何选拔?

答: 李荣融主任当年跟我谈出任国药集团董事长时,他跟我说,其实找总经理好找,最难的就是找董事长,太不容易了。为什么?因为找到一个会决策的人,而且敢决策、善决策的人,很难。

为什么有一些企业错过了很多机会?因为董事会开了一次又一次,没有人敢决策。为什么有的企业还没开始做、一上来就翻了船?就是因为决策太轻率。这两种决策都是我们要避免的，但是这并不容易。一件事该不该做，要不要投入大量的资源去做，这对董事长真的是一个考验。

有人说，董事会这么多的董事，大家应该责任分担，事实上是做不到的。无论从中国还是全世界范围来看，董事长都是承担第一责任。在中国现在国有企业的规定里，董事长是法定代表人，同时要负领导责任。我们的责任现在有四条，领导责任、主管责任、管理责任和直接责任，这里都有了。如果做一个错误的决策，负的是直接责任，损失500万元以上就要追责，损失5000万元以上属于重大损失。在这种情况下做董事长，大家觉得是不是挺难的？但是不做决策，企业又没有效率，又得不到发展，所以现在需要"李云龙"式的干部①，敢决策。当然他不是董事长，相当于总经理，但是他敢干，这也是不容易的。

※ "董事长和总经理，就是一个抬头看路，一个埋头拉车。"

问： 多数企业的董事长和总经理由不同的人担任，两者在工作中极有可能出现意见不一致的情况，您认为应该怎样避免冲突？

答： 董事长和总经理，就是一个看路一个拉车。

从董事长的角度说，就是按照"规范决策、合理授权"的八字方针，把董事会开好，把决策做好，做到"把好自己的关，掌好自己的权"。我国企业的董事长大多是从总经理转化而来的，做了董事长之后，要么若有所失，要么容易抢执行权，大事小情都要管，一手"包办"，从早忙到晚，自己虽然很累，可是该把握的企业战略和发展方向却没有把握好。这样不但忽视了企业真正的大事，还搞得执行层无所适从，这个董事长当得就很失败。

从总经理的角度讲，就是要向职业经理人转变，完成股东会和董事会交付的经营任务和绩效目标。总经理在执行层，不能放着大量管理的事不干，老想着代替董事会做决策。如果董事会认为决策内容太多，可以切一块下来，例如

---

① 2019年山东省在开年第一个工作日的工作动员大会上，强调"大胆使用雷厉风行、直来直去、敢于碰硬、能打胜仗的'李云龙式'干部"。

把中小项目投资审查权通过规范授权方式给予经理层，但这是董事会权力的延伸，而不是经理层自身的权力。这一点一定要搞清楚。

总之，做企业要把决策层和执行层分开。董事长和总经理的角色定位、思维方式、能力要求等完全不同。董事长要看上面、看外面，总经理要看下面、看里面，二者一个"抬头看路"，一个"埋头拉车"。只有真正做到各司其职、各负其责、团结协作，才能实现董事会和经理层的和谐运转。

问： 您兼任中国建材和国药两家大型央企的董事长时，重任在肩，您是如何处理好这两个角色的？面临了哪些挑战？

答： 其实这两个董事长，虽说名称相同，但工作内容却不一样。在中国建材，我是董事长，同时兼党委书记、法定代表人，事情多一些；在国药集团，我是外部董事做董事长，是职业董事长，不坐班，类似于西方企业的非执行董事长，总经理是法人代表。

在两家企业中，我的主要职责都是把握方向，进行重大战略决策以及布道企业文化和经营思想。我有两个角色：一是董事长的角色，任务是开好董事会，借助各位董事及整个企业的治理资源，做出最好的决策；二是布道者的角色，不停地把企业文化、观念传递给大家，类似于老师。这两件事，一件是把握方向，告诉大家朝哪儿走，目标是什么；一件是创造并传递思想，告诉大家信什么、坚守什么。在时间分配上，我在中国建材的时间约占三分之二，在国药集团的时间约占三分之一。同时当两个董事长确实很忙，五年里我只知道几月几日，不知道星期几。《华夏时报》曾为中国的四位董事长画漫画，我被刻画为"最忙的董事长"，漫画抓住了我的主要特征，画得很传神。

同时做两家央企的董事长，对我来说挑战也不小。第一是时间紧，尤其是最开始的两年，为了尽快熟悉国药集团的业务，我对基层单位进行了大量调研。第二是任务重。这五年恰逢两家企业快速发展、实现腾飞的重要阶段，两个企业的董事会做了大量决策，工作量很大。第三是跨度大。两家企业分属建材和医药行业，做两个董事长，主持两个董事会，我要经常转换思考频道。建材是重资产业务，国药是轻资产业务；建材主要做制造，国药主要做销售。但这种大跨度的对比也激发了我的新思考、新想法，这是难得的收获。第四是角色难把握。作为国药集团的外部董事长，我很好地处理了和总经理、党委书记的关系。同时做两个董事长也有好处，可以产生协同效应，共享资源和经验。例如，我出差时可以同时带着两个团队，两家企业通过发挥协同效应扩大了影响力，两个经理班子也相互借鉴学习交流，受益匪浅。做两个董事长虽然很辛苦，但我没有顾此失彼的感觉，而是得心应手。两家企业都成为央企快速成长的典范，两个董事会也都在良好的轨道上运行，我也感到很欣慰。

问： 2014 年，在两家企业都良性运转的情况下，您主动辞去了国药集团董事长。为什么最艰难的时光都过去了，您却提出辞职？

答： 两家企业左右开弓不容易，很多人问我会不会顾此失彼，人的一心能不能二用，我跟他们说我没有顾此失彼，看来一心是可以二用的。但是坦率来讲，做两家企业有做两家企业的难度，我做了五年，这期间没有休过礼拜天，也没有休过节假日。大家一天工作 8 个小时，我可能工作 16 个小时，我不认为我比别人聪明，我也不认为我比别人更能干，只是别人休息的时候我可能在工作，所以才把两家企业做起来。

我是 2014 年离开国药的，2014 年国家经济发展进入了新常态，建材的压力非常大，我觉得一心二用不够用了，我要回来把中国建材做好。我当时用了《归去来兮辞》的话，"田园将芜胡不归"，我自己的田园都要荒掉了，我为什么不回来呢？当然，我也考虑到自己已经 58 岁了，我去的时候 53 岁，精力还旺盛，58 岁了——当时我是按照 60 岁退休去思考的，但没想到国资委让我做到 63 岁——再有两年就退休了，是时候把那个企业交出去了。当时媒体问我，我说孩子长大了就应该放手让他自己去成长，他已经具备成长的能力了。我离开国药时做到了 2500 亿元的收入，我觉得它已经很有力量了，我可以离开了。所以我就主动找到国资委，我说你们交给我的任务完成了，另外建材现在遇到了一些空前的困难，我也 58 岁了，就不要再做两个企业了。我还是理性做事的，在我认为合适的时刻我会做一个最合理的选择，我也不是恋栈的那种人，我知道怎么对企业更好，怎么对我个人更好，在里面找到一个最佳点。那时做国药也功成名就了，也是该抽身交给别人的时候了。

02 知人善用

※"企业关乎人和战略，关乎人和业务，到底哪个是第一原则？最后大家的结论是人是重要的。"

问： 如何选人和选业务是企业家特别关注的事情。人才和业务到底哪个是第一原则？

答： 选人、选业务，是企业工作的重中之重。我常跟大家讲，做企业、做领导，要先做好两件事：一件事是选人，另一件事是选业务。如果有了好业务，选不到合适的人，业务可以放弃不做，这是做企业的出发点。所以，选人是企业非常重要的工作，尤其是选一把手，选一个企业的经营者，难度很大。

管理上我们一直在探讨一件事：企业关乎人和战略，关乎人和业务，到底哪个是第一原则？最后大家的结论是人是重要的。我们选了一个好战略，或者选了一个好业务，如果没有合适的人，是完不成的。如果用对了人，就可能证明选择的战略和业务是对的。如果用错了人，并不能证明战略和业务是错的，实际上也可能是对的。中国的文字真的是博大精深，你看企业的"企"字，是"人"字下一个"止"字，止就是脚，一方面是人在立足业务展望未来，另一方面企业离开了人也就停止运转、止步不前了。所以，选人用人是做企业的关键。

问： 您选人用人的标准是什么？

答： 现在回头来看，其实企业领导者是应运而生的。从专业上讲，早期企业一把手喜欢用生产管理人员。那时候，因为是短缺经济，难的是能否生产出来，或者说，生产什么都能卖出去。因此，企业领导者往往选在车间里有经验的、有工厂管理经历的人。

后来，随着工厂的增加、市场的竞争，光有工厂管理的经验不行，还要有市场经验，就是要懂市场。此时选领导者，很多时候会选择具有市场经验的人，例如做过市场或做过销售的人。我1993年在北新建材当厂长，就是这样。我当时是销售副厂长，企业完全市场化，离了市场不行，所以选一个懂市场的人做一把手。今天北新建材仍然是这样，选懂市场的人做一把手，做得很好。

企业做得越来越大，就需要更加数字化的管理。随着企业上市、金融化、资本化，就要把账算清，尤其是上市公司，有季报、年报。所以很多企业，包括许多生产销售型的企业，常常很难适应这种情况。每年如何做好这本账，主要是跟股民交流，跟股民交流就是数字交流，解释企业里的各种数字关系，所以一些企业就选择有财务背景的人员出任领导者，来做好这本账。

在科技和商业模式创新的冲击下，企业的管理发生了很大变化。现在光是财务人员还不行，因为企业的利润不是算出来的，而是创造出来的。科技日新月异，尤其是新经济的发展，高技术企业或者科技领头企业才能在创新里领先一筹，财务人员已无法胜任，所以很多企业选择具有创新能力的人做领导者。

回顾企业选人用人的变化过程，实际是围绕市场、围绕企业内外部情况不断变化的过程。这些变化并没有一个清晰的划分，但大的趋势是在这样演进。从个体的角度来说，英雄不问出处。今天，我们企业的领导者既有从车间、现场成长起来的人，也有懂市场、财务和科技的人。企业选人最重要的是按照企业的需求，看看应该找什么样的人。

　※ "选人要选痴迷者。痴迷者就是干一行爱一行，能够俯下身去，能够钻得进去，这种人就叫痴迷者。"

问： 您之前也提到了痴迷者，这是您选人的标准之一吗？

答： 是的，选人要选痴迷者。痴迷者就是干一行爱一行，能够俯下身去，能够钻得进去，这种人就叫痴迷者。早晨 6 点就到工厂，晚上半夜才走，夜里醒过来，还是想企业里的那点事。这种人才适合做企业，才适合做领导者。如果有一搭没一搭的普通人是不能做领导者的。

这么多年我在跟大家谈话的过程中，心里都在选人，谈话之间我就在想这个人可以做什么工作。因为我是大集团的一把手，所以选人是我的主要任务。我有时经常问：他是个痴迷者吗？他是不是很热爱自己的企业？如果他没有那么痴迷，还是不行。如果一个人脑子特别灵光，心猿意马的，很难把他放到企业一把手的位置上。这一点是选人非常重要的，他一定是痴迷于这个行业，才能做好。痴迷者不见得都能做好，但是要想做好，必须得痴迷，这样才能钻进去。

我之前跟你们讲到中国巨石的老总张毓强，他就是个痴迷者。他现在都 65 岁了，还在工作。前些日子我跟他说，我们是混合所有制企业，你可以做到 70 岁。日本很多企业家是做到 70 岁的，因为找一个企业家不容易，可遇不可求。他的经历很有戏剧性：十六七岁进工厂做挑水工，每天要为工厂挑 300 担水；后来慢慢成长起来，企业从大集体转制成民营企业；后来搞混合所有制又进入中国建材。他很痴迷，完全自学，现在对工厂的技术了如指掌，关键是他一生就干这一件事。我最早见到他，他说了一句话让我觉得挺深刻。他说："宋总，你们做国有企业的领导者，不行了还可以调一调，而我们把企业当作生命来做，企业是我们一生的身家性命。"他讲得非常对，只有这种人，才有可能做出事业来。他每天早晨 6 点起床就去工厂，晚上 12 点才回家，他就是我讲的这种人。这个企业在他的带领下，从当年的一条万吨线，发展到现在的 200 万吨，成为全球最大的玻璃纤维公司，而且现在的新工厂都是 AI 智能化，都是机器人，十分壮观。美国同行看了都很吃惊，质量和生产水准都超过美国同样的生产线，达到世界一流。大家很难想象，这个企业是由一位原来做挑水工的年青人一路带过来的。

我想讲的是，一个人是痴迷者，很痴迷这个事业，就一定能做成。人只要肯钻进去，世界上就没有什么难事。痴迷非常重要，一把手的特质就要是个痴迷者。我们除了有张毓强这个痴迷者，还有泰山石膏的董事长贾同春、中复神鹰的董事长张国良、国显科技的董事长欧木兰等一批痴迷者。

※ "作为领导者，第一流的资质是人格厚重，第二流的资质是磊落豪情，第三流的资质是能言善辩。"

问： 作为企业领导者，除了专业化和痴迷，还应该具备什么特点呢？

答： 企业的领导实际上是做人的领导，再痴迷也不能是一个人做，而是带领着一帮人在做。这就要讨论什么样的人才是真正的领导者。做领导除了专业化、痴迷，本身还应该有什么特点，这也是大家关心的。也就是说这么多优秀的技术人员，这么多管理人员和业务人员，大家愿意跟着一位什么样的领导干，这也是大家想问的问题。

在这个问题上，稻盛和夫很欣赏我国明代思想家吕坤在《呻吟语》里的一段话，作为领导者，第一流的资质是人格厚重，第二流的资质是磊落豪情，第三流的资质是能言善辩。他把人格厚重作为领导者的第一资质。

其实在企业里也是如此，领导者也要人格厚重。要利己利他，尤其要关心大家，要有集体主义，而不是光想自己；要有大聪明不能只有小聪明，要有大爱不能只有小爱，不能只爱自己。这些说起来容易，做起来挺难。比如学校，肯定是希望有一个人格厚重、众望所归的校长。企业也是如此，企业选择主要领导者，最重要的衡量标准也是人格厚重，这也是我所主张的。现在总讲德才兼备，以德为先，也是把德放在前面，德就是人的品质、品德，这方面特别重要。

选人、用人真不容易，是企业里最关键的事情。当然我讲的这些主要是指一把手，一把手是关键。其实各个层级都应该量才使用，找到合适的人。企业里总经理是什么样的人，总工程师是什么样的人，要因人而用，或者根据用途选人才。

※ "领袖不是自封的，也不是随时就能找到的，而是经历千山万水，在过程中逐渐成长、锻炼出来的。"

问： 企业家都非常重视选择继任者，花费了大量的精力和心思，就为了选对的人，您是怎么看待企业继任问题？

答： 杰克·韦尔奇曾经讲过一段话，围绕着他的继任问题，究竟谁能接他，让他彻夜难眠。他当时想，到底是从外面选一个 CEO，还是从内部选择，很纠结。韦尔奇最后选择了跟了他 33 年的一个人，今天看来也不是那么理想。我前面讲到，也可能并不是因为这个人，而是企业到达高峰就会衰落。

中国企业的继承问题现在越来越引起大家关注。韦尔奇的困扰实际上也是很多人的困扰。很多优秀的企业有具有领袖气质的企业家，比如张瑞敏、柳传志、任正非、董明珠等。但是你会发现，这些企业的危机是往往太依赖领袖。海尔的张瑞敏 72 岁了还在任。另外，找一个领袖不容易，找一个管理者反而容易一些。一个领袖首先要有领袖的气质，这其实是很难的，因为领袖不是自封的，也不是随时就能找到的，而是经历千山万水，在过程中逐渐成长、锻炼出来的。企业的困惑或者重大考验，尤其是好企业，出现在新老交替的时候能不能找到一个合适的人——既能够理解企业的历史、战略、文化，还能够传承并发展企业。

问： 很多好企业因为新老交替没处理好，影响其进一步发展，该如何过渡新老交替阶段？

答： 新老交替的时候，企业的群体处在对未来变化的恐惧之中，这也是企业常遇到的情况。一方面，选人、用人方面，企业和政府完全不同，政府官员从 A 省调到 B 省是完全可以的，企业是市场的主体，同时专业性也极强，对企业的理解等就非常重要。在《基业长青》里，柯林斯讲到，空降领导者的企业 70% 都不成功，原因在于其对企业的历史并不了解。

另一方面，企业常常因为有一个领袖在那个位置，大家都没有机会进行领袖的历练。也就是说，一个企业有一个大领袖，大家都听他的，这样就变成一个人在山顶、大家都在山腰的局面。山顶上的人不在了，怎么办？山腰的人能不能上得去？另外，从外面来一个人风险很大，从里面又没有刻意地培养，所以这是企业的问题。

有时候企业应该有一个后时代，企业领袖应该在自己晚期的时候处在一个半交接状态，他有一定的精力能够继续帮大家看着，同时能够训练出新的领袖，这样是比较理想的状态。毛泽东评价明太祖非常能打仗，但是没有让儿孙在战争中经受历练，这很可惜。同样可惜的是，很多企业也做不到这一点。我回想一下几乎没有做到这一点的企业。应该是这样做，但是往往做不到。其实这对企业是非常大的事情，甚至是致命的事情，所以我也经常思考这个问题，到底该怎么做？

※ "企业需要一些优秀的人去坚守。我选择的企业领导者，希望他能够痴迷，能够坚守。"

问： 您总结了选择一把手的三条原则：专业化、痴迷者、人格厚重，也提到应把人格放在最重要的位置，当前面两个原则产生矛盾时，您会倾向于选择企业专业化所需的，还是从爱行业、爱企业的角度去选痴迷者？

答： 选一个领导者，第一还是要看这个人的品德，就是人格要厚重。因为他不是领导一个人、两个人，或一个小公司，而是领导很多很多的人，所以首先人格要好，这非常重要。第二是对这个专业要痴迷，要喜欢。第三是能够坚守，至少能够以企业作为自己的终身职业，喜欢在企业里做事。在中国有种现象是"学而优则仕"，做两天企业就想当个官，如果是这种想法，企业变成一个跳板，这是我比较担心的事情。

我经常讲企业家在创新、坚守和责任里，首先要做到的就是坚守。我从大学毕业到今天整整40年，都在企业里。很多人说40年了，宋总是不是没出息？别人跟他同时起步，甚至比他出道还晚，都做省长、部长了，宋总还在做他那点事。我不完全这么看，人各有志，企业也需要人。

企业需要一些优秀的人去坚守。我选择的企业领导者，希望他能够痴迷，能够坚守。如果他心猿意马、这山望着那山高，我肯定否定掉他。我也要考察他的战略思路、理解能力、科技学习能力等方面，综合能力是必须考察的。

※ "我对干部们的一些要求是：希望他们有完整的人格，热爱企业、热爱岗位，同时希望他们能够加强自身学习，跟上时代创新的步伐。"

问： 同时符合所有原则的领导者极少，现实中如何权衡？

答： 这些要素比较难以兼得，每一项都完美，正好叠合起来，这样的企业家凤毛麟角，非常难找。赫尔曼·西蒙讲"满意决策"是次优选择，即不追求我刚才说的三项都特别完美，但要选择一个相对最好的，指出他的不足，进行一些特别训练。有的可能在经营管理知识上差一些，就送去读 MBA、EM-BA；有的可能政治素质差一些，就送去党校学习学习；有的可能见识少一点，就送出去到国外好好看一看，补一补这些课，开阔开阔眼界，这些通过后天的措施是可以补救的。

选择一个人之后，应该根据他的短板，再给他量身定做一个培养计划进行培养，同时要指出他的不足，因为指出不足非常之重要。我面试过一些干部，有的干部会天花乱坠讲很多，我就会问他不足是什么，像你问我"宋总，你重组失败过没有"一样，我也会问他："你刚才讲做了很多成功案例，能讲一个失败的案例吗？最刻骨铭心的教训是什么？"有的年青人就回答不出来。我就笑了，如果你真正负过责任，一定有过失败，一定有过一生都忘记不了的铭心刻骨的教训，看来你不是个担当者，也不是个负责者，所以肯定不能做一把手。

有时，这就是我们对人的选择，不光看他成功的一面，还要知道他失败的一面，同时也要知道他对自我的认知。人无完人，但我们总要向着最理想的方向去培养干部。我对干部们的一些要求是：希望他们有完整的人格，热爱企业、热爱岗位，同时希望他们能够加强自身学习，跟上时代创新的步伐。

※ "管理者逻辑能力必须非常强。"

问： 您刚才讲到干部培养计划，企业有哪些方面的专业培训？

答： 其实这么多年来，我的企业里一把手比较多的是理工科干部，有技术背景，这是我的一个偏好。为什么这样？因为他们进行过数学和逻辑训练。一个人早期的教育中很重要的是逻辑训练，听他说话有没有逻辑，或者逻辑性强不强，就可以判断他是否进行过逻辑训练。而目前学逻辑学的人不多，绝大部分是通过数学进行潜移默化的逻辑训练。无论是小孩子学的数学，还是在大学里学的高等数学，数学是物理和化学的基础，数学功底对管理非常之重要，或者对于企业来说非常之重要。

管理者逻辑能力必须非常强。如果对一些国际大投行业务人员的专业进行调查，你会惊讶地发现他们很多并不是学习金融的，而是学数理化的。我常想这到底是为什么，因为这些人更会进行逻辑思考，对企业的经营和发展逻辑比较能进入角色。

做企业，我更希望选一些技术人员，让有技术背景的人做一把手。假定一个人没有受过数理化，尤其是高等数学的训练，我觉得他很难理解一些事情。对于一些文科生，我不知道他到底懂不懂得这之间的数量关系，心里没底。当然文科也有逻辑训练。有时我们讲文化，并不只是识不识字的问题。电视剧《大染坊》里的陈小六并不识字，每天听说书，说书就是讲故事，故事里面也有逻辑。河南唱豫剧的常香玉不识字却能把剧唱得那么好，《二泉映月》的作者盲人阿炳拉二胡完全是由心所生。这些人都是天才，但大多数人还是要通过学习才能具备相应能力的。

我们企业里也有很多人是学文科、做行政的，最后有的做到了班子成员，有的还做到了一把手的位置，也有的去学 MBA 拿到了具备经营能力的证书。在这些训练过程中，必须进行数学训练，理解逻辑关系，这很重要。做一把手，在找干部的时候，得着重看这个人的逻辑是否清楚，不要经常发生逻辑和思维上的问题，这很关键。

问： 您对管理者的逻辑思维能力有一定的要求，那情商方面呢？

答： 我常讲智商和情商，过去比较关心智商的问题。讲智商并不是知识，知识只是智商的一部分，是基础。智商实际上是辩证思考的能力，是系统看问题的能力。有一次三位年青记者采访我，采访两个小时后要走，我让他们不要走，坐下来，我采访采访他们。这三位记者觉得很奇怪。我让他们先说说，什么叫智商。三个人挨个说了一遍，说完问我："宋总您说什么叫智商？"我说智商就是辩证地思考问题，不能只看到一方面，还要看到另一方面，要系统全面地看问题。这其实是哲学，哲学就是智慧，在拉丁语中智慧和哲学是一个词。智慧指的是人的辩证思考能力，说这个人很聪明，往往指的是他想问题跟一般人不一样，想得很全面。作为一个领导者，应该有智商，能够听得懂对方在讲什么，能够辩证思考。其实我们每天都在处理非常复杂的事情，这些复杂的问题都有多个方面，不能只看到一个方面。

然后，我问三位记者，什么叫情商。三个人又回答了一遍，最后问我："宋总您说什么叫情商？"我说情商就是理解他人的能力。如果只理解自己，就没有情商，要能够理解对方才叫情商。假如有 10 个人一起吃饭，你能理解另外 9 个人此刻的想法，这就是情商高。如果不看别人的脸色，只顾自己，言谈话语不照顾到大家，不知道大家的反应，那肯定是没有情商。做老师也是一样，如果不知道同学们的反应，学生不感兴趣全睡着了，老师还在那讲，也是没有情商。情商实际上是交流互动，是对人心理的一种察觉能力，所以情商也非常重要。

※"一个好的企业家可以做好自己，但是不一定能解决好选人用人的问题，不一定能解决好后继者的问题。"

问： 智商、情商，加上您前面讲到的几条，企业选合适的人不容易。

答： 是的，做企业选人找人不容易，对智商、情商都要求很高，还有我前面讲的那些要求，几乎是要找一个完人，但是人无完人，所以经常会很纠结。有时刚才讲的这几条都不完全具备，甚至还有冲突。一个人如果对工作很专注，他可能就木讷一些，没有那么灵活；一个人如果过于灵活，就可能没有那么专注；一个人如果人格厚重，可能他的决断力就没有那么强。任何一面都有它的另一面，是连在一起的，这就证实了选人难。而且不同的人会有不同的选择，这恰恰是选人用人最难所在。

一个好的企业家可以做好自己，但是不一定能解决好选人用人的问题，不一定能解决好后继者的问题，这是很正常的事情。袁隆平选稻种，用的是选择的方法，优中选优，不断地筛选，用这种方法来培育出好的水稻。任正非是选了一个好的机制，在穷困潦倒的时候，想到了把股权分给大家，用"财散人聚"的方式打造了华为。韦尔奇是在选人，一年大量的时间是飞来飞去，跑遍整个 GE（通用电气）帝国，跟年青领导者们谈话，面对面地选人，可惜选得并不成功。选稻种、选机制和选人中，选人是最难的。韦尔奇不是不认真，也不是不用心，而是选人难。这是一个很重要的命题，希望大家好好地研究。

※ "未来要留给年青一代。早点使用年青人，多创造机会，让他们到重要岗位上历练，边学边干。"

问： 国家在选人用人方面也提出干部年青化，您做一把手的时候非常年青，您对提拔年青人是怎么看的？

答： 在我的职业生涯中，有一项经历非常重要，就是在比较年青的时候进入领导岗位。在北新做副厂长时我 30 岁，做一把手时是 36 岁。由于比较早地进入领导岗位，我学习和积累了不少管理知识和领导经验，为后来出任更大企业的领导打下了基础。所以我也一贯主张用人要趁早，早点使用年青人，多创造机会，让那些有活力、有激情、有远大抱负的年青人尽早脱颖而出，到重要岗位上历练，让他们边学边干。有经验的同志则为他们把关，提高和发挥他们的才干。这样才能尽早培养出年青干部对事业的责任感，对于锤炼他们一生的领导能力和责任心是非常重要的。

有人担心年青人没经验，然而经验是在实践中积累的，年青人只有早用，才能增加他们的经验和才干，总比到时候青黄不接临时选将要好。企业最终是要交班给年青一代的，对年青的人才要敢用、早用，大多数知名企业家都是较早担任领导职务的。对于年青人，大家有时候容易求全责备，可是不把他们放在岗位上他们怎么能学到知识呢？怎么能快速成长呢？人才产生的关键在于培养，在于锻炼，在于任用。

我一直认为，企业的领导班子有两大责任：一是带领企业实现战略目标；二是培养年青一代接好班。一个企业成功与否，取决于能不能打好人才基础。

问： 现在中国建材也面临着一个交替的过程，您有哪些顾虑？

答： 我相信未来，或许这是一种自我安慰的方法。在过程中可能有这样那样的问题，但是企业最终会做出正确的选择。我有时想，让韦尔奇睡不了觉的问题也困扰着我。我不像他那样睡不着觉，而是在思考企业的沉沉浮浮，思考当年北新建材为何选择了我。

北新建材从成立到选我做厂长，经过了 13 年，其间有七任领导者，我是第八任。选到我是个偶然事件，也是必然事件。企业当时穷困潦倒。因为我做销售，很年青，精力很旺盛，性格很好，经常面带微笑，在哪儿都是笑的样子。领导觉得这个年青人心理素质不错，至少他不找麻烦，能自己去面对。另外这个年青人很有智慧，是搞市场的人，于是就选了我。对我来说，市场销售并不是难题，最重要的是管理和内部的东西。我之前讲过，大家也有担忧，认为我做了 10 年销售，一天到晚往外跑，不懂生产，也不懂设备，能行吗？再者当时我 36 岁做大型企业的一把手，很年青，大家有顾虑。其实我也有顾虑，他们讲的是对的，但是我懂得人心，就是理解人，这一点对领导者来说特别重要。所以我对未来领导者的希望就是理解人，能够理解、传承过去中国建材的文化，同时又能搞好发展。不是说只看宋志平的东西，不能照葫芦画瓢，因为宋志平的东西也在变化，每一个外部环境发生变化以后，企业就得变化。宋志平带领中国建材 17 年，也在环境变化过程中不停地否定之否定。没有什么不变的东西，而是要不停地学习、调整和修正。

未来要留给年青一代，不是要照着我以前的经验去做，而是要像我以前那样，遇到问题以后要去克服，去变化，去创新，去发展，这才是管理的精髓。以前说家家有本难念的经，我今天跟大家讲的是企业有本难念的经，选人用人是最难的一件事，也往往是做不好的一件事。

03 成长超越

※ "任何一个经历都是很难得的经历，都应该认认真真地做，认认真真地总结，不要荒废了它。要做有心人，经营者都是有心人。"

问： 刚才讲的企业领导者要懂生产经营、懂市场、懂资本，要人格厚重，要有高智商、高情商，还要会选人用人，这也是您本人的写照。我们看过您的很多著作，您的成长经历非常令人钦佩，促使您不断进步、突破自我的动力是什么？

答： 推动自我进步的因素有很多，主要分为外因和内因，外因是条件，内因是根据，外因通过内因起作用。其实查看我的成长经历和管理历程，就会发现很多都是凑巧。大学一毕业就被派出去学习，看见了市场；回来不久开始搞技术，了解了工艺；后来跑市场搞销售，历练了 10 年，对市场有了深刻的了解；回过头当厂长，经过了基本的训练；然后又到了央企领导者的位置上，管理更加具有全局性的企业。

2002 年，有一次在北京西山召开全国 MBA 教育指导委员会的会议，那时我刚做这个委员会的委员，第一副主任是赵纯均[1]，魏家福[2]也是委员。我们两个企业家演讲，我就讲了我自己的经历。我说我大学毕业以后做过技术员、销售员、实验室主任、科长、副处长、处长、副厂长、厂长、集团总经理助理、副总经理、常务副总经理、总经理，最后做董事长，好像企业的每一步我都做过。现在有的年青人没有这个经历，一下子就提到这个位置上来。赵纯均说我是小步快跑，我说不一定是小步快跑，但这个经历对我来说非常重要。

我相信天性、悟性，就是学习的能力。即使有这些经历，如果没有感

---

[1] 清华大学经管学院原院长。
[2] 中国远洋运输集团原董事长、党组书记。

悟，这些经历可能也没用。比如我当年去国外实习的时候是 23 岁，那时睁开眼看世界，觉得怎么是这样的。当时到了沃尔沃公司，看到他们桌面上的大计算机，库存都已经是计算机自动操纵的，就是我们现在的自动立体库。我们常说，我们的工业比欧洲发达国家落后了 30～40 年，我亲眼看到 40 年前他们已经是那样了，当时是很让我惊讶的。我大学毕业以后到了工厂，到工厂没多久就出国了，我大学学的专业是化学，属理工科，对这些东西非常感兴趣。出国学习虽然只有两个多月，但对我影响极深，这种影响不只是在生产经营和车间里，更让我对市场经济、对国外大企业留下了非常深刻的印象。

我做了厂长以后，1997 年我 41 岁时又去日本学习了一次，学了一个月，是日本产业进修协会组织的，他们是专为发展中国家培养厂长的组织。那一个月的学习，对我影响也很深。我考察了日本的很多企业，听日本老师讲课，跟他们讨论一些问题。晚上回到 6 平方米的小屋子里，一张小床、一个洗手间、一个小课桌，没事我就思考和整理这一天的记录。我回来后写了篇名为《浅谈日本企业的经营管理》的文章，我后面写过不少文章，但水平都没有超过那一篇。22 年前写的文章，今天看来还很有意义，有时我会推荐给一些年青人和管理者看，至少能让他们知道 20 多年前日本是怎么管理的。我们的企业管理跟日本相比还是落后的，当年日本的问题也是我们今天的问题。当年日本正好也进行转型，包括年功序列制①等也都受到了冲击，所以日本在转型过程中遇到了哪些问题，管理成功的是什么，那篇文章里都有。

问： 人生的经历就是一个不断学习的过程。

答： 环境和人，人是最重要的。这些经历本身非常重要，更重要的是，无论哪个经历，都应该认认真真地做，认认真真地总结，任何一个经历都是很难得的，不要荒废了它。要做有心人，经营者都是有心人。如果无心，当年那

---

① 年功序列制是日本企业按职工年龄、企业工龄、学历等条件，逐年给职工增加工资的一种工资制度。

么年青就出国了，除了玩儿就是看热闹，也没有什么太大的意义。如果有心，就看明白了点东西，这也还是跟人有关，也是挺重要的。

※ "有时看一场话剧，听一首歌，朗诵一段诗，好像和管理没什么关系，其实这些都是相通的。"

问： 理工科背景和文科背景的管理者的特质有区别吗？

答： 学校理工科背景的同学们会让人感觉好像不活跃，倒是学文学、历史、外语等文科的学生们，多是女孩，都比较活跃。做企业是综合的实践工作，我也动员学理工科的管理者应该学一点文学。德鲁克讲，诗歌赏析和写短篇小说应该作为 MBA 的必修课。我在 MBA 讲学里也讲到了这一点，即使不作为必修，至少可以增加一些业余的辅导。我以前做首都企业家俱乐部的主任，在俱乐部也搞了个文学赏析，在北京的现代文学馆搞一个文学大讲堂，讲讲《红楼梦》等，让企业家们增加鉴赏艺术方面的知识。

每个人都是不同的，也不能一概而论。从我本人来说，也算比较全面，高中时代文科、理科都很优秀，我的数学是第一名，但要问我更喜欢什么，我觉得我是个文青，还是喜欢文学。对文学的那种激情我有，但对于数学我也觉得很奇妙、很好奇，我也非常喜欢，我是两种东西都有的人。贺敬之的诗集，我整本全部背过，从开头到结尾。年青插队的时候，能背几百首诗，现在年纪大了，也还能背几十首诗。

问： 很多科学家、企业家像您一样喜欢文学、艺术等。管理本身既是一门科学也是一门艺术。

答： 我是上海交通大学管理学院顾问委员会的委员，每年会去开一次会。上海交大是钱学森的母校，在那里有钱学森的纪念馆，他儿子做馆长。我到纪念馆参观了钱学森的事迹，给我印象最深的是两样东西。

第一是钱学森的系统论。他的问题是当年发射导弹的时候，有好多控制并不那么准，他认为很多不准确的东西，最后有可能带来精准的一个结果。一个可能是正误差，另一个可能是负误差，所有误差叠加起来并不一定是更大的误差，可能彼此消除了误差，这就是系统论。系统和单一的考虑不一样，这个问题我以前也知道，在展览馆的时候就进一步思考这个命题，我没事的时候还经常琢磨，还想不太清楚，但我觉得他肯定是这样做的，也肯定是有结果的。这其实不是他导弹领域的事，而是方法论的事。

第二是写在墙上的一段钱学森的话，科学和艺术是彼此相互促进的，有相关性。柯林斯在《基业长青》中也讲到，很多企业家都酷爱一种艺术，看来管理和艺术也是相通的。培训、教育都是有形的东西，还有一些无形的东西，这在管理里也非常重要。有时看一场话剧，听一首歌，朗诵一段诗，好像和管理没什么关系，其实这些都是相通的。在很多艺术、文学里会有一些对我们做企业的提醒，如果你是有心人，就会把所有的东西联系起来；要是无心的人，就会分割开来。当然有心人也会很苦恼，本来看戏是轻松的事，非要联想到企业；本来听歌、诗朗诵是很高兴的事，非要讲企业的事，这就是三句话不离本行。我有时看电影就看不下去，除非那些特别惊险刺激、情节跌宕起伏的，或者特别感人的。如果是一般性剧情的电影，我就看不下去，看着就想别的去了，等一会儿再看，剧情就接不上了。我就会问我爱人和女儿这个是谁、前面怎么回事，她们特别不喜欢跟我看电影，说我看不懂电影。我也不是看不懂，而是经常断片，经常联想到企业。

问： 在您看来，文学与企业管理有什么联系呢？

答： 管理的对象是人，人是立体的，可以触类皆通。德鲁克为什么让大家学习诗歌赏析，为什么让大家学习短篇小说写作？因为诗歌赏析实际上是关乎情感，而短篇小说是刻画人、理解人的。在企业管理里至关重要的是，要理解人，要有情感。

中国建材是以人为中心的管理，我概括为"企业是人，企业靠人，企业为人，企业爱人"。"企业爱人"是我后来加上的，原来是"企业是人，企业靠人，企业为人，以人为中心"。后来我觉得还不全面，最重要的是企业要爱人，这是最核心的。企业和人之间到底是什么关系？到底做企业是为了什么？做企业的根本是为了人，为人服务。企业最终要对人的成长、发展、幸福起到关爱、呵护作用。这就是我后来又加上"企业爱人"的原因，想要反映这样一种理念。

问： 这是做企业的一种至高境界。

答： 企业存在就是这个目的。我常跟大家说，作为企业领导者要解决一个问题——大家为什么愿意来上班。有的人从家里出来上班很高兴，有的人说最不愿意去上班，一去就发愁。我以前在北新做销售的时候，也问大家做销售的本质是什么。我说，早晨醒来，想一想客户为什么千里迢迢来北新建材买东西，客户凭什么想到的是我们而不是别人，我们是个什么样的工厂能让大家过目不忘，厂容厂貌应该是什么样，待人接物应该是什么样，产品服务应该是什么样，如果能回答这些问题，我们的销售就成功了。

我在北新的时候曾经让干部们学习"五朵金花"，其实是挺简单的故事。龙骨车间有五位发货员，都是女同志，有的是孩子的妈妈，有的是叉车司机。客户来拉龙骨，白铁皮做的、隔墙用的龙骨，也是个极简单的产品。这五位女同志对这些客户非常热情，客户来了以后，她们装车时会让客户在那喝茶水，中午午餐时给客户打饭，感动了很多客户，客户们就特别愿意买她们的东西。所以我就锁定这五位女同志，号召向这"五朵金花"学习。这样在全厂就蔚然成风，所有的客户来到北新都觉得北新对客户特别好。因为那时国企产品好卖一点，"门难进脸难看"，作风不太好，要想改过来也不容易。

※ "如果你对员工很关心、很关爱，他们就会热爱工作，他们也会对客户很关心、很关爱，这是连通的。"

问： 情感是可以传递的。

答： 对，情感很重要。西方管理学里有一句话：你怎么对待你的员工，你的员工就怎么对待你的客户。这讲的是文化上的问题，因为经理层漠视员工，员工心里就很冷漠，也会漠视客户。如果你对员工很关心、很关爱，他们就会热爱工作，他们也会对客户很关心、很关爱，这个是连通的。如果企业的领导，一天到晚跟底下的同志吆五喝六，这个企业就不会有温情，也不会有什么吸引力，客户也不会喜欢这种企业。

问： 您跟股民的沟通也是充满了温情，我们看到您有一篇文章，题目是《把我的真心放在你的手心》，听起来很不寻常，您是在什么情况下做这番表白的呢？

答： 那时北新的股价上完市涨了很多，但随着竞争的加剧，海外跨国公司在国内设厂，大打价格战，利润下滑，股价也是应声下跌，股民就开始有情绪了。我那篇文章是在《证券日报》上登的，题目是《把我的真心放在你的手心》。其实这是句歌词，这首歌我不太会唱，但听过，我觉得这个词挺好，就在文章的结尾处说："如果允许我向股东说一句带有情感的心里话，借用一句歌词就是'把我的真心放在你的手心'。"这句话也成为那次采访的题目。多年以后，有位证券公司的董事长跟我说，这么多年看过很多上市公司老总的文章，还是我那篇文章最能打动人，而且是最好的一篇文章。

那篇文章讲述了企业为什么利润会下跌、为什么股价会下跌，跟股民讲清楚这个道理。很多人觉得这时候不用讲了，讲了人家还骂你。但是股民买我们的股票，说明他热爱我们，当股价下滑时，我们应该发出声音，应该给他们解释回答，哪怕他们亏损了，都让他们感觉到这个公司是有情有义的。因为买股票的人虽然是为了赚钱，但他一定是看好我们、热爱我们的人，对于这些人应该给予更多的关注，要给他们多讲清楚。

我常跟大家讲，我说：你们知道上市公司为什么经常要发声吗？买了我们股票的那些人，遍布天南海北，我们很少能见到他们，他们希望在媒体上能听到企业的一点声音。所以我们应该经常在允许披露范围内和大家进行沟通交流，讲讲企业里的新变化、新进展。

※ **"做企业实际上是一场大沟通，我们和员工沟通，员工和客户沟通。"**

问： 您如何看待企业内外部沟通的重要性？

答： 沟通是非常重要的。做企业实际上是一场大沟通。我们和员工沟通，员工和客户沟通。如果我们做企业能够进行很好的沟通，有这种好的心理环境——整个社会的心理、客户的心理、股民的心理、企业员工的心理，这些都是好环境——企业遇到困难也不怕。如果没有这种心理环境，平时神气活现，出现一点点危机就可能酿成大的灾难。

我刚当厂长那会儿，曾到英国卡尔顿公司考察，发现公司每个人戴一个小卡片，小卡片上写着五条，我记住了第一条和最后一条。第一条写的是"人是最重要的"，最后一条写的是"我们需要沟通"，给我印象很深。英国企业很重视人、重视人的沟通。

问： 管理者如何与基层的员工进行沟通？

答： 沟通确实非常重要，但对大企业来讲，管理者和基层的直接沟通是比较难的，因为层级太多。不过现在是新媒体时代，沟通的方式较以前有了很大进步。过去是一对一，要想跟每个基层员工沟通非常困难。现在由于有了新媒体，比如说我们的微信公众号，我有什么想跟大家说的，就可以通过微信公众号推送到大家的手机上。2019 年春节我就出了一个节目，给大家读了一首诗，汪国真的《让我怎样感谢你》，后来就发到了集团官微上，企业的每个职工都能够看到这个声情并茂的朗读，代表我跟每个员工沟通的一片心意。国资委的官微国资小新也转发了，这些东西都是深度的沟通。

我们企业有 20 多万名员工，跟每个企业员工都进行深度沟通也很难，可能大多数情况都是一对多的沟通，通过大家喜欢的新媒体方式。当然我也喜欢调研，比如说前不久到青州工厂去，我就跟年青厂长进行了比较长时间的谈话，到底怎么管工厂，商业模式怎么样，了解他们在基层工作遇到的一些问题、困难和想法等，这些对我也很重要。

其实一代人和一代人是不同的，现在非得让他按照你过去的方式方法做事也不行，你得知道他们今天怎么想，你也得归纳他们的一些做法。我在跟职工开会时，也会引用一些基层的事例，大家会觉得很亲切，而不是用恍若隔世的东西说教，也有一些新东西。新东西来源于哪儿？就来源于观察。我出差比较多，一般是跟三级、四级的干部们讨论谈话，我更多是给大家讲讲我的见闻。

现在要想进行特别细的沟通是比较困难的，这也是我讲的为什么大企业病不可避免。大企业就会有一种病，就是层级过多，引起官僚化的问题。而且严格的等级造成了心理上的隔阂，也造成沟通的不畅。很多问题是沟通上的问题。尽管我们尽力克服，但和当年做厂长时和大家一起奋斗，每天朝夕相处，是不一样的。英国物理学家杰弗里·韦斯特的《规模》那本书讲的就是大企业和小企业的问题。小企业有生命力，有生命力就会发展，发展成大企业就会官僚，官僚以后就没有生命力，然后就会衰退，最后就会倒下，他讲了这么一个逻辑。我相信他这个逻辑。做大的过程也是走向死亡的过程，企业要多分家，变成一个个灵活的组织，而不要搭建一个很大的金字塔，金字塔顶端和底端无法沟通，这也恰恰是大企业都会遇到的问题。

问： 目前中国建材有没有一些关于内部沟通的机制，这些机制能不能真正地解决问题，比如基层的意见怎么反馈给上级领导甚至反馈到您这位最高层的领导？

答： 说有也有，我们民主生活会征求意见会征求到基层。但是要说比较困难，确实也比较困难。因为你看大企业领导者每天的安排就会发现，一部分精力要去上面开会，另外还有自己很多的会议、应酬、出差等，所以几乎没有和基层职工沟通的时间。我原来在北新时，每天都能见到我的工人，每天晚上12点左右，我都会去车间，因为三班倒，车间的工人都在干活，我会跟他们聊聊天，所以我对工人都很了解。那个时代我是很留恋的，现在办公楼里面看不到工人，即使到了工厂里，往往也是前呼后拥的，有照相的、有录音的等。在这种场面下，跟工人沟通就很难，这也是我们现在的问题。有时候也与员工拉拉家常，但真正像过去当厂长时的那种沟通，现在很难做到了。

所以我常常说，还是当年奋斗的时候更有意义。当年奋斗的时候可能更真实一些，更知道真的情况。这个问题你问到点儿上了，这是我们的弱项，不光是我们，大企业都存在沟通上的问题。最后倒掉时，主要也是因为沟通不够了，活力不够了，出现很多问题，而上面毫无察觉。这就是《规模》那本书里讲的，为什么大企业会倒下，为什么动物、植物不会无限制长大，企业也没有无限制长大的。《基业长青》那本书里的样板企业也大都不常青了。企业都想做大，大了就想不倒，常青是我们的盼望，但是最后常常走向反面，这也是一个辩证的道理。当然也不会因为这个道理我们就不做了，人也不会因为要变老、要死亡就不活了，我们还是要活在当下。我内心盼望着，不管未来怎么样，我们争取当下每一天都努力做好。这既反映出我们面对大规模的困惑，同时也反映了我们努力做好的这种渴望。我相信很多大企业的领导，坐在高楼顶层办公室里的 CEO 们，可能也和我有一样的困惑。

问： 您刚才提到的民主生活会，能否起到组织内部有效沟通的作用呢？

答： 我们现在经常开民主生活会，也希望把民主生活会开成红红脸、出出汗，真正做到批评和自我批评，但是操作起来就很难，往往变成表扬与自我表扬，这恐怕跟我们的传统也有关。批评总觉得难以启齿，批评了对方，对方总觉得接受不了，回到家就想我对某人不错，他当着领导给我提意见。最后大家就变成都在那儿顾左右而言其他，批评也总是要找一点对方能接受的方面。

有时我常常想为什么会这样。民主生活会其实是我们跟苏联学来的，应该是欧洲人的一种管理方法，组织动力学里面的内容，也就是组织里的一种自我进化，你给我提不足，我给你提不足，大家互相讨论、共同前进，本来是这样的。后来有一段时间，我们把它用在了人和人之间的斗争，用在了残酷斗争、无情打击、搞运动等方面，人就不讲真话了，把非常好的组织活动形式化了。

2000 年，我去英国参加过一个月的人力资源培训。英国的 360 度考评让我印象极其深刻。就是上面领导给我提意见，左右都给我提提意见，比如有人说我最近工作有点懈怠，我觉得我很投入，大家可以讨论。他们是将考评作为管理方法，而不是用于最后打分发奖金，这个沟通就特别的好，是有效的，能真正促进大家进步。所以欧洲企业的组织里有一些东西是值得我们学习的。

这可能像学习型组织的深度会谈。深度会谈谈什么？我其实也研究过。比如在日本，往往大家吃完饭后去喝酒，喝酒以后再喝酒，一般喝两场到三场。

日本人喝的是清酒，就是咱们的米酒，他们会喝起来没完，晚上十一二点才回家。我就问他们喝酒说什么，他们告诉我，说的都是工作的事，喝到最后往往是年长一点的人告诉年青人，你今天哪一句话说得不对，哪一件事做得有问题，要怎么改进。他们是在进行深度会谈、深度沟通，这也是日本的一种自组织沟通。我也问过英国人在酒吧里一坐那么长时间，谈的是什么。英国人说，他们讨论比较多的就是花絮消息，比如皇家、王室的事情等。在沟通交流上各个国家也不太一样，但企业里的沟通非常重要。

04 学习传承

※ "把好的经验归纳下来，让知识能够遗留下来不会随着人走而走，这个非常重要。"

问： 您前面讲到自我学习的问题，也一直在推进创建学习型组织，包括我们刚才聊到的民主生活会、深度会谈，这些都是学习型组织的建设内容。在知识、技术和管理方面，中国建材是如何把员工或者管理者的经验固化下来，进行知识分享的？

答： 在这些方面中国建材也是在实践中开始逐渐地探索。目前，我们主要通过组织人事部来安排大家的学习、培训等。我刚来中国建材当一把手的时候，先调了大家的档案，惊奇地发现，干部没有经历过培训。我当时就在行政学院对 CFO 进行财务轮训，提高专业知识，以后都做了培训计划，这些年一直在坚持。我把当时的管理层都送去读厦门大学的 MBA，为什么读厦大？因为厦大财务专业好。我觉得干部对财务不甚了了，而 MBA 最重要的是对企业干部进行财务的训练。所有的副总，只要年龄够、学历够，由公司出钱，统统都去学习。当年在北新，干部们只要条件够，统统读了清华大学、北京大学、北京交通大学的 MBA，进行这种学习。

在知识的固化和分享方面，前面我也谈到一些。我们主要是巩固核心团队，保持人才梯队的连续性，积极地培养培训年青人，通过文化的融合、密切的沟通、经常性的调研等来传递分享知识。让企业的知识能够遗留下来，不会随着人走而走。目前在这方面组织人事部门也开始主动作为，这个非常重要，企业要有意识地保护自己的核心知识。科技方面，我们固化得比较多，比如现在有11000多个专利，会形成一些固化的知识。在国资委体系96家央企里，我们建材企业是属于比较传统的行业，但是我们的专利排在前20名，是比较靠前的，也就是说我们在科技知识方面是比较多的。

问： 前面讲的"八大工法""六星企业"等，也是企业知识管理的重要成果。

答： 是的。中国建材比较喜欢总结提炼企业管理层面的东西，像"八大工法""六星企业""五有干部""增节降工作法"等，都是我们的"武功秘籍"。我们会集结成册，发给内部职工学习掌握，但是不对外公开印刷。而且我们每年都会更新，加入一些管理水平提高的典型和案例，也是我们对标、优化的内容。也可以送给学校几本，作为教学参考。我们保持不断固化、不断更新的状态，形成一个动态的过程，这样我们的特点也很难被模仿。

问： 您将自己的管理思想和管理经验整理成著作，也是将知识固化的典型方式。

答： 是的。为什么我愿意出一些书？我写的书首先是给自己的干部看的。我希望这些东西能够传承，不会随着我被带走了。我也希望定期归纳、固化一些知识给大家，到底我们是谁、从哪里来、向哪里去，不然就会忘记。这里面有很多教育，下面很多干部一年不见得听到宋志平讲一次课，他们可以透过这些书来了解集团，了解集团的光荣与梦想，促进他们的学习。

很多人问，宋总你为什么写书，挺费劲的。时任国家经济贸易委员会副主任陈清泰跟我说过一段话：咱们中国的企业家也要出点东西，不然的话每一次都是从零开始。大家平时应该总结点东西，把中国管理的方法归纳出来、写出来，然后一代一代人得有个积累。不光是像陈春花教授这样写的管理理论是积累，中国企业家的企业经验也要积累。稻盛和夫写了那么多书，是一个积累，让年青的一代人去看。其实我最早的一本书，是企业家俱乐部提议弄的，叫《包容的力量》，我之前没有出过书，那是第一本。我想这也是积累，不见得年青一代一定按照这样做，但至少可以看看你做了些什么，这是我真正的想法。

※ "一个企业规模大了以后，确实要固定下来一些东西，供大家学习和共同掌握，但这些东西也要与时俱进、不断完善。"

问： 知识共享的常用做法就是编码式管理，在大企业里，凝练和固化企业的历史和经验是管理和学习的好方法。

答： 我以前考研究生的英文理解与分析中，就讲到小企业里很多事情是靠言传身教，师傅怎么做徒弟就怎么做。像铁匠铺，我每天早晨来得早、你也得来得早，我很勤奋、你也很勤奋，就是靠言传身教。大企业里就完全不同了，领导者在总部大厦里工作，遍及全国的几十万名员工，一年见不到一次领导者，他们怎么知道领导的想法和要求？就是透过政策、文件、书籍、文化来了解。一个企业规模大了以后，确实要像你刚才讲的，要固定下来一些东西，供大家学习和共同掌握，这些东西也要与时俱进、不断完善。

我们讲的"八大工法"已经十多年了，到今天坦率来讲，大规模重组已经结束了，现在不再是高速增长，而是进入高质量发展，这时就要换一换工法。我们现在推出的是"三精管理"，里面很多是精和减。"八大工法"适用于企业高速成长、重组联合，现在是高质量发展，更重要的是精健、精细、精益这些方面，所以要把它归纳起来形成固化的知识。"两材重组"时我们提出了"四大优化、六大整合"，企业不仅要重视自有知识，还要不停地去优化，包括制度、管理技能、技术、专利等。

坦率来讲，我们企业对这一点的认知还不够，有时自己有很好的东西，但是并没有把它当成很宝贵的东西去看待。我有时候问大家：我们的"武功秘籍"你们都看过吗？每一年都有更新，每一本我都认真看过，每一本的序言都是我写的，包括最近发给大家的《三精管理》，序言也是我写的。每一本秘籍上一般都会有我的一幅小照片，我是想看到大家，也让大家看到我。有时候大家把书摆在桌上，说我们得好好学、好好做，为什么呢？宋总在看着我们呢。

※ "做企业是一门'功夫'，必须持续学习、反复操练。尤其是企业领导者，必须树立终生学习的理念。"

问： 有您这么天天"看着"，中国建材的学习氛围一定很好。网上曾有一个2014年的数据，以色列人均每年读书68本，日本人均每年读书44本，中国人均每年读书5本，企业有没有发起类似读书会的活动？

答： 在企业里，我常对大家说的一句话就是"把时间用在学习上，把心思用在工作上"。做企业是一门"功夫"，必须持续学习、反复操练，仅凭经验和聪明才智是做不好企业的。尤其是企业领导者，必须树立终生学习的理念。我个人一直把学习作为人生的追求和爱好，这些年来，无论工作再忙，我每天都要挤时间读书学习，从未间断。

我们也一直在打造学习型组织，每年都会举办读书会活动，办公楼里设置了读书角，我每年都会推荐几本书发给大家阅读，就是为了号召大家多读书，养成爱读书、爱学习、积极思考的好习惯。

问： 说到读书，您的《经营方略》一书就是一本完整的管理学教材，书里涵盖了绝大部分的管理思想与实践，包括战略管理、人力资源管理、公司治理、组织理论、营销策略、企业文化、社会责任等，可以让员工拿出一些时间来专门学习。之前您也提到把管理层送到国家行政学院或者大连高级经理学院去学习，这个学习方案里面包含了中国建材的这些内容吗？

答： 我们送干部们到国家行政学院学习，每期培训我必给大家讲半天的课，讲的就是我们自己的这些东西。在中国大连高级经理学院，主要还是根据社会的发展学习最新的创新技术、商业模式变化，补充这方面的知识。

刚才你提到《经营方略》，有位咨询公司的经理读了之后说这本书不是写出来的，是做出来的。要是纯粹去写一本书会加上一些人为的思考或美化，也会找一些参考书作为佐证，因为那是写作。《经营方略》是从我30多年管理企业的过程中给大家做的演讲、问答，写的文章，甚至是会议记录里抽出来的，是我"此时此刻"的一些想法，特别接地气。这本书看起来零散，其实很系统，逻辑也很好，是从600万~800万字里面抽出来一些精华的部分放在了一起。你会发现这本书并不是今天讲的明天就被否定了，而是一贯发展中走过来的。我自己也感觉那是一本奇怪的书，因为很少有人能做40年企业，很少人能把那么多年的东西记录下来，也很少人最后把它总结归纳出来。这其实是不容易的，是一个很浩繁的劳动，但非常有意义。

我有时想那本书应该是年青管理者的枕边书，因为有275个小节，每个小节讲了一个观点，如果大家有时候遇到什么问题，想想宋总当年是不是遇到过，他是怎么看待的，拿起来看看，对比一下，那本书应该是这样读的。我自己是一个认真学习管理并且读了些书的人，也读了MBA，读了管理博士课程，对于管理的一些东西有所了解。同时我又是一个实践者，做了很多管理实践。我在编那本书的过程中，基本上不做修改，彼时彼刻遇到什么问题讲的什么东西，不去修饰更改，忠实于历史，是在当时语境下进行的。这样大家看了就会更有实地感和现实感。

问：《经营方略》是一本值得中国企业家、管理者和管理学者认真阅读的好书。

答： 我退休之前会把《经营方略》做一个升级，那本书是2013年在企业管理出版社出的，2016年在中信出版社再版，2019年6月左右在中信出版社再出升级版，就是第三版。因为又过去了三年，这三年中国发生了很大的变化，供给侧结构性改革、高质量发展、"一带一路"等，变化过程中我也有很多的观点，应该丰富到这本书里去。但书又不能太厚，所以发愁到底减些什么东西。大家觉得哪一篇都不愿意减，已经是优中选优了，但我说还是要调整一下，书不能太厚。

我喜欢读书，现在大家读的都是短篇 10 万字左右的书，那本书好在都是一节一节的，没有明显的跟读性，比较容易切入，适合于大家在忙碌的工作中抽空选读，每次选读一两篇，三五分钟就读完了，不需要一气呵成，想起来读一小篇，或者急用急学去找一找。

2018 年国庆节的时候，我读了美国桥水基金创始人瑞·达利欧的《原则》这本书，中信出版社出的，这本书很难读、也很厚。我发现这本书和我那本书是一样的，也是写成了一本系统的书。这本书说了做企业该怎么做：第一，先选择目标；第二，研究要达到这个目标存在的问题；第三，分析这些问题，找到解决问题的方法；第四，把这件事情完成。挺有意思的是我那本书讲的也与之相似：第一，先选目标；第二，缺什么找什么。可以说两本书的原理是一样的，只是写法不同，但是对比起来我那本书更适合中国的企业读，读完《原则》的人可能不会太多。因为作者是一个心理学家，写了很多心理学家的想法，我用几天时间彻底读了一遍，读的过程中也很费劲。像《二十一世纪资本论》《规模》这种大部头的书都不是特别好读，太厚，内容又太多。

大部分西方人提出观点后都要求证，都要有大量的求证过程，中国人不大喜欢这些求证，中国人就喜欢直观地感受是不是这样。所以对所谓的好书，我们有时感觉这书写得真好，好在哪呢？好就好在两点：一是书中验证了我们潜在的观点，我们可能想了半天也没有想出一个名堂，书里讲了就是这样，所以会拍案叫绝真是好书；二是书里回答了我们不明白的问题，原来不明白，一看就知道了、明白了。像《规模》这本书里写的许多内容，比如人一生的心跳极限是 15 亿次，企业规模是受限的、不可能线性增长，原来真的不知道这些，现在突然知道了，就会觉得很高兴。其实企业能不能基业长青，企业的规模有没有限制，我们做企业的人都会想这些问题：企业是不是永远越长越大，大到无限，还是像植物和动物一样长到一定规模就不长了等这些问题，都需要回答。其实也不一定有答案，只是《规模》这本书给了一个答案，答案对不对也不知晓，但至少给了一个思考的方法。

※ "出问道三部曲最根本的目的就是想尽我所能，把有限的经验和教训赶紧整理出来。"

问：《经营方略》出版后，您自己读的过程中有什么特别的感受吗？

答：《经营方略》是我的枕边书，也经常读。有时候我读这本书也很感动，因为我会看到二三十年前给大家讲的那些话，就会想当时我怎么这么给大家讲。我相信这本书会是一本好书，也是给管理界做的一个贡献。其实我倒也不在意销多少，这本书的意义在于是我真心实意献给大家的。

说到书，弗洛伊德写的《梦的解析》，当年写出来只卖了几百本，因为没有人知道他写这本书是干什么的，大家也读不懂，也没有人当回事。后来《梦的解析》被翻译成100多种语言，成了当代心理学的基础。有时候一开始不见得大家都明白这是什么，就像《红楼梦》里说的，"满纸荒唐言，一把辛酸泪；都云作者痴，谁解其中味"。都觉得作者很痴情，但谁能理解他写这个东西究竟是什么意思。不过，写出来总会希望有人欣赏。

管理其实也是这样。宋总为什么要弄"问道三部曲"①？我常讲，其实你不懂我的心。有的人说宋总是不是写书有稿费，其实稿费全部捐给了中国建材"善建公益"基金，我一分钱没有拿过。有的人说宋总是不是想出名，我说也不是，其实我也用不着证明自己。最根本的目的就是想尽我所能，趁着现在还有激情，大脑没有"断片"，把现在还有记忆的、能归纳的、有限的经验和教训整理出来。这些东西还不完全是给社会和管理界，首先是给企业的干部职工，让大家知道过去的历史，知道我们想过的事情、经历过的管理活动，让大家能够有一个思想积淀。虽然我退休了还会想这些事情，但是环境变了，就不可能像现在这样去思考了。在这样的时刻，我像挤牙膏一样，多挤出来一点，以后可能挤不出来了，我是这样的想法。抓紧时间做事也是我的习惯。

---

① 指《问道改革》《问道管理》及本书作者正在构思的《问道创新》。

问： 做企业需要传承，就像跑接力赛，其中最容易出现问题的环节就是交接棒，您是在用这些方式来推动下一轮顺利接棒吗？

答： 是的，一个企业如果有一些管理思想积淀，那这个企业会很了不起。我当年做企业的时候是没有人教的，有时候老领导的一两句话我记了一生。比如最早的第一任厂长叫王建行，有一次他给我们开会，他是大学毕业生，建材局总工程师，是很有学问的一个人，也是很严厉的一个人。那时候市场经济刚刚开始，我们要搞销售，都是听他讲。他当时在工厂住单身宿舍，礼拜六才回市里住。那时候我是化验室主任，宿舍是三四个人，没法看书学习，我晚上一般在化验室读书。他每天晚上吃完晚饭就给化验室打个电话，我就到他小屋子里去，他自己喝一杯白酒，也从不让我喝，就跟我聊天，讲他"过五关斩六将"的事情，我就变成了一个听众，就听他讲。

他也会讲很多的观点，他跟我讲过一个观点让我印象极其深刻，后来一生没有忘记。他说做生意就得懂得分利，要有与人分利的概念，不能吃独食，这个观点非常重要。后来我主持销售工作之后，搞了营销公司就跟大家分利，市场价格让给大家一块，大家都帮我销售，这样的话产品就覆盖了全国。现在每年北新建材都会召开"罗马大会"，1300多家经销单位都来参加，每年必让我跟大家见见面、讲讲话。三四十年过去了，有的经销单位第一代人已经老了，现在是第二代人接着卖龙牌石膏板，变成了销售龙牌石膏板的世家，这让我很感动。

我为什么讲到这一段呢？我早年的时候，跟我讲这种道理的人不多。但是今天中国建材年青的一代，有一个人跟他们讲，很系统很连贯地讲中国建材的故事，不是所有的行业都有这样的人，我们有的行业做得很成功，但是许多历史已经搞不太清楚了。中国建材人更能理解这些书，大家设身处地去想，跟外人还不一样，这个意义就完全不同。如果我们培养了那么多干部，都有这种管理知识，都有这种经营知识、理念、战略和企业文化，这将是多么蓬勃、多么庞大的力量。我很少跟干部们讲为什么写书，问起来我会说这本书不是为外边人写的，是为大家写的，也是一番苦心。

※ "管理是教育，做组织领导者也是不停地教育，我是一个布道者、说教者，甚至是一个老师。"

问： 您是一位有魅力和影响力的卓越企业家，就像企业里的老师一样，传道、授业、解惑。

答： 我曾经讲过，要像办学校一样办企业。其实管理就是教育，做组织领导者也是不停地教育，我是一个布道者、说教者，甚至是一个老师。我的管理更多是布道，就是给大家讲，喋喋不休地讲，干部里面有好学生认真听了记在心里就去做了，可能做得不错；也有差学生贪玩当成耳旁风就没有做；也有学生自以为是，觉得不过如此，我比宋总还高明，出去舞枪弄棒，结果打得鼻青脸肿地回来了，这个也是有的。

如果我没有做过和思考过的事情就不会跟大家讲，我跟大家讲的与其说是我的经验，不如说是我的教训，我把很多教训总结出来跟大家讲一讲。我的人生也走过很多弯路，如果拉成笔直，人生的路可能只有10公里，可是我却走了上千公里。为什么走了那么长？实际上是弯弯曲曲的，如果开始就知道目标，回过头来让我们重做，就会变成很简短的一件事情。像今天讲故事，归纳起来就这几点，但是就这几点，每一年悟出一点，都要付出很大的代价。所以，实践者讲的东西一定要认真听，因为他不是胡编的，他告诉你的一定要注意。

问： 在《笃行致远》一书里有这样一个小故事，讲的是产品改名字的过程。原来叫矿渣棉，王厂长说要改成"岩棉"，有两个原因：第一，这个名字可以避免跟其他同类老产品混淆，影响品牌形象；第二，消费者意识到产品质量的差别，才可能重新定价，提高价格。您后来在经营企业时有很多做法也有异曲同工之妙。您把这一段故事写出来，本意是想把前人的管理经验传承下去吗？

答： 前面领导讲的一些话，或者他们的人生也是我们的一面镜子。你刚才讲到岩棉定价，我们定了一个撇油的价格，当时只有400元的成本，我们一开始就卖了2000元一吨。也正是因为这样，那个工厂才得以生存。王建行厂长是很会思考问题的一个人，是很睿智的一个人，他在这些问题上有独到的见解，不像计划经济下的国企干部。这个观点其实非常重要，他让我觉得很惊讶，原来定价是可以这样定的。从我们来讲，400元的成本，加上200元不就行了吗？他可能想，要养活这么大一个工厂，要有一个产品赚钱，就应该有一个高的价格，而且我们是用国外进口设备做的产品，不能混同低档的矿渣棉，起一个新名字叫"岩棉"，做的产品质量很好，应该有一个非常好的价格。后来我总结的"质量上上，价格中上"，也和最初这些影响有关。

　　每一个领导都是一面镜子，这些领导们好的方面值得学习，但是他们的一些教训也值得总结。其实我在前任身上也总结了很多东西，他们好的东西我也学习，他们一些弱点我也总结，不要按照那些弱点去做，这对每个人的成长都非常重要。

第五章
如何有效创新

- 有效创新
- 集成创新
- 商业模式创新
- 转型升级

创新是企业腾飞的翅膀。有无核心技术、能否在战略性和前瞻性领域取得关键核心技术的突破，决定着企业能否持续保持核心竞争力。

当前"中国制造"正在加速转向"中国创造"，这一过程需要有效的创新。我们通过集成创新，将技术创新与商业模式创新结合起来，将大大加速这个转变的过程。

我们常说材料行业是基础行业，但同时也是尖端行业。我最早参加工作，就是在北新从事新材料开发，还拿过奖，那时候搞研发，讲消化吸收再创新，讲学习外国先进管理。现在，我们可以自豪地说经过数十年奋斗，中国建材已经走在世界的前列，我们对创新的认识也发生了深刻的变化。

中国建材拥有国家级的研发平台数十个，每年承担国家重大的科学研究项目几十项，推动行业共性的基础技术和前沿技术持续发展，为国防建设等领域快速发展做出重要贡献。我们还通过战略合作和协同创新、产学研合作，保持在各领域的引领地位，同时积极开展技术并购，集成发达国家重要的前沿技术，快速进入新领域。现在我们不仅要超越别人，更要超越自己。

创新驱动是中国建材"三大战略"之首。中国建材实施全面创新，提出大研发、大平台、大数据、大服务、大环保，要求技术走向高端化、产业化、集成化、相关化。我们既有技术创新，也有管理创新，还有商业模式创新，更有理念创新和战略创新。我们既抓基础型创新也重视改进型创新，既做颠覆性创新也做持续性创新，通过集成创新走在世界前列。

我主张企业要做有效创新。面对市场约束，企业首先要做能赚钱的创新，把创新与效益紧密联系起来。中国建材把研发当作产业来做，2018年新材料业务实现100亿元的利润，占集团总利润的三分之一。有效创新要有目的，要作通盘考虑，紧紧围绕企业战略和企业实际，解决企业和行业的生产工艺、环保等问题，不能赶风口。还要广泛学习，时刻关注发达国家的企业在做什么。要在熟悉的领域创新。我主张相关化，基于核心技术和创新能力，围绕优势产业，顺着产业链延伸升级，不要盲目跨界。有效创新还需要开放合作。中国建材"走出去""请进来"，像我们的碲化镉玻璃业务实验室在德国，工厂在成都，做得非常成功。

中国建材把商业模式创新和技术创新紧密结合起来。我们开创了整合优化的成长路径，采取"共生多赢"的竞合方略，实现"三条曲线"的业务结构推进，积极探索了跨境电商、绿色小镇、智慧工业、智慧农业等新模式和新型国际化道路。强大的技术与商业集成能力是我们能够驾驭新常态的关键。同时，中国建材正在深入推进改革试点，排除体制障碍，让科技人员持股，让管理层持股，充分反映他们的市场价值。

大企业要发挥创新优势。大企业是各国专利的主要申请者，应该担负起行业共性重大前沿技术的研发，构建行业知识的交汇点、创新的转化点。大企业要自觉发挥政策、资源和技术优势，利用市场能力和规模效应，内部多元互补，企业间广泛协作，开展产学研合作，联合大中小企业，搭建创新平台，成为国家创新体系的枢纽。

现在中国重大科技和工程突破与日俱增，国际专利申请总量已经超过了美国。但是总体来看，我们还是中低端制造，属于第三梯队。像"中兴事件"①"华为事件"② 就表明我们在芯片等高端制造上受制于人，材料方面也有差距，中国创造依然任重而道远，唯有埋头苦干，迎头赶上。近年来，中国建材大量投入，量产了高性能碳纤维、电子薄玻璃、铜铟镓硒、碲化镉薄膜太阳能电池、每分钟60万转的陶瓷轴承等一系列前沿产品，不断突破"卡脖子"技术难题。这再次证明，困难只会让我们更加努力，中国创造的时代已经悄然而至！

---

① 2018 年 4 月，美国商务部发布公告称，禁止中兴通信向美国企业购买敏感产品，使这家成立于 1985 年、全球四大通信设备供应商之一的企业的主要经营活动无法正常进行。后双方达成协议，解除禁令。
② 2019 年 5 月，美国总统特朗普签署行政命令，要求美国进入紧急状态，禁止美国企业使用任何可能危害国家安全的公司生产的通信设备，美国商务部工业与安全局（BIS）宣布，将华为及其 70 家关联企业列入"实体清单"。

01 有效创新

※ "企业的创新，是广义的创新，包括理念创新、战略创新、管理创新和技术创新等丰富的内容。"

问： "创新"是中国建材核心价值观的第一条，对企业而言，您认为创新的含义是什么呢？

答： 创新说白了就是创造新的东西。当然，改变旧的东西也是创新。我们讲的企业创新，包括了理念创新、战略创新、管理创新和技术创新等丰富的内容。我们讲经营哲学，国有企业改革的理论、供给侧结构性改革的理论、中央企业市场化经营的理论等，这些也是创新的内容。这些创新是有效的，是奔着解决问题去的。

问： 企业的创新有没有侧重点？

答： 我们是做系统性创新。因为技术创新也需要理念创新、战略创新、管理创新作为支撑。当然，一般提到创新，主要还是指技术创新。

企业在创新上要分清楚重点。科学主要解决理论问题，技术主要解决实践问题，两者的目的有很大不同。现代自然科学包括基础科学、应用科学和技术创新。基础科学基本上回答未知现象背后的原理问题。比如，引力波是怎么回事，黑洞是怎么回事。应用科学则是把基础科学发现的原理应用到科研生产生活中去。技术创新主要是解决生产工业和产品的技术问题。举例来说，物理化学讲到的节流原理是基础科学，发现了这样一个原理，应用科学就觉得这个东西可以应用到空调、冰箱里。但是技术创新在什么地方？在于能不能做更好的冰箱、更好的空调，能不能做得价格很便宜而质量又非常好，能不能消除噪音，是面向具体的生产问题的。技术创新是思考实现目标的新方法。

问： 您刚才也提到两类研究：基础研究和应用研究，一般来说，基础研究多由大学和科研院所来实现，应用研究多发生在企业，但是这种边界变得越来越模糊，您对这个问题怎么看，企业应不应该进行基础研究？

答： 企业有严格的市场约束，企业有特定范围，核心是盈利。企业当然要有远大目标，但同时也要有持续的投资回报。实际上我们对于基础科学中的原理性问题也是要去关心的。麻省理工学院、加州大学都有很多企业支持基础研究。企业的创新大量来自应用型技术创新，但是大企业也要充分支持和持续关注基础科学的前沿发展，大企业对新理论也要有一定敏感性。

我有时常跟干部讲，实验室也好，企业投入也好，大部分都是围绕企业效益，围绕市场来解决企业里的关键问题。我不反对大家研究宇宙奥秘，每个人都有兴趣，其实我也经常看一看这些新理论。但是，我们不会支持企业里的研究人员去研究黑洞、引力波、人的起源，也不会提供相关实验条件或费用。实际上约瑟夫·熊彼特①的创新一开始就是从经济发展的角度定义的。因为熊彼特是经济学家，而我们还要更窄一点，所以将它缩小到企业效益的范围。

企业的创新，要求是极其明确的，研究目的就是要解决什么问题、做什么东西，都是和生产经营、市场变化密切结合的。虽然大多数企业出于创新效率的压力，都会有这样的指导方针，但实际的创新过程要复杂得多。我以前不相信企业基层研究人员也能研究出那么高深的、甚至能获诺贝尔奖的基础理论。我认为那是靠国家实验室才能解决的问题，所以用不着企业基层研究人员去做这样的理论研究。

问： 您现在的想法发生了哪些改变？

答： 最近有一件事打破了我的看法，就是日本岛津制作所一位基层的技术研究员获得了诺贝尔奖。虽然岛津制作所的获奖颇有一些偶然性，但现在看来，一线的技术创新也可以带来足以推动世界科学进步的重大成果。应用型创新和基础性创新并无优劣之分。

---

① 约瑟夫·熊彼特是一位有深远影响的美籍奥地利政治经济学家，被誉为"创新理论"的鼻祖。

虽然有很多有意思的例外，总的来看，企业的创新很多是围绕解决生产制造里面的问题而开展的。无论是埃隆·马斯克①梦想移民火星，还是解决特斯拉电动车自燃的问题，还有我们怎么用好移动互联网，开创什么样的商业模式，这都是属于应用科学和技术创新范畴里的。企业就要发挥技术创新的专长。我反复跟企业技术人员讲，要把这个层级分清楚，这样大家的创新才更加有效。

※ "创新是企业腾飞的翅膀。有无核心技术、能否在战略性和前瞻性领域取得关键核心技术的突破，决定着企业能否持续保持核心竞争力。"

问： 您提到过企业就像一架飞机，一个机翼是资本运营，一个机翼是技术创新，能谈谈为什么技术创新这么重要吗？

答： 的确，创新是企业腾飞的翅膀。一个企业集团要有核心企业、核心业务、核心产品、核心技术，其中核心技术又是核心中的核心。有无核心技术、能否在战略性和前瞻性领域取得关键核心技术的突破，决定着企业能否持续保持核心竞争力。经过改革开放40多年的发展，中国企业有不少技术和产品已经处在从追赶到超越的新阶段。同时我们也看到，中国企业的基础性创新研究不够，科技发展总体水平特别是在一些关键核心技术领域的创新能力，同国际一流水平相比还是有差距的。

问： 您觉得中国企业要完成从跟跑、并跑到领跑，关键是什么？

答： 关键是要创新。"中兴事件""华为事件"就给我们敲响了加快创新的警钟。我们要有紧迫感和危机感，加快关键核心技术的攻关，在这方面掌握了主动权，才不被"卡脖子"。

问： 中国企业想把创新做好，该怎么做？

---

① 埃隆·马斯克，现任太空探索技术公司（SpaceX）CEO 兼 CTO（Chief Technology Officer，即首席技术官），特斯拉公司（Tesla）首席执行官，太阳城公司（SolarCity）董事会主席。

答： 创新，首先要有扎实务实的创新态度。做事情心态很重要，有句话说得好，态度决定一切，企业创新也是如此，要明确目标，长期坚守，久久为功。刚才说了，我们的创新有成就，也有差距，因此仍要保持忧患意识，保持客观务实的创新态度，既不妄自菲薄，也不妄自尊大，对标美国、德国、日本等发达国家的科技前沿，寻找差距，攻坚克难，努力抢占科技竞争和未来发展制高点。以前大家常谈论日本"失去的20年"，但这些年来日本一大批企业埋头苦干，大力创新。目前，日本的科技创新水平在12个新兴领域里排在世界前三，2001—2019年的18年里，日本获得18个诺贝尔奖。这应该引起我们深思。

还有一点，创新就要加大创新的投入。要想有产出，必须有投入，这是很简单的道理。在高质量发展新阶段，企业要获得持续的创新优势，必须在人力、物力、财力等各方面加大投入，才能提高创新效益。中国建材现在拥有26家科研院所、3.8万名科研工作者、1.1万项专利，但这还远远不够。我们要持续加大投入，要建设国际一流实验室、建设企业创新中心和工程装备试验中心、设立高水平海外研发中心、引进一些国际一流的科学家等。此外还要建立股权、分红等激励机制，让科技人员有积极性和创造热情，这样才能加快突破一批"卡脖子"技术的瓶颈。

问： 在机制方面也要有所改变，激励大家的创新热情。

答： 是的。创新要进行机制改革，因为突破关键核心技术，关键在于有效发挥人的积极性。所以要进一步解放思想，探索实行激励机制，保障科研人员的收入待遇，激发科研人员的工作热情。符合条件的科技型企业可以开展股权和分红权激励，使专利的创造者能够共享科研成果带来的收益。创新需要优良的机制，对于企业来说，精神和物质缺一不可，精神鼓励要提倡，物质激励也要跟上，对创新也是一样。

还有一点也很重要，就是要重视开放性创新。开放带来进步，封闭只能落后。企业创新不是自己"躲进小楼成一统"，而是要"走出去""请进来"相结合，以开放视野积极融入全球创新网络，充分利用全球创新资源，加快构筑支撑高端引领的先发优势，形成关键核心技术攻坚体制和强大合力。美国的创新优势就在于汇集了全世界最优秀的人才，营造出浓厚的创新氛围。要在激烈的科技竞争中赢得优势，必须有开放的研发系统。

※ "创新必须是有效创新。创新活动开始之前，要明确解决什么问题，提前分析创新的机遇、目标和路径，细致谋划组织。这样才能使创新更加有效，减少盲目性。"

问： 您过去曾多次探讨有效创新，有效创新指的是什么？

答： 创新必须是有效创新，这是我讲得比较多的一个观点。创新是一个大概念，创新活动带来创造性的破坏，具有很强的不确定性。高投入、高风险、高收益、高外部性的特点常常使创新者陷入窘境。而企业是一个营利组织，受到严格的商业约束，所以应特别重视创新的有效性，也就是企业要进行有效的创新。有效创新简而言之，就是提高创新效率，节约创新成本，减少盲目、不必要的风险。

实现有效创新是一项复杂系统的工作，需要进行有目的的创新、有组织的创新，要在熟悉的领域创新，还要善于把握创新机遇、掌握有效的创新方法、开展有效的管理等。

创新活动开始之前，要明确解决什么问题，提前分析创新的机遇、目标和路径，细致谋划组织，这是创新的一个基本逻辑。有的放矢、谋定而动，这样才能减少盲目性，使创新更加有效。但是在我们的企业里面，偏离主业或者偏离解决问题的正确方法，听了一耳朵立马就干起来，这种盲目创新的例子也有不少，造成的损失非常大。企业不是兴趣小组，企业的创新要有方向，要有风险意识。那么怎么去把握这个方向呢？不同企业可能有不同的考虑。中国建材在创新活动开展之前主要考虑的因素包括是否属于行业内业务、是否是熟悉的领域、开展的方式方法、创新的组织等。

现在大家喜欢跨界，因为交叉容易产生新品种。我去美国哈佛大学、麻省理工学院，他们也鼓励学生跨界，不设限制。但是教授必须从市场获得资助，而且教授通常都是在一个领域里深耕多年。实际上交叉成功的偶然性很大，相

205

比而言，企业在熟悉的领域创新更容易成功。如果放着熟悉的业务不做，反而进入一个完全陌生的领域，一切从零开始，可能会犯下颠覆性的错误，因此不要盲目去跨界。

创新不能靠单打独斗，任何创新都在一个系统组织中进行，形成功能互补、良性互动、开放共享的创新格局。创新需要战略勇气，而有效创新更需要系统支撑。有组织的创新队伍是创新的正规军、主力军。大企业要通过内外部资源的多元协同，充分发挥好组织化创新的优势。

问： 有些企业，尤其是传统的制造型企业，认为创新离自己很远，不知道何时创新、怎么创新、如何管理创新。您能从有效创新的角度提一些建议吗？

答： 创新并不神秘，而是有规律可循，有方法可依，像模仿式创新、集成创新、自主创新、协同创新、持续性创新、颠覆性创新、商业模式创新等。企业应根据自身状况和发展阶段，在实践中认真研究，活学活用。

抓住机遇是创新的巨大推动力。创新的机遇无处不在，但又转瞬即逝，它可能隐藏在结构调整、市场需求、新知识、新技术、竞争压力、时尚潮流等后面。敏锐的创新意识来自长期实践观察，专业眼光、市场嗅觉与行动能力都需要长期的修炼，就像翱翔的雄鹰鸟瞰大地上风吹草动随时出击。所以说，做企业要用心。

在创新中，管理的作用不容忽视。一些科技型上市公司之所以运作得不太成功，原因之一就是科学家并不擅长管理工厂。电灯的发明者爱迪生当年创建了很多公司，但由于管理不行，最终几乎都以失败告终。这说明，创新做得再好也不能替代管理。在创新中我们要鼓励探索、允许失败，但没有企业家精神，没有良好的管理者的思维来指导，盲目地创新，无论超前还是重复，都是和企业的本质不相容的。

※ "大企业是顶天立地的创新，草根企业是铺天盖地的创新。"

问： 诺贝尔奖获得者埃德蒙·菲尔普斯认为小企业才是创新的主力。您怎么看？

答： 实际上我们看到世界知识产权组织发布的报告中，像华为、中兴等大企业才是国际专利的主要申请者。关于这个问题，我跟菲尔普斯①先生有过一场对话。菲尔普斯认为大企业不创新，创新的都是草根企业。我们讨论了这个问题。我说，大企业也创新，并不是不创新。大企业是顶天立地的创新，草根企业是铺天盖地的创新。大企业有能力解决一些系统上的问题。如果要解决登月的问题，草根企业肯定解决不了，肯定得大企业来解决。解决万吨水压机的问题，小企业解决不了，中国一重集团才能解决。这就是讲，企业要在各自不同领域里面进行创新，各有所长。实际上我们也看到很多小企业是借助大企业的投资和平台在创新，而且它们创新的成果也很快被大公司所吸收转化。我们要从创新的实际规律来看待大中小企业在创新中的不同作用和相互融合。我想指出的是，在国家创新体系中，大企业具有不可替代的枢纽地位。我们需要大众创业、万众创新，是要建设一个"万类霜天竞自由"的生态系统。

问： 我们看到许多中小型企业在创新的赛道上"阵亡"。"不创新是在等死，创新可能是去找死"成为当前困惑中小企业发展的一个迷思。您是怎么看待大企业和中小企业创新所面临的不同挑战的？

答： 首先，我们要很好地理解创新的丰富内涵。很多中小企业的领导者也常问我关于创新方面的问题。一提到创新大家首先想到高科技，那么创新到底是什么东西呢？

德鲁克将创新分为高科技、中科技、低科技、零科技。所谓的高科技目前主要集中在几个领域：新材料、芯片、生物医药、航天等，这些领域里的任何一个都不容易突破。我们缺乏美国那种基础，美国在这些领域实验室比较多，一些中小公司由于科技人员的流动，会掌握高科技的技术，借助风险基金就能

---

① 2014年9月14日，诺贝尔经济学奖得主（2006年）、哥伦比亚大学教授埃德蒙·菲尔普斯与本书作者在清华全球名师大讲堂上精彩对话。

做起来。但是在中国，就困难一些。

我常常想，高科技其实是不容易的，需要较长时间的投入。如果没有很多的钱，没有很硬的实力，做高科技肯定是不行的，还没有做完就没钱了。美国风险投资比较多，所以很多高科技借助风险投资来进行。中国也有风险投资，但是不如美国发达。如果美国没有那么多的风险投资，很难想象很多高科技的中小企业能够发展起来。但是我总觉得美国真的是一个特例，这个国家是一个创新国度，有很多特别的东西。我们现在还在学，也有风险投资，但毕竟这方面暂时还是弱一些。

有些中小企业找我交流，我建议创新最好是做商业模式的创新。因为中国市场很大，卖任何一个东西或者搞任何一个商业模式，一旦有市场都可能赚到钱。做商业模式的创新比做高科技的创新更安全一些，这是我经常给大家出的主意。像麦当劳、星巴克是零科技，属于商业模式的创新，甚至苹果的成功也不是靠某个颠覆性的技术。马云的创新主要是商业模式的创新，就是建立平台。

我不是说小企业不能搞科技创新，小企业在科技创新方面也有优势。在互联网行业里面，都是靠民营企业去做。互联网前五名没有国有企业，主要是因为机制的问题。这些企业有合伙、入股等一套机制，我们希望国有企业通过改革和联合来跨越这些障碍。

小企业创新也要解决它的问题，比如资金不足，它也有联合的愿望。对于中小企业，在创新上有一些技术但找不到风险投资，可以和大企业联合，这也是一种方法。中国建材做的碳纤维、TFT 玻璃基板都是和当时中小型高科技企业联合起来做的。因为我们有更多的资金、更强的实力，可以帮助中小企业在"弹尽粮绝"的时候一起来做。如果中小企业确实有高科技，创新方向也正确，就能找到大企业来支持它们，这个也很重要。

创新其实是九死一生，很多人只看到了成功者，失败者比成功者不知要多多少。中小企业如果想快速成长，靠什么呢？还是要靠创新，不创新不行。创新是一个无底洞，稍有不慎就会全军覆没。有一些小企业好不容易赚了点钱，资本量很小，就更需要谨慎。所以做创新业务要非常慎重，减少盲目创新的冲动，这对于大企业和小企业都是一样的。

※ "创新并非一个企业的孤立运作，而是一个链条，大企业、中小企业协作会更有效。"

问： 也就是说大企业和中小企业要协同起来，共同开展创新活动。

答： 是的。企业不是毫不相关的平行线，而是通过市场联系在一起的。我们既要看到对立，也要看到统一；既要一分为二，也要合而为一。企业创新应该充分借鉴合而为一的智慧，突破创新主体间的壁垒，实现互相融合、互补共赢。尤其在全球经济一体化和信息技术快速发展的今天，创新资源在世界范围内快速流动，合作互动趋势日趋显著，企业的竞争已逐步演变为创新体系之间的竞争。

创新方式的变化使创新成为协同的故事、融合的故事、平衡的故事。我们应从线性思维到网状思维，大力推动协同创新，不仅吹响"冲锋号"，更要吹响"集结号"，汇集各路精英，吸纳各方资源，组成攻关的突击队、特种兵团，在合作协同中实现新发展、新突破。

问： 如何协同才能实现您说的新发展、新突破呢？

答： 具体来说，协同创新主要有三种方式。

第一种方式是企业间的合作方式。这往往属于市场自组织的方式，一般是大企业作为创新平台，中小科技企业进行技术外包服务。例如在医药领域，大制药集团以下定金的方式进行委托，最后再受让成果，做临床。美国辉瑞等大型制药公司的很多新药开始都是由一些中小企业或"夫妻店"研制出来的。这是未来的一个方向，即在全球范围进行技术外包，让技术真正成为商品。在合作中，大企业要发挥平台优势，整合各种创新要素和创新智慧，形成合力，中小微企业接受大企业的创新外包，企业之间发挥专长、协作分工，共同完成更大的系统集成创新。

第二种方式是产学研的协同。这也是我国政府这些年大力提倡的方式，现在协同创新大部分是以产研和产学的方式进行，极大地推进了企业的技术创新。产学研合作虽然很早就提出了，但效果并不理想。在我国过去的创新体系里，院所和企业是独立的，后来院所改革进入企业集团，但往往还是"两张皮"，结合得不够好。在产研结合方面应该怎么做呢？研发应该围绕企业平台，为企业提供服务，解决企业遇到的问题；企业也应该拿出资金反哺研发机构，真正形成创新体系，实现深度融合。

第三种方式是政府组织的各部门的联合创新。我们很多重大技术研究，往往是靠举国之力开展"大会战"。中国的青蒿素研究之所以能捧得诺贝尔奖，归根结底是以屠呦呦为代表的科技人员长期集体攻关的成功。今天分散的、竞争的、有独立性的创新很重要，但同时也要重视有组织的创新的力量。通过资源整合的方式，将人才、资本、信息、技术等各类创新要素汇集在一起，联合攻关，迅速形成关键领域的重大突破。工信部联合9家企业投资5亿元组建动力电池研究院就是一种联合创新。我国新能源汽车年产量达到100万辆，但车用动力电池还有不少技术难题，如果各汽车企业"背靠背"投资难免造成低质重复建设。这个研发平台是资本、技术、应用市场的联合，目的是加快实现动力电池革命性突破。实际上，面对中国政府主导创新的强大压力，美日欧都在加强国家在创新中的组织作用。2018年5月开始，日本经济产业省与丰田、旭化成、松下等企业展开合作，推进高效率全固体电池的开发。

创新并非一个企业的孤立运作，而是一个链条，大企业、中小企业协作会更有效。我觉得，未来科技的发展应该在更大的平台上实现整合，最终打破所有藩篱，趋向于一种"无界"创新。我国拥有强大的智力资源，近14亿人口中有1.7亿人接受过大学教育，还有大量具有国际视野的海外归国人员。过去几十年，我国依靠廉价劳动力和低成本产品在世界经济舞台具有了一定的竞争力。下一轮竞争，我们要靠集合众智、协同创新取胜。这是我国科技创新实现"弯道超车"的捷径。

问： 中国建材有没有协同创新的典型案例？

答： 中国建材成功开发碲化镉薄膜太阳能电池就是一个典型案例。光伏行业是我一直情有独钟的领域，在北新建材工作时我就思考过做晶硅电池，也建设了中国第一个太阳能屋顶。到中国建材集团工作后，我因玻璃业务而对薄膜太阳能电池产生了兴趣。

2009 年，中国建材集团与成都一家民营企业合作成立公司，开始研发碲化镉薄膜太阳能电池，这家公司就是现在的中建材光电材料公司。为了攻克技术难关，2011 年我们又收购了德国 CTF 太阳能公司，联合开发碲化镉薄膜太阳能电池。我们在成都建设了一条年产 100 兆瓦碲化镉弱光发电玻璃示范生产线，是世界上第一条大面积碲化镉发电玻璃生产线，生产的玻璃长 1.6 米、宽 1.2 米，上面涂抹的碲化镉薄膜相当于 1% 头发丝的厚度。这种玻璃颠覆了传统玻璃的技术体系，让普通玻璃从绝缘体变成可导电、可发电的半导体材料，可广泛用于光伏建筑一体化等产业领域，为中国从建材玻璃大国提升为电子玻璃强国、半导体材料强国打下了技术和材料基础。

※ "知识和资本都要有公平的报酬，找任何人都是有代价的。所以，做企业要有分利的思想，走一条共生多赢的路线。"

问： 国内出现过几次创业潮，最近几年又有很多技术专家纷纷"下海"创业。这些对技术狂热的专家型创业者在做企业的过程中经常遭遇一种困境：企业本身想做一个引领前沿的高科技产品，但是资金有限，想通过资本市场进行融资又害怕资本的力量使自己丧失控制权，难以把握企业的初心。您对这种现象有什么看法？

答： 是，确实要做出选择。因为除了要有技术，还要有资本推动，没有资本光有技术也做不成。资本的推动是有代价的，说严重一点，资本也很贪婪，要求的回报是很高的。风险投资往往投十个成一个，成的这一个也要付出很高的代价，才能让风险投资得以成功，这个游戏才能做下去。这就是现在咱们的问题，什么事情都不是完美的，所以大家就得进行一个选择，要选择资本，资本就要分利。但是资本要选择技术，也得给技术人员留一块。技术人员为什么从单位跳槽出来？是因为他觉得他的技术就是资本，却没有得到合理的报酬，或者没有股权等。所以要给技术人员留一些利，把这个东西掂量好。

做企业要有分利的思想，找任何人都是有代价的，要走一条共生多赢的路线。做企业要把饼做大，即使你的比例小一点，但是绝对值还是挺大的。如果守着技术舍不得跟别人合作，就会醒得早起得晚，最后饼小小的，甚至连饼都没有，像冰棍一样都融化了，这也是创业者们应该想到的事情。引进资金，你的股份可能会少，但是会做得更快、更大，即使少量的股份也会有很多的收益，这种比较也要把它想清楚。资本和知识都要有公平的报酬、可持续的发展，处理好这个平衡，就不会有困惑。

※ "知识产权保护的目的是激励更多的创新，使创新者收益和社会效益之间达到最佳平衡。"

问： 怎么看待创新与知识产权之间的关系？

答： 讲到知识产权，跟菲尔普斯讨论的时候，我说中国建材有上万个专利。菲尔普斯说，上万个专利有什么用，不就是大企业做门面的吗？我问他为什么这么说，显然消除这类误会，企业和经济学家需要更好地沟通。

中国建材高度重视知识产权创造、保护与运用，大力实施知识产权战略，强化战略性新材料知识产权管理运用，通过采取鼓励引导、树立标杆、强化考核、完善专利管理体系的"四位一体"管理理念，提高专利质量，取得了明显成效。我们不仅输出专利，还输出标准。中国建材的专利材料用在载人飞船、探月工程、运载火箭等上面，服务建设，大家有目共睹。

知识产权保护的目的是激励更多的创新，使创新者收益和社会效益之间达到最佳平衡。创新很不容易，创新者花费了很大的成本，冒了很多的风险，研发出一个解决问题的诀窍，为了保护他的产权，我们把这招诀窍放在专利里。专利是用来保护知识产权的，其他人要用就要交一些专利费，得到创新者许可。给这个权利加一定的期限，这就是知识产权保护。这样来保护创新者不断创新的热情，持续推动技术的进步。一定程度上说，知识产权推动了工业革命。

但是话说回来，菲尔普斯说的其实也正好击中了我们的要害。现在我们很多企业往往更关注专利个数的多少，重视数量超过质量。所以，中国的专利数量是超过美国的。另外，企业里绝大多数专利都是实用型创新，而不是经济学家们关注的发明创新，真正的发明专利很少。

我们需要更好地理解专利的功能，为什么要做专利，把专利的作用发挥出来。这方面国家要进一步保护知识产权，鼓励创新者开始重新思考和认识这个事情。下一步要在这方面做点更扎实的工作，把发明专利做得更好，不是说弄一堆无效的专利，而是真正做一些发明专利。发明确实是有意义的，别人抄我的是不行的，只能买我的。这样让技术创新有了价值，保护创新者的积极性。

问： 中国建材的专利管理采用的是集中式管理模式还是分散式管理模式？专利集中式管理模式以 IBM 公司为例，其全球的分支机构及子公司的知识产权由集团总部统一管理，总公司支出研发费用，职务发明的专利所有权归属于总部，总部通过再授权方式将相关技术专利许可给子公司使用，收取许可费用。

答： 我们专利的管理还没有做到这么集中。还是比较传统的办法，各个基层单位自己去申请专利，专利所有者也是他们自己。比如中国建材总院，申请并获得授权的专利所有权就归属他们自己。再比如北新建材，申请并获得授权的专利也是他们自己的。专利分散在每个单位，集团只是进行数据统计，专利多的单位，评比的时候会加分。实际上，国资委也是这样，每年要把各个央企的专利情况排排队，看看专利多了还是少了。为什么搞了很多实用新型专利？因为大家都在追求数量。以后要提高专利质量，不然专利就变成了形式主义。

专利能不能作为集团财产，真正变成有效的、像商品一样流动的，实现效益最大化？我们要搞高质量管理，应该把这个问题抓好。目前，像企业内部的市场化交易我们也有，但是集中所有权的内部专利市场这样的机制，我们还没有尝试。制造业的许多专利，往往依托特定的基础设施与设备，专用性要强一些。IT 行业，特别是软件服务业的创新和知识产权保护的压力更大一些，有很多机制确实是很科学、也很先进的。这些措施对于引导各单位的创新协同、强化企业知识专用性，应该是一个很大的激励。我们要向综合建材服务商转变，未来这些都很值得研究借鉴。

问： 前面您谈到"格子化"管控模式，每个层级的职责都明确且清晰。其实在知识产权管理方面，也可以参考运用科学管理方法，实施更加专业化的知识产权开发及管理。知识产权不仅仅是保护的手段，更是企业的无形资产，能够最大限度地发挥知识的经济效益。

答： 你讲得很对，专利既然是知识产权，是无形资产，有它的特殊性，就要针对性地开展管理，使它流动增值，防范损失。就像现金一样，现金不是产品，流动性很强，要怎么来管理？比如说有的单位要卖专利，到底是以什么价格在卖？有没有人在管理这个事情？水泥价格我们知道是降还是涨，专利这些东西要不要知道？大集团的专利到底用什么样的方式去管理，要把这些东西提出来，比如说总量、构成、流动、管控等，进行专业化管理是挺重要的事。

现在我们主要是依托外部的专利机构，我们的专利申请往往是请专利事务所或代理机构帮助我们申报。意识到这可能是一个专有技术，我们就在专利事务所的帮助下把它写成一个专利，然后去申报，大概是这么一个过程。你提了一个非常重要的问题。

※ "激励机制是一个分配制度，也取决于所有者是否开明。"

问： 从市场角度来看，创新要与资本分利；从集团层面来看，创新产出与创新者激励正相关。您认为企业如何来激发创新者的创造力，从而产生更多高质量的创新产出呢？

答： 这里就涉及企业的创新、专利和创新者之间的利益分配问题。在企业里，尤其是国有企业，包括国有的研究院所里，大家常常会觉得专利是单位的。虽然是个人研究的，但是属于职务发明。单位发给员工工资，员工在单位的设备和仪器上做出来的，怎么能成个人的专利呢？前面你提到很多技术专家"下海"创业，单位培养他多年，究竟这属不属于知识产权的流失呢？我们常常对这种情况很困惑，不给这些发明人一些适当的好处，肯定是不对的。因为同样发了工资，同样用了设备和仪器，有的人什么发明也没有，有的人就发明出来了。现在我们主张如果专利有收入，应该给发明者一部分。创新应该得到保护和激励，这也是市场的选择。

问： 您提到的分利机制特别好，这样就把创新者的积极性充分调动起来了。

答： 对，就是要让科技人员有积极性。对企业来讲，专利不光创造了企业效益，关键也能够让创新的人自身能有一部分收入，这样的话能够加大创新力度，让大家有积极性。不能让创新的人有专利的人，和没创新、没专利的人是一样的，那样做肯定不会起到激励的作用，这应该是企业高度重视的事情。搞好分配制度是最重要的，越是优秀的企业，越要在分配问题上向市场看齐，各种激励方法要综合起来，加大激励，吸引最优秀的人才。

问： 中国建材现有哪些激励机制鼓励员工进行创新？

答： 刚才讲到科技分红，这方面国有企业比较落后。这实际上是机制问题。民营企业的机制就比我们好，我们现在也在出台一些文件。习近平总书记到万华烟台工业园考察之后①，我们去学习。万华是国有控股，前身是1978年成立的烟台合成革厂。它规定在创造的利润里面分成15%给技术人员，而且五年不变，所以，万华的创新就很多。如何量化创新确实是一件不容易的事情，但是必须得做。

2019年4月，我带着研究院所的负责人到西安光机所②考察学习。西安光机所很值得我们学习。院所大改革的时候，242个研究所从国家研究所事业单位变成企业，当时脱钩的研究所里中国建材有26个。西安光机所有机制，把研究和产业结合起来，主要有三种方法：一是自己做产业转化；二是把技术作为股权加到民营企业里去，到时候分红；三是把技术作为商品卖掉。无论哪种方法都是给科技人员分红，让科技人员得好处，科技人员很高兴。院里收入越来越高，科技人员自身积极性越来越大。

---

① 2018年6月13日上午，习近平总书记到万华烟台工业园考察。
② 中国科学院西安光学精密机械研究所，简称"西安光机所"，创建于1962年。

问： 刚才您讲到中国建材内部有 26 个院所，有哪些院所在激励机制方面做得比较好？

答： 中国建材做得比较好的有两家单位，一家是合肥院①，一家是南京凯盛。集团有四个大的水泥院：天津院②、成都院③、南京院④、合肥院。一开始合肥院基础很差，但是在 2000 年的时候，合肥院按照不同科室做了 6 个不同的公司，让科技人员持 30% 的股份。没想到这个企业这些年发展最快，而且是最赚钱的水泥设计院，现在我们内部员工持股都在向他们学习。南京凯盛是从南京院里出来的一个设计组，大家不愿意在院里吃"大锅饭"，坚持自己创业，破釜沉舟搭建了一个平台。公家占股 51%，技术人员占股 49%，就干了起来。开始几十个人出来，只有几百万元的收入，现在有上千人的团队，还盖起了一座大楼。那也是 2000 年的事情，现在差不多 20 年过去了。这两个例子说明科技人员是很有能力的。

科技人员很多知识都在脑子里，怎么激发出来？我经常讲改革最重要的是机制。机制是一个分配制度，也取决于所有者是否开明。在不动所有权的情况下，分配上多给大家一些。过去没有科技人员共享、分享财富，最后很多企业科技人员都流失了，损失太大了。民营企业有一些机制，所以民营企业发展得很快。国有企业自己认识到这个问题以后，也要进行机制改革。

国有企业机制难在什么地方呢？难在获得政府部门的批准。真正的所有者容易批准新机制，因为所有者知道，有了好机制就能赚更多的钱，所有者的利益和员工的利益、创新者的利益是一致的。但国企上边的部门领导并不是真正的所有者，创造多少利益和他个人收入无关，没有利益一致性的机制。

新机制的关键是要起到激励作用。作为重要的创新主体，学校也一样。有的老师讲课讲得好，有的老师有些创新和贡献，学校想多给他们一些薪酬，但做起来很难。因为领导也会想到：我才挣多少钱，你怎么挣那么多？这样不利

---

① 合肥水泥设计研究院有限公司。
② 天津水泥工业设计研究院有限公司。
③ 咸都水泥工业设计研究院有限公司。
④ 南京水泥工业设计研究院，现更名为中材国际工程股份有限公司（南京）。

于学术上的成长，不利于优秀老师的培养，也不利于学校引进一流的专家。学校要有一流的老师，新中国成立前北京大学有李大钊、陈独秀、胡适，鲁迅也去过，校长蔡元培能让这些人去，其实也是给了不少的薪酬，破除了很大的阻力。加强激励、促进流动，一个学校引入几个名家，招生就不一样，声誉就不一样，就是为学校创造了更大的财富。国有企业的激励机制也是要冲破行政化，走向市场化。

02 集成创新

> ※ "随着自我发展，企业应该从模仿式创新向集成创新、自主创新发展，而不能只是简单地模仿，模仿永远模仿不到最好的东西，永远是三流的东西。"

问： 您前面提到多种创新模式，目前国内不少企业还在走模仿式创新的老路，您认为企业如何选择适合自己的创新模式呢?

答： 不同的发展阶段解决不同的问题，就如同人的成长，总要先会爬，再会走路，之后才能稳健跑步。后发国家走的技术道路基本上是跟随创新，也就是以模仿式创新为主，这不是一件丢人的事情，而是重要的学习手段。因为模仿式创新门槛较低，而且技术、资金和管理能力都需要这样一个积累的过程。刚开始企业没有财力，也没有实力进行自主创新，就必须经历模仿式创新这样一个过程。中国是发展中国家，长期采取的是追赶型经济发展模式，因此进行了大量模仿式创新。模仿式创新往往被戏称为"山寨"，但其实"山寨"也是创新的必经过程。纵观历史，世界上任何国家都有从模仿到原创的过程。日本近代工业的发展大多都建立在对美国技术的模仿式创新上。

改革开放40多年来，中国最早也是模仿式创新。但是当走到一定程度，就会遇到几个问题：第一，想再模仿也模仿不到了。第二，知识产权问题。和早期工业化阶段不一样，现在大家都能做了，就会把一些新技术的知识产权看得很紧。这就需要大家通过创新去创造更多的财富，而不能简单获得这些技术。第三，随着自我发展，企业应该从模仿式创新向集成创新、自主创新发展，不能只是简单地模仿，模仿永远模仿不到最好的东西，永远是二三流的东西。像中国建材，现在比较主张集成创新。

※ "千万不要小看集成创新这件事，如果能'把做面包的技术用在蒸馒头上'，就是大本事。"

问： 中国建材很强调集成创新，您认为集成创新与模仿创新有什么区别呢？

答： 我认为，模仿创新主要是以模仿为主，不能放在自主创新里面。而集成创新是把各种创新要素结合起来进行的创新，是介乎于自主创新和模仿式创新中间的一种创新形态，既有自主创新成分也有模仿式创新成分，按照熊彼特的定义，即实现了新的组合。因此，可以把集成创新同引进消化吸收再创新、原始创新等一并列入自主创新范畴。

中国建材主张开放式、协同式、集成式的创新。现在很多新的产品都是靠集成创新实现的，既有别人的一些想法，也有我们自己的创意，把它集成起来创造出的一个新物品。实际上，全世界的创新完全不参照别人、不借鉴别人，关起门来自己搞的，并不多。特斯拉做电动汽车，宝马也做，比亚迪也做，基本原理差不多。华为、苹果都做手机，原理都一样，但是各自有不同，这就是靠集成创新。

大型企业要具备强大的集成创新能力。现代制造业已经能够在生产上实现大规模的集成，像波音787飞机的零件在一百多个国家生产，由波音公司掌握着关键的集成能力。全球化新时代，能将分散创新的研发效率、大规模创新的协同效应和大规模应用的市场效应高度紧密地结合在一起的企业，才能够占据主动。

当今社会，各种技术的相互依存度逐步提高，做企业就要善于广泛借鉴各种文明成果。先进的技术和思想是全人类的财富，站在先行者的肩膀上进行集成创新并不丢人。所以我常对科研人员说，千万不要小看集成创新这件事，如果能"把做面包的技术用在蒸馒头上",就是大本事。相反,如果闭门造车,对别人的创新成果和技术路线不闻不问,只会费时费力,吃苦头不说,还很可能得不偿失。

※"关于集成创新,既有组织上的集成,也有技术上的集成,是这种合作基础上的共同开发,是一个知识重组、资本推动、加速创新的过程。"

问: 集成创新的一个重要步骤是关于技术选择的问题,包括技术的选择以及技术所有人的选择。中国建材的集成创新的成功经验是什么?有哪些选择的原则?

答: 具体技术和技术路线的选择其实主要不是在集团的层面上来做的。我们讲战略和投资的时候实际上也会谈到一些选择的原则问题。涉及具体的个案,需要抓住市场机遇,可能会有一些运气和变通的地方。但技术的选择当然是首先要在战略的框架之下,也就是要符合我们的方向。集团有专门的团队持续关注相关领域的技术前沿,我们的董事有的本人就是投资和技术专家,董事会要及时了解这些动态和可能的项目,对专业领域关键技术的发展趋势保持信息优势。

具体到技术集成,就要涉及具体项目的特点,还有技术组合、市场组合以及和集团创新要素结合的可能性:有的能够弥补我们的不足,有的能够节约我们的研发成本,有的能够带来巨大的市场效益,有的是进入新市场的一部分,这是一个综合的选择。我们的投资部门会具体审查相关技术所有人和技术本身的适用性。

举个例子,我们想做碲化镉薄膜太阳能电池,就在德国收购了一个技术中心。这样就有了德国的科学家和他们的技术,再加上国内的一些技术,联合开发形成了现在成都的一条碲化镉生产线。如果说没有德国的这家公司,只是国内我们自己做,就没有基础。但是光有这家德国公司也做不下去,因为缺少一个大公司的支持。

关于集成创新,既有组织上的集成,也有技术上的集成,是这种合作基础上的共同开发，是一个知识重组、资本推动、加速创新的过程。中国建材有很丰富的重组经验，技术集成是我们的专长之一。这些年中国建材做了不少集成创新，不仅跟德国一些公司合作，还和国内一些民营高科技企业合作。他们有些项目做了一半，我们觉得符合中国建材的战略，大家就合作起来进行集成。比如电子玻璃，有合作者的技术也有我们的技术，大家合作起来共同研发。

问： 听说高性能碳纤维技术就是中国建材与民营高科技企业集成创新的结果，您能介绍一下吗？

答： 是的。在材料领域，我一直想做碳纤维产业。因为碳纤维的国防工业用途，高强度碳纤维一直是西方国家对中国禁运的物资，也是对中国严加封锁的技术。2007 年我在连云港出差，无意中听说市里有位名叫张国良的企业家在做碳纤维，便马上邀他见了面。第二天一大早，我又兴冲冲地跑到张国良的工厂去参观，巧的是他正在院子里放鞭炮庆祝第一根碳纤维下线。尽管这家企业当时生产线的年设计能力只有 200 吨，但通过与张国良的交谈，我决定支持这个项目，因为他的技术思路在逻辑上是正确的。后来，中国建材以增资扩股的形式参与了该项目，组建并控股中复神鹰。短短几年间，中复神鹰通过集成创新的方式，组建了一支碳纤维产业化的"国家队"，助攻装备制造难关，从创业之初的年产 200 吨 T300 中试线，发展到成熟期稳定年产 2000 吨的 T700 大型生产线，2018 年高性能碳纤维产业化技术荣获"国家科技进步一等奖"，百吨级 T1000 碳纤维生产线实现投产，可谓是"十年磨一剑"。

问： 国内的集成创新还好做一些，毕竟合作企业的文化是相近的。但是，国际间的技术并购面临不同文化的融合问题，比如并购德国公司，德国员工的工作习惯与中国员工是不太一样的，如何把这两支队伍整合在一起？

答： 我们的技术并购采取的方式是用其所长、兼收并蓄、协同工作，并不干预他们的工作习惯。

举个例子，2007 年我们收购了德国做风力发电叶片的 NOI 公司，后来更名为 SINOI 公司。NOI 公司位于德国的北豪森市，鼎盛时期曾是欧洲第二大风机叶片供应商。德国风力发电走入低谷的时候，由于股东方撤资，这家公司当时进入了破产保护程序。中国建材抓住时机，成功收购了这家公司，成为海外研发中心。收购以后，留下了这家公司的技术人员，继续发挥他们的长处，同时派驻一些人员一起做。相当于研发、设计主要是在德国，但大规模的制造在中国。此次重组开创了中国本土企业收购国外风电设备公司的先河，成为"中国学生"收购"洋师傅"的典型案例。中国建材也一跃成为中国最大的风机叶片制造商和全球兆瓦级风机叶片的领导者。

还有一个例子是收购法国圣戈班集团所属的 Avancis 公司。Avancis 是从事太阳能和铜铟镓硒薄膜电池生产的企业，生产基地在德国的托尔高市，研发基地位于慕尼黑。Avancis 铜铟镓硒薄膜太阳能电池技术居世界前列，曾创造了光伏薄膜组件转化率的世界纪录。Avancis 最早隶属于西门子公司[①]，后来由圣戈班和荷兰壳牌各出资 50% 拥有，2009 年成为圣戈班的全资子公司。2014 年，中国建材正式收购 Avancis。3 家世界 500 强企业在铜铟镓硒薄膜领域的接力棒传到了中国建材手中，我想接力赛有 4 棒，我们是第 4 棒，也快成功了。接下来，我们通过集成创新，有效推进了铜铟镓硒太阳能薄膜电池技术在全球市场的应用。

问： 企业有没有关注到国外员工的归属感问题？

答： 中国建材的工程师也会到国外去，西方相关的工程师也会到中国建材的工厂，一起研发，实现量产。西方国家的员工有一点我觉得挺好，很职业化，没有"身在曹营心在汉"的现象。当被收购了之后，德国这些公司里的工程技术人员归属感都很强，觉得能进入一家世界 500 强的中国公司，非常高兴。

我 2019 年去达沃斯开会的时候，也接触了一些国际上的跨国公司。我发现，跨国公司跟我们原来想象的国际化不完全一样。我们过去讲得比较多的是

---

① 德国西门子股份公司创立于 1847 年，是全球电子电气工程领域的领先企业，在 2018 年《财富》世界 500 强企业排行榜中位列第 71 位。

中国公司国际化了，还是建立在中国公司基础上的"走出去"。而国际上的跨国公司，他们的基本观点是虽然总部在某一个国家，但并不认为自己是那个国家的公司。比如 ABB 集团①的总部在瑞士，但是它并不认为自己是家瑞士公司，而是一家跨国公司。再如西门子公司，总部在慕尼黑，也不认为自己是慕尼黑的公司，而是个跨国公司，甚至说自己是个中国本土的公司，因为中国业务的比重非常大。这也是给我印象比较深的一点。

将来中国大公司在发展的过程中，也要转变观念，逐渐演变成跨国公司，在全球是均等的，在国外的公司要属地化。比如在德国的公司要属地化，不见得非要派中国人去不可，在德国可能就是德国人。

※ "做技术整合其实不容易，有时候选一个企业我们要盯好多年，反反复复地盯着，最终才做成一个。"

问： 中国建材在进行技术整合、集成创新的过程中，有没有经历过失败？

答： 在技术整合这方面，迄今为止都是成功的。中国建材是一路重组发展起来的，重组整合是我们的专长。除了我们的战略机遇抓得好，并购工作比较专业之外，我们瞄准的领域相对比较新，所采取的集成创新模式风险也要小一些。还有我们的集团文化讲究包容和谐，有问题商量着解决。技术整合想要成功，不能单靠运气。

问： 这些集成创新都是按照您刚才提到的合作模式进行的吗？

答： 是的，都是成功的。但是我们很慎重，做技术整合其实不容易。有时候选一个企业我们要盯好多年，反反复复地盯着，最终才做成一个。

问： 正如您前面谈过的，在做之前这个风险就是可控可承受，已经考虑

---

① ABB 集团成立于 1988 年，主营电力及自动化技术，在 2018 年《财富》世界 500 强企业排行榜中位列第 286 位。

好了的。

答： 对，没有把握就不做了，有把握的才去做。在战略上我们非常大胆自信，但技术整合方式和过程相对比较稳妥。

※ "迈向中高端在很多行业里是比较难的，而在建材行业里，我们已经在中高端了，现在要迈向高端。"

问： 国内有很多产业也在探索集成创新的道路，但是至今尚未掌握核心技术。中国建材在水泥行业处于领先地位，研发了大量的核心技术甚至是建立了国际标准，您认为成功的原因是什么？

答： 应该说中国建材在水泥、玻璃方面的核心技术上都不输跨国公司。30 年前我们买他们的技术，现在跨国公司都来买中国建材的技术。我有时常常想这个转变的原因是什么，可能有这么几个方面。

第一，国外很多的企业已经从水泥、玻璃等建材行业里退出了，像日本、德国这些发达国家，都感觉建材行业不是很高端。

第二，过去 30 年中国搞了很多基础建设，建设了很多水泥厂、玻璃厂，不断地促进我们的设计和装备研发。这也很重要，所谓熟能生巧。中国这些年在这方面做了很多，异军突起，所以建材行业在核心技术上有了很大的优势。

第三，我们有研发和技术的积淀。在建材行业，国家有四个大的水泥院、三个大的玻璃院，现在都在集团里。在国外其实都是大企业自己的研发中心。我们过去有国家的研发中心，后来又并到集团企业里来，经过了一些改革和改制，有些活力，发展也很快，都转变成工程公司。

第四，我们不断"走出去"，到国外做了大量的项目，也促进了我们核心技术的提升。国外的项目对我们的挑战更大，因为不能再用国内的标准了，要用欧洲标准、美国标准，所以我们得适应国际化，做一些全球采购，确保质量。

也就是说这一连串的过程，使得中国建材现在在建筑材料，特别是水泥和玻璃产业里的核心技术不输给跨国公司，甚至跨国公司远不及我们。当然这个还在发展，比如石膏板、玻璃纤维等很多类似的产业、制造业都迎头赶上了。我有时说，迈向中高端在很多行业里是比较难的，而建材行业已经在中高端了，现在要迈向高端。说到底，迈向高端还是要抓住一切机遇、埋头苦干、厚积薄发。

问： 材料行业对一个国家来讲是非常重要的基础性行业。

答： 对。在《中国制造2025》里面，高新技术的一个重要的领域就是新材料。像在航天、高端装备、新能源、轨道交通中，材料都是基础性的。

※ "颠覆性创新和持续性创新，大企业通过多个支点转换，'鱼'与'熊掌'并不是不可以兼得的，从'吃鱼'为主改到'吃熊掌'为主，可以是一个流动的关系。"

问： 提到创新，很多人都会想到"颠覆性创新"，您是怎么看待这个问题的？

答： 美国哈佛大学教授克里斯坦森在《创新者的窘境》一书中提出了颠覆性创新理论，指的是利用技术进步效应，从产业的薄弱环节进入，颠覆市场结构。与颠覆性创新相对的概念是持续性创新，也叫渐进式创新，指的是企业对原有业务不断创新并加以完善，目的是让原有的业务更加稳固持久。

开展颠覆性创新很重要。如果企业一直沿用过去的经营思路和商业模式，不做颠覆性创新，就很容易被新入场者淘汰。事实上，很多大的领先企业之所以会失败，就是因为对持续性创新比较坚持，而对颠覆性创新不够敏感，像乐凯、华录、彩虹等都是前车之鉴。

颠覆性创新大多15年发生一次，但并不是所有企业都能做成，这主要取决于企业的战略以及资金、人才、技术等资源条件。对于大多数企业来说，还是应该立足于现有产业进行持续性创新。事实上，企业中大量的创新都属于持续性创新。我在北新工作时，有领导到企业参观后觉得北新没什么特别的技术，我说"赚了钱的技术就是好的技术"。石膏板、轻钢龙骨、岩棉等产品看似简单，但在持续创新的过程上创新点很多，像净醛石膏板、相变石膏板就把普通的石膏板"做出花来"，受到客户欢迎。做企业不可能一天换一个新产品，关键在于对产品不断进行技术革新，使之产生更高的价值。现在很多汽车公司都想开发电动汽车，但目前电动汽车在整个汽车市场的份额还不足3%，主流还是汽油车，把现有汽油车做得更节油和减少排放就是持续性创新。

问： 中国建材是如何统筹推进颠覆性创新和渐进性创新的？

答： 颠覆性创新和持续性创新就好比"矛"和"盾"的关系。对大企业来说，在做好持续性创新的同时，应克服惯性思维和阻碍创新的内部机制，"另起炉灶"开展颠覆性创新，以增加抗风险能力。中国建材把持续性创新和颠覆性创新结合起来，在水泥领域的联合重组和市场竞合就是把红海变为蓝海，而发展新型建材、新型房屋和新能源材料则是创造新的蓝海。

在新型建材领域，中国建材旗下的泰山石膏公司多年来自主研发了上百项先进技术，石膏板发泡技术可减少10%的石膏用量，每年节约成本达2亿元。发泡技术是石膏板技术的持续性创新，而石膏板的发展对水泥业务来说则是颠覆性创新。有水泥企业的一把手曾跟我说，用新型建材造的楼房非常好，可如果大家都用新型建材，水泥就卖不出去了。这就逼着水泥企业自己也要去创新。

在新能源材料领域，我们也遇到了类似的问题。太阳能电池现在有两种产品：多晶硅电池转化率高，但生产过程既耗能又污染；薄膜太阳能电池生产耗能小，但转化率相对较低。中国建材几乎同时做了这两件事，在江苏收购了一家GW①级多晶硅电池厂，在德国收购了一家薄膜电池厂。我想，未来一定是薄膜代替多晶硅，但在过程中我们也要处理好眼前和长远的关系，考虑现有产品的持续性创新和新一代产品的颠覆性创新的关系。从这个角度来看，大集团的好处是，只要战略不发生方向性错误，通过多个支点的逐渐转换，"鱼"与

---

① GW，gigawatt 的缩写，代表10亿瓦特发电装机容量。1GW = 1 000MW = 1 000 000kW。

"熊掌"并不是不可兼得的，从"吃鱼"为主改到"吃熊掌"为主，可以是一个流动的关系。

问： 您提到不管是石膏板与水泥，还是多晶硅电池与薄膜太阳能电池，都属于同一技术领域的内部颠覆式创新。未来有没有可能中国建材的业务被其他领域的技术颠覆，或者中国建材有没有哪些技术能够颠覆其他领域？

答： 最近我们有一项技术特别好，叫生物光导识别芯片。它原先是配套军用微光夜视仪的。微光夜视仪就是让人在晚上没灯的时候也能看到对方。有点像电影里演的，你看不见，但他有瞄准镜，有一点点光就能发现你，这叫微光夜视仪。过去这个材料主要是军用，有些还出口印度、法国等。

现在发现这个材料用处太大了，放在手机屏幕下面，很弱的指纹信号通过液晶面板传过去，能够被探测器检出来，非常清晰，识别速度很快，就能够解锁智能手机。现在有多家公司都推出了样机，用的都是我们的这种材料，这就是网友说的"黑科技"。

它的原理挺复杂，简单地说就是利用几百万根光纤压缩在一起，压成光纤棒，然后切成薄片。光纤之间是吸光材料，所以这个薄片是黑色的。这里面有无数根光纤，都是玻璃做的。光纤的光导性要比普通玻璃清楚得多，利用这个原理，就做成了现在用在手机上的这种"黑科技"，下一步还要用在基因测序上。

这是给大家举了一个例子。如果全世界手机都用我们的这个"黑科技"，手机上都是全屏识别，安全性会大幅提高。一个指纹的重复率是五万分之一，也就是说五万个人里面就有一个人能解开你的指纹锁。而两个指纹的重复率就是二十五亿分之一，基本解不开了，三个手指放上去就成了天文数字，无解了。将来大家买了新手机，用三个手指头记录下来，你的手机就无解了，必须你自己打开，任何人打不开。这里面用的关键材料就是我们做的。可以想象，这项技术一旦应用到其他的安全领域会带来极大的冲击。

当然，中国建材也在努力地扫描有可能会颠覆我们业务的技术创新。我们的业务组合不是一成不变的，而是"狡兔三窟"，把每个业务做到行业前列。

即使是颠覆性的技术创新也需要市场化的时间，到那个时间，我们已经完成了转型。当然，我们还是希望由我们自己来主导这个颠覆过程。

※ "我们把原来国家的一些科研院所集中在中国建材企业内部，一方面要为企业自身服务，另一方面还要为整个行业服务、为国家服务。"

问： 中国建材下属有多家研究院，走的是一条产学研结合的道路。那么，大型行业共性技术平台由企业建设还是由国家来建？您认为这个边界如何界定？如果由企业自己来做共性技术平台，从企业收益的角度又如何来加以权衡呢？

答： 实际上这也是中国特色。因为全世界做建材的研发，都是在企业里的技术中心完成的，国家是不会做的。国家只会投资那些重大的前瞻性的课题，比如热核聚变、艾滋病疫苗等。制造业的研发是由企业的技术中心来完成的，国内叫技术中心，国外有的叫中央研究院，有的叫企业研究院，当然也有跟大学、国家实验室联合做的研究中心。

过去国家在企业技术研发上分成三块：工厂、研究设计院、设备制造商，是分开的。现在因为市场经济的原因，装备、研发、设计和制造都要走在一起，形成类似国外中央研究院的模式。我们把原来国家的一些科研院所集中在中国建材企业内部，这在给我们带来市场竞争力的同时，也带来了行业责任。

从集团来讲，我们集中了行业的技术，同时我们又是国有公司，过去这些技术积淀也都是国家的。因此，一方面要为企业自身服务，另一方面还要为整个行业服务、为国家服务。我跟中国建材总院说，要起到"六大平台"的作用，就是国家级建材与新材料重大科学技术的研发平台、建材行业共性关键性前瞻性技术的研发服务平台、建材和新材料高科技成果的产业化平台、中国建材所属企业技术创新的支撑平台、建材行业高素质科技人才的开发培养平台、国际建材与新材料学术和技术的交流平台。之所以如此定位，是因为我们认为作为国家级的建材研究院，首先要承担国家的重大科研项目，其次要为行业服务，之后才是企业的服务平台。就是说虽然科研院所在集团里，但不能把它简单地当作一个下属企业，还要为国家、为行业服务。

像我们的科研院所，有20多个标准化委员会和标准研究所，为整个行业制定标准，制定了几乎全部的建材领域国家技术标准。谈到标准，我们以前经常讲一流的企业做标准，标准实际上是制空权。同时，像中国建材这种企业集团又要为全行业着想，制定的标准不能只适应自己企业。因此，要让研究院、标准所做到中立，从中立的角度为整个行业服务。为什么我说像这种科研院所是中国特色，一方面，他们是集团控制的研究单位；另一方面，又具有中立和独立性，不仅研究具有独立性，还开展一些社会公益性的服务。

问： 它们在承载国家和行业的技术平台功能时，是公益性多些，还是市场化多些？

答： 这些研究院所原先是国家部委下面的，改制之后就成了自负盈亏的市场化组织。所以我们在坚持央企责任的同时，这些院所总的方向还是要走向市场。因此，承载国家的功能，国家会付费；承载行业的功能，行业里谁要用这个技术，谁就要付费。中国建材是按照市场的机制，不把它简单当成中国建材自己的院所而封锁技术。

关于公益性和市场化，并不是说公益的、无偿的一定是好的，以前计划经济时代公共物品往往得不到最好的照料，不是供给不足，就是缺乏连续性。通过市场化，让资源流动滚动起来发挥最大的效益，通过利润的方式形成国家所有者权益一样是为国家服务，还可能是更有效率的服务，这也是我们改革的初衷。

※ "产学研，要以企业为主体，以市场为导向，核心是'产'，'学'要保、'研'要好，最后都要作用于'产'。"

问： 我们刚才讲的研究院所服务国家和社会，更多是以产研结合的形式，您对产研结合或产学研结合有怎样的看法？

答： 企业创新的关键在于建立一套创新体系。在这一点上，不同的国家有不同的特色。欧美等国家的创新体系主要源于一些大学，日韩多是由企业的中央研究院和技术中心在负责，中国则主要靠产学研结合或产研结合。

所谓产学研，要以企业为主体，以市场为导向，核心是"产"，"学"要保、"研"要好，最后都要作用于"产"。学校要发挥基础科学研究能力，研究院所主要解决应用科学的问题，而工厂要解决好制造技术的问题，三者结合才能形成资源与优势的互补。产学研结合的目的是促进技术进步和产业升级，而不是让"学"和"研"统统都去搞企业。

企业是技术创新的主体。这句话怎么理解？我认为企业是研究开发投入的主体、技术创新活动的主体、创新成果应用的主体，但创新本身却需要企业、研究院所和学校联合起来，建立产学研合作联盟，充分利用企业产业平台的优势，让科技从成果库里走出来、从象牙塔里走出来，更好地为产业平台服务，真正转化为生产力。

在产研结合方面，坦率来讲，中国企业创新能动性还不够，不少企业热衷于不停地买设备、更新装备，自身科研力量和创新能力相对不足。而面对生存压力，有的院所在竞争中却逐渐被边缘化，个别院所完全演变成了生产经营性企业，失去了研发功能。所以，还是要把企业和科研设计单位结合在一起，工厂扎扎实实搞制造，院所老老实实做技术研究，弥补"断裂带"，融合发展，既不要被利润牵引失去了本色，更不要成为市场门外的"象牙塔"。

问： 请问中国建材在产学研合作方面有哪些探索？取得的效果如何？

答： 中国建材既有强大的产业平台，又有一流的研发平台，产研结合的基础得天独厚。以特种水泥研发为例，中国建材总院研制发明了六大体系、七大类共60余种特种水泥，满足了我国国防、石油、水电、冶金、化工、建筑、机械、交通等众多行业工程建设的需要。我们有一家水泥公司叫嘉华水泥，它就依托总院的这些科研成果，发展成为国内最大的特种水泥生产企业。除了特种水泥，我们在新型房屋、PM2.5治理、节能环保等领域，通过产研结合也取得了丰硕成果。

中国建材还与大学高校积极合作，充分利用社会资源进行创新，我们与济南大学、西南科技大学等签订了战略合作框架协议，与武汉理工大学、西安建筑科技大学、安徽科技学院、安徽理工大学等高校共建实验室、成立创新联盟，针对建材行业亟须解决的重大共性、关键性、前瞻性技术难题开展联合攻关，形成新的合作创新机制和科研成果转化机制。

实践证明，产学研结合是科技创新的重要驱动力和提高核心竞争力的重要途径，对于加快转变发展方式、促进可持续发展具有不可替代的作用。当前面对复杂多变的外部形势，企业要加大技术创新，把产学研拧成一股绳，积极开发适应市场需求、技术含量高、附加值大的新产品，这样在激烈的市场竞争中才能找到新的发展空间。

03 商业模式创新

※ "当今企业之间的竞争不只是产品之间的竞争，更是商业模式之间的竞争。"

问： 刚才讲了技术创新，前面几章也讲了管理创新，您是如何看待企业的商业模式创新的？

答： 管理大师德鲁克认为，当今企业之间的竞争不只是产品之间的竞争，更是商业模式之间的竞争。这些年，中国建材在商业模式上做了很多大胆的探索，取得了非常明显的成效。比如在成长模式上，我们大力推进联合重组，走了一条整合优化的全新成长路径；在盈利模式上，我们从"量本利"到"价本利"，大力建设核心利润区，推动行业和企业都取得了良好经济效益；在竞争模式上，我们以"共生多赢"替代"丛林法则"，推动行业竞争的有序化、适度化和良性化；在业务模式上，我们大力发展新能源新材料产业，积极探索"互联网＋"等模式，加大制造业服务化转型力度，开拓新型国际化道路，加快迈入高端产业。

问： 中国建材在向制造业服务化转型上进行了哪些探索？

答： 这些年我们一直在向综合性的建材服务商转型。制造服务业现在主要是围绕产品、工程提供一揽子服务。比如工程，过去我们是做完交给别人就走了，现在我们还有海外工程管理、运营、培训、备品备件等服务。比如我们过去就是卖玻璃，现在不光卖玻璃，也经营光伏玻璃大棚。玻璃大棚里面是智慧农业，种的是西红柿，这样就通过玻璃和现代农业联系在一起，就有了服务和产业延伸的可能。还有我们建立电商平台，面向整个建材制造业开展服务，我们叫"跨境电商＋海外仓"。这是挖掘自身平台，提供物流和电商管理的服务。我们还有类似百安居那样的大型建材超市，在巴布亚新几内亚我们建成了区域的连锁网络品牌，都是我们产业延伸的一部分。我们也把自己的一些环节外包出去，让别人来替我们制造服务，我们进行系统集成。在这些方面，我们需要向日本等发达国家学习。我们依托产品，延伸产业链，发现和服务客户需求，提供包括信息、物流、技术、管理、咨询、认证、标准、品牌服务在内的多种服务内容和模式。

问： 传统的水泥这种产品，包括它衍生的一些产品，未来有没有可能像小商品一样，完全依托于互联网的销售平台进行流通，还是有其专属特点？

答： 水泥有其自身的产业特点，因为它的供应商相对固定，还有水泥不太好存储，运输半径相对较短，是一个短腿产品，不太好长途贸易，只能从工厂到施工工地，有其特殊性。所以水泥的销售目前还是主要靠传统的销售方式。当然也开始引入互联网销售了，有的工厂有一半左右的销售是通过互联网完成的。

※ *"越是发展中的国家，互联网电商这方面越发达。越是发达的国家，因为有原来比较成熟的方式，反而不如发展中国家做得快。"*

问： "跨境电商＋海外仓"模式也应用于水泥方面的产品吗？

答： 不用于水泥，刚才讲了水泥有其特殊性。这个是把国内很多的建筑材料，比如地毯、涂料等各种各样的建筑材料，通过"跨境电商＋海外仓"在当地销售，包括线上结算、线上海关等。

问： 这种模式向外复制比较成功的有哪些国家？向其他国家复制的过程中有没有出现一些难题？

答： 我们是寻找一些支点，向四周辐射一片地区。这个模式我们在发展中国家做得比较快一些，主要是海外仓。就是说，可以把河北、河南的产品，通过这个网络体系运达我们的海外仓，然后在当地进行销售，销售了以后再结算，基本上是这样一个过程。金融、通关、退税、外汇、销售、物流、售后服务等所有环节都是在网上完成的，我们叫"一站式服务"。比如在迪拜，有一个大的海外仓，是向全国建材行业开放的。

问： 电商在发展中国家现况如何？

答： 越是发展中的国家，互联网方面越发达。越是发达的国家，因为有原来比较成熟的渠道和方式，反而不如发展中国家做得快。这种新的经济模式，因为原来没有，所以做起来就很快。手机微信结账在非洲普及很快，倒是美国、英国没有那么方便。

问： 竞争更激烈吗？

答： 实际上大家都关注新兴市场，当然会有竞争，但是市场是增长的，我们的模式比较新，而且有优势，新业务是我们的增长点。

　　※ "互联网要与实体经济结合，脱离了实业必定是泡沫一场；实体经济要主动'＋互联网'，否则再大的企业都会被时代淘汰。"

问： 您多年前曾提到互联网与实体经济的关系，我们该如何把握这种关系？

答： 我的体会是，互联网要与实体经济结合，脱离了实业必定是泡沫一场；实体经济要主动"＋互联网"，否则再大的企业都会被时代淘汰。我有个比喻，经济好像一架飞机，机身是实体经济，资本市场和技术创新是两个机翼，互联网应是高高竖起的尾翼，这些都应完美地结合起来。

问： 您提到了"＋互联网"，它与"互联网＋"有什么区别和关联？

答： "＋互联网"强调把互联网作为实体经济发展的手段和工具，以创新方式推动转型升级，本质还是实业；"互联网＋"指的是把互联网的创新成果与经济社会各领域深度融合，推动技术进步、效率提升和组织变革。无论"互联网＋"或是"＋互联网"，核心都是依托一个优势业务或创新要素，开展跨界与融合，这就是"＋"的意义，也就是互联网思维。

刚才讲到的"跨境电商＋海外仓""水泥＋互联网销售"，都是"＋互联网"的案例。互联网，还有物联网，带来的是理念、方法、市场和商业模式的全面冲击。互联网是公共的，每个企业进入互联网时代都离不开互联网，互联网已经广泛地渗透到各个行业里。传统行业也是一样，大量使用互联网的技术。很简单，包括采购、销售等，大家统统都要用到互联网的技术。生产线上的一些东西也用到互联网，尤其是信息系统，我们就可以清晰地知道每个工厂的生产情况。汽车公司、大的运输公司，比如徐工集团，能清晰地知道下面每一个单位的运作情况，也能知道全世界客户的每一个机器是怎么样的。中国建材给全世界安装的水泥线，我们能知道它的生产状况，了解每个公司的情况，这些都已经在广泛使用中。我们公司的日常管理也受管理信息系统、决策系统、社交媒体的影响，发生着深刻的变化。

※"互联网最大的贡献不是互联网本身，而是'互联网＋'的思维，这对商业模式的创新很有启发。"

问： 在商业模式方面，中国建材是怎么应用"互联网＋"思维的？

答： 互联网最大的贡献不是互联网本身，而是"互联网＋"的思维，这对商业模式的创新很有启发。应用到水泥厂，"水泥＋"的概念，"＋"出来了那么多的东西，能赚那么多的钱，"玻璃+"也能赚那么多钱，"石膏板+"也赚了那么多钱。这一点是按照互联网思维做的，包括平台经济、长尾效应，这方面可能对我们的影响更大一些。互联网本身是一个手段，但是互联网思维极大地延展了经营者的思维，这对我们来说意义远远大于互联网手段本身。有时候一场技术革命，并不只是带来了手段，而是颠覆了我们过去一些传统的经营思想。

问： 您提到"水泥+""玻璃+"，可否详细介绍一下？

答： 按照"互联网+"的思维，我们探索推广了"水泥+""玻璃+""石膏板+""光伏+"等多种模式。在"水泥+"方面，我们开展"水泥+骨料+商混+机制砂+干拌砂浆+固废处理"的全产业链运营，让青州中联一个中等水泥厂创造了4.3亿元的税后利润。在"玻璃+"方面，我们把透明的电子元件装到房间或智能车的玻璃里，可以实现5G信号覆盖。在"光伏+"方面，我们采用高透无影玻璃建设连栋温室，在全国范围内打造智慧农业基地，同时开发了薄膜光伏发电和绿色创意小镇及农业休闲旅游项目。应用"+"思维，水泥、玻璃等过剩产业做出了新名堂，赢得了更多利润。

互联网带给企业的影响，不只是技术本身的应用，更重要的是它改变了我们的思维方式。互联网思维最大的好处就是，想问题不拘泥于某一个点，而要发散思考，发挥特定业务或技术在生产要素配置中的优化和集成作用，增加服务空间，不断创造新的商机。站在互联网的风口上，任何企业都要顺势而为，从封闭式发展走向基于互联网模式的跨界融合。

问： 科幻小说《三体》①里面提到降维打击，指的是三维空间生物一旦进入二维空间中，解体后将二维生物淘汰。您刚才提到新的商业模式极有可能颠覆其他相关行业的业务。

答： 在我们的月度经营分析会上，我给干部们讲了"水泥+"业务模式。我说，尽管以前我们也做，但是以前没有把它当成一种商业模式，只是既做这

---

① 长篇科幻小说，作者刘慈欣，获得第73届雨果奖（2015年）、克拉克想象力服务社会奖（2018年）。

个，也做那个，现在我们把"互联网＋"的思维移植到"水泥＋"里，眼界一下子完全不同了，发现原来赚水泥这点钱是不行的，水泥的潜力我们没有挖掘完。现在要干另一个更赚钱的，就是"水泥＋"业务。

我跟一个同志讲，这个"＋"真的挺好。我去西宁看到一个几何书店。这个书店有1万平方米，里面有卖书的，有小孩儿玩的地方，还有做手工、喝咖啡、喝茶的地方。大家一进来能逛一天，带着孩子来看书、玩。后来书店的老总跟我说，宋总，其实这些书赚不到什么钱，因为现在年青人都拿着手机一拍，网上一订，比我这儿便宜2元就不在我这儿买。我问他：那怎么赚钱？他说，他们来了都要喝一瓶矿泉水，这瓶矿泉水就赚不少钱。后来我想这就是"书店＋"业务。

我在国药做过医院，在河南合作了新乡医院，有3000个病房。我前不久遇到国药管这方面工作的负责人，我原来的董秘，我问她新乡的医院赚不赚钱，她说卖药不怎么赚钱，药价在往下压，而是靠医院的各种供应品赚钱。因为3000多人住院，还有家属在那，需要很多很多的供应，包括各种的生活用品，这个量是奇大无比的，一年能赚8000多万元的利润。我想这就是"医院＋"业务。

如果我们这样理解"＋"的思维，可能生意就做活了。

　　※"房子是给人住的，大棚是给植物住的。智慧农业等于是给植物盖房子。"

　　问： 中国建材所属凯盛科技在做智慧农业大棚，农业与建材有什么样的关系？也是一种新的商业模式吗？

　　答： 我以前一直有个愿望，在北新的时候脑子里就在想做三件事情。

　　第一，做北新房屋，工厂化房屋不再用一砖一瓦去砌。最早邓小平同志也希望我们能够搞新型房屋，我们就从那儿起家，这是我们最早的基因，一直致力于这个工作。后来发展成大型的水泥、建材企业，我们始终没有忘记这颗初心，还是希望能够回归到房屋、装配式建筑、工厂化房屋，改变中国"秦砖汉瓦"这种传统的建造方式，让它工业化，带来一场建筑业的革命，这一直是我的愿望。

第二，做太阳能屋顶发电，绿色环保。太阳能用很多的玻璃，这跟我们建材联系在一起。像发电玻璃这样的新能源材料，也能够广泛部署于偏远农村地区，实现基础设施的电气化，加速农村的现代化。

第三，做智慧农业，就是玻璃大棚。房子是给人住的，大棚是给植物住的。智慧农业等于是给植物盖房子。做一个农业大棚几百亩、几千亩，要用很多白玻璃，而且也是金属架构，都是我们的产品。这些都是跟我们产业连接在一起，也是相关的业务。种地、无土栽培不是我们的领域，我们通过混合所有制找一些农业公司让他们来经营，自己并不经营这个公司，只是参与这个产业。

从这些方面，我找到了工农业结合、反哺农业、推动现代农业发展的路子，也给我们传统产业找到了新的突破口，创新了业务模式。

问： 与他们如何合作？仅仅提供材料吗？

答： 我们其实是一个设施提供商，也参与投资。我们的原则是专注材料，主要做建材，发挥专长，把建材做好。未来我们向国有资本投资公司转型，也优先关注材料行业。

※ "'智慧工业'模式的核心就是外包管理，外包管理是现代制造服务业的一个重要手段。"

问： 中国建材在全球化战略方面提出了"六个一"国际化布局，其中有一条是管理 100 个智慧工厂。这是不是也是一种模式上的创新？

答： 对，中国建材的"智慧工业"模式的核心就是外包管理，外包管理是现代制造服务业的一个重要手段。企业"走出去"后，在海外建了很多工厂，但发达国家的人员不愿意去发展中国家从事技术和管理工作，当地人又管理不了。中国建材的做法是，输出一大批有技术水平和管理能力的人员从事外包式管理，提供技术支持和管理服务，没有重资产的投入，但效益很可观。有点像香格里拉酒店管理集团，酒店本身不是他们的，但是他们负责管理。

中国建材现已在全球管理了中东、非洲等国家和地区及俄罗斯的50多家工厂。例如在埃塞俄比亚，智慧工业模式应用于丹高特水泥集团项目，我们利用在生产经营管理、备品备件服务、海外维修、培训、质量检验等方面的专长，开展了一揽子业务合作，效果非常好。

未来，中国建材可通过全球工厂管理的招投标来扩大业务范围，派出优秀员工，参与到"一带一路"沿线国家各类企业的管理中去，从产品的"走出去"，转变为人才的"走出去"、管理的"走出去"；从硬件的"走出去"，转变为"软件"与硬件同时走出去。我们的目标是，到2020年把"智慧工业"模式应用到全球100条生产线上，把集团建成制造服务型、外包型、管理型的产业集团。

04 转型升级

※ "发展实体经济要向高端化、智能化、绿色化、服务化'四化'转型。"

问： 十几年来，中国建材创造了跨越式发展的奇迹，这其中有什么奥秘？

答： 中国建材处于基础原材料行业和充分竞争领域，十几年来我们从求生存到求发展，收入和利润双双增长百余倍。为什么中国建材能实现跨越式发展呢？有人说是运气好，有人说是"奇迹"，但这两种说法都不太准确。我认为，所谓的运气就是发现了那些不容易被发现的内在规律，而"奇迹"一定在规律之中，越不出规律的边界。成功的人不一定最聪明，只有发现规律，遵循规律，并且老老实实做事的人才能成功。所以说，中国建材集团十几年来的快速发展，绝不是靠运气，更不是"好大狂"，而是循着事物发展的内在逻辑做事，不断转型升级，从而实现了成长壮大。

问： 现在美国提出要回归实业，德国在搞工业4.0，在此背景下，我国的实体经济该如何转型升级？

答： 实体经济是一个国家强盛的基石。欧美曾出现脱实向虚的过程，但经历了国际金融危机和欧洲债务危机的教训，现在都在加快推动再工业化。进入新常态以来，中央多次强调实体经济的重要性，提出把发展经济的着力点放在实体经济上。中国是有着近14亿人口的泱泱大国，要想长期保持经济竞争力、提高抗风险能力、提升国际影响力，必须大力振兴实体经济，这是根本，靠舶来品是养活不了一个大国的。

改革开放以来，中国实体经济快速发展，取得了骄人的成绩。建材是典型的实体行业，而且是那种自身利润不算高但却为社会做出巨大贡献的行业。中国建材几十年来一直深耕实业，没有挣过虚拟经济的热钱和快钱，不仅创造了多项世界第一，还拥有雄厚的科研和制造实力。

实体经济的发展给国家建设和经济生活带来了繁荣，但同时也面临诸多问题，摆在眼前最迫切的是如何发展实体经济、实体经济如何转型升级的问题。在我看来，发展实体经济要实现"四化"转型。

问： 具体是哪"四化"呢？

答： 第一个是高端化。我国现在拥有海量的产品，但中低端产品过剩，高端产品缺乏，像前些年国人一窝蜂跑到日本买马桶盖，说明我们的产品质量还有待提高。在转型升级里，国家提出"迈向中高端"的目标，今天各行各业都在朝这个方向发展。

第二个是智能化。人类迄今历经了四次产业革命：蒸汽机时代的机械化革命、电动机时代的电气化革命、计算机时代的信息化革命、机器人时代的智能化革命。智能化有两个突出作用：一是提高劳动效率，把人类从体力劳动中解放出来；二是提高了精准度，减少了人在操作中的误差。过去一家日产5000吨的水泥工厂需要2000人，后来逐渐减至1000人、500人、200人，现在仅有50人，生产线从原料采矿到包装，整个过程都是无人操作，完全智能化。企业以后都用机器人工作，那员工怎么办？有两个途径：持续推进员工的学习教育和企业的研发工作，加大制造服务业。按照这个思路，员工就有事做。

第三个是绿色化。当前环保问题成为国家和社会关注的重点，关于工业生产能否实现绿色化，答案是肯定的。一想到建材，很多人就会皱眉头，总觉得这个行业污染比较严重。其实，今天我国的建材行业已经是环境友好型产业了，通过持续节能减排，水泥厂、玻璃厂早已不再乌烟瘴气，厂区都非常漂亮。发展实体经济、发展工业不能以牺牲环境为代价，不应该和保护环境对立起来，而要协调好二者之间的关系，实现经济和自然的融合发展。

第四个是服务化。"微笑曲线"表明，在现代制造业链条中，制造环节处于中低端，提高附加值更多要依靠处在曲线两端的研发设计和销售服务等完成。但长期以来，中国制造一直处于全球产业链的中低端，2018 年服务业占国内生产总值比重的 52.2%，而发达国家的产业结构普遍存在"两个 70%"现象，即服务业占 GDP 的 70%，生产性服务业占服务业的 70%。所以我们要大力发展制造服务业，向"微笑曲线"两端延伸，提高附加值。比如，罗尔斯·罗伊斯公司不再卖飞机引擎，而是卖引擎的使用时间；中国建材集团下属的瑞泰科技也不再卖耐火砖，而是卖耐火砖的使用时间。这些就是从制造业向制造服务业转型的例子。

※ "中国建材转型升级的路径可以概括为推进传统业务的结构调整和技术进步、发展新技术新产业、发展新业态的'三条曲线'。"

问： 为了积极推动"四化"转型，在战略层面，中国建材是否做出了相应调整？产业该如何布局？

答： 转型是一场继承和发展。转型不是转产转行，而是立足于行业，在对现有业务精耕细作的基础上，持续提质增效升级。前面谈战略我们谈到的"三条曲线"，就是处于不同的发展阶段时企业的三种业务。

第一条曲线是做好水泥、玻璃等基础建材的结构调整，大力推进供给侧结构性改革，不断提质增效，提高企业效益。水泥业务是做精做细。中国建材是全球水泥大王，今后要把重点放在提升质量效益上。此外，要强化技术创新，推动淘汰落后和节能减排，加大装备和工艺改造，实现产品"高标号化、特种化、商混化、制品化"。玻璃业务是做实做优，实现玻璃业务向"电子化、光伏化、智能化、节能化"方向的转型升级，提高产品附加值。

第二条曲线是大力发展新材料、新能源、新型房屋"三新"产业，用集成创新模式打造新的利润支撑点。在新材料业务方面，我们培育了新型建材、高性能纤维、耐火材料、光电玻璃、特种功能玻璃、先进复合材料、高分子膜材料、石墨基碳材料、人工晶体材料、高端工业陶瓷等细分产业。在新能源业务方面，薄膜太阳能电池、新能源工程、新能源电站投资运营等处于国内领先地位，铜铟镓硒薄膜电池组件转化率刷新世界纪录，碲化镉薄膜电池市场占有率居国内首位，光伏建筑一体化、光伏农业等领域不断取得突破。在新型房屋业务方面，大力发展以轻钢结构和预制钢混结构为主的新型房屋体系以及住宅化部品部件的配套系统，在国内外推广"加能源5.0"房屋体系，建设"绿色小镇"，提供生态智能住宅、健康养老居住全方位房屋解决方案。

第三条曲线是积极探索制造服务业等新业态，不断培育新的经济增长点。这方面我们是做好大研发服务，构筑开放性研发平台和服务平台；做好"互联网+"服务，大力推广"跨境电商+海外仓"、绿色小镇、智慧农业、BNBM HOME家居连锁超市等新模式；做好检测认证和碳交易服务；做好EPC工程服务和"智慧工业"服务。

由于较早开始布局三条曲线，中国建材用第一条曲线的稳定收益和第二、三条曲线的持续发力，经受住了新常态的考验；同时通过对业务结构的战略性调整，使传统动能焕发了生机，使新动能不断发展壮大，打造了持续稳定发展的格局。

问： 随着工业的发展，智能化越来越普及。中国建材有一座"水泥梦工厂"，基本上实现了工业4.0的智能化。请问这条智能化生产线是怎么建起来的？

答： 我们在泰安做了一个工业4.0的智能化工厂，连中央控制室都没有，完全靠智能化控制，水平非常高。

其实我们一直想做这样一条生产线，靠智能化控制，不是简单的自动化。有了智能控制，会非常精准，用煤也非常少，质量也非常好，用人也少。这个"梦工厂"每个班作业的只有十几名员工，即使全部撤出，工厂还会正常生产。这样的工厂对我们来说非常重要。我们要进行技术改造，朝着智能化方向转变，因为可以节约大量的能源、提高质量，同时减少排放，这是我们的一个方向。

问： 这个车间里有哪些是中国建材自己的核心技术？

答： 智能化基本上是我们自己的技术。泰安工厂的智能化是南京凯盛的一个子公司开发的软件体系。装备基本上也是我们自己制造，都能够做到。

我们在桐乡做了一个最新的玻璃纤维智能化工厂，它的智能体系选择的是西门子的智能化体系。在整个智能化过程中，我们一方面自己做，也不排除买一些发达国家的最新技术，提高我们的智能化水平。

问： 在不断进行技术创新的过程中，员工的态度是什么样的？

答： 员工们也很高兴。因为这个"梦工厂"是个新工厂，并不是老工厂改造的，大家都非常高兴在这样一个工厂里工作，也很荣耀。这个工厂院子里的空地上全部都有太阳能光伏发电，可以满足一半左右的电力需求，将来通过余热发电、风力发电、太阳能发电能够满足整个工厂的用电，这也是现在正在做的事情。所以我觉得不光是要绿色化、智能化，还要打造新能源的水泥厂。在创新、绿色的发展中，这是我们现在要综合思考的问题，也就是新一代的工厂到底是什么。

问： 在业务层面，您之前提出过"把鸡蛋放在几个篮子里"的观念。为推动实体经济的转型升级，集团在业务层面有哪些重大部署？

答： 中国建材旗下都是专业化的产业平台，按照业务归核化思路，我们加快结构调整和转型升级，形成水泥、新材料、工程技术服务"三足鼎立"的业务格局。从水泥业务来看，这是中国建材效益的主要来源。水泥是个好东西，虽然只有 180 年的历史，但市场空间巨大，日常生活和基本建设都离不了，如果没有水泥，很难想象我们的世界会变成什么样子。

在水泥产业之外，近年来中国建材大力培育新兴产业发展，新材料业务异军突起，逐渐占到集团利润总额的三分之一。进入高质量发展阶段，水泥等基础建材的销量会有所下降，但石膏板、玻璃纤维、风机叶片、锂电池隔膜等新材料产业潜力巨大，盈利能力不断提高，在全球市场竞争中占据制高点。

在工程服务领域，经过长期海外深耕，中国建材的大型水泥和玻璃装备在全球市场占有率达70%，未来我们将从全球最大的建材制造商、单一的水泥玻璃总承包工程商向世界一流的综合性工程服务商迈进。

※ "我有时候常想微笑曲线到底成立不成立。可能在一些领域里是成立的，在另一些领域里就不一定成立。"

问： 刚才提到微笑曲线，中间利润最低的那一块是制造的环节，要往两边发展以增加附加值。您提到公司向制造服务业转型，该怎么看待这些变化呢？

答： 关于制造业曲线的问题，是宏碁集团创办人施振荣[①]先生在1992年为了"再造宏碁"提出来的。那时候台湾大量代工加工，所以感受很深。确实，过去工业经济的时候，利润朝创新研发和最后的贸易服务两方面走，对我们是一个很强烈的刺激。现在看来，制造环节利润也没有薄到那个程度。随着制造业的发展，水平的提高、成本的降低，也有很多制造业企业赚了很多钱。比如山东万华，2018年居然能有650亿元的收入、160亿元的利润；格力也有近2000亿元的销售收入、260亿元的利润。

我有时候常想微笑曲线到底成立不成立。日本人有一个武藏曲线，正好是反过来的，也有数据支持。苹果主要是两头，三星是全产业链，都很成功。可能微笑曲线在一些领域里是成立的，在另一些领域里就不成立，对于不同的国

---

① 施振荣，宏碁集团创始人，现任亚洲管理学院董事、台湾企业经理协进会常务理事、台湾管理科学学会监事、台湾自创品牌协会理事长。

家，也需要具体地来分析。从企业来讲，占领微笑曲线两端的意义不仅仅要从利润的角度来观察，因为拥有全产业链可以明显降低风险。"中兴事件""华为事件"就是微笑曲线给我们上的最新一课。

问： 中国建材是如何推动制造业向服务业转型的？

答： 总结一下，我们主要是通过满足个性化要求、外包、卖服务、提供一揽子的系统解决方案、探索跨界经营来开展制造服务业的。比如在新型房屋领域，我们推出"私人订制"服务，利用互联网技术，为用户提供上千种个性化设计；还有外包，除了轻钢骨架和石膏板之外，其余产品均由社会厂家供应，不少产品还是全球采购，既提高了房屋质量，也减少了初始投资，还节省了时间成本。比如在水泥领域，我们可以为桥梁、大坝、核电站提供不同种类的水泥，满足客户多样化需求。比如我们的瑞泰科技以前只卖耐火材料，现在也开始卖窑炉使用时间。在提供一揽子的系统解决方案方面，中国建材本身就是一个综合技术服务商，从研发、设计、成套装备、EPC，到代为生产管理，再到标准的制定，最后到产品检验和认证，这一整套业务我们都在做。

制造业转型为制造服务业是历史的必然。目前我国制造业面临普遍过剩、恶性竞争的状况，大家都应该认真思考向制造服务业转型、延伸产业链、提高附加值，进而共同促进整个国家工业的转型，等到吃不上饭或者明天就要破产的时候再转型，就来不及了。

问： 集团下属的科研院所或者科研型企业应该如何转型升级呢？

答： 企业要把研发当作产业来做，结合核心专长发展科技产业，从研发规模、专业能力、市场需求、创新路径、研发方向、竞争实力等方面通盘考虑，最终目的是创造效益，提升价值。

中国建材在这方面要做到"五大"。一是大研发，前面讲过要构建对社会公开的大研发平台，大力发展科技产业群，建设世界一流的科研基地和实验室。二是大平台，我们要在集团内构建同心圆式的四层研发体系：集团总部和骨干企业构成"核心企业层",叠加全资和控股公司后构成"成员企业层",再叠加参股企业后构成"中国建材系",最后形成由各利益相关方共同参与的"中国建材云",我们的目标是"站在云端看世界",用平台思维创造自己的云生态、云秩序,打造创新驱动发展的新引擎。三是大数据,通过创新大数据应用、挖掘大数据价值、集聚大数据成果,为科技平台建设提供有力支撑。四是大服务,科研院所一定要在大的服务领域思考未来,牢记自己的产品是技术、方式是服务,突出研发和服务优势,不是比谁建的工厂多和大,而是比谁的技术更先进、谁更能为客户提供优质的解决方案。五是大环保,要牢记绿色发展使命,开发绿色技术,做好大环保事业。

第六章

如何进行机制革命

- 央企市营
- 混合所有制
- 企业家精神
- 机制革命

改革不像田园诗般浪漫，改革是被倒逼出来的。回顾改革起点，中国建材与当时许多困难企业的情况是一样的，勇敢跳入水中才学会了游泳。

国有企业的改革是关系中国经济命运的大事。2018 年是改革开放 40 周年，再回首荆棘密布、风雨无踪，国有企业改革的列车只剩下关键的最后一程。作为国企改革 40 年的亲历者，我为自己能够一路奋力不懈，为改革做了些事情而感到无比高兴。

我对国有企业改革的探索，从 1993 年担任北新厂厂长的时候就开始了。那一年的 10 月，中央人民广播电台播发了一篇对我的专访——《建立适应市场经济的企业制度》，针对当时国有企业机构臃肿、人浮于事、效益低下等老问题，我提出"国企要以市场为导向，加快转换经营机制，建立适应市场的企业制度"。当年 11 月，党的十四届三中全会通过了《中共中央关于建立社会主义市场经济体制若干问题的决定》，将"市场化"的方向定下来。从此，建立一套适应市场的企业制度就成为国企改革的基本方向。

回顾这些年，中国建材始终站在改革的最前沿。我们认真研究中央精神，把企业发展和市场做了很好的结合，所以能够成功推进改制、上市、现代企业制度建设。特别是在大规模重组实现高速健康成长的同时，探索了"央企市营"的模式，大力发展混合所有制，开辟了一条改革新路。2013 年 11 月，党的十八届三中全会提出混合所有制经济是基本经济制度的重要实现形式，让我吃了一颗定心丸。2014 年，中国建材和国药集团同时被列入国资委混合所有制企业试点，中国建材还被列入落实董事会职权和员工持股试点。2016 年，"两材重组"后的中国建材被列入央企兼并重组试点。2018 年，中国建材又被列入国有资本投资公司试点，下属三家企业被列入国资委深化国企改革"双百行动"单位。实践证明，国有企业的改革之路是可以走得通的。

许多人好奇中国建材成功的原因，我经常说改革不像田园诗般浪漫，改革是被倒逼出来的。回顾改革的起点，中国建材与当时许多困难企业的情况是一样的，勇敢跳入水中才学会了游泳。经过多年的思考，我认识到国有企业的改革是全方位的。改革一定要在党的领导下，坚持市场化的方向。混合所有制是破解国有企业所有者缺位的有效途径，也是改革能否打通最后一公里的关键，为了探索它的实现方式，我走访了很多地方，与许多专家学者和企业家反复讨论，自己也做了不少实践。

长期以来，对于国企存在不同的看法。我认为，中国的国有企业有着独特的发展轨迹，为国家做出了重大的贡献。这些年国企的发展，主要是因为在国资委的领导下做了很多的扎实工作。一方面，新国企已经转换机制，脱胎换骨。另一方面，许多企业已经通过混合所有制与社会资本高度融合。现在国有企业改革正处在攻坚阶段。中央要求从战略高度认识新时代深化国有企业改革的中心地位。我主张进一步推进国有企业的市场化改革，将用人、薪酬等权力充分下放到企业的董事会，探索创新管理层、技术人员和员工持股的方式，将党建工作总体要求纳入企业章程中，发挥党组织在国企治理现代化中的领导作用；改革的实质是引入机制革命，让企业真正成为社会主义的共享平台。

改革是高风险事业，离不开各方面的鼎力支持。中央出台了专项文件，要求弘扬企业家精神。我把它概括为创新、坚守和责任三点。文件中还专门提到国有企业家。国有企业家并不像传说中的那样旱涝保收，面对企业、市场和政策的多重压力，需要个人相当大的付出。真正的改革者是不会听到责难就停止脚步的，他会通过实践来证明一切。

改革是系统工程，大家都很关心。长期以来，为了呼唤改革，我到处奔走呼号。有一位书法家送我"铺路石"三个字，这让我十分感动，甘当改革的铺路石是一个国有企业家的本分。还有一位记者说我是杜鹃啼血，其实我只是希望向大家报告来自实践前沿的真实情况，让更多的人理解，让改革之路越走越宽。

01 央企市营

※ "央企到底该怎么做？我苦思冥想，最后想出四个字——'央企市营'，这四个字把企业给救了。"

问： 除了管理创新、技术创新和商业模式创新，中国建材在机制创新方面也做了很多的尝试，比如您最早提出的"央企市营"，就是现在"混合所有制"的雏形，这套新机制当初是如何产生的？

答： 机制是企业里最深层次的东西，我常讲机制实际上是利益关系，就是企业、所有者、员工三者之间的利益关系。这个关系处理好了，企业才能有活力，才会盈利，发展才会更快。如果这个关系处理不好，企业可能就没有积极性，最终走向衰败。

改革开放初期，企业没有内部机制，实行"大锅饭、平均主义"，普遍存在干和不干一个样、干多干少一个样等现象，员工挣死工资，铁饭碗、铁工资、铁交椅，俗称"三铁"。当时我们机制改革的想法是，如何做到能上能下、能多能少、能进能出。当时我们提出三项制度改革，即人事制度改革、用工制度改革和分配制度改革。主要措施有把固定工改成了合同制，把"死"工资改成了浮动工资等。

但是细想想，这些改革还是在围绕成本进行调整。也就是说，给劳动者的工资还是作为企业再生产的一个基本成本来考虑，并不是着眼财富的分享。为什么说民营企业的机制比我们好？因为他们可以让管理层或高技术人员拥有股权，拥有股权就不只是解决劳动成本，还有最后对财富的分配。理想的机制是能够让所有者、经营者和劳动者一起分享企业的财富。谁能创造出这个机制，谁就会得到快速发展，创造更多财富。这个说起来容易，但做起来比较难。

问： 中国建材提出央企市营的思路，是不是也是基于此进行的最初尝试？

答： 中国建材做央企市营，探讨中央企业市场化经营，这是我们机制创新的最早尝试。我 2002 年到中新集团当一把手，上任第一天就在主席台上接到银行冻结资产的通知书。现在想来有点戏剧化，编电视剧都很难想到这样的情景，当时确实就是这样一个形势。我琢磨央企到底该怎么做，苦思冥想，最后想出四个字——"央企市营"，这四个字把企业给救了。

我常说我们是从一家草根央企做起来的。虽然中国建材是一家中央企业，但处于充分竞争领域，国家不会救你，你做得好，乐观其成；做得不好，就被市场淘汰。这样一家企业唯一的出路就是要迈向市场。

我提出的央企市营主要包括股权多元化、规范的公司制和法人治理结构、职业经理人制度、内部机制市场化、按市场规则经营这五个方面。过去我们都是单一股权，缺乏开放性、制衡与活力，也没有一个规范的治理结构确保企业决策与运作的稳定高效，还存在用人和内部机制的僵化问题，在市场竞争中存在"等、靠、要"的思想。这都是我们要改掉的。

今天看，央企市营的第五条就是今天讲的竞争中性的原则，央企市营的五个方面就构成了混合所有制的基本条款，是混合所有制的雏形。2002 年的时候中国建材就朝这个方向做起来了。

问： 央企市营的核心理念是什么？

答： 就是大胆地走入市场，不断破解发展难题，用市场机制改造自己，遵循市场规律做大做强。正是秉持这种理念，我们才开辟出一条央企市场化经营的新路。

※ "曾经有学者认为国企与市场接轨是一道世界性难题，也曾有领导表示'谁能搞好国企，谁就是中国当代的马克思'，可见国企改革的难度非比寻常。"

问： 这个理念是怎么形成的呢？

答： 这一理念酝酿于中国建材资本运营、行业整合的改革进程中，如果再往前追溯，是萌芽于北新建材刚刚迈入市场、经受严峻考验的困难时期。

1993 年我刚当北新厂长时，为了解决机构臃肿、人浮于事、效益低下等问题，我开始着手对国企改革进行深入研究。从那时起到现在的 20 多年里，我始终把改革放在工作的首位。因为企业的事看似千头万绪、林林总总、大大小小，但概括起来只有三件事：改革、管理、创新。改革解决机制问题，管理解决效率问题，创新解决核心竞争力问题。在这三件事中，首当其冲的就是改革，对于国企来说更是如此。曾经有学者认为国企与市场接轨是一道世界性难题，也曾有领导表示"谁能搞好国企，谁就是中国当代的马克思"，可见国企改革的难度非比寻常。

问： 所以您对这个问题大概思考了 20 多年？

答： 是的，有一个过程。2002 年我刚做中新集团总经理时，就开始认真琢磨央企如何市场化经营，内涵是什么，也就是后来的央企市营。当时中新集团虽然是央企，但并没有谁来托底，全靠企业自己。正是那种艰难困境使我痛下决心，要全力进入市场，在市场中获得新生。

后来，在南方水泥整合过程中，我对市场化运营进行了更系统的思考，希望能归纳出一些规律性的东西。我的观点是，市场很公平，做得好就能成为佼佼者，做得不好就会被淘汰出局。这些年来，有的国企由于机制问题出现服务不到位和官僚主义，被市场无情地淘汰。但中国建材的机制并不落后，我们走的是市场化经营道路，用市场化方式参与竞争，把产品做到精益求精、童叟无欺，为客户提供高品质的产品和高质量的服务，在行业里创造出顶尖品牌。这样的机制可以满足市场的要求。

问： 这个概念正式提出是什么时候？

答： 2008 年，《财富》（中文版）在《走市场化成长道路》的报道中，最先刊出了央企市营的理念。2011 年《经济日报》用一整版篇幅刊登了我的央企市营的文章。后来，哈佛大学编写中国建材重组案例时，专门收录了这个词。因为这是一个自创词，翻译人员想了半天，最后译为"Marketize SOE"。"央企市营"既不是"央企私营"，也不是"央企民营"，而是中央企业市场化经营。按照央企市营的理念，中国建材不断深化改革，逐步建立起适应市场经济的体制机制，混合所有制企业数量超过85%。2014年，中国建材入选国资委"四项改革"试点名单，成为发展混合所有制经济和落实董事会职权的双试点企业。

从我们开始思索建立适应市场经济的企业制度，到"央企市营"理念的首次提出，历经了近20年。经过这些年，央企市营的理念成功经受了实践的检验，因为它本来就是我们在市场中一路摸爬滚打的经验和体会。

一直以来，中国建材都是央企市场化改革的过河卒，今天我们的国企改革进入攻坚期和深水区，中国建材要坚定不移沿着央企市营的方向继续前进。

问： 市场化运营究竟带来了什么变化呢？

答： 2013年在成都的《财富》全球论坛上我有场对话，那场对话的主题叫"释放中国商界的潜能：国企与私企"，这在当时是很敏感的话题。关键是国资委领导当时就坐在下面，在听宋志平怎么讲这个问题。主持人史蒂芬·罗奇是个思想家，是耶鲁大学的资深教授，也曾是摩根士丹利的首席经济学家，他一上来就问我："宋先生，我想问问您，你们中国的国企现在做得不错，还很有活力，是不是得益于20年前那场上市改造？"我说："罗奇先生，您的问题就是答案，我们20年前被逼无奈，当时就是为了找钱去上市，但是没想到上市深深改变了我们内部的体制，我们从过去的国有企业变成一个上市公司，变成一个公众公司，变成一个有社会股东、有股民的公司。"

问： 上市的过程顺利吗？

答： 1997年北新建材上市的时候，我说了一段话，当时媒体广泛地刊登："上市妙不可言，上市苦不堪言。"

"妙不可言"是什么呢？

突然拿到了一张支票，这么多钱从来没见过，我挨个去数上面的零，数完以后我说，给我复印一张，我要留存下来，我真没见过这么多钱。当时，我还说了另一句话："希望十年以后我再发一次股，上面能多一个零。"后来果然被我言中了，十年后中国建材在香港上市，支票上面果然多了一个零。

为什么我讲"苦不堪言"？

因为上市后，股民进来机制就要改，不能像传统国企那样。这个机制改起来也不容易，传统的国企要变成一个满足于股民要求的国企，要进行脱胎换骨的改变。不知道你们是否认真理解过什么叫脱胎换骨，如果手上有一个小伤口，我们都受不了，还要脱胎，还要换骨，确实是很难受的，所以我讲苦不堪言。恰恰是经过了苦不堪言的历练，企业才实现了凤凰涅槃式的新生，企业市场化了、上市了、混合所有制了，才有了后面的快速健康发展。

※ *"关于股权多元化和股份制是不是私有化，不能笼统地说股份制是公有还是私有，关键得看控股权掌握在谁手中。"*

问： 央企市营里第一条就是"股权多元化"。现在也有一种担心，认为股权多元化会造成部分国有资产的私有化。对此您有什么看法？

答： 在央企市营中，为什么把股权多元化作为第一条特征？因为这既是触及根本的理念问题，也是保证企业良性运作、健康发展的基础性问题。

关于股权多元化和股份制是不是私有化，不能笼统地说股份制是公有还是私有，关键得看控股权掌握在谁手中。国家和集体控股的企业具有明显的公有制属性，有利于扩大公有资本的支配范围，增强公有制经济的主体地位。

问： 现在国有企业的股权多元化进展如何？

答： 改革开放以来，国有独资企业日益减少，混合所有制企业的比重日益加大，成为国有经济发展的中坚力量。国务院国资委监管的中央企业及各级子企业中，混合所有制户数占比达到69%，省级国有企业混合所有制户数占比达到56%。

很多国企虽然是其上市公司的第一大股东，但从股份的绝对值来讲，社会资本往往占大部分，让全社会分享国企改革发展的成果，形成我国独具特色的融合经济。同时，在资本市场中，国企也接受了民营资本参与的改制，管理体制和经营机制发生了深刻变化。以中国建材和国药集团为例，两家企业的国有资本占比分别是三分之一与二分之一，都成了产权多元化、混合所有制的新型央企，实现了国有资产的保值增值，带动了民企的共同成长。

问： 您觉得股权多元化改革的实际效果如何？

答： 实践证明，股权多元化不但没有让国有资产流失或者私有化，反而扩大和增强了国有资本的控制幅度和控制能力，真正实现了用一定的国有资本吸引大量的社会资本来促进共同发展。股权多元化后国有资本的比例虽被稀释，但绝对值却有所增加，从而提高了国有经济的影响力。央企市营的模式，就是要把国有资本的经营管理用一种更符合市场化要求的、更能保证国有资产保值增值的方式去实现。

实际上股权多元化有它内在的趋势。从我们的目标来看，国有企业要做大做强、加快国际化步伐，也需要通过股权多元化建立开放多元的资本结构。放眼世界，日本公司一般最大的股东也只有 5% 左右的股票，松下、丰田等许多世界知名的跨国公司大股东权益占比都很低，控制权实际上还是在企业，但是他们也有一些制度创新，像"特殊管理股""黄金股"，来保障股东权益，包括国有股东的特殊关切。

所以说，所有制的本质和实现形式是两个不同的概念。公有制的本质是生产资料的归属问题，这是清楚的、明确的；但公有制的实现形式，即资本怎么样去组织、管理和经营，则是灵活的。同一种所有制可以采用不同的实现形式，不同的所有制也可以采用同一种实现形式。国企的股权多元化改革，可以确保企业制度规范、运行灵活、发展更快，这与私有化无关，是管理的问题。

※ "竞争中性原则，概括起来就是公司独立、以股行权、不吃偏饭、公平竞赛。"

问： 刚才您提到央企市营里还有重要的一点，就是"竞争中性原则"，什么是竞争中性原则？

答： 国企要在市场竞争中生存发展，就不能打着国家旗号，而是要坚持竞争中性原则，遵循市场基本规律，完全按照市场规则开展企业经营。

什么是竞争中性原则？概括起来就是公司独立、以股行权、不吃偏饭、公平竞赛。公司独立是讲国有股不超过三分之一多数，即不具备否决权，确保公司的运营不受政府干预，也就是我们常说的政企分开，确保公司是市场的独立竞争主体。以股行权是说国家仅以出资为限，享受股东权利，不应超过股东权利，不侵犯小股东权利。不吃偏饭是说企业不享受国家政治、财政税收、金融利率等特殊政策和补贴。公平竞赛是说让不同所有制企业公平竞争。

问： 您提到不同所有制企业的公平竞争问题，您是如何看待国企与民企的营商环境的？

答： 环境只是问题的一个方面。现在大家喜欢强调环境，环境是相对企业自身而言的。看看央企这几年的发展，一些人认为央企的发展就是靠垄断，就是靠国家补贴，实际上并不是。如果对比一下中国的国企和民企，就会发现，央企这些年在改革过程中是比较规范的，建成了规范的董事会，主业十分清晰，减少了很多盲目的做法。而民企好多还是家族企业，经营不透明，有很多盲目的冲动。同样是快速发展，经营模式不改革，环境一变，风险承受力就会有差异。

我讲过 2018 年去杠杆之后出现的问题，很多人觉得民企贷款难、融资贵，这是事实。金融机构喜欢贷款给大企业，这也是它的理性选择。但大家往往不太注意的是，央企这些年规范治理，比民企治理得要更严格一些。当然，现在也有人说民企比央企的国有控股上市公司治理指数还要高，我的看法不是这样的。应该说国有企业的治理比民企要严格一些，除了公司治理之外，还有很多要求，各方面都抓得很紧。这些年，国有企业没有盲目地扩张，在瘦身健体、突出主业、压缩杠杆，差不多五年的时间都在做这些工作。反观民企这几年利用影子银行和表外业务，在抵押股票，高息贷款，盲目地圈地。两者之间形成了非常鲜明的对比。

其实民营企业这几年是犯了过去国有企业的老毛病。过去国有企业也是盲目扩张，不管利息多少，不管是谁的，能拿到钱就行了。我认为这都是个过程，企业都要得一场企业病，才能慢慢成长起来。就像"中兴事件""华为事件"后，大家知道国际上的一些特殊风险，中国企业就会慢慢成熟起来。

我们要学会在反思中进步。亚洲金融危机的时候，艾伦·格林斯潘①在上海讲了句话，当时我们特别不理解。他说，像亚洲金融危机这样的情况，在中国要发生20次以上，中国的市场才可能成熟。当时大家都不理解，觉得一次金融危机已经要我们命了，还要20次。今天我们掉过头想就是这样，因为我们要反反复复地遇到这样那样的问题，才能够增加这些经验和教训，公司和市场才能够健康。公司也是一样，没有公司是常胜将军，都是一路上跌跌撞撞走过来、慢慢长大的。

问： 国有企业在市场化运营中为什么要坚持竞争中性原则呢？

答： 坚持竞争中性原则是国企参与竞争的必然要求。从国内看，这些年国企的竞争优势常常得不到公平看待，有观点认为国企不该用纳税人的钱和民营企业竞争，实际上建立国企的初衷就是集中力量办大事，更好地为国家、为纳税人挣钱。贯彻竞争中性原则，国企引入社会资本，以多元化的股份公司形态运作，任何股东都只能通过股东会行使权力，按照《公司法》行事，上市公司中还加入了独立董事以保护小股东利益。这样就能减少社会质疑，化解国有资本流动的阻力。

坚持竞争中性原则有利于我们的国际化。国外不少海外招标项目明令不许国有企业进入，依据是国企有政府补贴和国家扶持，会导致不公平竞争。实际上，除一些特殊行业，大部分国企都没有国家补贴。怎么打破大家的顾虑呢？就是通过上市公司参与海外竞争。上市公司拥有完整的法人财产权，国有股本只承担股东责任和享受股东权益，企业经营决策交由董事会，董事会由股东派出并有专家型独立董事，按市场规则运作，这样的企业就容易被市场接受。

---

① 艾伦·格林斯潘，经济学家，1987—2006年任美国第十三任联邦储备委员会主席。

问： 请您进一步谈谈竞争中性原则在国企市场化运营中是如何贯彻的，取得了怎样的实效。

答： 国企经过 40 年改革，尽管市场化程度已很高，但仍存在一些非市场化的因素。如有的国企干部行政化思想浓厚，习惯把企业当成机关单位，不愿与其他企业站在同一起跑线上竞争，总喜欢遇事往政府身上靠。事实上，任何企业都要遵循市场规则经营管理，国企更不能贪图或要求享有超过国民待遇的优惠条件，这样才能真正赢得市场的尊重。

在央企里，有很多类似中国建材的"草根"国企。这些企业处在市场充分竞争领域，基础差、底子薄，没有垄断，亏损了也没人埋单，面临着被淘汰的压力。20 世纪末，在进入市场的第一轮竞争中，国企普遍水土不服，那时政府对国企的保护和支持力度是最大的，可我们偏偏那时打了败仗。今天，经过多轮痛苦的改革转型，很多"草根央企"变成了"草根英雄"，其发展动力不是源自国家照顾，而是因为毅然决然走向了市场，是在竞争中性的环境中努力拼搏的结果。

总体来看，竞争中性原则解决了国企迈向市场的内部机制问题，解决了国企和民企融合合作、公平竞技的问题，有利于加快市场化进度，有利于中国企业国际化。从长远看，贯彻竞争中性是国企深化改革，提高技术能力、管理水平、服务意识、市场竞争力的强大推动力，将带来一场深刻的蜕变。

※ *"改革创新是个试错的过程，是冲破和颠覆旧有的东西，旧的东西往往是依托法律法规等而存在的，所以改革创新是要冒险的。"*

问： 我们谈了这么多的改革、创新，实际上改革创新常常会与现有的规则相冲突，甚至与一些法律法规相冲突。您作为一个改革者，在这个过程中有没有担心过与现有制度的冲突？

答： 改革创新是个试错的过程，是冲破旧有的东西。旧的东西往往是依托法律法规等而存在的，而改革创新恰恰是要冲破和颠覆这些东西。所以改革创新是要冒险的，或者说在一个合适的时间、合适的场合、合适的条件下，才能够成功。

我不是那种激进的改革者，而是个温和的改革者。我也知道改革有风险，也尽量在回避这些风险，希望我的改革大家能够听清楚，能够听得懂，所以我会给大家做很多的思想工作，让大家能够听懂弄通，然后再去做。就像砍一棵树一样，我们想让这棵树朝哪边倒？可能有的人上来就去砍树，而我会在一边挖土，慢慢地土挖得差不多了，树就会倒向那一边。别人砍树，我为什么要先挖土？我是觉得砍树风险太大了，砍倒了有可能把自己也砸死了。我还是希望能够减少改革的风险，让改革成为一种健康、安全、温和、理智、光荣的变革。

在改革的整个过程中，我也信奉要变革就要先端出"牛肉"来，找一个增量，把显而易见的好处给大家，让大家都能够有新的获得。这种方法是比较好的，而不是无情地剥夺，否则人家就会跟你玩命。我做的绝大多数事情都是增量的改革，通过这件事情我们会有增量，然后让所有的人都得到好处，大家就会支持，这种思路是正确的，可能也是比较快的。

02 混合所有制

※ "中国建材在发展混合所有制方面是先行者，但走上这条道路并不是因为有先见之明，而是受企业生存本能的支配做出的选择，有点儿'歪打正着'。"

问： 混合所有制是随着改革开放的深入而出现的一种经济制度，会不会成为未来中国国企改革的一个大方向？

答： 首先我们还是要搞清楚什么是混合所有制。党的十八届三中全会通过的《中共中央关于全面深化改革若干重大问题的决定》指出，"国有资本、集体资本、非公有资本等交叉持股、相互融合的混合所有制经济，是基本经济制度的重要实现形式"。这就等于给混合所有制下了定义。其实最早提出混合的概念是在党的十四届三中全会上，那时我们就意识到，在我国的经济生活中有国有企业、民营企业、外资企业，一定会出现交叉持股的企业形态。到党的十五大时，混合所有制经济的概念被正式提出来。党的十八届三中全会把发展混合所有制上升到基本经济制度重要实现形式的高度，这是革命性的，既是对多年来国企改革实践的总结和认可，也为新形势下深化国企改革指明了大方向、着力点。

问： 中国建材应该是最早开展混合所有制改革的央企，您是在什么情形下开始这场改革的？

答： 中国建材在发展混合所有制方面的确是个先行者，但说实话，走上这条道路并不是因为我有先见之明，而是受企业生存本能的支配做出的选择，有点儿"歪打正着"。

早在十三四年前，中国建材面对企业做大做强和行业"多散乱"的双重压力，走出了一条以国民共进方式进行混合发展的新路。尤其是组建南方水泥这件事情，在社会上引起很大的震动。因为一家央企，到江浙一带市场经济最发达的地方，和民企开展大规模的市场化联合，这是前所未有的创举。当时的情境是行业需要整合，民营企业家在低价混战中看不到出路，而只有我们从市场化角度提出了民营企业家们认可的加盟条件。这场重组，不但掀起了行业整合的高潮，改变了区域水泥产业结构，也在这个过程中，较早地成功探索了混合所有制的模式，改变了中国建材自身。

今天有混合所有制改革了，大家都说真好，但在当时并不是这样的。2008年3月，一份材料被送到了国资委高层的案头，标题是《中国建材是不是疯了》。撰写这份材料的一位市场人士坦陈了他对中国建材高速扩张的忧虑，并对央企大规模扩张的动因进行了颇为偏激的推测。同时报纸上也登了文章，题目是《国资委重拷中国建材》，当时我的压力是非常大的。

问： 除了外部压力，企业内部有压力吗？

答： 也有的。当时引入了那么多的民企股份，有的干部就说：他们带着股权过来，我们是堂堂央企国企，这不是无产者给资产者打工吗？

相比而言，关键还是外部压力更大。有两种压力，一种压力是：国企为什么去找民企，没好处你能去吗？另一种压力是：国企为什么欺负民企，这不等于"国进民退"了吗？大规模地收购民企，你居心何在啊？当时也有一些领导来找我，劝我说："志平，这事不要再做了。"

问： 面对如此大的压力，而且是进入一个很多人都不敢踏入的雷区，您为什么要义无反顾地坚持做下去？

答： 我的团队都知道，我这么多年从没跟员工红过一次脸，但是我是一个有理性和逻辑思维的人，如果我认为这件事情我想通了，应该去做，我会坚持。

当时中国建材的处境，必须引进社会资本，必须和民营企业合作，没有别的道路。大家有时候会说："宋志平真有先见之明。"我说："我没有，我是被迫的。"即使坚持做了下来，其实心里一直提着，觉得有一天，人家会跟我算这一笔账，我是有这个担心的。但是党的十八届三中全会提出了混合所有制经济是我国基本制度的重要实现形式，我心里的那块石头终于落地了。

党的十八届三中全会之后，2014年年初，中央电视台《对话》栏目做了一期专访，让我专门讲讲中国建材发展混合所有制的故事，并作为开年的第一期节目播出，取名为"尝鲜混合所有制"。2014年国家推行混合所有制，选了两个试点企业，一个是中国建材，一个是国药集团，这两家企业都是我做的混合所有制，国家试点恰恰选了这两家公司，无意中我们就成了改革的先行者了。

※ "混合所有制是把'金钥匙'，解决了国有经济和市场结合、国有企业政企不分、国有企业真正引入市场机制、'国进民退'和'国退民进'的长期纷争四个难题。"

问： 您在一些演讲和著作里提到"混合所有制是把'金钥匙'"，为什么这么说？

答： 我之所以说混合所有制是"金钥匙"，是因为它确实解决了一些大问题。

中国改革开放 40 多年，国有经济与市场结合这个题被破解了，就是靠我们现在搞的"三段式"：国资委管资本，不要管企业，以出资人身份管资本；中国建材是投资公司，管股本；中国建材下面这些水泥公司怎么搞？用混合所有制。把资本放入国家出资的投资公司，投资公司投下去的是股本，股本可多可少、可进可退，在混合所有制企业里用股权说话，和任何股东是一样的权利，这样混合所有制企业也就竞争中性了，也就把问题给解决了。

如果是个纯国有企业，在市场里就会有点问题，因为在竞争领域里，如果是国家纳税人全资投的企业和纳税者进行竞争，肯定是悖论。但如果是国家投资公司，投的是股本，放到企业里一点，是流动的，市场是能接受的。新加坡的淡马锡是个国有投资公司，在全世界都有投资，没有人说它投的公司是国有的。所以混合所有制真是个好东西。

混合所有制还解决了国企长期以来难以解决的政企不分的问题。如果是百分之百的国企，怎么和政府分开？我觉得分不开。如果是混合所有制公司，是有股民、非公股份、私有企业的，政府是不能干预。企业有了独立性，也就破解了政企分开的难题。

混合所有制还解决了真正把市场机制引入企业的问题。过去我们老说要改革，国企要引进机制，但就是引不进来，混合所有制可以引入天然的所有者，把市场机制引进来，做得很好。比如说云南白药前两年改制，云南省国资委占股 45%，民营企业新华都占股 45%，还有一家民企占股 10%，省国资委和新华都轮流做三年董事长。公司的机制也是按照市场化做的，不是按照国有企业做的，完全是一种市场化股份制企业的做法，这就把机制问题解决了。只有混合所有制才真正能够解决国有企业机制的问题。

问： 有人认为混合所有制改革的结果就是"国进民退"，您怎么看这个问题？

答： 混合所有制解决了"国进民退""国退民进"的长期纷争。我有本书，叫《国民共进》，我认为不是"国进民退"，也不是"国退民进"，混合所有制是"国民共进"。为什么呢？因为混合所有制是国有和民营交叉持股，是互相融合在一起，形成了经济发展的合力和正能量。

长期以来，社会上关于"国进民退""国退民进"的问题一直争论不休。在出席一些论坛时，我发现听众对民企创业者往往报以热烈的掌声，而当有人批评国企时，台下也会有人鼓掌。人们能不能也给国企一些热情的掌声呢？

其实，中国的国企和民企之间并不像外界形容的那样生疏和隔阂。中国企业的融合度很高。在正和岛①办的一年一度的道农会②上，200多位民营企业家聚在一起，国企领导者也会被邀请参加。我非常高兴能和民企的"大佬们"一起欢度这个节日，和大家融合在一起。其实，正是融合产生了今天中华民族的发展动力，产生了我们在世界经济中强大的竞争力。

中国是社会主义国家，坚持"两个毫不动摇"③，西方人很难理解为什么要"两个毫不动摇"。中国人的传统文化中，从《老子》《易经》开始就是辩证法，"太极图"阴阳结合，一个白鱼，一个黑鱼，画到一块儿很和谐、很完美，中国人懂得这个道理。"两个毫不动摇"中，搞民营企业"毫不动摇"比较好办；搞国有企业"毫不动摇"，到底怎么搞？其中一个方法就是混合所有制。

※ "央企的实力＋民企的活力＝企业的竞争力。"

问： 您之前提到过混合所有制的一个公式："央企的实力＋民企的活力＝企业的竞争力。"能解释一下吗？

答： 这是我对混合所有制杂交优势的一个概括。国企与民企并不像学术界说的那样像水和油一样不可调和，而是你中有我、我中有你、水乳交融的关

---

① 正和岛是中国商界高端人脉深度社交平台，由中国企业家杂志社原社长刘东华创办，柳传志、张瑞敏、鲁冠球等企业领袖，都是正和岛的热情支持者与积极参与者。
② 道农会是中国企业家俱乐部主办的跨界领袖年度聚会，每年实名制定向邀请200位企业领袖、学者、政府官员、社会活动家、演艺明星参加。
③ 毫不动摇地巩固和发展公有制经济，毫不动摇地鼓励、支持、引导非公有制经济发展。

系。混合所有制企业好比一杯茶水，水是国企的，茶叶是民企的，沏成茶水之后就没办法分开了，也没必要区分。

我总结了一个公式："央企的实力＋民企的活力＝企业的竞争力。"我们就是按照这个公式，将央企的资源资金、人才技术、品牌价值、管理优势与民营企业的活力、激励机制和企业家精神等有机结合起来的，走出了一条带动不同所有制企业共同发展、合作共赢的全新道路，也为深化我国国有企业改革提供了崭新的思路和重要的样本。我一向主张联合，支持包容性成长，而不是谁打败谁。中国建材遵循市场化、自愿化、共生多赢的原则，和民企合作得很好，并不像有些人想的那样强买强卖、抢占地盘。

实践总是先于理论。国企和民企同为市场竞争主体，共同担负着发展社会主义市场经济的重任，它们就像中国特色社会主义市场经济中的一对孪生兄弟，应彼此借力、相互融合、共同发展。过去我们习惯说"井水不犯河水"，不过连渔民都知道水流交汇的地方鱼才是最多的，套用在国企与民企的关系上就是：井水、河水，合起来就是活水。

问： 现在中国存在不同所有制结构的企业，包括国有企业、混合所有制企业和民营企业，三种企业在中国经济中各自发挥什么作用？

答： 这个事情也很清晰，国有企业主要起到公益和保障作用。公益和保障的对象是公共物品，投入高、收益薄、责任大，如果不给补贴，没有企业能够长期坚持做下去，私营企业不愿意，也不会去做。实际上，全世界的发电厂大多是国有企业在做，还有自来水公司、铁路公司等。像北京公交公司每年要获得补贴100多亿元。公益事业为什么要国有企业做？因为企业从事公益事业效益会比较低，只有国有企业目标不同，才能够不断提高服务质量、减少浪费、保证质量。这是国有企业发挥的公益和保障作用。

还有一块是国有资本进入混合所有制企业里去，依据市场分红获得收益给所有者，这也是必要的。因为中国是社会主义国家，需要比较强大的国有经济，除了纳税人纳的税之外，还希望国有资本能参与一定的经济活动，分享一定的利益补充国库。这一块就要通过混合所有制形式来实现。

问： 这一块大概有多少比例？

答： 现在，央企70%的资产在混合所有制企业里面、在上市公司里面，而且是在充分竞争领域。规模很大的企业可能采取混合所有制的形式会比较好，否则会需要很多国有资本，而通过上市和非公资本的融合，走这样的一条路会比较容易实现。

对于广大的中小企业和服务企业来讲，更多需要的是民营企业。大家可以有一个分工，但是这个分工也不需要很严格。民营企业也能做成大企业，尤其是互联网公司、新经济公司分分钟就能成长为巨无霸企业，也不见得比国有企业小。

厉以宁老师说："在一定时间内，国有企业、混合所有制企业、民营企业将会三足鼎立，支撑着中国经济，但各自所占GDP的比例将会有所增减，这是正常的。"我感觉中国是一个多元化的社会，中华民族本身也是比较辩证的一个民族，是容纳度很高的民族。在处理所有制方面，国有公有要发展，民营也要发展，就是"两个毫不动摇"。混合起来，就更加难以动摇了。

※ *"我希望将来只有一种名称，就是中国企业，只有一种企业家，就是中国企业家。"*

问： 有些外国人不理解为什么要搞"两个毫不动摇"。

答： 外国人有些是"方脑袋"，一说公有制好就搞国有化，一说私有制好就搞私有化。像德国汉堡、柏林，在20世纪90年代，铁路、自来水、发电厂等企业都搞了私有化，现在又收归国有。为什么呢？因为这些业务的效益很低，私有化又不能确保长期的质量，因此公益和保障这一类都要收归国有。而中国是社会主义国家，像公益保障类的东西，比如保障道路的畅通、电力的供应、水的供应、城市的基础设施等，国有企业应该把它做好。

国家是为全民服务的，包括为民营企业服务。国有企业是为民营企业服务的，提供保障和公益服务，而不是竞争关系。国企只有一块在和民营企业竞争，即在混合所有制下，国有资本出资企业和民营企业会有竞争。因为国有资本在里面只是一个资本而已，享受它的回报，但是企业的属性可以不在头上插着"国有"标签。我不同意有的企业打着国家的招牌跟民营企业竞争，那是不公正的。拿国家的牌子跟民营企业竞争，没人受得了。这一点我在央企市营里都讲了，就是竞争中性，就是不吃国家偏饭，不享受特别待遇。

问： 国企的特别待遇是一个方面，还有一项优势可能在于拥有信用资源。您觉得呢？

答： 过去我们的民营企业比较弱小，随着企业的发展，他们的信用已经迅速提高。信用不会因为国有和民营而有差别，国有企业也可以破产，将来混合所有制企业和民营企业没有什么区别。

我在亚布力论坛①上讲了一段话，我说："这两天既讨论国有企业又讨论民营企业，既说国有企业家又说民营企业家，我希望将来只有一种名称，就是中国企业，只有一种企业家，就是中国企业家。我们之间就是企业和企业之间的竞争，不要再有国有和民营之分，不要在市场里面再贴这些标签。"

我们把很多事情分得太细——国有还是民营，地方国有还是中央企业，把外资也分得很清楚——日资还是美资等，这种分割本身就是歧视。比如说美国人，有黑人，也有白人，统称美国人就行了，非得分黑人和白人，本身就是歧视。大家都是中国的企业，大家做的都是一样的事情，只是所有者不同，没有什么其他本质上的区别，不应该搞这么多的所有制标签给大家贴上。

※ "所有制形态都在进步，不应该按老眼光去看待，应该积极引用社会企业的概念，这是我特别关心的事情。"

---

① 2019 年 2 月 16 日，2019 年亚布力中国企业家论坛第十九届年会（以下简称"亚布力论坛"）在黑龙江亚布力正式开幕，宋志平受邀在开幕式上做了题为《混合融合 共同发展》的主题演讲。

问： 国外也有国有企业，比如法国，您专门去调研过，您能谈谈它们的特点吗？

答： 美国和英国经过大的私有化运动，里根总统和撒切尔夫人把很多国有企业改成私营企业，搞了私有化运动。但还是留有一部分国有企业，主要是在公益和保障类别里面。

第二次世界大战后，法国进行了大规模的国有化运动。20 世纪 80 年代，密特朗①时代的社会党搞国有化运动，很多中等以上企业都成了国有企业。后来法国右派上台又搞私有化运动。国有化、私有化折腾来折腾去。目前法国大概还有 50 家国有企业，一半是公益和保障类的，就是纯国有的，还有一半属于混合所有制的。像法国雷诺公司、燃气公司，这些公司都有国有股份，跟我们差不多。法国雷诺公司有 25% 的国有股，法国燃气公司有 36% 的国有股。但是法国有一个政策比较清楚，把国有股占 50% 以上的企业视同国有企业，由政府进行管理；而国有股占 50% 以下的视同市场企业，政府只是一个股东而已。法国国有企业都是由议会来管理，一厂一策，每年各企业向议会报账。

问： 您怎么看待中国国企混合所有制改革带来的变化？

答： 在中国，混合所有制真是一个好东西，因为中国是社会主义国家，我们希望有国有经济，也希望国有经济壮大。中国的民营企业没有人不希望国家强大的，谁都害怕国家不强大。所以，中国的民营企业对国有企业有意见，只是因为和国有企业竞争的时候觉得不公平，有怨言、有压力。这也是我们正在解决的问题。

现在我们做了区分，把纯国有企业放在公益和保障类，把竞争类业务都放在混合所有制企业里，国有企业持股就行了，不要再贴国有企业的标签。同时，要开放更多的市场，支持民企发展，不要再把民营企业当成个体户、私营企业，而是甩掉过时的偏见，真正支持他们的发展。民营企业是纳税人，提供那么多的就业岗位，而且很多都做了股改，不再是简单的家族公司了，成了股

---

① 弗朗索瓦·密特朗，1981—1995 年任法国总统。

份公司或者员工持股公司，也是社会所有的企业。

所以说，随着经济的发展，我们所有制的形态也在进步、在进化，不应该按老眼光去看待民营企业、国有企业，应该看到积极的变化，要积极引入社会企业的概念。

※ "混合所有制最核心的是要量身定做一套政策、一套体制，使它更加市场化。"

问： 从企业的角度，尤其是国企的角度，有哪些是在混改的过程中要关注的问题？

答： 从国企的角度来讲，最重要的就是不要把混合进来的企业视作传统的国企，应该给它一些新的政策，不然混合也没有用。混合完了究竟是什么？它不再是传统的国企，也不再是传统的民企，而是新型的所有制。就好比骡子，它既不是驴，也不是马，我们承不承认它是骡子？给不给它一个政策空间？现在国有企业混合以后大部分还是国有控股，并没有引入市场化机制，并没有给它一些宽松的政策，还按照国有企业这套东西去做，那就失去其意义了。

只混不改，混合所有制没有什么意义，反而会增加很多烦恼，还不如不混。所以混合所有制最核心的是要量身定做一套政策、一套体制，使它更加市场化。这是很多国有企业没有想清楚的事情，这也是下一步深化改革的重点和关键。

问： 换一个角度，从民营企业的角度，有哪些是在混改过程中要关注的问题？

答： 这个问题也有企业家在我讲课的时候问过我。我觉得，如果一个民营企业想找国企进行混改，有几方面要考虑到。

第一，混改战略。因为要混改总会有些原因，可能是缺资金或者技术支持，也可能是为了产业链，或者供给等方面。因此，民营企业要与国企混合，一定要考虑清楚到底是为了什么。比如一个建筑公司为什么愿意跟我们混，可能因为拿到工程会更方便一点。首先会考虑这些东西，有一个股本的纽带问题。

第二，企业文化也很重要。这个企业能不能包容，尤其是能不能市场化；对民营企业的看法是否公正客观，而不是歧视性的。越市场化的企业对民营企业的看法越公正，越是非市场化的企业对民营企业的看法越偏激。如果一家国企把民企当成个体户那样看待，像防小偷一样防着民企，跟这样的国企合作起来会非常辛苦。民营企业要找能对其公正看待、有包容的企业文化的国有企业进行混合。

第三，国有企业的负责人也必须考虑进去。因为一把手到底是什么样的人，能不能跟他合作，这也很重要。最害怕的就是换人，原来的一把手跟民企合作得很好，如果换了一个人，可能会千方百计地找麻烦。

选战略、选文化、选人，这是民营企业在混合所有制选择国有企业的时候应该考虑的。不是说都能混，能不能混还取决于这些综合的判断。这三个判断对于混合的成败十分重要。

问： 中国建材在混改实践中，成功的关键是什么？

答： 在混合过程中，中国建材就是抓住了这三个关键。一是从战略需求出发，有的放矢。我们的混合是为了获得利润，不是为了混合而混合。水泥行业产能严重过剩、恶性竞争严重，联合重组是解决全行业过度竞争困境的重要方式。中国建材的混合是顺势而为，以提升行业价值和获得利润为目标，符合经济发展规律，也满足了重组各方的需求。二是精选对象。精选既包括企业层面，也包括个人层面，这是成功合作的基础。选择合作企业要从自身发展战略出发，必须能够产生协同效益，企业的团队也非常重要。三是我们发展了一套科学的合作机制，既能发挥好国企管理规范等优点，也能发挥民企机制灵活、市场反应快等优点，通过整合资源壮大市场话语权，真正实现"1+1>2"。

另外，混合其实是一个双向选择的过程，表面上由我们主导，实际上民营企业也会根据我们的企业实力、重组原则、管理水平等进行综合权衡。所以，很多时候我问自己的并不是我们要混合哪些企业、研究哪些战术，而是我们有什么吸引力，怎样才能被那些优秀的民营企业和企业家选中。关于如何做到这一点，我的总结是在战略、利益、文化三个方面都要有吸引力。

这就是说要想赢得好的合作，国企既要有清晰的发展思路，能给民营企业提供一些战略性支持，让民营企业看到美好的前景和未来，也要通过先进的制度设计实现互利共赢，让大家既能看到眼前的利益，也能看到混合后的长远利益。最后还要有好的文化，要给予民营企业家充分的信任，让他们能够说得上话，做得成事，真正感到这个平台能够干事创业，如鱼得水，产生强烈的企业认同感和归属感。国企能不能对民企有所包容，民企的安全感从何获得，这非常关键。中国建材这些年能快速发展，得益于包容的文化。

※ "改革不是你得我失的零和博弈，混合所有制改革有这个潜力，让大家都从中受益，实现双赢和共赢。"

问： 是不是就是您常说的"三盘牛肉"？

答： 也不只是"三盘牛肉"。有一次，一位原建材局的老领导在飞机上对我说："志平，我这一次去南方，大家说不能见到宋志平，如果见到宋志平，他跟你说20分钟，你就得跟着他走。"后来我说："我也不是神仙，他们也不是小孩子，给块糖就跟着我走，一定是这个事情是对的，而且说到了他们的心坎儿上。"我的重组其实就是这个方法，就是找到一个互利多赢的方法。

这些年来，在中国建材的大规模混合实践中，没有一家民企"反水"，说明这场改革得到了广泛认同。有些人总是不看主流，总是认为民营企业是个人，我们是公家，他们跟我们打交道，要是不得好处能和我们合作吗？不能让他们占便宜。其实，改革不是你得我失的零和博弈，混合所有制改革有这个潜力，让大家都从中受益，实现双赢和共赢。

※ "对于充分竞争类的国有资本，在混改模式的选择上是控是参，主要从行业的特性、企业的战略出发进行考虑。"

问： 混改不可回避的问题就是国有持股比例问题，到底是独资还是多元化呢？

答： 混改模式的选择主要就是设计股权结构。股权结构是公司治理结构的基础，可以说有什么样的股权结构，就会有什么样的公司治理模式与之相对应。在现代市场经济中，最普遍的股权结构就是独资和股权多元化。但是股权结构不是千篇一律的。

2013年春天我去法国培训时，对法国企业的股权结构进行了了解，其中有两个企业给我留下了深刻的印象。一个是法国燃气公司，它原来是一家国有企业，2008年与法国苏伊士集团联合成立法国燃气苏伊士集团。合并后，苏伊士集团变成法国燃气的第一大股东，国家退居第二大股东，占36%的股权。国有股减持后，扩大了企业经营管理自主权和市场化水平，提升了企业的国际竞争力。同时，由于36%的持股比例高过法律规定的国家持股33%的下限，确保了国家对重大决定拥有否决权。另一个是路易威登，这个家族企业花600万法郎请了一位CEO，帮助企业实现了每年百亿美元的销售额，成为世界第一大奢侈品牌。一个家族公司为了使资产保值、增值，为了更科学地管理，宁愿把全部资产交给职业经理人打理。这一点值得我们的很多家族企业学习。

企业股权结构到底是独资还是多元化，没有统一的标准。其实大家的问题是，国有独资企业要不要向社会开放，混合所有制企业中的国有股占比多少为宜。法国国有企业不多，采取的办法是一企一策。在我们发展混合所有制过程中，国有股是绝对控股、相对控股还是参股，也要依据市场化原则，因地施策、因业施策、因企施策，宜控则控、宜参则参。宜控，主要是作为战略投资人；宜参，主要是作为财务投资人。对于充分竞争类的国有资本，在混改模式的选择上是控是参，主要从行业的特性、企业的战略出发进行考虑。

以中国建材为例，在八大水泥公司，我们采取的是控股模式，保证了集团在战略决策等层面的绝对控制权以及上市公司和子公司的利润。在中国巨石，我们采取的是参股模式。中国建材是第一大股东，当地的民企振石公司是第二大股东，弘毅资本是第三大股东，其余是散户，通过逐级控股，中国巨石的国有资本只占14%。中国巨石是市场化、国际化程度非常高的企业，是世界玻纤大王。我们的经验证明，国有股参股有利于企业成为独立的市场主体，有利于参与国际竞争，有利于国有资本的流动增值，实现了"增强国有经济活力、放大国有资本功能、实现国有资产保值增值"的改革目标。

※ *"我们允许民企创业者'带枪参加革命'，成为规范治理企业中的职业经理人。"*

问： 中国建材在股权设置上有什么独特之处？

答： 一直以来，中国建材在联合重组、组建混合所有制企业中采取的是"正三七"和"倒三七"的多元化股权结构。"正三七"指中国建材持有上市公司中国建材股份有限公司的股份不低于30%，保持第一大股东的相对控股权，其他投资机构的持股与流通股不超过70%。"倒三七"是指中国建材股份持有其所属子公司约70%的股份，给机构投资者和原创业者留下30%的股份。

通过"正三七"与"倒三七"的股权划分，中国建材形成了一套自上而下的有效控制体系，在保障国有资本控制力的同时保留非公资本，引入了市场机制，增强了企业活力，用少量的国有资本带动了大量的社会资本，共同推动企业发展。在产权多元化的过程中，我们允许民企创业者"带枪参加革命"，成为规范治理企业中的职业经理人。这样一来，民企的机制得以继续保留，民营资本也参与到国企的产权改革中。这些企业和企业家进入中国建材后，资本的价值放大了，大家的干劲儿也更足了，这是实实在在的共赢。

问： 中国建材在混改方面有什么经验和做法可供借鉴吗？

答： 在中国建材的混改过程中，我们提出活力、利润和机制"三个优先"。活力优先是指在考虑业务单元活力和对业务单元的控制力时，要把活力放在优先位置上。有活力才能使国有资产保值增值，如果过分强调控制力而忽视活力，企业留给国家的往往是一个烂摊子、一堆废铜烂铁。利润优先是指在考虑利润和收入时，要把利润放在优先位置上，创造良好的经济回报，不盈利的业务原则上不做。机制优先是指在开展员工持股与引入机构投资人之间机制优先。改革的动力来自混合所有制，混合所有制的动力则源于机制，无论采用何种混合方式，优先考虑的都是为企业引入市场机制。

问： 如何判断混改是否到位了呢？

答： 这就要看改革有没有达到我们预期的三个目标：适度、规范和有效。

"混得适度"是指在"相对控股""第一大股东""三分之一多数"等基本前提下，探索适当的多元化股权结构。改革中既不能一股独大，导致所有者缺位，也不能股权过于分散，否则就会"三个和尚没水吃"，股东无法统一意见或不会真正关心公司发展，导致公司权力被经营层操纵，出现前面提到的"内部人控制"。试想，一个企业如果股权过于分散，决策效率也会降低，也不会有人真正为公司负责。我认为合理的混合所有制结构是，国有资本和两三家非公资本组合形成公司的战略投资人，其余由财务投资人和散户股民持有，这样既能保证企业有负责任的股东，也能保证广大投资者有合理的回报。

"混得规范"是指结合市场监督机制与完善保护国有资产的相关制度流程，保证操作透明、规范，有效防范国有资产流失。在方案设计的最初阶段，邀请律师事务所、会计师事务所、人力资源咨询公司、投资银行等机构全程参与，确保方案依法合规，同时制定实施细则，确保操作规范。

"混得有效"是指围绕提高运行质量和盈利能力，控风险、增活力、出效益，使其成为企业持久的发展动力。集团发展混合所有制时选择"并联结构"，即各子公司按业务单元进行分类混合，这样做的好处是让每个单元都拥有机制、焕发活力，处于一种"赛马状态"，一旦出现风险也便于切割，不至于造成大的损失。

03 企业家精神

※ "我把企业家精神简单概括为：创新、坚守、责任，抓住这三点就可能
成为优秀企业家。"

问： 不管是创新还是改革，都离不开一个重要的话题就是企业家，您是
怎么定义企业家的？

答： "企业家"这个词是舶来品，法国人最早把流通过程中使货物增值的
商人称为企业家，后来英国人又将其提升为使资源创造价值的企业主。经济学
家马歇尔注意到企业家和组织作为生产要素的作用。经济学家熊彼特进一步提
出创新是经济发展的源动力，企业家是创新的组织者。管理学家德鲁克认为，
企业家与企业规模、所有制形式无关，富于创新意识、为社会创造价值的企业
领导者就是企业家。

现在西方人一般说企业家就是指创业者。企业里面优秀的创业者或者优秀
的领导者、管理者，都可以是企业家。有的是所有者，有的不是所有者，但是
都可以通过创新创造财富。只能创新而不能创造财富的人不是企业家，而是科
学家。有的人可能积累了财富，有一堆房子、大量的土地出租，赚了很多钱，
但是没有什么创新，也不是企业家。企业家是创新并创造财富的人。

问： 当前谈得最多的是企业家精神，您是如何界定企业家精神的？

答： 针对企业家精神，中央用 36 个字概括①，我简单归纳一下就是创新、
坚守和责任。

企业家特质就是创新，创新就是改变旧的东西，冒险精神、第一个吃螃蟹
都是创新精神里的东西。

---

① 中共中央、国务院于 2017 年 9 月 8 日发布《关于营造企业家健康成长环境弘扬优秀企业家精神更好
发挥企业家作用的意见》，其中提出，"弘扬企业家爱国敬业遵纪守法艰苦奋斗的精神，弘扬企业家
创新发展专注品质追求卓越的精神，弘扬企业家履行责任敢于担当服务社会的精神"。

　　坚守就是把做企业作为终身的职业去做，要成为"家"。没有时间的积累、没有年头成为不了"家"，做两年企业就说是企业家，没人会认可。坚守很重要，但也最难做到，不少人半途而废做不到底。

　　除此之外，企业家还需要情怀，也就是责任，不然凭什么叫"家"？企业家和音乐家、科学家不同，因为他是创造财富的，要达己达人。过去我们讲"穷则独善其身，达则兼济天下"，"达"用今天的话说就是有了财富，成为富人，创造的财富要兼济天下，照顾到他人，这就是企业家的社会责任。同时，环保、绿色、安全等都属于企业家的精神特质，并不是说赚了钱就是企业家。如果企业做的东西没有站在道德高地上，造成大量的污染，其领导者也不能被称作企业家，因为其财富是在牺牲资源环境、破坏整个人类社会的情况下取得的。比如贩毒可能也赚钱，但肯定成不了企业家。

　　所以，我把企业家精神简单概括为：创新、坚守、责任，比较好记，抓住这三点就可以成为优秀企业家。

　　※ *"我信奉一生做好一件事，企业家要认认真真地把做企业作为终生的事业，而不是升官发财的跳板，否则是做不好企业的。"*

　　问： "坚守"是最难能可贵的一点。对于一家世界 500 强企业的企业家而言，其所承受的压力之大是可想而知的。您之前也提到因忧虑企业发展出路而使眼睛发炎出血，是什么信念让您一直坚守下来？

　　答： 我这么多年遇到好多风浪，所以经常处在一个煎熬的状态里面。我这个人性格比较温和，也有比较淡定的一面，不像有的人会暴跳如雷。我也有过几次最困难的时光，我就是比较皮实，每次都能够挨得过去。

　　做企业是有难度的，不过我相信两点。一是一分汗水一分收获，久能生巧，长期做下去经验就会越来越多。开车开多了水平会越来越高，做企业也是一样的，对我来讲，十分汗水一分收获也不怕，自己多流一些汗水，收获就有了。二是做企业不要希望那么简单就成功，做企业可能需要一个相当长的时间。我经常跟大家说要想做好一个企业没有 10 年、20 年不行，做到极致可能需要 30 年、40 年的时间。有很多人问我是怎么算出来的，我不是算出来的，而是做出来的。像北新建材已经做了 40 年，中国巨石已经做了 50 年，到今天做得不错了，没有这样的积淀想成功是很难的。

我信奉一生做好一件事，企业家要认认真真地把做企业作为终生的事业，而不是升官发财的跳板，否则是做不好企业的。

前些年日本有一个热播的电视剧叫《阿正》，主要讲做威士忌的三得利公司的故事。大家都知道苏格兰做威士忌很厉害，但现在世界第一并不是苏格兰的，而是日本的威士忌。日本三得利也是经过三代人锲而不舍，最后做出世界一流的威士忌。

现在很多人都急于成功，希望三下五除二、马到成功，但做企业不能急于成功，企业是点点滴滴做起来的，要长期坚守，才能终成正果。

问： 刚才您提到挨过几次最困难的时光，当时企业经历了怎样的危机？

答： 我做企业经历过好几场危机，这些年来麻烦也不断。以前看过一本书，但丁写的《神曲》，序言里有一句话让我印象深刻："我们看那犁地的农民，死神一直在跟着他。"每一个活着的人都有一个死神在追逐着，一旦追上了，人就没了。企业也是这样，在企业的发展过程中，始终伴随着风险、困难和危机，死神也一直紧随其后。如果企业一把手真正进入状态负起责任，就会时刻有这种感觉；如果没有进入状态，就不会有。为什么任正非说华为一定会倒下，因为他自己是企业家，他才有这种感触。

早在北新建材的时候，就发生过危机。当时我们跟外资竞争，几乎被外资彻底打败了，只剩下跟外资合作、缴枪投降这一条路可走，有过一段这样的困境。我到中国建材来，中国建材当时也是"吃不上饭"，非常困难，最后还是想办法一步步做起来，然后上了市。中国建材上市以后也遇到过经营危机，2008 年股票从 39 元降到 1.4 元，比今天民营企业压力要大得多。当时，我也很难过。我记得有一次我女儿回到家跟我说："爸爸你别难过，因为从上市那一天开始，你就应该接受今天，上了市就不由你了，股票涨是市场给你的，股票跌也是市场给你的，所以你应该从上市那一天就做好这个准备。"她讲的是对的。

※ "面对困难的三个建议：困难是客观的，要有信心；困难不可能是永久的，最困难的时候可能是黎明前的黑暗；要有积极的人生观，想办法化解困难。"

问： 您是如何化解危机的呢？

答： 确实也有很多人问我遇到这么大的困难，是怎么挨过来的。金融危机非常困难的时候，浦发银行把我请去给 700 多人讲怎么面对困难。我就讲，我有三个建议。

第一，困难是客观的，任何企业都会遇到。像金融危机这种普遍的困难，你困难，他困难，大家都困难。对待这种大家都有的困难，不要太难过。做企业都会有困难，把这个东西看得淡一点。能怎么样呢？天塌下来也顶得住，或者天塌下来高个子顶，应该这么去想。毛主席讲要在战略上蔑视敌人，恐惧难受只会干扰问题的解决，所以面对困难要有信心。

第二，困难不可能是永久的，最困难的时候可能是黎明前的黑暗。有些人在最困难的时候、黎明前夜跳了楼，跳完楼以后天亮了，多遗憾。我们做企业做任何事，都是要面对困难、解决困难的，所以不要大惊小怪，困难会过去，过去以后还会再有新的困难。应该这么去看待困难、风险、危机，所以面对困难，困难越大越要有耐心。

第三，要拥有积极的人生观，想办法化解困难。虽然我们说否极泰来，但是我们不能坐等天亮，什么都不做，因为我们存在的价值就在于我们解决困难的能力。我跟我的团队讲，给你一块好资产、好企业你做得也很好，锦上添花来请功这是好的；但是给了你一个最困难的企业，揭不开锅，打阻击堵枪眼这时候更考验人，我更需要能够解决困难的干部。但是我反对人为来制造困难，在企业里本来没有这些事情，却制造了一些困难，这是不必要的。

这么多年做过来，到今天，可以说是一路伴随着风险和困难，每年有些小困难，每几年有一次大风险、大困难，我相信未来企业一路上也会跌跌撞撞，没有坦途。做老师相对安全一点，因为学校是国立、公立的，倒闭的可能性不是很大。但是做企业不同，即使国有企业都有可能倒闭，做企业是没有安全网的。我在北新当厂长时有一家报社采访我，我就想起了用张学友那句"我越陷越深越迷惘，路越走越远越漫长"来回答他。企业的领导者实际一直在"网中央"，好像他那首歌就是这样，当然他讲的是情网。做企业的领导者真的不是那么轻松的一件事情，我今天就是这样的心情。

问： 我看您在书里写到最艰难的时候，每天出门之前先对着镜子里的自己笑一笑？

答： 那时在工厂当厂长，因为每天要见几千名工人，大家都从大门里进。你们也会有这个体会，假如见到校长每天高高兴兴的，你也会很高兴。如果校长每天跟你哭丧着脸，你也不知道为什么，情绪也会不好。道理是一样的。

做企业领导者，应该让大家看到欢欣鼓舞的一面，把快乐的东西跟大家分享，不应该把自己那些困难的东西让大家分担，那些不好的东西尽量自己消化，这是我多年的做法。因为分担困难也没用，大家替代不了你。做企业这么多年用一个字来概括就是"难"，如果用两个字概括，就是"真难"。做企业家是一个苦差事，我有时候经常羡慕一些人，可以不用考虑这么多难事。因为企业家的责任在这里，就得多想一些，一想就很发愁！

我这次去美国①5 天，在美国时就有时差，时差还没倒过来又回来了，时差就困扰着我。我星期日晚上回来，星期一又去上班，工作上好多事都在等着，要开会讲话，还要业务接待，都给安排好了。星期一我起来之后在沙发上坐着，突然想起了一件事情，是我从来没想过的，就是想要能够休息几天。我又想其实并没有人说一定要让我这样忙，国资委没说宋志平不能休息，并没有人这么说，我怎么会成为这个样子？接着我又想，我 63 岁了，工作了 40 年，从来没有休过一次年假，也没有期盼过休假，脑子里没这个概念，都是这么过来的，今天怎么突然想贪图一个休假呢？我就问自己这到底是一种什么样的暗

① 2019 年 3 月上旬，宋志平赴美国出席世界银行能源及新气候经济大会并发表演讲，应哈佛大学商学院邀请做案例演讲，并到麻省理工学院进行调研交流。

示，是不是生命的暗示，就是太累了。

讲这么一大段，就是说做企业不容易，没有什么例外，每一个企业家一定都是这么干过来的。我有时候跟年青人讲，企业家是一个苦差事，你想好了要做这个事情吗？还是做做别的事情算了？企业家并不像大家想象的那样光鲜，一定要做好充分的思想准备。

※ "做企业家是个苦差事，但是企业家愿意给大家展现大英雄的一面，这可能也是其身份需要的，因为他要感染人。"

问： 您提到"企业家特别难做，是个苦差事"。但是，以您为代表的企业家们做什么事情都特别有激情、有热情，怎么才能保持这种状态？

答： 你看到的企业家大部分是有热情和激情的，其实也有极其孤独的另一面，每个企业家都有，包括任正非、马云、董明珠。他们不可能只是快乐、热情、常胜将军、旗开得胜，肯定也经历过很多挫折和失败。今天成功的、在光环下的企业家，明天可能等待着他们的就是失败。

做企业家真的不是那么容易的一件事情，大家看到的那些成功的企业家，也是经历了九死一生。一个马云成功了，前面可能倒下了千百个"马云"，当时那么多做互联网的都失败了。一个任正非成功了，多少做通信的人都失败了。一个董明珠成功了，那么多做家电的中国企业，像北京原来的雪花冰箱、白菊洗衣机、牡丹电视都倒掉了。企业家有一点比较特殊，就是愿意给大家展现大英雄的一面，这可能是企业家这种身份需要的，因为他要感染人，不愿意把悲伤、困苦、失败的一面展现给大家，那样的话会让大家涣散。每个企业家都明白这一点。所以企业家精神里面，有那种英雄主义精神。带领团队要有英雄主义，但企业家背后的困难和辛酸，很难有人能够真正地理解。

问： 所以应该爱护企业家们，保护和弘扬企业家精神。

答： 是的。因为中国已经进入创新时代。习近平总书记指出："我们全面深化改革，就要激发市场蕴藏的活力。市场活力来自于人，特别是来自于企业家，来自于企业家精神。"①

企业家是稀缺资源，是市场经济中最活跃的因子。企业家不以财富多少而论，如果没有任何创新、没有创造价值，再富有也不能算作企业家。企业家不以成败而论，企业家不是完人，也不是常胜将军，做企业常常会不断遭受失败，甚至会倒在征途中，所以我们对企业家应倍加珍惜和呵护。

新时代赋予企业家更大期待。2017年9月，中共中央、国务院发布《关于营造企业家健康成长环境弘扬优秀企业家精神更好发挥企业家作用的意见》，不仅高度肯定了企业家的作用，概括了企业家精神，而且首次明确了国有企业家的地位和价值，意义太大了。

※ "改革开放以来，我国国有企业在改革的洗礼中浴火重生，孕育和培养了一大批杰出的国有企业家。"

问： 您刚才提到一个"国有企业家"的概念，中国的企业家都包括哪些群体？

答： 中国的企业家队伍主要有以下来源：一是进入市场的国有企业中有创新意识的领导者，二是由国有企业转制而成的混合所有制或民营企业的领导者，三是由民营企业培育的企业家，以及以上三种企业中的优秀的职业经理人。

其实长期以来，围绕国有企业有没有企业家，学术界争论不休。改革开放后，我们开始把敢于改革传统体制的国企领导者称作企业家，后来把成功的民营企业带头人当作企业家。也有一段时间我们不提企业家，只提企业创业者，其实这是"企业家"这个词汇的英文直译。近些年，国有企业家常常不被认可，参加一些活动时，我常被问道："你认为自己是企业家吗？"一些学者认为，企业家应是白手起家的创业者，民营企业有企业家，而国有企业的领导者

---

① 2014年11月9日，在亚太经合组织工商领导人峰会上，面对来自数十个国家和地区的1500多位工商界代表，国家主席习近平特别提及企业家精神。

是靠"红字头"任命的，不应该叫企业家。事实上，国有企业是有企业家的，改革开放以来，我国国有企业在改革的洗礼中浴火重生，孕育和培养了一大批杰出的国有企业家。这些国有企业家肩负使命，坚守实业，突破资本、市场、技术、人才等重重困难，使中国制造享誉全球，为国家创造了巨大财富。现在中央专门发布文件倡导企业家精神，在文件中提到国有企业家，这是对国有企业家的贡献和价值的充分肯定。

问： 社会对"国有企业家"的关注相对是比较少的。您对此有什么体会吗？

答： 2018年年初，中央电视台《财经人物周刊》的记者到我家拍摄，发现我家房子小小的，感觉很惊讶。在他们看来，央企领导者一定住得很宽敞，他们还对我在家读的大量图书很感兴趣。那部片子播出后反响很大，片中大段的内心独白和鲜为人知的故事情节打动了很多观众，让大家对国有企业家有了新的认识。

社会上对于国企领导者常有不客观的看法。记得香港一家报纸的记者说："国企靠垄断，找个傻瓜都能当头儿。"后来，我遇到这位记者时对他说："你的话不对，如果国航领导是个傻瓜，你敢坐国航的飞机吗？"当然，更多人还是理解国企领导者的。有一次在国家行政学院上课，我听到了这样的评价："宋总这么多年像牛一样为国家干活。"这让我十分感动。大多数国企一路走来历尽艰辛，面对着重重困难和挑战，国企领导者留下了无数汗水和泪水。

拿我自己来说，从北新到中国建材再到国药集团，我的职业生涯就是一串串困难串联起来的。一路走过来，一切源于责任，如果是靠运气，走不了这么远。过去我和干部员工为企业和国家创造了不少财富，同时分享了企业的成功。不少人认为国有企业家"旱涝保收"，事实上国企有严格的考核制度，业绩好薪酬就高些，业绩不好薪酬也会降低。国资委领导曾问我对待遇怎么看，我说："现在的薪酬已经不错了，没必要去跟外资、民营的企业家比。"这是我的心里话。国有企业家工作时大多兢兢业业，承担着巨大的压力与责任，退休后领取社保养老金，去医院看病也要排队挂号，他们也是普通人，没有什么特殊优待。

问： 国有企业家要面临哪些独特的问题？

答： 社会上一些人对国有企业家还缺乏应有的理解，误以为国有企业盈利全是靠垄断。其实，国有企业在经营中要面对各种市场风险，同时还要面对一些固有的体制机制问题，国有企业家只有大胆创新、锐意改革才能使企业焕发活力。因此，他们要有强大的心理承受力、敢于决策的担当力、抢抓机遇的爆发力、引领职工的感召力。有这些特质的国有企业家不是一般的企业经营者，他们首先必须是改革者和创新者。

国有企业家要完成国有资产保值增值的责任，承担市场不确定性的风险，肩负着经济责任、社会责任、政治责任和国家责任，他们是多重目标任务的承担者，因而更需要社会的关心和爱护——在政治上爱护、工作上帮助、生活上关心，让他们放下包袱，为他们解决后顾之忧。

※*"激发和保护企业家精神，就要尊重企业家的创新活动，关注企业家成长。"*

问： 党的十九大报告明确提出，激发和保护企业家精神，鼓励更多社会主体投身创新创业。我们该如何激发和保护企业家精神？

答： 激发和保护企业家精神，就要尊重企业家的创新活动，从制度和政府层面加大对企业创新活动的支持，依法保护企业创新成果和知识产权，保护企业家在创新和经营活动中获得的财富，加大对企业创新活动的物质和精神激励，引导更多高质量的创新投入。我们也要建立接纳创新的文化，建立"亲""清"的政商关系和企业家自律的风气。

企业家的创新活动是个试错过程，既要鼓励创新也要宽容失败，不能赢了就戴大红花，输了就被打入冷宫。对遇到困难的企业家要雪中送炭，鼓励遭遇失败的企业家东山再起，再展雄风。要营造尊重和支持企业家的社会氛围，建立和完善容错纠错机制，信任和理解企业家，给予企业家正能量、正激励，让企业家在创新创业中越挫越勇。

我们要关注企业家成长，扶持和培育成长过程中的企业家，倍加珍惜和爱护成功的企业家，创造更多机会和平台使其人尽其才。同时还要关心企业家身心健康，引导企业家带头践行爱国敬业、艰苦奋斗等精神。对有成绩和做出突出贡献的企业家，要引导他们谦虚谨慎、戒骄戒躁，加强学习和提高自身素质，把时间和精力更多地用于管理的精进和企业的发展上，不刻意去做社会上的"大咖""大腕"。

04 机制革命

※ "'资本＋经营者＋劳动者'是企业机制的基础，是做企业的'三宝'。"

问： 您早在十几年前就提出了央企市营的改革思路，后来中国建材又成为国资委五项改革试点，可以说，中国建材始终走在改革的最前端。为什么是中国建材？

答： 中国建材是和我国改革开放同时起步的企业，中国建材的发展轨迹也让很多人惊奇，我们自己也想要寻找一个答案。我的回答是，中国建材原本是央企里最弱小的，所处行业又是市场竞争最充分的，除了毅然决然进行改革，别无他路。改革是唯一出路，这就是中国建材成为央企改革标杆企业的真正理由。

中国建材起初是在邓小平同志亲自关怀下设立的企业，国家挤出当时十分紧缺的外汇为中国建材的种子厂北新建材引进技术和装备，并派人远赴德国和瑞典学习。所以说，中国建材是一个有着改革开放基因的企业，我们最早看到外面的世界，最早肩负了改革的使命，最早直面了市场。我的体会是，改革不像田园诗那样浪漫，改革意味着付出、伤痛和眼泪，我们在改革的路上付出了很多，所以才有了今天的成绩。未来的路永远不会平坦，我们的改革也不会停步。

问： 改革实际上主要改的是机制。企业如何选择适合的机制呢？

答： 首先我们要弄清楚什么是机制。企业机制是调动企业各动力要素向企业目标前进的内在过程，指的是企业效益和经营者、员工利益正相关的关系。有关系就是有机制，没关系就没有机制。机制属于治理范畴，是企业重要的分配制度。无论企业是什么所有制、规模多大，有机制才能发展好，没有机制很难生存。

"资本 + 经营者 + 劳动者"是企业机制的基础，是做企业的"三宝"。资本作为前期劳动的积累，是做企业的物质基础；经营者对企业成败至关重要，好的经营者会让企业盈利，差的经营者则会因经营不善，导致企业亏损甚至破产；员工不仅是劳动者，也是财富的创造者。机制研究的就是在所有者、经营者和员工之间如何分配收益。

任何企业都存在机制问题。机制和所有制之间有联系，比如混合所有制为引入市场机制铺平了道路，但所有制并不决定机制。机制不是国企的独有问题，民营企业、家族企业同样存在机制问题。像华为采取"财散人聚"的机制，就是把财富更多地分给干部和员工，从而增加了企业的凝聚力。不少人因华为没上市而误以为华为是任正非的家族公司，事实上，任正非在华为只有1.01%的股权，华为投资控股有限公司工会委员会持有98.99%的股权，华为是近乎全员持股的公司，但它把股权和能力、贡献、年功很好地结合起来，增强了企业的向心力和亲和力，提高了企业的创新力和竞争力。华为的成功启示我们，无论何种企业都得进行机制革命。

机制革命考验所有者的选择。从《公司法》来讲，我国企业是股东所有的，如果股东不把人力资本当成资本，就不会给经营者、劳动者去分红。今天，所有者要学会分享，已经成为金融、高科技、咨询等诸多行业的共识。清代的晋商很早就明白分享制的好处，他们的做法是赚的钱归东家一份、掌柜和账房先生一份、伙计一份，各占三分之一。华为的分配机制则是"东家"一份，"掌柜、账房先生、伙计"占三份，这种做法更先进。改革需要"东家"的支持，让不让"掌柜、账房先生、伙计"参与分红，有赖于"东家"是否精明。归根结底，改革不仅要实现所有权结构的优化，还要有好的机制，才能把企业搞活。

※ "共享不是简单地分饼，而是把饼烙大，让大家都受益，这就是共享的意义。"

问： 您在很多场合都提到"利益共享"的观点，如何实施共享机制呢？

答： 在追求高质量发展的今天，让企业成为社会、股东、员工的利益共享平台，实现社会的均富和共富，这符合"创新、协调、绿色、开放、共享"五大发展理念。

一说到共享，有人会问：共享是享谁的红？是不是要共享所有者的红？其实，劳动者共享的就是自己的劳动成果。通过共享机制，员工可以凭诚实劳动多获得一些收益，企业效益好了，所有者就会赚得更多。共享不是简单地分饼，而是把饼烙大，让大家都受益，这就是共享的意义。如果在国有企业中，一提员工分红就和国有资产流失联系起来，归根结底是没有确立人力资本的概念，只承认资产资本。肯定人力资本的重要性和贡献，可以打开进一步深化国企改革的心结。只有把机器、厂房等有形资本和人力资本很好地结合起来，才能发挥干部、技术人员、员工骨干的积极性，企业才会有效益，国有资产才能保值增值，才能做强做优做大国有资本。从长远看，通过改革激励制度，建立多层次的现代激励体系，保护和激发企业家、知识员工和广大干部职工干事创业的热情，是确保企业可持续发展的百年大计。激励机制建立不起来，改革就会出现问题。

今天我国已进入高质量发展阶段，人们生活逐渐富裕，社会主要矛盾发生变化，国企改革的动力是什么？答案就是满足员工对美好生活的向往。共享机制不应只在民营企业实现，国企也应成为共享平台。干部员工通过在企业辛勤努力的工作，能够共享企业财富，能够负担子女教育、老人赡养、购房购车等生活成本，在企业里安心工作，在社会上体面地、受人尊重地生活。这样大家才能发自内心地以在国企工作为荣，才能与企业结成荣辱与共的命运共同体，进而造就更多具有全球竞争力的世界一流企业。

※ "为什么我老讲机制和共享？实际是希望建立一种合理的分配机制。"

问： 也就是要处理好责任和利益之间的关系。

答： 褚时健①去世了，听到这个消息时我正在美国。他是很有想法的人，我一直想去见见他，听听他内心深处的话。因为我是一个央企领导者，也怕见他会带来什么非议。我和任正非、董明珠、马云等都近距离聊过，跟褚时健没有过近距离的交往。王石去看过他，他也给我寄过橙子。他去世之后引起整个社会的反思，民营企业基本上一起悼念追思他。褚时健确实是个了不起的人物，当年从事烟草行业很成功，后来80多岁到山上那么苦的地方种橙子，做得也很好。他是一个真正的企业家，是具有企业家精神的人。

但是国企和主流媒体中基本没有人去说褚时健这件事。我个人感觉应该说一下，他是犯了错的国有企业家，但是对于社会和国企来讲，应该从这件事上反思一些东西。

回到你们刚才的问题，其实是权责利不对等的问题。他有权力，也有责任，但是没有利益。当时人们把他捧上了天，都学习他。人一被捧就不食人间烟火，付出最多，得到最少，这么一个人到了晚年却担心解决不了养老问题，于是私下分了一笔钱。

其实，企业家也是人，人有七情六欲，有子女教育、父母赡养的问题，也有对未来风险的准备等。而大家非得搞一种虚荣的东西，让他不食人间烟火，把他打造成神。讲到这个事情，是个沉重的话题。因为我们一代又一代人，一代又一代的企业家，似在轮回，在犯同样的错误，社会在这方面没有很大改变。为什么我老讲机制和共享？实际是希望建立一种合理的分配机制。

① 2019年3月5日，褚时健在云南玉溪逝世，享年91岁。他曾成功将红塔山打造成中国名牌香烟，使玉溪卷烟厂成为亚洲第一、世界前列的现代化大型烟草企业，被称为"中国烟草大王"。后因经济问题入狱，刑满释放后开始第二次创业，他种植的"褚橙"品质优良，常被销售一空，成为"中国橙王"。

※"做企业要把利益分配好，这既是一种社会公平，也是企业真正的动力。"

问： 不能光有大棒还得有胡萝卜。

答： 胡萝卜和大棒说得比较土一点，但是话糙理不糙。也就是说，该给的要给，不该拿的不能拿，应该是这样的一个逻辑。

今天我们还处在社会主义初级阶段，原则还是利益原则，所以想问题不能超越现实。首先想到绝大多数的干部员工，大家在利益原则下生活和工作。做企业还是应该把利益分配好，这既是一种社会公平，也是企业真正的动力。

这就是为什么我不遗余力地讲机制，讲共享。恰恰是因为还没有机制，在财富问题上还没有做到共享。国有企业还不如华为"财散人聚"，也不如清代晋商的年终利润分红。有时候我就讲问题出在哪儿，问题出在我们有些管理部门不是真正的所有者。真正的所有者知道员工利益、经营者利益和所有者利益是一致的，他能理解，只有大家多做，他的收入才能多。

问： 国企的职业经理人制度也存在这个问题，薪酬的制定并不是参考职业经理人的薪酬制度。

答： 是。说是开始推广职业经理人，但是又不能把薪酬、待遇放开，所以现在对国有企业的职业经理人制度还在研究。

问： 中国建材混改已经有十多年了，有没有实现您提到的"员工共享企业财富"？

答： 从中国建材央企市营过程中可以发现，虽然搞了混合所有制，但最难的依然是引入何种机制才能让员工都富裕起来。比如新来的学生和年青人收入不高，甚至租不起房子，这是很现实的一个问题。如果用过去传统的机制，只在工资分配方面改革肯定是不够的。现在必须引入让员工能共享财富的改革和机制，让大家都能够共享一份利润。这是我们现在要突破的，也是正在做的。

比如合肥院的骨干持股方案，企业效益越好，骨干们可以分到越多的利润。再比如上市公司管理层实行股票增值权，普通职工可以享有超额利润分红权。这些机制的好处是，在不动所有权的情况下，可以让员工分享一些财富，实际上相当于利润提成，从企业的利润里提出一块分给员工。

问： 实行起来的最大困难是什么？

答： 实行起来的难度在于国有企业工资总额的限制。一些管理部门怕员工拿多了，制定了工资总额限制，我认为这其实是限制了机制。由于没有机制，企业就形成了新的平均主义，丧失了活力。因此，必须让员工能够得到更多的好处，这就是我们现在做的共享机制，共享企业的财富。我们提出来，也做了一些尝试，但真正大规模推开还比较难。难在什么地方？难在有些管理者的不开明。

大家可以想这样的问题：以前人们认为剩余价值是劳动创造的，但是否认了资本的作用。我认为，资本是前期劳动的累积，如果没有资本，谁来建工厂？所以利益里肯定要有资本的一块儿。但是没有经营者也不行，好的经营者可以让企业赚钱，差的经营者可能会让企业破产，所以分配财富的时候，经营者也得考虑。企业员工是企业的真正劳动者，更应该让他们共享财富。

资本、经营者、劳动者，这三方都应该共享利益，这样对企业才公平。现在的情况是，利润、财富在向着资本和技术人员集中，向垄断资本和垄断技术集中。仔细想想，中产阶层的未来也很令人恐惧，而底层的劳动者收入会更低。这样就形成了少部分人占有大部分财富、财富分配不合理的现象。

这个问题其实是持续不下去的，各国都遇到了这个问题。所以我们要解决这个问题，要从微观上解决，从微观企业的分配上解决。

问： 您有何建议呢？

答： 《公司法》以资本的所有做根基，但是只是把资本固化成现金的资本，并没有把人力资本放在资本项下。埃及立法很有意思，要求企业每年年底至少要把利润的 10% 分给劳动者。这已不是简单的工资分配问题，而是利润分红的问题了，也就是说让劳动者必须分一块儿财富，我觉得这个挺好。像我们国家，尤其是国有企业应该拿一部分利润出来给经营者和职工，这样经营者和职工积极性会更高，企业会经营得更好，所有者会得到更多。

任正非懂得这个道理就有了华为，马云明白这个道理就有了阿里。但是现在国有企业的所有者是虚拟的所有者，没有人有真正的切肤之痛，没有人负这个责任，甚至把国有和职工的分配对立起来，认为利益都应该是国有的，全民的财富为全民分。"为全民分"这句话本身是很难实现的，因为我们国家既有私营企业又有国有企业，国有企业怎么能变成全民的？可能缴纳的税收是给全民的，但是所有者的权益该怎么分？如果都转化到养老基金里可能是全民的，如果是其他的支配方式可能不是全民的。所以这里要好好研究，找出一条新的道路。这也是我们非常关心的最根本的问题：财富是不是只分给资本所有者？要不要分给经营者和广大的劳动者？

张五常写的《佃农理论》主张把生产资料和分配分开，所有者是地主，即土地是地主的，农民除了交 200 公斤的租子之外，剩下的就多劳多得了。这是佃农制，过去搞承包制就是建立在这个基础上。现在等于又回到了不能将财富分配给劳动者，只能给工资，即过去的工资制分配体制。这个机制倒退了，没有真真正正地把分配机制做好，中产阶层就培育不起来。然而只有培养大量的中产阶层，这个社会才能稳定。怎么培育中产阶层？就得让大家共享财富，如果只给工资，他们永远成不了中产阶级，必须让他们有一定的分红才行。我也在想这个该怎么做，好在在这个问题上，大家的认识越来越清晰了，不像过去那样糊里糊涂的，找到了症结所在。

※ *"凭什么他会努力贡献他的智慧？凭什么他愿意在这个公司里面？凭什么他醒来就想公司的事？我们得回答这些问题。"*

问： 关于智力资本和人力资本的问题，高科技企业应如何看待智力资本？

如何留住优秀人才？

答： 对于高科技公司来讲，智力资本更加重要，包括人的知识、经验和能力，而不在于原始那点资本，当然那点资本也得有。所以高科技公司里面特别重视智力资本，重视管理层、业务骨干的持股。因为人才走了以后，公司就是一个空壳，与实体经济不同。实体经济还有厂房、机器，一批人走了再来一批，简单操作就可以。高科技基本在人脑子里，人走了，科技被带走了，资本也被带走了。

对于这一类的公司，我主张还是要进行员工持股的改革，承认人力资本在里面的作用，阿里、腾讯也都是这么走过来的。究竟怎么分股份，分多少，其实是里面的核心问题。还有关于股份继承的问题：到底是创业股还是激励股。所谓创业股就是公司上市的时候创业者占有多少可继承股份，让其子孙可以继承；激励股就是员工在公司时就有，不在公司的时候约定好如何退出，然后让新的人来持有。

这两种股是不同的，要根据不同的公司来决定。其实中国建材也有这个情况，南京凯盛原来只有几百万元收入、几十人，后来实行股份制改革，把49%的股份给员工，现在发展成很大的公司。但是当时没有设定好股份退出机制，现在有很多新的骨干，分配股权就遇到了很大的问题。在我们另一家公司合肥院，这个问题就处理得很好。

大家知道山东万华是发展很快的一家公司，2018年大概有650亿元的收入，160亿元的利润。这得益于两点：一是技术分红，二是员工持股。技术分红方面，如果员工有技术，发明了一个东西为公司创造了效益，公司就会拿出15%的利润进行分成，连分五年。这个激励机制作用就很大，不一定非要给股权。员工持股方面随着发展也在变化。刚开始是老员工持股，大概占10%，没有退出通道。现在又搞了一个新的持股公司是10%股份，主要是骨干持股。

所以要看公司自己的情况，大家同意做创业股，就一起来创业，最后上市升值都有一笔财富。如果要做激励股，就可以享受分红，而不享受上市股票的溢价。万华就是激励股，股东持股会持有上市公司的股票，但是员工本人不持有股票，只享受持股会的分红，退出的时候享受净资产的升值、兑现，和股价高低没关，股价高低只和持股会有关。这种方式有一个好处，就是员工都是小股东，如果股价高了都抛出去，最后就没有激励作用了，变成一次性发财的机会。我们就遇到过这种情况，北新建材上市的时候搞内部员工股，员工在上市高位的时候全部套了现，最后没有留下一分员工股，没有起到激励作用。

关于股票还有不同的做法，比如影子股票，我们叫股票增值权。什么意思呢？上市公司不给经理层真正的股票，但是给股价增值权。比如股票现在是3元/股，给经理100万股增值权，当股价涨到5元/股的时候，经理层就有200万元，从税前的成本里列支。这实际上是一种奖励，把经理层的收入和股票价值联在一起，促使经理层和股东的利益能够联在一起。

问： 对一些高科技公司的机制创新您有什么建议？

答： 对于一些高科技公司，一定要承认人力资本，而且要加大人力资本的分红，股东的现金资本分配占比反而要少。任正非跟我说，华为将一年的利润分成四份，三份给大家，一份给所有者。他就是恪守着这种原则，所以华为很有凝聚力。我和华为的几个高管都认真谈过，每个高管都很有能力，每个人出来都可以开一个非常赚钱的公司。我问他们内心是怎么想的，既然有这么大的能耐为什么不出去，为什么还在华为。他们跟我说也在权衡，在华为一年能拿几千万元，自己出去成为一个创业者可能拿的比这个要高，也可能拿的不如这儿高，但是毕竟华为给了不少，所以还是愿意在华为做。

有时候我到企业去，包括到国外，最喜欢就是一对一的问答。我其实在国外，无论达沃斯、在跨国公司或者年青时候在日本学习，也经常问最敏感的问题。在日本学习时，日本人觉得宋先生很奇怪，别人都想学点技术、引进点什么东西，宋先生问的全是工会是怎么回事、薪水是怎么回事，问的全是治理、薪酬、分配方面的问题，从来也不问技术怎么回事。这让他们很吃惊，来了这么多中国企业家，别人看的是产品、设备，只有我问他们公司结构、股东结构、分配、员工为什么会有积极性等这些问题。

今天不论上市公司还是其他公司，其实我们要回答的还是这些问题：凭什么他会努力贡献他的智慧？凭什么他愿意在这个公司里面？凭什么他醒来就想公司的事？我们得回答这些问题，如果回答不了，这个公司就不能发展。

问： 您提到的就是根据马斯洛的需求层次来制定有效的激励机制？

答： 对。我阅读了大量的管理书籍，在管理理论中比较认可的有组织行为学，包括霍桑实验结论、马斯洛需求层次等，都是通过梳理统计组织人的行为在特定环境下的表现，由大量的统计数据调查得来的，不仅仅是简单的理论，而是实践。

马克思主义的原则是物质第一、精神第二，所以我说人现阶段还是讲利益原则的。我个人感到做企业一定要掌握好这一点，股东一定要开明，就是分配机制问题，西方人叫治理机制。我有时候常想，股东要开明，同意给大家分点股，大家才有干劲，组成一个共生共享的公司。如果股东很抠门，不开明，大家肯定就走了。

即使民营企业也不见得都有机制。为什么呢？股东不开明。以前看动画片《半夜鸡叫》，地主周扒皮的动机很简单，就是让大家多劳动，半夜就让鸡叫。但是高玉宝这些长工出去上工就没有精气神，不好好干，这就是机制不好，所有者不开明，所以就导致这样的一个结果。前面提到的张五常《佃农理论》，就是把刚才讲的所有权和经营权、资本和财富的分配权分开，有资本的分一块，就是收的租子，劳动者多劳的部分也要分一块，这就是最早首钢集团的承包制。首钢承包制实际上是一个非常好的东西，后来因为分三年，有短期行为，以及没有更加细致地做工作，所以从承包制改到现在的企业制度。

但是现代公司制是建立在股东至上基础上，没有承认人力资本。所以从承包制到现代企业之后，虽然在公司管治上有很大的进步，但是在公司的机制上并没有解决这个问题，而是把分配机制固化了，把所有财富都分给股东，没有考虑到经营者和员工。所以我主张将来应该对公司制做适当的修改，应该突出智力资本、人力资本在里面的作用，不然的话中产阶层会越来越少。我们现在的任务就是要培育中产阶层，减少低收入群体，促进公平正义，减少两极分化。

问： 目前，新型互联网公司的淘汰率非常高，每年都在10%以上，有些公司甚至还提出"小善乃大恶，大善似无情"的口号。而日本企业常采用终身雇佣制。您怎么看待员工队伍的动态化与稳定化问题？

答： 说到日本的年功序列及终身雇佣制，在日本的文化里确实是这样的。但在泡沫经济以后，日本深刻地反思了终身雇佣制的问题。现在日本的企业也有适当的流动，即使如此也是相对稳定的。日本公司相对稳定也有一些好处，一是增加员工的归属感，二是增加技术的稳定性。因为如果人员经常流动，就会出现技术被带走等问题。日本绝大多数的员工都有自己公司的股权，甚至以有自己公司股权为荣，是这样一种集体主义的经营理念。所以在日本，企业的员工整体还是处于一种稳定的状态。

而美国的员工是高速流动的，今天在这儿，明天就可能不在了。有人可能每天都在选择工作，这个工作刚选完再选择下一个工作。美国是这种文化，员工快速流动。

在中国今天可以分为两种：像一些大的企业，包括国有企业，员工流动性很小；但是一些高科技企业、民营企业、中小企业的员工流动性就很大。有的企业以不裁减员工为口号，有的企业以末位淘汰为口号，展现了完全不同的价值观。淘汰有淘汰的好处，淘汰倒逼机制，可以让人有一定的压力和动力。稳定也有稳定的好处，可以建立员工对企业的忠诚度，让大家把人生规划跟企业的发展融合在一起。做企业的方法有很多，很难说哪一个更好，就看哪一个更合适。

回到你刚才的话题，无论是从关爱职工的角度出发，保持职工相对稳定，还是采取快速淘汰制，提高职工竞争精神的动态化，可能都是对的。这取决于这个企业的环境、战略、现状、文化，以及领导者的性格，看哪一种方式更合适。如果企业本身处于高度竞争、创新、变化快的竞争领域里，喜欢竞争，就要进行魔鬼训练，认为这样才能产生一流的企业，企业可能要采取高淘汰率的方式。如果企业处于相对稳定的竞争环境，竞争力比较强，喜欢集体主义，喜欢让大家共同做事，可能就会选另外一种做法。我不觉得哪种方式更对，而是哪种方式更合适。

> ※ "激励机制现在是'新三样'，要搞管理层股票计划、员工持股、超额利润分红权和科技分红制度。"

问： 在激励机制方面，中国建材有哪些好的经验做法？

答： 我们以前认为国有企业利润是全民的，企业员工不能分全民的资产，这是一个错误的逻辑。因为财富是员工创造的，所以要分给员工一部分，而不管股东是谁。在这个事情上我们要解放思想，不然年青人永远买不起房子。我们希望每年进行分红，并和当期效益结合起来。员工持有的股份不流通，员工不享受股票溢价，由员工持股公司享受溢价，而员工享受分红权、净资产收益权，这样就不受股票下跌影响。企业也等于给员工带了金手铐，使员工能够更加稳定地工作。

激励机制过去是"老三样"，就是改革之初国企的人事、劳动和分配三项机制改革。现在则是"新三样"，要搞管理层股票计划、员工持股、超额利润分红权和科技分红制度。"老三样"是解决企业效率问题，而今天的"新三样"，解决的是企业创造的财富分配问题。

第一，关于管理层股票计划。股票增值权简便易行，把管理层收益和股价结合起来，实现管理层的积极性与企业的市值相结合。管理层不出现金，也不真正拥有股票，但享受股票的增值，对管理层来说是比较安全的，也是行之有效的办法。

第二，关于员工持股。依照《公司法》，通过普通员工、科技人员来持股，员工出资给一些优惠，科技人员以人力资本入股，量化后给一些股权，这是常规做法。例如，山东万华旗下两个员工持股公司共持有万华20%的股份，国有股占21.6%，二者比例相当，合起来做一致行动人。万华的实践表明，员工持股通过员工持股公司这一平台能够很好地实现，在平台里员工股是流动的，持有的股份是激励股而非继承股。一般来讲，员工股份不进入上市流通，而是分享红利和净资产升值部分，退休时由公司回购股份，再派分给新的员工，这样一方面保持员工的稳定性，另一方面保持员工持股的延续性。

第三，关于超额利润分红权。对大多数非上市公司而言激励机制主要采用超额利润分红权，这是从税前列支的一种奖励分配制度，就是把企业新增利润的一部分分给管理层和员工，也就是我们以前常讲的利润提成，这样既确保了公司的利益，也提高了员工的积极性，应该普遍实施。万华规定创新效益的15%作为创新者奖励，带动了企业的自主创新。中国建材的贵州西南水泥这两年采用了超额利润分红权，调动了管理人员、技术人员和员工的积极性，年利润大幅增加。实践证明，超额利润分红是企业创新发展的强劲动力。

第七章
如何打造全球化企业

- 全球机遇
- 合作共赢
- 防控风险
- 走向舞台中央

全球化是大方向，自由贸易势不可当。中国企业的全球化进程方兴未艾，我们要始终保持谦虚谨慎的作风，扎实构建全球化的系统性力量，在全球化的道路上行稳致远。

全球化是大方向，自由贸易势不可当。今天的全球化进程是第二次世界大战后开始的，资本、劳动、技术、知识等要素在全球加速流动，改变了全世界。大家都是全球化的受益者。

中国建材在这个过程中快速崛起，从贸易、工程到综合服务，从发展中国家到进入欧美，从中低端品牌到打造全球知名品牌，逐步迈向了世界舞台的中央。国家领导人出访"一带一路"沿线国家期间，我多次参加相关活动，并签署了许多重要项目协议。2018年12月世界水泥协会在伦敦召开成立大会，我当选协会创始主席，成为大型基础性工业领域首位当选世界级行业协会主席的中国企业家，这是一件很有意义的事。

中国建材的"走出去"采取战略指引、小步快走的方式，所以一直十分稳健。过去我们主要做工程承包项目，水泥工程市场占有率达70%，连续十年居全球第一。现在我们还在海外设厂，提供物流等服务，像海外仓和易单网都做得非常成功。我们一直采取稳扎稳打，建立基地，放眼全球，着眼区域的战略。十多年前我们就到巴布亚新几内亚布局，后来又进入非洲、中东、东欧，不断探索新兴市场，寻找新模式，锻炼新队伍，然后进入发达国家。国际化要从实践中学习，相关人才也要从实践中凝聚培养。我去海外项目工地调研时发现，有的团队成员平均年龄虽然很小，但是很有经验，这些年青人直接推动了"一带一路"的前进。

中国建材开辟了一条互利共赢的全球化道路。我们的"走出去"遵循"为当地经济做贡献、与当地企业合作、与当地人民友好相处"三原则。我们去过很多艰苦的地方，与当地人民一起搞建设，我们的员工在沙漠中、荒原上、大山里付出辛勤的汗水，为当地带去幸福与繁荣，受到政府与人民的欢迎与感谢。我们坚持站在道德高地上办企业，比如在赞比亚要盖一座工厂，先给老百姓打了一百多口水井，还给小朋友建了学校。当然，我们也有新问题——如何做好内部协同、如何发挥综合优势、如何防范化解风险等，需要及时想办法解决，我提出的"六个一"国际化布局、精耕细作目标市场等都是我们的办法。我们着力抓抗风险能力建设，面对汇率风险、法律风险和政治风险的冲击，构建快速进入、退出和专业化的应对能力。

近年来单边主义和贸易保护主义抬头，全球化进程似乎撞上了"南墙"。这是长期积累的结构性问题，大家都在调整。我认为，我们还是要开放自信，要有更加成熟的心态。我主张新一轮的全球化应是"你中有我、我中有你"，我们要卖给别人东西，也要买别人的东西，"有进有出，有来有往"才能持续发展。现在我们既有这个实力，也有这个需要。我常说做生意要与人分利，达己达人，互利共赢。我们要坚持与"走出去"的民营企业、各国跨国公司开展合作。中美贸易谈判，和则两利，斗则两败，大家应该在竞合中解决问题。

中国企业的全球化进程方兴未艾，这几年我出国的次数明显增加了。不久前在达沃斯，中国国有企业家集体发声，很好地讲述了中国故事，我也在现场回答了很多的问题。过去中国人只是参与者，这一次成了达沃斯的主题。我不仅参观日本工厂、会晤欧洲的企业家，还去哈佛大学、麻省理工学院等感受创新的脉搏。我深深地感到，西方企业的优势是有着强大的创新能力和人才支撑，中国企业要始终保持谦虚谨慎的作风，扎实构建全球化的系统性力量，在全球化的道路上行稳致远。

01 全球机遇

※"全球化促进了整个人类社会的发展，受益的不只是中国，美国也受益，我们应该看到这个大的方向。"

问： 全球化能有效配置全球资源、降低成本，这是它的好处。但有些人

也在质疑，认为全球化未必就是好的，例如美国次贷危机引发了全球金融危机。您怎么看待这个问题？

答： 我是肯定全球化的。回顾人类历史，20 世纪发生了两次世界大战。这两次世界大战的核心问题都是国家的利益问题，战争结束之后就想到底该怎么办，是不是要建立全球化的体制。最终，从政治体制上设立了联合国；从经济秩序上设立了关贸总协定，后来被 WTO（世界贸易组织）取代；从货币体系上建立了布雷顿森林体系，每个国家都有自己的货币，而美国存了世界上 80% 的黄金，所以布雷顿森林协议选择用美元作为国际货币。三大全球化体制中，WTO 实际上降低了国际贸易的成本，用美元结算建立了信用机制。所以全球化促进了整个人类社会的发展，大家都受益，受益的不只是中国，美国也受益，我们应该看到这个大的方向。

问： 如何解释全球化带来的问题呢？

答： 全球化是一个好东西，但也有负面的东西。举一个很简单的例子，美国的金融危机、次贷危机让全球都付出了代价。亚洲的金融危机最早是从索罗斯袭击泰国货币体系、造成泰铢贬值开始，导致整个东南亚金融危机，后来波及中国香港、韩国等地区。各国之间没有了"防火墙"，一个国家或地区出现问题，会迅速蔓延到全球。

全球化还带来国际分工问题。国际分工本来是一件好事，应该分分工。但这引发了制造业向成本低的国家转移，造成美国、日本等发达国家工业的空心化，其工厂大量向中国等发展中国家转移。美国是靠金融、创新等来推动发展，制造业就萧条了。制造业萧条以后，两极分化更加严重，导致失业率高等问题。如果处理得不好，全球化确实也会带来很大问题。中国也是如此，虽然这些年经济发展了，但我们给全球造东西，成为全球的工厂，造成大量的环境破坏和资源过度消耗。

问： 这些问题是不是发生中美贸易摩擦的诱因？

答： 这些问题实际上也引起了各国关于全球化的讨论，到底全球化谁得的多、谁得的少，大家又开始计算了。美国人觉得自己吃了亏，他们的逻辑是现在买东西都是买中国的东西，把钱都给了中国，中国拿着钱没用，买了美国的国债，等于美国向中国借了钱，借了钱以后美国人再用于生活，再买中国的东西。美国人认为这种贸易不平衡。中国人觉得，东西很便宜地卖给美国人，拿了一点绿钞，中国人又没用还得借给美国人花，等于自己吃了那么多苦，而美国人不干活养得挺肥，掉过头来美国人还骂中国人。大家各有各的看法。

不管怎么说，现在全球化确实遇到了问题，不久前的达沃斯论坛上讨论的也是这个问题。当然全球化还遇到了新问题，就是第四次技术革命、AI 技术等带来一些新变化等。

※ "全球化应是你中有我、我中有你，有进有出、进出平衡。如果真能做到这样，何愁没有好的国际环境呢？"

问： 您 2019 年去参加达沃斯论坛，对全球化问题有什么新的思考？

答： 1997 年，我作为中国政府代表团成员参加过达沃斯论坛，那时参会的中国人很少；而 2019 年的达沃斯论坛，中国近 300 人参会，占会议人数约 10%，可谓盛况空前。这次达沃斯论坛年会的主题是"全球化 4.0：打造第四次工业革命时代的全球结构"，旨在建立应对各类挑战下的全球化新规则。

今天的全球化进程是第二次世界大战后开始的，尤其是世贸组织的建立为全球化确立了规则，促进了世界经济发展。但 2008 年全球金融危机后，由于西方发达国家经济恢复缓慢，单边主义和贸易保护主义抬头，同时民粹主义也开始在一些国家泛滥，一些过去主张全球化的国家转向关门主义。这也就是之前讲到的，一方面反映出当代资本主义社会的规则出了问题，因为这些规则使得财富通过市场过度集中到少部分人手里，加剧了贫富分化；另一方面这些年美国和欧洲脱实向虚，大规模退出了制造业，享受新兴国家的低成本产品，造成了西方这些年失业率的增加和产业工人的不满。这是形成今天反全球化的主要原因和思想根源。中美贸易摩擦也是如此，表面上源于贸易不平衡，但深层次看则是美国脱实向虚和禁止向中国出口高技术带来的，是逐渐积累起来的问题。

在达沃斯论坛上，大多数参会者是理性的，几乎清一色地赞成全球化。我曾分别问过几位西方跨国公司的领导者和专家，他们普遍认为中美贸易摩擦是发展中必然出现的问题，历史上英国和美国、美国和日本之间都曾发生过类似问题，不足为怪，但又是个必须要解决的现实问题。美国耶鲁大学资深教授史蒂芬·罗奇在《失衡：后经济危机时代的再平衡》一书中认为，形成中美贸易不平衡的原因是中美的经济政策，而不是由关税不平等造成的。解决中美贸易失衡应是美国回归实业，而中国要提高各类社会保障，让中国人更敢花钱，以扩大中国的市场，减少对美国市场的依赖。我觉得罗奇的观点比较客观。

全球化是方向，核心是自由贸易，任何人也挡不住。全球化不只是利益问题，归根结底是价值观的问题。中国国家副主席王岐山在达沃斯论坛上发表致辞，把中国人"达己达人，天下为公"的传统文化作为推动全球化的价值理念。"达己达人"出自孔子，指的是可以称之为仁的人，一定是自己要站稳，也要让别人站稳，自己要腾达，也要让别人腾达。这句话讲的是人与人相处的道理，这个道理放在处理国与国、企业与企业之间关系中同样适用。全球化不是抽象的口号，而是你我他具体的行动，尤其是企业的行动。在达沃斯短短三天时间，我参加了12场各种论坛，还接受了中央电视台等媒体的采访。结合中国建材的实际，我详细介绍了中国企业在融入全球价值链、全球采购、与跨国公司开展合作等方面的做法，希望把达己达人的中国故事传递给世界。

我主张全球化应是你中有我、我中有你，有进有出、进出平衡。如果真能做到这样，何愁没有好的国际环境呢？在论坛上我也听到一个美国人说了这么一段话："中国人多聪明，什么都会造，那美国人怎么办？总不能都去种地吧。"虽然这段话有些极端，但反映了他们的担忧。所以说，全球化应彼此照顾，让大家把心放在肚子里。

※ "全球化不可能回到昨天，而是会改变。"

问： 全球化到底该往哪里走？

答： 现在我们研究全球化肯定还得做，不可能每个国家都封闭起来。美国反对的也不是全球化，美国是希望全球化对它更有利，不是说不跟中国做生意，而是做生意的时候要得到更多的好处，美国认为过去中国得的好处多。

今天全球化的根本问题是利益再分配问题，再深层次就是价值观的问题。到底利益该怎么分配，规则要怎么变化？实际上要建立新规则，因为已经回不到过去那种状态了。从中国来讲，我们也不害怕，因为经过过去这些年的发展，我们已经有了雄厚的基础。虽然说原来的全球化模式对我们是有利的，但是如果规则改变了，我们也有基础来应对这个改变。这种改变，如果早十年、二十年我们还受不了，当然晚十年我们基础会更好。我觉得这个时候改变，天塌不下来，即使天塌下来我们也能顶住。我们还是要积极地支持全球化，但是全球化不可能回到昨天，而是会改变。

问： 我们该如何改变以适应这种新的规则呢？

答： 从中国来看，中国的企业也要改变，要更加开放，形成更加开放的市场。2018 年进博会①来了 3600 家企业，现在很多国家和地区的企业又非常踊跃地报名参加第二届进博会。因为谁都无法拒绝中国近 14 亿人的大市场。所以中国上海的进博会肯定会成为世界上最大的贸易博览会，成为全球最大的贸易平台。2018 年的进博会我参加了，跟很多跨国公司进行了商谈，我说中国一定会开放更大的市场。同时我们也要多买国外的东西，不要什么都国产化，那是一个错误的逻辑。

问： 中国企业应该如何参与国际贸易？

---

① 2018 年 11 月 5—10 日，首届中国国际进口博览会在上海隆重举办。

答： 中国外汇储存 3 万多亿美元，还想存更多，然后去买国债。其实不如买一点先进的技术，买一点最新的生产线，我们也要有进有出，不能只进不出。在这个问题上，我也有一些新想法，要尊重国际分工，别人做得好就买他的。

最近我去欧洲，也到西门子、克虏伯①、法孚等大型跨国公司看看。世界上所有和中国建材有竞争的企业都很欢迎我，为什么？因为我认为，虽然中国建材和他们是竞争关系，但是还希望买点他们的东西。我给干部们讲，我们不要什么东西都一味地自己造。一个液压件人家做了 100 年，我们只需一个，买一个就行了，非要自己造一个吗？瑞士军刀我们肯定能造出来，但有造它的必要吗？既要卖给别人东西，也要买别人的东西，只卖不买是有问题的。

※ **"我们的国际化经营历经'产品出口—EPC—海外投资'的三部曲。"**

问： 中国建材是较早开始"走出去"的央企，在"走出去"的过程中，集团经历了什么？

答： 是的，我们很早就开始探索全球化经营，随着改革开放的市场化浪潮，我们不断摸索前进，历经了"产品出口—EPC—海外投资"三部曲，现在已经逐渐形成一套成熟的国际化思路。

从 20 世纪 80 年代开始，中国建材开始大规模引进国外先进的技术和装备，随后根据国家贸易政策，尝试出口石膏板、矿棉板、玻璃等产品，当时是为国家多创外汇，同时也打开了国际市场。随着生产制造和技术水平的不断进步，尤其是进入 21 世纪之后，我们实现了从以建材产品出口为主向以建材成套技术装备出口为主，并大规模承担国外工程项目总承包业务的转变。中国建材不仅培育了玻纤、新型建材等一批出口超千万美元的核心业务，水泥、玻璃、新型建材等工程总承包、成套装备和技术出口业务也实现

---

① 蒂森克虏伯股份公司由蒂森股份公司和克虏伯股份公司于 1999 年 3 月合并而成，业务范围涉及钢铁、汽车技术、机器制造、工程设计、电梯及贸易等领域。

了快速增长。

2011年4月，国务院国资委首次召开中央企业"走出去"工作会议，紧接着我随中国企业家代表团赴印尼访问。在此期间，我对中国建材"走出去"战略进行了梳理和思考，明确了从推动产品出口、开展EPC向重视资源和产业投资转型的国际化新思路。一是加大木材等资源类产品的进口，同时重视在全球战略资源方面的投资，为我国的长期经济发展打下基础。二是将国际业务向技术改造延伸、向生产管理延伸、向投资延伸，成熟一个投资一个，投资一个做好一个。2013年9月国家提出"一带一路"倡议后，中国建材在国家政策的引导和支持下，加速进入以国际产能合作、海外投资为特征的国际化第三阶段。国际产能合作不是简单地做EPC，也不是简单地卖设备、卖技术，而是要在海外投资建厂，通过全资、控股、参股、租赁等方式进行全方位投资。过去我们是贸易人员打前站，而大多数产业人员并不熟悉海外市场；今天，产业人员也要"走出去"，自己上战场，把工厂建在海外。

※ "面对复杂多变的全球经济形势，我们应转变思路，从出口导向转向投资导向，推动全球化经营向纵深发展。"

问： 通过您的介绍，我们体会到中国建材的国际化进程与我国改革开放的步调完全一致。

答： 是的。当前中国企业迈向国际化新阶段是历史的必然。多年来，我国依靠原材料和销售市场"两头在外"的经营模式，创造了高进出口额，积累了很多外汇。但国际金融危机之后，世界经济进入深度转型调整期，欧美国家实行"再工业化"，中国在劳动密集型产业中的比较优势逐渐消失，一些生活制品类加工产业已经迁移到东南亚、南亚等地区，全球制造业竞争格局发生了深刻变化。中国正面临产业链高端向发达国家回流、产业链中低端向成本更低的国家转移的双重压力，单纯的出口导向型经济已经难以为继。

我们应转变思路，从出口导向转向投资导向，推动国际化经营向纵深发展。我们过去习惯把GDP（国内生产总值）作为经济发展的衡量指标，却往往忽视了 GNP（国民生产总值）。在日本，GNP 数额长期高于 GDP，尽管 GDP 每年仅增长 1% ~2%，但由于有大量的海外投资和收益，日本还是很富有的。今天，中国也进入了从 GDP 向 GNP 跨越的时期。

※ "我们是全方位'走出去'，提出'六个一'的国际化布局。"

问： 中国建材全球化的过程遇到了什么问题？

答： 中国建材这几年总结了一下，"走出去"实际上有两大问题。

第一个问题是我们主要做 EPC 工程，给人家做水泥厂、玻璃厂。但我们单位比较多，做水泥工程就有 11 家公司，做玻璃工程有 3 家。我们出去也容易互相压价打仗。那该怎么办？不让打的话，大家说"为什么让他投标不让我投"，也不符合竞标原则；让打的话，从 2 亿美元标的打到 1 亿美元，1 亿美元就没了。从中国香港飞到南非要 16 小时，地球这么大，为什么非得去打？我们后来划定了一些范围，给大家切西瓜，每人一块，这一块就是你的"领地"。我们每一个公司在一个地方要精耕细作，是长期耕耘、根据地的打法，不要成为"流寇"，围着一个项目扎堆，打一仗都散开。要破除谷仓、横向协同，有一个统一的管理。比如埃及市场划给所属成都院负责，一方面做好水泥装备，另一方面也可以多元化，做一些别的工程。这样做了以后，就不再打乱仗了，大概提高了 30% 的效益。

第二个问题是中国建材资产负债率略高一些。"走出去"光靠投资会有很大的压力，我们就做了一个综合性"走出去"战略。中国建材本身是综合性建材产业集团，不光有水泥还有玻璃，不光有制造还有研发，不光有研发还有贸易。所以在"一带一路""走出去"的过程中，我们走出了一条适合中国建材自己特色的道路。

问： 您提到的"特色道路"是什么？

答： 由于我们综合性比较强，杠杆比较高，不可能大规模投资，而是全方位"走出去"。我们提出了"走出去"的"六个一"国际化布局。这"六个一"也是很有意思的一件事，把综合职能分一分，让每一个功能都得到发挥，都走出去。

比如说第一个"一"，就是要在全球做 10 个迷你建材产业园，不用很大，1 平方公里甚至更小就够了，就做水泥、水泥制品、骨料、商品混凝土、玻璃、石膏板等。比如，赞比亚产业园做得就非常好，在埃及也有一个主要做玻璃纤维制品的，投资都不大，大概在 5 亿~10 亿美元。

第二个"一"是做 10 个海外仓。国内很多产品出口，要运出去，运出去就要放在我们的海外仓里，不光是中国建材的产品，而是全国的建材产品。

问： 这个海外仓就是企业的物流中心？

答： 对。"互联网＋海外仓"①，这么一个概念，还集成了网上银行、网上办理出关等功能。这个我们要做 10 个。

第三个"一"是做 10 个海外区域认证中心和国际标准实验室。我们给发展中国家做了工厂、生产了产品，但是没有标准，不知道水泥能不能用，也没人能检测。所以我们就建 10 个海外区域认证中心和国际标准实验室，帮助他们把标准体系建立起来。

第四个"一"是做 100 个 EPC 项目。EPC 是我们的老本行，就是交钥匙工程，还要完成 100 个水泥和玻璃项目。现在每年都有几十个项目在做。

第五个"一"是做 100 个建材连锁分销中心。我们在南太平洋地区搞了 30 年建材连锁店。北京的百安居大家可能去过，百安居最早是中国建材引进来的，我们在里面有股份。国内我们做的都是 2 万平方米旗舰店，在国外做建材连锁店不可能做这么大，只有 2000~3000 平方米，做得非常好，现金流也非常好。在国外叫建材中心，我们准备在非洲建 100 家，要覆盖非洲，每个大中城市都要有我们的建材店，这样也可以卖一些中国的建材产品。

第六个"一"是要管理 100 个工厂。我们为当地建设的工厂很先进，没有一定基础管理不了。发达国家的白领们都不愿意去，过去工厂都是印度人和巴

---

① 见第五章商业模式创新。

基斯坦人管理，现在我们自己做。中国产能过剩，很多企业那么多干部和员工，我们编一编组就派出去。现在我们管理的工厂大概有 50 个。埃塞俄比亚有 9 条线，埃及大概有 8 条线，都是中国建材在管理，一条线差不多 50 个中国人，再配上当地的人，培训了大量当地员工。

问： 企业"走出去"有不同的模式，听起来中国建材更多的是提供制造服务？

答： 对，这是我们的新业务、新模式，我们叫智慧工业。水泥厂是当地的，因为人家不愿意卖，但是又不会生产，所以我们建完以后包投产，负责管理，管理一个工厂一年能赚 2000～3000 万元，管 100 个工厂就是 20 亿～30 亿元的利润。

我总讲这种新的业态。将来中国建材在全球是什么呢？在中国，就是有 1000 多家水泥厂；在国外，未来可能是工厂都飘着中国建材的旗，工厂不是我们的，但管理是我们的。我们现在朝着这个方向发展，但这个是靠大家的智慧去做的，而且作为新业态将来还可以上市。现在中国建材不仅管理水泥厂、玻璃厂，还想管理钢铁厂、化肥厂等，都能够提供管理服务。

"一带一路"真的能做好多事，但也要根据企业自己的特点来量身定做。像中国建材根据自身杠杆比较高的特点，不能简单地靠重投资去做，而是要靠技术服务业这些轻资产的东西去做。

※ "我们要参与重建美国和欧洲。美国和欧洲的基础建设对我们是有机会的，因为我们是做建材的。"

问： 除了"一带一路"沿线，中国建材有没有在其他国家和地区投资？

答： "一带一路"我们会全力以赴做，建材是先头部队，因为兵马未动粮草先行，没有水泥怎么搞"一带一路"建设？"一带一路"上清一色是中国建材建设的水泥厂和玻璃厂。

我们现在也重视对美国、欧洲、日本的投资，尤其是美国和欧洲。因为美国和欧洲现在基础建设都落后了。1988年我去过华盛顿，最近又去了一次，间隔了31年，但华盛顿没有任何变化，反而更旧了，马路坑坑洼洼。到纽约，也没什么变化，倒是波士顿有一些变化。毕竟波士顿经济发展领先全美，所以盖了不少新楼。欧洲也是这样，我上次到西班牙，也没有什么变化。当地盖一个机场要盖好几年，修一条路今年修一点明年修一点，进展很慢。

所以我们要参与重建美国和欧洲。说起来大家觉得太狂妄，我的意思是说美国和欧洲的基础建设对我们是有机会的，因为我们是做建材的。同时美国和欧洲外汇坚挺，赚钱容易还有信用。我们在美国、欧洲都是签完了合同，定金就打过来，没有一个公司没信用。我最近常在想全球化"一带一路"，我们肯定要做一个先锋官。但是在美国、欧洲这些地方，包括加拿大，我们都要择机进入。

问： 中国建材是如何做区域规划的？

答： 中国建材过去给"走出去"画的圈是七个区域：第一，非洲，主要是非洲东南部；第二，南美，主要就是智利、巴西、阿根廷；第三，中东地区；第四，中东欧，包括原来独联体国家、匈牙利等；第五，中亚五国；第六，南亚，印度、巴基斯坦等；第七，东南亚。当时分成了这七个板块，最近我想规划还得加上北美和欧洲，这可能要成为我们下一个重点。

问： 企业"走出去"的过程中，往往首要考虑的就是产品标准化还是本土化的问题。中国建材的一些产品会面临这样的问题吗？是怎么样处理的？

答： 建材这方面问题不大，不管是水泥、玻璃、石膏板等都是近代的工业化产品，标准当然有不同，有美国标准、欧洲标准、中国标准，但总的来讲是标准化的。如果是食品、服装、生活用品可能就存在本土化的问题。像给我们公司提供午餐的法国索迪斯公司，这家公司是世界500强，主营业务就是给全球大公司提供午餐。你会发现在我们食堂里面做饭的大厨都是中国人，做的都是中国人的菜，不会在这里做西餐。因为它是一个跨国公司，在每个国家会按照当地的习惯去做。但是也有不同，比如说像麦当劳、肯德基，它做的东西就是标准化的东西，不管是在中国、外国，番茄酱就是这个酱，薯条就是这个薯条，就是美式文化，带着标准化出去的。索迪斯公司如果按照肯德基、麦当劳那么干，把职工午餐都做成一样的，肯定没人用它。所以索迪斯公司就是考虑到了本土化，到各国按照当地人的习惯做，商业模式就是提供大公司的午餐，做得很好。

02 合作共赢

※ "我们要学会和跨国公司合作，不要吃独食。"

问： 全球化发展过程也是不同国家或地区依靠比较优势进行分工的过程，我们看到产业链上的高附加值环节大多数都在西方发达国家的企业，中国企业大部分还是处于低附加值环节。如何转变这种局面？

答： 这需要一个过程。中国是一个后发经济国家，要想上升到高端，需要一个过程。在这个过程里，还得处理好低端和高端的关系，因为不可能一下子就高端化，肯定是从低端到中端再到高端。现在我们搞供给侧结构性改革，主要解决两个问题：一个是低端的过剩问题，另一个是产品的中高端化问题。即使都中高端化了，可能有些东西仍要买别人的。中国有近 14 亿人，这么大的市场很吸引人，但是我们也别都自己造，也要去买别人的东西。这才叫国际化。

再者，我们要学会联合开发第三方市场。因为过去，比如非洲，因大部分是殖民地国家，非洲市场都是西方跨国公司的天下，这儿讲法语，那儿讲西班牙语，那儿又讲德语。现在中资公司也来了，是一个新进入者，又要讲中国话，而且每个国家都要进入，人家就会紧张。

问： 应该如何处理呢？

答： 就和别人联合开发。中国建材就和欧洲的施耐德、法孚、史密斯[①]合

---

① 丹麦史密斯公司。

作，在"一带一路"沿线联合做了100多个项目。像克虏伯公司，本身是做大炮的，兰州铁桥就是克虏伯建造的，这个公司也造水泥设备。2018年国务院发展研究中心主办中国经济高峰论坛，克虏伯的一把手来了，想要见见我。见面第一句话他说我们俩是竞争者，但我说我们是合作者。2019年我去达沃斯，法国的施耐德、德国的西门子听说我去，都要见一见。大家之间是有竞争，但也有合作，我们可以联合开发第三方市场。

我们也互通有无，我做的好东西你用，你做的好东西我用，进行全球采购，能够有更好的性价比，这非常重要。我们跟日本三菱在中亚和东南亚国家开展了合作。虽然说这些年中国建材发展了，但和三菱这种老牌公司相比，还有不小差距。三菱集团光三菱商社就有680亿美元的收入，而三菱集团有28家核心公司，三菱商社只是其中的一个。关键三菱在全世界有网络，每个国家都有，而中国建材恰恰缺少这样的全球网络。它下属的三菱重工以前做水泥和玻璃装备，现在结构调整不做了。这些东西谁做呢？中国建材做。因此，我们就和他们合作，利用三菱在全球的触角，我们就不用去设那么多办事处，利润分给他们一点，他们也很高兴。我们要学会和跨国公司合作，不要吃独食。

※ "中国建材'走出去'三原则：第一，为当地经济做贡献；第二，与当地企业合作；第三，与当地人民友好相处。"

问： 关于国际化，您提出过"走出去"三原则，这是在什么背景下提出的？

答： 我们到国外，到非洲和其他国家，要跟当地的企业合作，不要去了以后就以占领者自居。我到赞比亚，赞比亚总统就问我去赞比亚干什么。我说很简单：第一，为赞比亚经济做贡献；第二，与赞比亚企业合作；第三，为赞比亚人民做好事。他说，你讲的第二条是我最感兴趣的，以前中资公司来，我们特高兴，但也特害怕，因为你们来了我们的企业怎么办，你刚才说跟我们企业合作我就特别高兴。

15年前在土耳其做水泥项目的时候，那时还不叫"一带一路"，我就说中国建材要"走出去",有三原则:第一,为当地经济做贡献;第二,与当地企业合作;第三,与当地人民友好相处。中国经济参赞说,这三条真好,如果中国公司都这么做,咱们"走出去"就成功了。

中国建材在埃及做了一个世界最大的水泥生产基地,拥有6条日产6000吨水泥生产线,最高峰时现场施工人员有1.2万人,但中资公司只有2000人,其余1万人都是埃及当地的。我们把活儿分给8家埃及公司,让他们做土建,他们做的质量非常高,做混凝土工程也特别漂亮。我们算过,如果1万人都是我们自己派,光食堂就要做100个,还得带一大批中餐厨师,这么多人往返签证,无法想象。我们与当地企业合作,给人家活儿,咱们来做甲方,当地就特别高兴,总统也特别高兴,而且也很安全。因为当地这些企业都保护我们,有点风吹草动就告诉我们,把中资公司保护起来。

中国人出去不是殖民主义者,要跟当地人友好合作,才能"走进去",才能够长期做好。国际化肯定是一个好东西,但是国际化的规则在改变。这个过程中,中资公司也要进行相应的改变来适应。今天国际化遇到的困难,有一些也不只是别人的问题,我们中国公司也有自己的不足,也应该改变。

※"国企、央企在'走出去'过程中,无论是主观原因,还是客观原因,总受到这样那样的误解。"

问: 作为一家大型央企,在"走出去"的过程中,有没有受到一些误解或者遇到一些阻力?

答: 这些年来,国企、央企在"走出去"的过程中,无论是主观原因,还是客观原因,总受到这样那样的误解和阻力。我总结了三大误解,并在2019年全球化智库主办的"第五届中国与全球化论坛"上做了阐述,引发了现场很多企业家的共鸣。《环球时报》记者在现场对我进行了专访,刊发文章的题目叫《国内外都应破除对国企的误解》。后来我听说,《环球时报》总编辑在审版时专门在这篇文章旁边题了话,认为这三个问题很有现实针对性,而且解释得入情入理,有说服力,这篇稿子也被他评为A稿。

问： 三大误解是指什么？

答： 第一个误解是关于竞争中性原则。在讨论"走出去"的时候，竞争中性原则是一个热点话题。国有企业，英文是 SOE（State Owned Enterprise）。但中国现在的国有企业是历经了 40 年改革的国有企业，是经历了上市和混合所有制改造的国有企业，并不是传统意义上的国有企业，既不是我们 40 年前纯而又纯的国有企业，也不是西方人理解的那种国有企业。我们叫"混合所有制企业"。这是一种既有国有资本，也有非公资本，交叉持股、互相融合的所有制方式。

中国在海外进行了许多投资，承接了许多项目，但这些投资和项目不是中国建材直接完成的，而是通过它底下的公司去执行的，中国建材只是投资公司、控股公司。例如，中国建材底下有个中材国际[①]，这家公司在海外进行了许多工厂的建设，那么这个公司是什么股权结构呢？中国建材在中国建材股份有限公司的股权中占 44%，而中国建材股份有限公司在中材国际的股权里占 35%。大家想想 35% 乘以 44% 等于多少，也就是说国有企业在中材国际股份中的比例小于 20%。因此，我们在海外真正参与竞争的企业并不是纯粹的国有集团公司，而是国有集团下面的上市公司和混合所有制企业。

还有一个例子是在美国、埃及投资做玻璃纤维的中国巨石。它在埃及每年也有几亿元的利润，但这家公司的资本结构也像中材国际那样，中国建材在中国建材股份里占 44%，中国建材股份在中国巨石里占 27%，大家可以算算 27% 乘以 44% 等于多少。这家公司的国有股不足 15%，也就意味着 80% 以上都是民营企业持股、股民持股，或者海外机构投资者持股。

也就是说，虽然我们老说国企、央企，但如果真正计算参与国际市场竞争的企业中国有股占比的话，我们的股权比例是满足澳大利亚人讲的竞争中性原则的。这次我去美国和他们交流，就是要把这个情况和他们说清楚，不然总是说"大央企、大国企"来了，产生许多误会。

现在的国企是改革后的企业，是中国特色的国有企业，和传统意义上理解

---

① 中国中材国际工程股份有限公司。

的国有企业不同，在国际化过程里，尤其外国的朋友们，大家也能够理解。

问： 那第二个误解呢？

答： 第二个误解是关于国家补贴。在企业经营过程中，政府有些政策，例如针对水泥业务，如果企业在混合材中加一些电厂的粉煤灰，政府就会给企业一定比例的税收返还；政府支持光伏和电动汽车发展过程中也有些税收减免。但是这些税收减免并不只针对国有企业，而是普惠的，民营企业和外资企业都可以享受。但是税收返还在国有企业财务计账时会被记入政府补贴栏目，这样通过上市公司公告，大家就会以为这些政府补贴是国有上市公司独有的。但实际上，这部分补贴是大家都可以有的。

前些年，水泥利润低，大家会发现相关国有企业的一部分利润来源是政府补贴。但这实际上是企业综合利用了粉煤灰，帮政府解决了环保问题，所以享受了一些税收返还，而且民企和外资企业都同样享受这个政策，并不存在所有制歧视。我之所以能讲清这个问题，是因为我这么多年常参加上市公司路演，对财务报表中的政府补贴比较清楚，也经常给投资者解释。

最近，关于国有企业享受政府补贴的说法还有很多，有些人还列举了上市公司公告中的政府补贴，但这实际上是一个误会。我在企业工作多年，不论中国建材还是国药集团从来没有享受过特别的针对国有企业性质的政府补贴。反而是我常向政府建议，应适当增加国企的资本金。国企这些年缺乏资本金补入，不少企业杠杆偏高，而且随着上市增发，国家又很少认购，国有股逐渐被稀释。长期看这倒真是个问题。

问： 您刚才解释的这些内容，与我们之前对国企"走出去"的认知是一样的，希望有更多的企业家在国际上发声消除误会。第三个误解是什么呢？

答： 第三个误解是关于融资问题。不少人认为国企在贷款时受到了银行特别的支持，其实这也是对国企的误解。实际情况是大企业贷款相对容易，中小企业相对难。现在绝大多数银行都实行股份制，是上市公司。因此，银行贷款是根据企业的信用评级决定的，不会因为是国有企业就贷款。前些年关掉的那么多国企，银行也没有去救。

国企贷款容易是因为今天的国企都是大企业集团，而目前银行贷款一般需要母公司对贷款企业出具担保。这一点大企业容易做到，而对于中小企业来说，找担保比较难，只能做财产抵押，但中小企业财产有限，且一般要打一半的折，所以贷款困难。民营企业中的大企业，比如华为和阿里肯定都能贷到款。所以要解决中小企业贷款难的问题，一方面需要银行改革信用担保体系，另一方面中小企业也要提高商业诚信。我认为，目前中小企业贷款难和国企没有关系，我们不应该把什么问题都归咎于国企和民企的所有制区别。一有问题就怪国企，这既不客观，也不合理。

※ "中国现在搞改革开放、国际化，应该正确认识跨国公司，它也是中国公司的一部分。"

问： 越来越多的中国企业"走出去"，成长为跨国公司，对此您有什么建议？

答： 我们老讲跨国公司，什么叫跨国公司？现在中国公司"走出去"，就成了跨国公司吗？实际上还不完全是。我在达沃斯跟几家跨国公司的老总交谈，包括跟西门子、瑞士 ABB、施耐德。这几家公司都是跨国公司，他们的共同点给我很大启发。瑞士 ABB 老总跟我说，他们公司总部在瑞士，但并不是瑞士的公司，只有总部几个人在瑞士，他们是全球的公司。西门子老总说，他们的总部在慕尼黑，但也是全球的公司，在某种意义上他们是中国的公司，因为60％的业务都在中国，而且主要制造地在上海。施耐德的老总是法国人，起了个中国名字叫赵国华，他平时在中国香港，也不在法国。

我这次也问他们一个问题：中国现在的成本在增加，越南成本低，你们是不是要跑去越南？西门子老总说，他们跨国公司不会因为越南成本低就向越南迁移，越南他们也做，但是大本营肯定还是在中国、美国和欧洲，这是他们主要的制造基地。他们说一个产业要搬家是非常困难的，西门子在上海配套能力很强，人才很充分，虽然成本现在比以前高了点，但是这些配套他们是离不开的。

所以，我们要转变对跨国公司的理解，不要简单理解为它是德国的，还是瑞士的。中国现在搞改革开放、国际化，应该正确认识跨国公司，它也是中国公司的一部分。有的跨国公司总部搬到了爱尔兰都柏林，就能说它是爱尔兰的公司吗？他们搬过去的想法也很有意思，就是为了给员工减税。总部在中国，高管的个调税要交到45%，在瑞士是15%。也有好多搬到中国香港，中国香港是16%的税。跨国公司有时候有这样的想法，因为他们是高收入阶层。

※ *"中国产业的转移是必然的，一些制造业会向成本低的地方转化、转移。同时，低端的转出去一些也是必然的，我们自己的结构要调整。"*

问： 随着中国经济的崛起和人力资本成本的提高，中国企业和经济面临着产业链发展的两个困境，一是高端部分回流到发达国家，二是低端部分转移到发展中国家，比如越南等。您也谈到很多，包括提到中美贸易摩擦再晚十年可能对我们更好一些，对于目前的困境，应该如何面对？

答： 这个问题大家讨论了很长时间。中国的产业有点高不成低不就，现在东南亚和许多地方有很大竞争力，过去做的中低端产业都在进行转移。不光我们，当年日本也是这样，大部分产业转移到中国、韩国，就空心化了。现在我们也遇到了同样的问题。

日本成功转型了，从过去做中低端制造业向着高端高科技产业进行了转化。我前不久去日本考察，体会特别深。大家知道过去日本的支柱产业是白色家电和汽车产业，所以它有一大批做白色家电的企业，像日立、松下、三洋、东芝等。当时白色家电产业转移到韩国和中国之后，这些企业面临很大的问题。但现在，这些企业都基本完成了转型，由过去白色家电转向了新材料、高科技、智能化、新能源等领域，新的竞争力非常强。比如我们用的手机，很多材料和部件都是来自日本这些转型后的企业。

以日本为鉴，中国产业的转移也是必然的。一些制造业会向成本低的地方转化、转移，但我们也不用很难过，因为我国和日本有很大的区别。日本国家小、人少，所以像中国这样的国家把它的制造业拿过来以后，它基本上在这方面就没有优势了，只能转向高端化、高科技。但是中国有近 14 亿人口，我们自身是一个消费大国，这些制造业不可能全部都靠进口，我们的工业要满足自己的需求。这是我们和日本的区别。

问： 在国际竞争中，中国产业结构或企业产品结构应该如何调整优化？

答： 目前，我们也遇到了外来低成本的竞争，多是国际竞争。过去东南亚也买我们的东西，现在人家都自己做了。20 世纪 70 年代的时候，美国 70% 的商品进口自日本。而到 21 世纪初，70% 进口自中国。如果到美国、欧洲超市货架上买一件小孩的纯棉衣服，过去都是中国制造，现在可能是孟加拉国、菲律宾、泰国、越南制造。尤其是越南，也在大规模招商引资，也有不少国际上的大企业入驻越南。

我刚才也讲了，在达沃斯，我专门和几家大的跨国公司的 CEO 交流了迁往越南等成本更低的地方的问题，他们也有自己长远的考虑，不会因为低成本就简单地进行转移。我讲这个是什么意思呢？第一，成本低确确实实对我们有威胁，但是主要盘面我们维持得住，我们自身是一个大的消费国，自己的制造业不可能全部靠进口。第二，从国际上来讲，跨国公司也会把它的根牢牢地扎在中国，不会轻易把根拔出去。这是对我们有利的方面。但是不利的方面确实也有，就是国际市场上的低成本，看谁的成本更低，看谁的东西做得更好。中国这些年随着成本的增高，企业在制造业方面的竞争力也遇到了很大的挑战，这是特别严肃的问题。尤其是中小企业，以海外市场为主的、在沿海布局的这些中小企业就要转型。

其实我们的转型也在很快地进行。比如像深圳、东莞，过去做低端制造，很多中国台湾人做的工厂，都是这种几千人、几万人的轻工业工厂，这些工厂都开始转化。现在深圳已经变成了一个高科技产业中心。低端的转出去一些也是必然的，我们自己的结构要调整。

问： 最近大家针对"卡脖子"技术的话题讨论较多，您认为应该如何应对？

答： 这是高不就的问题，你会发现"卡脖子"技术越清理越多，好像哪个地方都卡着脖子，所以大家都很担心。但是我恰恰不是这么看的，因为从"卡脖子"来讲，是建立在如果非全球化了，你跟别人闹僵了，别人就要卡你。那么他为什么要卡你？能不能让他不卡？这些高科技公司也希望产品全球化，任何一个公司都希望把产品卖出去，大家都来用。比如一个手机里都有好多"卡脖子"的部件，如果生产的公司不卖部件给你了，你的手机是不能用了，但他也没市场了，中国有近 14 亿人口的市场，企业从自身来说不会执意要卡你。

因此，这是两方面的。一方面，我们还是要开放。现在国内加大了对外开放力度，包括最近的《外商投资法》等，都是加大了公平度，让别人进来更放心，可以不再卡我们。其实做的就是不再"卡脖子"的事情，是你中有我、我中有你的融合。另一方面，在海外，不光是"一带一路"，我们还得和美国、欧洲、日本三个大的经济体高度融合，跟他们的公司密切合作。我即将去欧洲参加意大利和法国的高访团，这次我想再增加一站，到德国考察，去拜访三家大型企业。德国的克虏伯，就是过去做大炮那家公司，他们现在也有一块做水泥装备的业务；还有做电器的西门子；另外，我还准备拜访一家汽车制造厂，大众或者奔驰。

问： 您参访国外企业时主要关注哪些方面呢？

答： 因为我们现在总讲要世界一流，喊得震天响，到底世界一流是什么，我们要好好看看。我拜访的企业一定是世界一流的，都是百年老店，而且都有专业技术，产品都做得很好。我希望和他们的领导者谈谈，因为他们的高级领导过去都拜访过我们。实际上国际上的跨国公司对中国的大型企业非常重视，都是 CEO 亲自来。我们中国公司的一把手出去的并不多，真正去拜访企业的更少。像法国圣戈班也是世界 500 强，过去在建材领域里他们第一，我们第二[①]。2019 年 4 月，他们的一把手夏朗德又来中国建材，一年来两次。来干什么？就

---

① 根据 2018 年企业营收决算，中国建材营业收入已经超过法国圣戈班。

是到这个楼里看看宋总，听一听，问一些问题，他认为这很重要。有时我问他来北京有事吗，他说没事，就来看看我。有时候他上午从日本过来跟我谈一次话，晚上就飞巴黎了。高层之间这种商谈特别重要，所以这次我就准备去德国、法国看几家公司。

※ "尊重国际分工，用全球化的视角来看待。"

问： 您对这次中美贸易摩擦有何看法？

答： 美国政府宣布，自 2019 年 5 月 10 日起，对从中国进口的 2000 亿美元清单商品加征的关税税率由 10% 提高到 25%。中方回应，自 2019 年 6 月 1 日起，对已实施加征关税的 600 亿美元清单美国商品中的部分，提高加征关税税率，分别实施 25%、20% 或 10% 加征关税。国家成功举办了第二届 "一带一路" 国际合作高峰论坛、中国北京世界园艺博览会、亚洲文明对话大会等，都表明中国正在大力推进与世界各国的合作和交流。美国并不是国际化的全部。法国总统马克龙曾公开表示，法国在建设 5G 方面重视国家安全，但不会封锁特定供应商。习近平主席 2019 年首访赴欧洲三国，其中之一就是对法国进行国事访问。加强与世界各国的合作和交流，不仅可以加强彼此间的贸易往来合作，还能在一定程度上缓解当前复杂多变的中美贸易问题。

这一次中美贸易摩擦让我们发现我们的差距还那么大，一旦出了问题，我们还会被 "卡脖子"。所以我们就要开始研究各种东西，希望我们能另辟蹊径，全部自己来干，这是一种情绪。当然，我认为这并不一定是最好的办法。过去我们也搞过，包括万吨水压机、南京长江大桥、原子弹等，都造出来了。但是改革开放初期我们依然很贫困，举国之力只能造一两件大东西，造不了千千万万个被 "卡脖子" 的小东西。我个人以为还是要开放，积极地融合，尊重国际分工。分工也没有什么坏处，该谁做的谁做，谁都能活，应该用全球化的视角来看待。如果说由于中美贸易摩擦，由于看到了 "卡脖子"，我们什么都关起门来自己干，走到这样的极端也不好。越是这个时候，越是应该加大改革开放，加大全球采购，加大全球企业的融合。

问： 未来全球化还是要走向合作共赢的道路。

答： 为什么美国不卡日本？上次我去日本，跟日本旭硝子①的 CEO 谈，他说美国人很有智慧，创新这一块他们不如美国人。他们日本人制造特别好，美国人不愿意干活，制造都是日本人做。我说那为什么不给我们，为什么美国老是卡我们高科技的东西。他说中国人太聪明了，中国的技术专利比美国还多。我说我们的技术专利大部分都是实用新型专利，真正的发明专利并不多，但是我们喊得比较响。西方人比较重视的是发明专利，而我们是实用新型专利较多，因此创新能力他们还是在我们之上，这个得承认。

他还说了一个原因，美国之前在中国打知识产权官司一个都没打赢过，好像最近赢了一个。最高法院院长周强讲，中国尊重知识产权，西方有几个官司在中国都赢了。我觉得也挺好的，如果知识产权能够得到充分保护，别人也会放心。一个巴掌拍不响，出现问题的时候，双方应该各自总结，西方怎么能理解我们的制度、政策，我们怎么能理解西方的一些政策，彼此看重些什么东西，这样才能融合。如果大家不谈了，各自搞一套，我相信那不是我们的未来，我们的未来还是全球化。在这个问题上，纪念改革开放 40 周年的时候，习近平总书记讲要加大改革开放，我觉得这是中国人有智慧。2018 年上海的进博会，我们就可以感受到中国市场的强大吸引力。

问： 中国拥有巨大的市场需求，这是吸引跨国公司的一个重要方面。

答： 在中国做企业，有独一无二的优势。我们有近 14 亿人的大市场，其中 4 亿人是中产阶层，购买力很强。同时，我们有这么多年的海外市场基础，中国产品质量还不错，在国外得到普遍认可。当然个别时间、个别国家也有一些问题，但是总的来讲，中国产品在海外还是打下了基础。现在我们仍在大量地出口，拿中国建材来讲，这些年全球 70％ 的水泥装备、玻璃装备都是中国建材这一家公司做的。

所以低端制造和高端制造的发展是此消彼长的。我们看到今天这种危机是

---

① 旭硝子株式会社，成立于 1907 年，是全球第二大玻璃制品公司。

好的，因为这让我们知道不要盲目地认为中国什么都能做。有的产业转移出去了也用不着很难受，转移也是必然的。同时，我们的门开着，别的东西进到我们这儿也是必然的。

※ "过去我们是用市场换技术，现在可能是市场换市场。中国是大市场，光换一个市场还不够，要换别人的'市场＋技术'。"

问： 与中国最初开放的特点相比较，现在的国际化进程有何不同？

答： 最早我们是用市场换技术，现在可能是市场换市场，因为中国市场很大，国外市场也很大。现在我们跟美国是在市场换市场，中国是大市场，光换一个市场还不够，要换别人的"市场＋技术"。虽然中国更重视技术，但是中国也得向别国开放市场，包括减税等，让别国也向中国开放市场，也愿意把技术转移到我们这来。要让技术转移过来就要尊重知识产权，如果不尊重，外国人就不敢来。有些高科技的工厂设在欧洲、日本、韩国，为什么不设在中国？就是因为在知识产权上有顾虑，所以必须打消他们的这个顾虑。知识产权的问题有一个发展过程，任何国家和地区都有，当年日本、韩国、中国台湾都有，这是必然的。当一个国家发展到一定程度的时候，就会特别重视知识产权。所以现在我们和美国的贸易摩擦，除了关税之外，就集中反映在知识产权这个问题上。在这方面我们国家的应对策略不是光跟他们讲道理，我们也做了很多实质性的工作。

※ "青山遮不住，毕竟东流去。我们要不畏浮云遮望眼，坚定扩大开放，推动互利共赢。"

问： 下一步是不是要重点解决这些问题？

答： 每一次改革或者每一次进步、进化都是被倒逼的。没人逼你，你就会按照原来的思路一直做下去；如果有人说你这样不对，开始你会觉得不服气，后边你再想想它的道理，最后你可能会改变自己，再进一步，这不是坏事情。

中国的经济现在要从中低端迈向中高端，这是一个产业升级或者技术转移的过程。确实我们也不能再像原来那样，大量生产中低端产品了。因为中低端产品看起来成本低，但是消耗大，浪费能源多，污染严重。这些低端产品供应全球，污染却全部留在中国。所以我们自己要向着中高端化进行转移，也就是现在要从过去的有没有转到好不好，从高速发展转到高质量增长。

现在进一步改革开放，中国很多大企业未来的发展也要从本土化向跨国公司转变，这里面还有一个意义，就是全球的技术可为我所用。中国建材现在在德国有几家公司，其中有一家就是只做技术的公司。最近我们希望在美国也设一家这样的公司，把当地的技术人员组成一个公司，让他们帮我们做研发，不要让他们这么远跑到中国来，那样费用很高，让他们离开当地环境、当地学校、当地实验室也不行，因为配套环境也很重要。很多跨国公司在硅谷、波士顿都有大型研发中心。波士顿是全球医药的中心，全世界新药绝大多数是在波士顿做出来的。

总的来讲，我希望中国还是要加快全球化进程，现在单边主义、贸易保护主义，既有西方人固有的东西，也有我们市场开放还不够完善、市场机制建立得不够国际化的问题。

问： 您如何看待全面深化改革开放？

答： 改革开放是 20 世纪中华民族复兴的伟大历史进程的延续。从近代史看，我国的洋务运动虽未实现富国强兵的目标，但让中国人开始睁眼看世界，为国家融入世界做出历史铺垫。此后，经过漫长的艰辛探索，直到改革开放后中国才真正重启了国际化进程。40 年来，中国企业在开放的环境中艰苦奋斗、边干边学，逐渐从数量和质量两个方面逼近并赶超西方发达国家。近年来，发达国家要求中国扩大开放的声音越来越强烈，这既反映出全球贸易的结构失衡，也反映了西方发达国家对中国崛起的不适应。中美贸易摩擦就反映了这些问题。面对严峻形势，我们要从宏观和微观两个层面去思考，把握开放合作的历史潮流，坚定扩大开放的决心。

问： 从宏观和微观两个层面做怎样的思考呢？

答： 从宏观层面来看，我国要用更加开放的市场吸引国际投资者。中央经济工作会议指出，要推动全方位对外开放，推动由商品和要素流动型开放向规则等制度型开放转变，并提出了改善营商环境的系列举措。制度型开放将解决大门开了小门没开的问题，让投资者进得来、留得住。在中国举办的进博会上，全球跨国公司几乎悉数参展，反映出一个近 14 亿人口的大国市场对全世界的吸引力。同时，我们要不断扩大"朋友圈"，开辟更广泛的市场，推进共建"一带一路"，减少对单一市场的依赖，东方不亮西方亮。这些需要我们一方面加大宣传，树立中国和平发展、永不称霸的良好形象，让国际社会理解中国的和平崛起既是无法回避的现实，又有百利而无一弊，同时也要和美国等贸易大国相向而行，合理地调整关税和开放相应的服务业市场。

从微观层面来看，中国企业自身也要积极行动，推动扩大开放。一是要尊重和积极参与国际分工，与跨国公司共同整合产业链，进行全球采购，发挥各自所长，让大家都有生存和发展机会。二是主动联合跨国企业开发第三方市场，不搞"我来你走"。许多国外市场原来是跨国公司的天下，现在中资公司进入，必然会出现竞争，我们可以共同开发市场，把蛋糕做大，让大家都受益。三是严格遵守国际规则，尊重和保护知识产权，这是我们提升自主创新能力和与西方技术公司打交道的基础。四是把"走出去"与"引进来"结合起来，既要到发达国家投资建厂，又要引进跨国公司在国内合资合作，做到你中有我、我中有你、深度融合。我国进一步开放市场，对现有企业会形成一定压力，但应该看到，我们和发达国家产品互补、产业链相互依赖，如果能够公平竞争，以市场换市场，可以实现双赢，对我国企业也是好事。另外，经过改革开放 40 年的洗礼，中国企业完全可以在市场中进行更高水平的竞技锻炼，大家应对扩大开放充满信心。

问： 微观层面具体该如何做，您能介绍一下中国建材的做法吗？

答： 中国建材近年来不断升华认识，走了一条开放包容的国际化道路。我们的海外 EPC 项目注重全球化采购，既发挥国产装备的性价比优势，又积极采购一些跨国公司的高技术关键设备，赢得了市场，缓解了矛盾。与法国施耐德、日本三菱商社、丹麦史密斯等跨国公司合作，联合开发"一带一路"等海外市场。强化企业市场化行为，在市场中不打国家旗号，"走出去"的混合所有制企业国有股比例都在 30% 以下。坚持互利共赢，与跨国公司、上下游企业和所在国企业密切合作，努力开拓多元化市场。一方面深耕东南非、中东、东盟、南美等重点区域市场，不把鸡蛋装在一个篮子里；另一方面积极拓展美欧日市场，既尝试收购高科技企业，又积极投资中高端产业，把工厂也建到发达国家。

青山遮不住，毕竟东流去。我们要不畏浮云遮望眼，坚定扩大开放，推动互利共赢。中国坐拥一个庞大的市场，人口数量、消费升级、经济环境等方面都有着巨大的优势和潜力。我们以前讲以市场换技术，今后更多的是以市场换市场，既让中国成为世界工厂，也让世界成为中国的工厂，既让中国成为世界的市场，也让世界成为中国的市场。

03 防控风险

※ "很多发展中国家有一个共同特点，就是贬值，挣那么多钱很快就贬没了。"

问： 开展海外业务的不确定性及其风险很高，刚才您提到中国建材在非洲投资建厂，有没有遇到什么问题？

答： 我去美国时，跟中国建设银行驻美国银行行长聊天。我说现在很多企业进入非洲，都遇到了很多问题，比如汇率问题。因为有些国家没有外汇，在当地赚的钱换不了汇。换不了汇，钱就出不来，是很大的麻烦。很多发展中国家有一个共同特点，就是贬值，挣那么多钱很快就贬没了。

中国建材以前在巴布亚新几内亚搞了一个公司。当地的货币叫基纳，最初1基纳约合1.1美元，后来贬值到1基纳约合0.28美元，所以我们原来赚的钱都贬掉了。在当地汇1万美元出来需要外汇管制局批，很麻烦。我们在非洲把钱买了芝麻运到国内来，等于易货贸易了。如果是石油、铁矿砂就好一些，但芝麻这些货物的销售也是问题。另外，非洲国家的政局变化特别快，这也是很大的潜在风险。

问： 您前面提到了中国企业国际化的区位选择问题，您认为选一个特定的区位，需要从哪些方面来衡量，比如文化的问题、制度的问题、法律法规的问题，哪一个更重要？

答： 中小企业特别顽强，几乎在任何地方都能赚钱。有些市场大企业去容纳不了，中小企业有更多机会。中国的中小企业在全世界任何一个国家都有，而且在任何一个国家都有成功的。中国人"走出去"后很勤奋，我很佩服他们，而且有很多民营企业不是今天"走出去"的，它们早就"走出去"了。

问： 中国企业"走出去"常常面临哪些风险？

答： 我们在海外的风险主要有三种。

第一，刚才讲到的外汇汇率风险，就是外汇管制和贬值的风险很大。这是我们要衡量的，别做了半天，钱出不来，或者做了半天，钱贬值了。当然如果在当地住，成了永住民又是另一回事。

第二，要重视政策风险。有的国家政策变来变去，企业刚刚赚钱政府就把税收提高了，弄得企业赚不到钱。

第三，战争风险，要重视人身安全。有的国家容易发生政变和战争，因此要特别注意战争的风险。但做企业就是这样子，哪儿都有风险，风险多的地方有时反而有些机会。但有一点要特别注意，就是人身安全，如果人不安全赚钱就没用了。

问： 还有一点是关于制度的问题。中国香港是亚洲四小龙之一，能够迅速发展起来很重要的一点就是对于外资一视同仁，所以大家都愿意去中国香港做生意。印度在 20 世纪 90 年代之前不对外开放，即使这样，也有企业在限制中赢得机会。您是如何考虑在同样的环境里面去获得自己的优势？

答： 是这样，任何国家都有它的特点，要根据每个国家的实际情况选择不同的进入方法。比如你说的印度这个地方，真的不太好进入。印度的交通条件、生活环境都不太好，印度人比较多，比较排外。在印度做企业最好跟当地公司合作，自己单独做就不太好生存。我们在印度就跟当地一个公司合作。

但是很重要的一条是要站在道德高地上做企业。我们怀着"真、实、亲、诚"的儒家文化和当地融合，就会好一些。不管政治，在当地人缘好就行。其实巴布亚新几内亚这个地方也不稳定，我们在那也遭到过抢劫，甚至被手枪威胁，但总的来讲我们还能做下去。为什么？因为我们在巴布亚新几内亚每年都要做一些慈善事业、公益事业，登一些广告，做公益宣传，做一些好事。这样的话每次出现骚乱的时候，我们在当地的员工都能得到很好的保护。

在赞比亚做项目之前，我们先给当地打了 100 口井，捐建医院和学校，周边老百姓对我们特别好。这样，我们在当地就可以取得好的资源，建了工厂又为当地工人培训，这个很重要。我去埃塞俄比亚时，从总统到部长都见我，他们很关心技术转移，希望中国给他们点技术，就像我们改革开放之初给发达国家提出的要求一样。他们的诉求有两点：第一，能不能转移给他们一些技术，包括培训人员；第二，能不能给他们做点项目出口换汇。总的来讲，企业要处理好与当地政府、民众的关系。

※ "怎么才能成功地'走出去'？应该稳扎稳打、步步为营，建立根据地。"

问： 刚才提到"走出去"的问题，好多企业可能在国内发展得很好，但是在"走出去"的时候就碰到了很多困难。

答： "走出去"时打败仗、吃些苦头并不是我们特有的。刚说大规模"走出去""一带一路"的时候，我跟三菱的社长有一次比较深入的谈话。他跟我说，当年日本一窝蜂地都"走出去"，真正成功的很少，绝大多数都失败了，希望中国的企业汲取日本的这个教训，不要认为外边什么都好，哗啦啦就出去了，一定要做好准备，到底该怎么"走出去"。这是当时他给的提醒。他还说，日本"走出去"比较早，一些好资源都被日本公司或跨国公司占领了，中国"走出去"相对晚了一些，好的地盘、好的资源已经很少了，去的都是比较苦的地方。

他的观点很中肯，我们现在"走出去"的过程中，有成功的也有失败的。刚才问怎么才能成功地"走出去"，还是应该稳扎稳打、步步为营，建立根据地，要了解情况，扎扎实实地干。中国建材现在也是在这方面划定了一些区域，就在这些区域里面精耕细作，真正理解这个国家，一点点地做，不要着急，这对我们很重要。

问： 您提到这些风险可能都是存在的，从企业的角度怎么去更有效地防范这些风险？

答： 其实防范风险是很难的，因为风险是客观存在的。我们也想了一些办法，比如说刚才咱们讲到的汇率、外汇问题。一般来讲，像房地产等不动产相对保值，纸币贬值的时候房地产会升值。中国也是这样，这么多年都是这么走过来的，房价也是一直在涨。我就提出，赚的钱放在当地银行里是非常危险的，可以买一些房地产，有机会的时候再调整。当年中国香港、中国台湾的企业来内地（大陆）的时候就是这样的打法，圈一些地，盖一些房子，随着内地（大陆）外汇多了，再换出去，这也是一些变通的方法。

※ "在整个'走出去'的过程中，要想防范风险，不要只看那些发展中国家的市场和机会，也要看发达国家的市场和机会，做一个平衡。'走出去'既要积极做，又要减少盲目性。"

问： 刚才也提到合作开发，有没有可能再去扩大规模，在新技术上面做

一些投入？

答： 这些也都是办法，做投资比把很多钱放在账上等着贬值好。在中国也是这个道理，存很多钱不如买房子、买地。发展中国家更是这样，要规避汇率风险。因为汇率风险是存在的，过两年就贬值，除非选择不去这个国家。

去美国时，我跟中国建设银行驻美国银行行长聊，我说现在要做"一带一路"，发达国家比如美国、欧洲这些地方的投资怎么样，因为现在中国在美国的投资也很大。他和我的看法是一样的，发达国家有发达国家的好处，因为汇率比较稳定，政策也比较稳定，所以实际上中国的公司并不只是通过"一带一路"走出去，在美国、欧洲都在加大投资。欧洲和美国的基础建设也都比较落后。我去华盛顿时发现，跟我30年前去的时候相比，城市反而更旧了，很多道路都裂了。而中国的机场、高速都是新的，非常漂亮。欧洲更是这样，也需要基础建设，也需要造房子、修路、造桥、建机场。这对我们来讲有很多的机会，我们不要放弃发达国家的这些机会，所以中资公司现在也在做欧洲、美国市场。日本市场就差一点，日本公司本来就比较拥挤，想进入日本市场比较费劲。但欧洲市场比较容易进入，像西班牙、葡萄牙都比较容易进入。美国现在号称美国优先、回归实业，也是有机会的。这方面大家也可以适当做一些调整和考虑，其实"一带一路"也延伸到了一些发达国家。

企业对外投资是一个平衡。因为风险总会有，投了十个，能有七个投成的就不错，有三个亏了，这是正常的。桥水基金的创始人瑞·达利欧说，他的投资原则挺简单，就选三块完全不同的业务，不要选一块业务。比如基建好他不会全投在基建，只投一部分，医药好也投一部分，新材料好再投一部分。把投资分成三部分，这样就降低了风险。

人为防范风险有时候很难，客观风险都是有的。现在整个"走出去"的过程中，要想防范风险，不要只看发展中国家的市场和机会，也要看发达国家的市场和机会，做一个平衡。在"一带一路"里面，我们的布局也要调整，地盘的选择也要考虑，比如中国建材在非洲基本上是做东南非洲这一块市场，因为那里经济、环境比较好，而且中资公司开发得也比较深。在欧洲，我们基本在中东欧这一块做，原来是独联体国家，加入欧盟之后，他们也有好多发展机会，货币是欧元也相对坚挺一些，这也是我们看好的地方。

问： 刚才提到区位布局就像打仗布局一样，在这个决定过程中，中国建材有怎样的决策程序？

答： 集团总部负责做战略规划，比如在全球究竟去哪儿布局。我们把全球市场分成了七块，将这七块市场再进一步分一分兵力，规范哪一块谁去。因为我们是一个大的集团，与业主对接不打乱仗，都是由集团来统一排兵布阵。当然，我们也鼓励公司自己的积极性，总部毕竟眼界有限，兵在外将在外，他们在外面有自己的想法，也会及时跟总部沟通，我们获得一些新的信息，也会适当地让他们做一些调整。

总的来讲，"走出去"这件事既要积极做，又要减少盲目性。"走出去"有风险，不要做太大的风险项目，尽量可控可承担，这是我防范风险的思路。如果说预防风险，风险是客观存在的，很难预防。我们把鸡蛋放在几个篮子里，这也是一种办法。获取信息要准确，反应要快，反应慢一步都不行。

※ **"在应对风险的过程中，快速反应、快速决策是非常重要的。"**

问： 中国建材的反应很快，企业是不是有快速决策的通道和流程？

答： 很简单。比如说撤侨，我们在好几个国家都发生过这个问题。在伊拉克、也门、利比亚都有我们的项目，也有中国的保险机构，有些项目上了保险，这对我们来讲很好。过去在乌克兰、利比亚的项目都通过中国信保①投了保险，我们就没有遭受严重的损失。保险是一种措施，西方应付风险就是用保险。有时我们也得紧盯形势，采取一些措施，比如利比亚打仗，我们的船在向他们那儿的运输途中就得改道运到别的地方，不能再往那个地方运了。在应对风险的过程中，快速反应、快速决策在企业里是非常重要的。

---

① 中国出口信用保险公司，简称"中国信保"，成立于 2001 年。

企业要经常总结归纳风险防范的措施。中国建材每年都编制全面风险报告，其中会认真地分析国际上的风险，并进行判断，指导大家该怎么做。

问： 风险是客观存在的，做企业不可能完全规避风险，而且高风险往往意味着高收益，中国建材在国际化进程中是如何看待风险问题的？

答： 企业要找没风险的地方，或者风险可控可承担的地方，一定不要去高风险的地方。其实包括美国、欧洲任何地方都有风险。像有些地方正在打仗，我们就得等一等、看一看再去。但从另一方面来讲，也许现在去了，将来可能又好了，去了就发财了，这种情况也有。中国建材讲风险可控可承担，就是如果企业认为这个风险可控可承担，愿意承担风险，有应对风险的能力，愿意去也不一定不对，这是我们总讲的企业家的冒险精神，螃蟹总要有人吃。

做企业真的是挺难、挺灵活的一件事，真的很难写在书上，说这个该怎么做，不是大家只要拿到一本宝典就知道该怎么做了。我们谈的都是经验和体会，别人看到的只是宋志平的经验、中国建材的经验，不一定适合他。但是看多了以后就可能熟能生巧，在遇到事情的时候，可能既不是中国建材的模式，也不是国药模式，而是他自己结合实践创造出来的模式。就好像走路一样，至少他可以知道我们是怎么走的，也得琢磨琢磨。这本书实际上就是告诉大家我们走过的路是怎么走的，不见得非要按照我们的路一步一个脚印地走，但要知道大概的方向，遇到了什么问题，哪里有沟沟坎坎。有时候我总跟大家说，我们在前面走等于给后面的人插上路标，如果我们不插路标，那个坑崴了我们的脚，同样也会崴别人的脚，所以要告诉大家这些东西。

　　※ *"海外的民营企业比较早就过去了，对当地的政策、法规都非常了解，有时是我们的引路人。"*

问： 您提到"走出去"的第二个风险是跟东道国政策、法律法规相关的。企业外派出去的这些领导者是如何在国际环境中成长起来的？

答： 大家都是从战争中学习战争。"一带一路"需要基础建设项目，基础建设就需要建材、建材装备，所以我们第一轮就走了出去。现在在外边跑的大多是工程公司，都是原来设计院的人，有的过去在国内有做项目的基础，做项目经常风餐露宿，这些人有基本的素质，比如去非洲、中东的沙漠里，他们也不怕苦。大家刚开始不熟悉国外情况，我跟着他们第一次去沙特阿拉伯利雅得做水泥项目，当时合肥院去了20多人都是设计人员，他们以前没有去过中东，到了不同的国家仿佛到了另一个"星球"。但也正是从那儿开始，他们慢慢地跟当地政府、当地人熟悉，一年以后都成了专家，再去都非常熟悉了。所以没有哪个人天生就对国外情况很熟悉，都是逐渐成长起来的，国际化的人才也是在国际化过程中成长起来的。

问： 您在达沃斯世界经济论坛2019年年会上提到中国建材"走出去"的时候，受到当地中国中小企业的接应？

答： 是的。其实很多行业都是民营企业、中小企业先"走出去"，做了很多工作。他们"走出去"的压力确实很大，但中国人真的很能干，也很厉害。比如有些发展中国家，贫穷、腐败、效率低下、政权更替快等，从外边看哪个国家都不敢去，但凡是中国在当地有公司的一般都知道怎么来应对、处理关系，都能解决问题。这只能靠实践，不入虎穴，焉得虎子，只有进去了，才能够逐渐地适应。我们现在到任何一个国家都有中国人，而且都在那儿扎下了根，为中国"走出去"打下了非常好的基础。

在达沃斯世界经济论坛2019年年会的"中国之夜"分论坛上，我专门讲了一段话，我说央企"走出去"时很多是中小企业接应我们，中小企业有的20年前就去了，把当地搞得门儿清，我们去了，到机场接我们的就是这些中小企业，我们跟当地总理、总统见面，负责联系的也是他们，他们对中国"走出去"贡献非常大。

我们在"走出去"时，国企、民企不分家，是一个"兵团"。从我们来讲，特别重视海外的中国"兵团"，尤其是海外的民营企业，他们比较早就过去了，对当地的政策、法规都非常了解，是我们的引路人。比如我们到赞比亚做建材工业园，最早是通过在赞比亚的一个中国人进入的。这个人 20 年来一直在赞比亚，对当地很熟悉。这样我们跟他合作搞混合所有制，他也投了 20％ 的股份。

问： 这种实践过程是不是也成为中国建材独有的国际化模式？

答： 这是我们的捷径。中国人"走出去"时究竟是什么形态？有时一个桌子吃饭，大使、央企领导、地方企业领导、民营企业领导，这一桌子人身份各异，但都是中国"兵团"，而且合作得非常好。这是一个借力的问题，我对这个也是特别重视。

"走出去"是一个实践过程。现在中国建材的这些干部们踏遍青山人未老，到每个地方去，一定能讲得头头是道，这就是一个企业在国际化进程中慢慢成熟的结果。如果和日本三菱比，我们现在做得还不够，日本三菱几乎在每个国家都有办事处。因为它年头更长，我们有时还借助三菱的办事处，双方联合开发第三方市场。

　※"借力我们自己的民营企业对当地的了解和经验，借力跨国公司联合开发，同时自己的干部们也很辛苦，踏遍青山，'走出去'应该是这么一种借力的思路。"

问： 您能不能谈谈中国建材和日本三菱战略合作的情况？

答： 好的，我们双方有战略合作协议，不光和日本三菱，还有法国施耐德。施耐德在非洲有很多网点。因为中国建材是后起的公司，如果在世界上处处建立办事处，开支费用就会太高。因此，我们借力跨国公司的一些办事处，利用它们的一些触角开展合作，比我们都去设办事处要好。

借力跨国公司联合开发，借力我们自己的民营企业对当地的了解和经验，同时自己的干部们也很辛苦，踏遍青山，"走出去"应该是这么一种借力的思路。中国建材这多年走得还算比较稳，但也出现过一些事情。比如我们的 3 名工程人员在巴基斯坦被当地的匪徒枪击身亡，也经历了利比亚、也门的撤侨行动，出现过重大交通事故等。这些突发情况我们处理得也很得当，比如在处理巴基斯坦工程师境外身亡的事情时，从开枪到遗体运回来仅用了 58 小时，包括赔偿问题、和当地的关系等方面都处理得非常妥当，可以说是中国解决类似突发性事件里处理得最好的，整个处理过程受到了国家领导的表扬。我记得当时《中国建材报》上的大标题就是《中国企业走出去路漫漫》。在"走出去"的过程中这些情况总会发生，"走出去"不是免费的，回想一下也有不少的牺牲，不少的磨难。但是现在越来越了解，越来越成熟。

※ "我们也在吸引各方面的人才，但吸引的这些人才只能占到30%，70%必须靠自我培养，包括在国际化过程中也是一样的。"

问： 中国建材海外公司的领导大部分是空降兵还是企业自己培养起来的？

答： 绝大部分都是自己培养起来的，在海外收购公司也是和当地融合在一起，比如收购的德国公司。

问： 海外公司一把手是中国建材自己的干部吗？

答： 海外公司我们尽量选一些当地人，但是一把手等核心人员都是我们自己派过去的。比如在阿根廷、巴西，当地的中国人很多，都是年青人，外语很好，对当地也很熟悉。我也经常跟他们说，不要大规模从国内派人过去，就在当地招一些人，成为中国建材的雇员，也可以招一些当地的外国人成为雇员。像在英国招的都是当地的英国人，做得都很好。当然我们的核心人员还是公司自己的干部们。

空降的概念和刚才讲的不太相同，空降大部分指的是核心人物是从其他公司里过来的，比如说去做海外项目的核心人物是空降的，增加我们国际方面的能力，是这个意思。我们这方面比较少，绝大多数干部靠自己培养，长期地培养忠实于集团文化的核心干部。这点很重要，核心干部必须真正忠实于我们公司的文化。

我们发现，这些干部绝大多数都是大学毕业就来到公司的人。就是所谓的跟随效应，从大学毕业走上社会第一天就到了这个公司，这个就会比较好。空降的就可能有很大的问题，即使再去扭转、转化，他总是不自觉地用自己脑子里的那套东西，所以我们对空降干部做一把手比较慎重。

但是我们也知道，要想事业不断发展，一方面是培养出更多的骨干，从学校里大量地招些学机电、国际贸易的学生，在公司培养一段时间，然后派出去，有个三五年就能成为骨干，这个应该是我们的一个主要方向。另一方面我们也在吸引各方面的人才。但吸引的这些人才只能占到30%，70%必须靠自己培养。包括在国际化过程中也是一样，主要靠自己培养干部。我去埃及看到工地上这些干部们都非常优秀，基本上都是我们自己培养的，都是大学一毕业就来到了集团内的设计院，一直摸爬滚打。

※ *"艰苦奋斗要提倡，但也要人性化地管理，考虑到大家的需求。"*

问： 中国建材在海外有很多公司，但是其管理层大部分家庭都在国内，怎样才让他们安心在国外工作呢？

答： 这是个大问题。我们过去也遇到过这样的问题，有的员工长期在海外工作，最后离了婚。我们也在思考这个问题。最近在赞比亚搞工业园，我们盖了家属区。员工在国内的爱人可以跟着去，孩子可以在当地的国际学校读书。西方人就是这样，比如法国驻中国的大公司都有这些待遇，包括孩子们上学都有补助。西方大公司对去海外工作的员工补助很高，是特别人性化的，这也是我们正在做的。过去我们做得比较多的是EPC，短期的，有点流动的，今年在这儿做一年，明年在那儿做一年，那种工作性质就很难带家属。现在如果是扎根一个国家做产业园，我们希望把宿舍区一起建起来，解决这个问题。同时，我们也实行人性化的管理，希望干部们能够经常回家，爱人们也可以去看他们，增加这种机会。

当然，我们尽量少派人。中国巨石在埃及的公司有2500人，里面只有50个中国人，其余的都是当地人。其实这不光是中国企业的问题，所有跨国公司都遇到同样的问题。包括在国内也是，做推销工作就面临常年出差。我以前做销售的十年，在家的时间不超过三分之一，更多的时间是在外面出差。当然一代人和一代人不同，现在年青人的价值观跟那时又不同了，他们要求更多了，尽可能给他们更多的满足，这也是以人为中心的管理文化。艰苦奋斗要提倡，但也要人性化地管理，考虑到大家的需求。

问： 派驻海外的中国员工与本地属地化的员工有着不同的思维方式和工作方式，两者在共事的过程中有没有冲突问题？

答： 有。我们在埃及有工厂，埃及是伊斯兰国家。比如在上班时间，当地员工就要做祷告。我们要尊重他们的民族习惯，不能不让他们这样做。久而久之他们也知道中国公司不大习惯这些，也会尽量减少，慢慢也在互相适应，我们要适应他们，他们也要适应我们。当然，如果中国员工要吃肉、喝酒还得回避他们，这是他们的宗教习惯。

我们也带去一些好东西。比如在巴西，当地人按星期发工资，如果一个月一次性发，员工很快就花完，到月底就没钱了，所以在这些方面要照顾他们。我们照顾他们的习惯，也影响他们。企业有一些要求，慢慢让他们也习惯我们，相互融合。

我们每年工作年会的时候，有一些平台公司也会来一些外国职员。他们是模范，我们给他们佩戴大红花。以前人少的时候旁边弄个翻译，人这么多以后翻译不过来了，大家在那听着，中国人鼓掌他们也鼓掌，中国人笑他们也笑。我们就考虑以后这种会，要加一个同传，尊重我们的海外员工。现在中国人特别是年青人去外面的也多了，也有在海外成立家庭的。整个社会都在变化，所以国际化中的很多事情都是新事物，我们也一步一步地在适应。

04 走向舞台中央

※ *"中国有越来越多的话语权。我做世界水泥协会主席这件事情，其实不是一个偶然事件，而是一个必然事件。"*

问： 您当选为世界水泥协会创始主席，已经有越来越多的中国企业在国际上发声，可否请您谈谈中国企业是如何影响国际环境的？

答： 世界水泥协会是 2017 年在英国成立的，是欧洲人成立的协会。为什么要请中国人做主席呢？他们自己内部是有争论的，一部分人认为水泥的中心在欧洲。确实过去几十年，水泥的中心就在欧洲，我们的技术、工艺都来源于欧洲。几个大的跨国公司当时都是在欧洲，像拉法基、豪瑞、海德堡①。但是这些年变化很快，现在全世界的水泥大公司，是中国建材、海螺集团这些公司，中国的产量已经占到全球产量的 60%。同时，中国的设计院和研究部门，在水泥技术和成套装备的掌握这方面开始从跟跑到并跑，甚至有些领域已经处于领跑的位置。

所以，现在围绕着水泥中心到底是在欧洲还是转移到了中国，欧洲有不同的看法。有一些老牌大型欧洲公司就觉得他们还是，实际他们已经不是了，中国的影响力一方面在中国，另一方面在整个世界，现在跨国公司用的都是中国建材的装备。我们正在法国南部帮助拉法基做一个项目，它曾是世界第一的老牌公司，所以正在发生很大的变化，中国有越来越多的话语权。

他们请我做主席这件事情，其实不是一个偶然事件，而是一个必然事件。换到十年前，这件事情不可能发生，但在今天就会发生。因为我们的影响力越来越大，我们的话语权也越来越大。包括最近一次去美国，正值中美贸易摩擦，我为什么还去美国呢？我跟国资委领导说越是这个时候越应该在美国发声，越应该跟美国人去讲讲我们的故事。

当年美国制裁中国，钱其琛等很多中国外交家都到美国去游说，跟美国解释中国改革开放并没有改变。当时在中国有两种看法，一种看法是邓小平讲的继续改革开放，还有一种就是反和平演变，要闭关锁国。最后还是选择了改革开放，美国人也理解了中国，随之而来的是这么多年的合作期。

---

① 德国海德堡水泥集团成立于 1873 年，是世界主要的水泥制品生产商之一。

现在也一样，双方发生了摩擦，但谁都知道要留有余地，因为大家还要共同存在，而且中美利益合作是最重要的。这种观点得有人去说，得有人说得清楚，我在美国就在说这个事情，美国人能听得懂我们的故事。

问： 沟通是最好的解决方式。

答： 是的。我这次在哈佛大学讲了我们国有企业发展的故事，为什么我们是这样的而不是那样的，都讲清楚了，大家都听明白了。所以影响力也是这样，一方面，经济实力发展，影响力会越来越大；另一方面，也要多宣传、多引导，得有这种人跟对方讲一讲到底发生了什么。

问： 如何能够更多、更好地把中国企业的故事传播出去呢？

答： 企业的影响力跟我们读的书也有关系。20 世纪 80 年代改革开放初期，我们最早读的是美国企业家的书，李·艾柯卡①等。后来我们读日本企业家的书，松下幸之助②、盛田昭夫③、稻盛和夫等。再后来，韩国也出来一批成功的企业家，我们又读了韩国人的书。再之后的中国台湾王永庆、中国香港李嘉诚等，这又是一批。现在到了中国大陆企业家的时代，说到影响力，应该把我们的经验介绍出去。中国是一个大语系的国家，台湾的书无论中文还是英文都翻译得非常好，我们大陆就略差一些，不过最近我看中信出版社出的书翻译得也特别好。

我到国外，会到当地的书店去看。例如，阿根廷有个世界第二大书店，非常漂亮，但介绍中国的书却很少，几乎找不到。从影响力来讲，包括硬实力、软实力。我们的硬实力现在在加强，软实力上也要下点功夫。尤其是学校的老师们，在这方面有优势，要多把中国的经验、中国的企业家、中国的故事推出去。

---

① 李·艾柯卡，曾担任过福特汽车公司的总裁，后又担任克莱斯勒汽车公司的总裁，把这家濒临倒闭的公司从危境中拯救过来，奇迹般地东山再起，使之成为全美第三大汽车公司。

② 松下幸之助，日本著名跨国公司松下电器的创始人，被称为"经营之神"。

③ 盛田昭夫，日本著名企业家，索尼公司创始人之一，被誉为"经营之圣"。

※ "我去哈佛大学时，感到大家都很喜欢中国的案例，都想知道中国到底发生了什么，中国企业为什么能够这么快地发展。"

问： 国内 MBA 教学近年来也发生了很大的变化，以前绝大部分使用的都是外国企业的案例，现在 MBA 学生更愿意了解中国企业是怎么做的，中国企业案例反而比外国企业案例更受欢迎。

答： 因为中国在快速成长。我 2019 年应邀到哈佛大学做案例演讲，其间和鲍沃教授①进行了对话。鲍沃教授今年 79 岁，很有资历，是哈佛大学商学院原来的副院长，现在也是哈佛大学商学院终身教授。他参加过苏联休克疗法的谈判，也参加过中国进入世界银行美国代表团的谈判，迈克尔·波特就是他的学生。这次真的是十年之约。因为 2009 年时中国建材刚刚开始重组，重组了南方水泥以后他们觉得很震动，中国基础原材料领域里竟然有企业用了西方重组的方法，居然是这样的打法，而且中国规模又大，要远远超过西方的整合。所以，鲍沃教授非常感兴趣，来北京找我谈了半天，然后决定做一个案例。后来他带着学生来做了两年，2011 年把这个案例做了出来。他一直邀请我去哈佛给他们讲讲这个案例。这一次正好是世界银行邀请我代表世界水泥协会做个演讲，然后顺道到哈佛大学把这个十年之约履行了。

我的感受是大家都很喜欢中国的案例，都想知道中国到底发生了什么，中国企业为什么能够这么快地发展，是靠政府补贴还是垄断吗，到底中国建材是什么，国药集团是什么……有好多好多的问题，两小时就讲清楚了。

问： 中国企业家有机会走上哈佛大学讲坛的非常少。

答： 对。我上一次去达沃斯，中央电视台去做采访，我到他们的采访演播厅里，统统都是外国人，甚至直播用的摄像师都是外国人，等于就是外包

---

① 约瑟夫·鲍沃是哈佛商学院著名教授，具有 40 多年的执教经验，曾与其团队赴中国调研，整理总结出 "中国建材：推动中国水泥产业发展" 案例并列入哈佛商学院课程教材。

了，他们给拍，最后编成节目发回北京去播。不然这么远，工作人员背着机器怎么去？我看到有好多人讨论，说很想看看宋总在哈佛大学演讲现场的录像，很想知道宋总是怎么给他们讲的。我们正在整理，整理以后也会发出去，这些东西我们没有什么保密的。

※ "麻省理工学院不只有教学，这个地方就像咱们的中关村一样，都是实验室，学院规模并不大，但是创造的效益特别大。"

问： 您这次也在麻省理工学院调研和交流了一整天，我看到您写的文章《从麻省理工看产学研创新体系》①，您可否介绍一下麻省理工学院的创新体系？

答： 那篇文章是我在回国路上写的。麻省理工学院和哈佛大学一河之隔，这次去中国建材加入了麻省理工学院全球产业联盟②，也给了我很大启发。这个联盟成立了 70 多年，有 265 个企业会员。

这个联盟是干什么的呢？麻省理工学院出去创业的学生和这个平台联系的有 1700 个，1700 个校友平台也是会员，265 个企业是对接单位，每年都会对接。比如中国建材需要什么技术，通过这个平台告诉他们，这 1700 个校友平台就会研究自己有没有，怎么能满足。每一年差不多能产生 600 项左右的合作。所以，麻省理工学院不只有教学，这个地方就像咱们的中关村一样，都是实验室。本科生只有 4000 多名，研究生有 6000 名，也就是说研究生占了一大半，本科生并不多，教师大概只有 1000 人，规模并不大，但是创造的效益特别大。麻省理工学院以校友为主导的公司一年能创造 2 万亿美元的 GDP，号称"世界第十大经济体"。

麻省理工学院的教育，我看了以后觉得非常吃惊。它的机械系原来的系主任是一个中国人，陈刚院士。中国人能在麻省理工学院当系主任是不简单的。他刚刚从系主任位置上退下来，在美国也是一位名人，是中国人的骄傲。这次单独跟

---

① 宋志平：《从麻省理工看产学研创新体系》，国企网，2019 年 3 月 12 日，http://cnsoe. com. cn/ygq/31484. jhtml。
② 麻省理工学院全球产业联盟创办于 1948 年，旨在促进研究与企业间的交流。

他聊了聊，了解到的情况让我很受启发。他虽然是机械系的主任，但是他带的博士生搞什么的都有，比如新能源、海水淡化、生物技术等。不管做什么，只有有一个想法，有人觉得这个想法挺好，提供资金支持，才可以。一个学生一年大概需要10万美元的费用，如果中国建材说我愿意出这个费用，资助这个研究，这样就落实了。因为有资金来源，项目又不错，就可以得到陈刚教授认可，作为他的学生了，并不拘泥于一定是与机械系相关的。陈刚教授本身是学锅炉专业的，不是说不搞锅炉的学生他就不带，他是发散性的，跨学科的。

我去了麻省理工学院的媒体实验室。这个实验室最早是搞新闻传播的，现在都是数字化新材料，看完以后觉得跟媒体完全不沾边了，就是这种极端发散的做法。现在麻省理工有五个学院，还要建第六个学院。这第六个学院是干什么的？没有专业，就是把智能化、大数据和五个学院建立联系的学院。

麻省理工学院的教育是创新的，培养和研发了那么多诺贝尔奖获得者、企业家和新技术，值得我们的高校学习。我们的教育其实很多和企业还是分开的，这样搞产学研是不成功的。最后还是老师在教学生，学生在学习，这个过程还是远离实践的。企业也不知道学校里在教些什么，企业跟学生之间更没有联系，学生毕业了才有联系，而在麻省理工学院不是这样的。

问： 您刚才提到的"没有专业"其实是一个跨专业的概念，大家也常讲"开放式创新"的概念，但是如何打破学科的边界、产学研各环节的组织边界等都是难题。

答： 大家总认为一个搞锅炉研究的去研究生物制药是不务正业，另外会质疑他懂吗。但是他的学生懂，学生愿意研究。老师会指导一些方法、观点，彼此互相学习、共同研究，我觉得挺好的。我听他给我讲，也觉得特别高兴。我为什么在飞机上写了一篇文章，也是想让更多人知道麻省理工学院是怎么做的。

从我个人来讲，脑子里有很多问题。比如对美国，我想知道美国创新为什么处在世界最前端，到底发生了什么，我脑中有很大的问号。我也读书，但我也要自己研究，所以要亲自去和他们谈，到底美国人对中国人有什么看法，到底在美国人的眼睛里中国人是什么样的，美国精英对中国精英怎么看。我要去直接问美国的教授，要他亲自回答。瑞士为什么创新好，我直接到 ABB、施华洛世奇①，跟他们的 CEO 谈。我还想去以色列，看看以色列的大学是怎么做教育的。我不能只听我们的人回来跟我说，我要自己去见人见物。

我为什么要去德国？是想研究什么是世界一流。我们老在这儿讲世界一流，如果连世界一流都没看过怎么可能成为世界一流，我要带着这个问题去，问问西门子的总裁什么是世界一流、他怎么看这个概念，克虏伯的 CEO 怎么看这个概念，奔驰公司的董事长怎么看。这些东西对我们是至关重要的。

前不久，我去日本也是去问，去后写了一篇文章《吃惊之后看日本》。我去参加达沃斯论坛也是一样。这次去美国，看起来是我到哈佛大学演讲，实际上我也是去问他们去了。鲍沃教授代表学校请我吃晚饭，当然还有他的几个助手。因为我到美国有时差，去的时间又短（过去去美国能待一个星期，现在规定不能超过五天），我也确实年龄大了，但是晚上要跟鲍沃教授谈，要问他们很多问题，必须很清醒，不能老在那儿打哈欠。所以我在见他之前的下午先睡了一小时觉，要在最精神的时候跟他谈，要问他们很多问题。这些年我和外国人打交道时，不停地问他们问题和看法，我觉得必须知道他们的真实想法和意见，这是很重要的。

※ "过去我去达沃斯的时候基本都是听外国人演讲，现在每一个演讲台上都有中国人。"

问： 您刚才提到达沃斯世界经济论坛，我看到资料中提到您第一次去那儿是 1997 年，2019 年再去参加有什么不一样的体会吗？

答： 这次的体会太不一样了。达沃斯是施瓦布先生创立的。他是一个德国人，喜欢滑雪，20 世纪 70 年代的时候，在那儿搞了一个俱乐部一样的组织。一些喜欢滑雪的教授们，经常弄一个沙龙，讨论一些问题。后来他在 20 世纪 80 年代就搞了这个论坛，邀请各国政要来参加，"世界经济论坛"的名字很好，很快出了名。

---

① 施华洛世奇（SWAROVSKI）成立于 1895 年，为全球首屈一指的水晶与珠宝制造商。

我是在 1997 年跟着时任国家经贸委副主任陈清泰，一共 5 人组成国家代表团去的。那时候中国企业很少，几乎见不到。当时印象比较深的一件事是，大家表决下一个发展热点是哪儿，90% 以上都选中国。那时大家都觉得中国会发展很快。

这一次去就不一样了，参加论坛的代表大约 3000 人，中国有 300 人，占了10% 。在那儿各国的重要人物都能看到，有高级政要，德国总理、日本首相、巴西总统都去了，我国王岐山副主席也去了，都发表了演讲；还有中央部委的，像国资委主任肖亚庆，包括商务部领导、香港特首等。除了会内还有会外的节目，国资委做东还搞了中国之夜，林郑月娥也参加了，还有中国的官员和中国企业家，有国有的，也有民营的，以及关心中国的跨国公司的一把手。达沃斯充满了中国的气氛。

2019 年达沃斯论坛的主题是"全球化 4.0：打造第四次工业革命时代的全球结构"，但整个会上大家最感兴趣的是两件事：第一，中国经济放缓会放缓到什么程度，中国到底下一步怎么走；第二，中美贸易摩擦到底能不能解决、怎么解决、用什么方式解决。这是会上两个焦点问题。过去我去的时候基本都是听外国人演讲，现在每一个演讲台上都有中国人，其中我也做了两场演讲。我感觉中国的发展真的是了不起，也是世界议论的焦点。

这个论坛也是我们集中去讲中国故事的平台，是 300 人给 3000 人讲故事的机会，所以肖亚庆主任带队去了，大概去了 11 位中央企业的一把手，去了以后效果很好。像西门子、施耐德等不少大公司领导者从名单上知道我去就提前预约，要在那儿见个面。那个地方有专门供 CEO 见面的小屋子，在那儿见个面聊一聊，也增进了企业之间的了解。

当然门票也很贵，要想参加这样一场活动钱也不少。以前我比较节省，觉得算了吧，不去了吧，在外面看看，他们的消息我都知道，就盯着达沃斯论坛的消息就行了。实际上，大公司要出门票的钱，进去看和在外面看是不一样的，而且进去可能会有一些特殊的机会，有一个机会可能就值那个门票钱或者大于那个门票钱了。另外会产生一些特别的想法，那个想法只能在特殊环境里才能产生。所以大企业的领导者要多参加一些国际化的会议，多出去拜会人家。为什么圣戈班一把手每年一定要来中国建材看看我，我们会觉得专门到巴黎跑一趟见一个大企业 CEO 很浪费。以前不会那么做，但现在会了，我这几年才明白这个道理。大企业领导者最重要的不是"鸡毛蒜皮"地管理大家，而是参加国际会议、和其他领导者见面、进行思想的碰撞，了解经济的走向、最新的进展等这些东西。这对大企业领导者来说是更重要的事情。

※ "我有时常想，我们很难简单复制他们的东西，中国人有中国人的文化，问题是我们知道他们哪个东西不错，值得我们学习。"

问： 美国和日本都有较鲜明的企业管理特点，比如日本更注重工匠精神，美国谈的多是创新精神。您是如何看待东方和西方管理的不同？

答： 关于美国的精神，有本书叫《清教徒的礼物》，里面专门讲了美国人清教徒的精神。美国只有 243 年并不长的一段历史，是一个移民国家，这些移民也不都是大富翁，都是那些比较主张艰苦奋斗的有清教徒精神的人，他们既有勤俭持家的一面，又有顽强创新的一面，有那种开拓精神。这种精神是美国最基础的东西。

以前去没有注意到，这次去美国我发现了这一点。第一站去华盛顿，我发现到处都是美国国旗。后来到了波士顿，也到处都是美国国旗。虽然它是一个移民国家，但是国家价值观非常之浓，是有家国情怀的国家。美国的创新精神很强，这也就是我们所讲的清教徒精神。说起来都是移民，但是又不保守，又有创新的精神。像我刚才讲的麻省理工学院也是一样。我们觉得很难理解，但恰恰是这么做出来的。

仔细想想中国这些年实际上很多方面在跟着美国走，跟着美国学习，包括资本市场。美国的创新是把创新和资本市场拧在了一起，紧密结合，做起来速度很快。如果没有资本市场，可能就没有美国的创新，没有像谷歌、Facebook、苹果、特斯拉这样的企业。特斯拉尽管在持续亏损，但是它的股价很高。所以，我们现在要搞科创板，要考虑怎么能让创新拿到钱，而不是有利润才能上市；怎么能让企业创新的想法上市，做到真正的市场化，随着企业成长投资者也赚钱。当然，这也有风险，而且风险是巨大的，因为投资者还没看到利润、没看到工厂、没看到产品，只听了一耳朵觉得这是一个机会。但这是美国人基本的做法。

德国是莱茵河式的资本主义，讲德语的国家基本是家族工业起家，家族的制造业，从作坊起家，有这种文化。现在经常讲工匠精神，德国很多企业都喜欢讲企业的历史，这个从做马镫开始，那个从做火炉子开始，都是从工匠开始，从家族开始的。有的公司一两百年了还是家族公司，只有少部分公司公众化了，上市了。所以，公司成长的基础文化不一样，成长的方式也不一样。

日本也是制造业的文化，日本这些年在创新上也发展很快。因为日本靠制造业赢得了繁荣，但是也吃了苦头，一些以前的做法也遇到了问题。所以，日本在 20 世纪 90 年代泡沫经济以后开始转型，向着创新这方面转型。现在日本所谓的集体主义也和它过去是农业国有关。日本最早是农业国，种水稻、联合用水等，需要集体主义，后来转变成工业国。日本是资源匮乏的国家，所以得靠高度的集体主义，包括终身雇佣制、年功序列等。今天这些被动摇了，日本也学西方、美国，人才开始有流动了，但是流动很少，还是以终身雇佣制为主。终身雇佣制有缺点，但也有优点，比如能培养忠诚度，让技术不外流。而美国的人才是高速流动的，今天在这儿，明天可能就走了。

问： 您认为中国企业管理的特点是什么？

答： 我有时也想，其实美日企业的模式各有利弊，我们也很难简单复制他们的东西。中国有中国的文化，问题是我们要知道他们哪个东西不错，值得我们学习。中国最早是有工匠精神的，我记得以前跟一个欧洲人谈话，他说他最佩服中国人，因为中国人能把东西做得那么细，做得那么好。我问他指的什么东西。他说是鼻烟壶，在里面画画，还有微雕，他们服气，觉得东西怎么能做成这样，他们做不了。

讲这个是什么意思呢？我们实际上是有工匠精神的，像故宫八角楼，这个楼是木榫结构，不靠钉子不靠胶。我这次去美国麻省理工学院时，来了一个建筑学院的教授专门给我们讲他是怎么做的。他认为建筑是一个个构件，用 3D 打印做建筑不是特别可行，所以他搞了一个机构。怎么去做呢？跟我们做小房子差不多的道理，用木头做。整个思路是在实验室里先做一个小样，学生们像堆乐高积木一样搭起来，搭成以后分解，分解成各种各样的构件。现场用计算机加工，这个是自动化的，里面可能有 3D 打印等。加工完以后现场组合，不用一个钉子，不用胶，这个房子就起来了。我说这个东西我们国家早就有，鲁班那时就在用这种结构，故宫八角楼都没有钉子，就是架上去的。而现在让我们再做一个八角楼就很难了。

※ "德国和日本，他们制造业的质量在我们之上，这一点我们要有清醒的认识。"

问： 德国企业和日本企业都注重精益生产，强调工匠精神，您的体会如何呢？

答： 现在我们要精细地做，要向德国和日本的企业学习。德国人讲工匠精神、隐形冠军，日本人也讲工匠精神。我不久前专门跟德国一位 80 多岁的业主委员会主席（相当于国内企业家协会会长）聊这个话题，他本身是做汽车车架的，给汽车厂配套。我说我有德系车，也有日系车，德系车经常到修理厂去修，日系车十几年没有进过修理厂。过去我很迷信德国人造的东西，但是通过汽车这个事情，我认为不如日本人造得好。

日本三菱公司一位负责人曾经跟我说，他们当时进入中国的时候吃了亏，中国要求国产率达到某个指标，因为日本人担心达不到，就不敢签这个协议，所以就晚了一步。德国人说他们能达到，其实可能也达不到，先建了厂再说。达不到怎么办？从德国进部件，是这样的一个过程。但是后来日本人想清楚了，要大规模地进入中国市场。

这个也是十年以前的事了，当时日本丰田在天津建厂的时候他跟我谈的这些。他说，我们现在用的都是德系车，等日系车进来之后我再体会体会。我当时感觉他在吹牛，我要自己去体会。我十几年前去过丰田，最近又去了，他们还是那么认真地在做。我去德国时为什么也要看一个汽车厂？因为我也要现场去看，要比较，要亲自看他们到底发生了什么，到底德国的管理跟日本的管理区别在什么地方。但是不管怎么说，德国和日本制造业的质量在我们之上，这一点我们要有清醒的认识。

问： 中国企业如何学习？学什么？

答： 我后来想了想，这也是个过程，与中国工业化进程一样。改革开放以后，大规模的工业化，从不懂到懂，都要有这么一个过程。比如管理，改革开放以前我们会不会管理？那时候也有管理，是跟着苏联学的，厂长经理负责制。有《鞍钢宪法》，也做了一些管理的东西，但不是市场化管理。改革开放以后，开始学习国外，从引进设备、引进工厂、引进技术、专家来培训、试车、出去培训等，逐渐融合，企业管理的方法才慢慢形成。

20 世纪 80 年代对外开放，我们主要是学习日本，一方面学技术，另一方面学管理。海尔、宝钢等很多中国企业的管理中都有日本企业管理深深的印记，但我们可能没有持续做下去。现在日本每一个车间里还在用 5S 管理、PDCA 循环、TQC 等，日本企业一直坚持了几十年。而今天中国的工厂，标语口号可能有，却很少还能看到因果图。我们还是应该扎扎实实地做这些东西。

我们后来学美国的创新，学美国的资本市场，学美国企业崛起的经验。腾讯和阿里巴巴的崛起，基本上是美国式的，把技术、平台和资本市场揉在一起，迅速发展和扩张。谁能从市场上拿到钱，谁就能快速发展。这种做法不是日本、德国式的。

但是为什么我说我有很多问题：到底我们的管理是回到莱茵河式的制造文化，或者日式管理，还是美式的？里面到底是什么关系？这也是我的问题。

※ *"中国公司从美国和日本身上学到了什么？他山之石我们要好好地研究，不见得都按照他们的做法去做，但要多看多了解，可能突然有一天就想出自己的做法来了。"*

问： 佳能①董事长御手洗富士夫在企业危难时刻从美国被调回佳能总部执

---

① 佳能株式会社，日本一家全球领先的生产影像和信息产品的综合集团。

掌全局。他当时的做法是既保留了美式管理也保留了日式管理，把不赚钱的业务全部砍掉以追求利润最大化，同时又沿用了终身雇佣制，把人才永久地留在企业里，另外技术的发展还是要有累积的，所以他将两种管理理念糅合在一起。您是如何看待这种处理方法的？

答： 我在美国的时候，专门就这个问题跟他们讨论过。现在企业都在追求利润最大化，前面我们谈的股东利益最大化，企业被资本市场推着走，会导致很多短期行为。例如刚才讲的很多不赚钱的业务就被切掉了，再重组，谁赚钱就要谁，企业在不停地重组，我们会发现美国的上市公司中50%的企业每十年就会被重组掉。围绕着市值，美国在不停地吐故纳新，不停地进行转变。他们只有一个标准，市值就是价值，这是美国高度资本市场化对企业的引导。美国就是这样做的，不赚钱有市值也行，甚至有的传统产业还赚钱，但是市值往下掉，对不起，也要被砍掉。美国人基本上是这样的逻辑。

日本人有时候珍惜那些"坛坛罐罐"，他们的转型不容易，过程很痛苦，所以经历了二十年才成功转型。前面讲的白色家电产业中，东芝①是刚刚转型过来，前几年还亏损，现在刚刚开始赚一点钱。夏普②转型就很慢，现在被中国台湾的公司收购了。这是我常想的问题：中国公司从美国和日本公司身上学到了什么？他山之石我们要好好地研究，不见得都按照他们的做法去做，但要多看多了解，可能突然有一天就想出自己的做法来了。

※ "现在中国建材在工厂管理方面有了一些硬功夫。但还在变，还要提升。"

问： 现在很多中国企业"走出去"了，有没有国外的企业在学中国企业的管理经验？具体有哪些？

答： 非洲国家都在学中国。我们现在到非洲去建工厂，一个很大的任务是培训他们，同时让他们到国内来参加培训。这有点像我们改革开放的时候向

---

① 东芝公司，创立于1875年，是日本最大的半导体制造商。
② 夏普公司，创立于1912年，是日本一家电器及电子公司。

国外学习，派人到国外去，完全地复制。非洲国家的总统总说，宋总能不能转让一些技术给他们，另外教他们一些管理。

我们从改革开放到现在，管理水平已经不低了，但有一些管理工法不像日本那样持之以恒地实施，随着领导者的变化可能不断地变化，而不是能够制度化地做，这是我们的缺点。但是我们的工厂比较新，装备也都比较新，环保做得也比较好，干部的管理意识也很好。

中国建材推出了不少管理工法，比如"三精管理""八大工法"等。你到中国建材任何一家工厂去看，都会看到非常一致的管理，会惊讶于中国公司也能管成这个水平。我在北新的时候，美国高盛的 CEO 去参观，说北新让他想起了日本的企业。我心里觉得挺高兴，挺有成就感的。因为我们学的是日本企业管理，美国人觉得我们这儿跟日本企业一样，说明我学出了点门道。

前不久，中国商飞①董事长贺东风来访，他讲了一段话。美国的赫氏②是做碳纤维复合材料的，这种材料主要用作机翼材料。最近我们的产品给他们试用，得出的结论是，中国建材的 T800 碳纤维质量超乎他们的想象。我听了就特别高兴，外国人不容易表扬中国人，就是说质量是非常好的。

现在中国建材在工厂管理方面，有了一些硬功夫，但还在改善，还要提升。

问： 中国企业"走出去"的同时也输出了中国文化和中国式管理？

答： 是的。前面讲了我们的智慧工业及工厂管理，核心就是输出我们的管理。这些工厂都非常漂亮，非常好，所以他们很迷信我们，就像当年我们迷信日本管理一样。中国建材将来在全球做管理服务，为外国人管理工厂，做围绕着制造工厂的工业管理集团。我们现在试着管非建材厂，实施起来也很容易，因为中国这么多的工厂都过剩了，只要招兵买马就行了。比如管钢铁厂，在国内钢厂的厂长、车间主任、技术员都能找到，培训后，我们的管理团队就过去了，过去就能接管国外的钢厂。这些就是我们在"走出去"进程中模式创新的做法。

---

① 中国商用飞机有限责任公司。
② 赫氏公司成立于 1946 年，主要从事复合材料和结构部件制造。

第八章

如何塑造企业文化和品格

- 企业使命
- 文化定江山
- 社会责任
- 优秀品格

一个企业想要从大到伟大，一定要有好的文化，因为文化是最高效的协同。企业要成为优秀文化的积极传播者。企业家要有品格，要做有品格的企业，要站在道德高地上办企业。

一个企业想要从大到伟大，一定要有好的文化。我们从一家草根央企走过来，过去的目标是做强做优做大，现在是打造世界一流的企业。一路走来，文化所起的作用就是指引方向，凝聚人心。

文化是企业适应环境的产物，优秀的企业都有特色鲜明的文化。独特的奋斗历程为中国建材打上了深深的文化烙印。中国建材一开始就是在老一辈无产阶级革命家直接关怀下成长起来的，有很强的家国情怀和使命感。在高速成长时期，我们进入主流建材领域，成为行业战略整合的排头兵，时刻不忘央企的四大责任。在企业重组过程中我们强调文化整合，以人为本，形成了包容和谐、团结向上的组织氛围。在做强做优做大的过程中，通过资本市场，我们学到了现代治理，形成了绩效文化，并由此跻身世界500强。在供给侧结构性改革中，我们探索开辟了央企市营和混合所有制的成功路径，成为国企改革创新的典型。我们是一家有鲜明企业文化和抱负的中央企业。

大企业要有成熟的企业文化体系。中国建材提出"善用资源、服务建设"的核心理念，将"创新、绩效、和谐、责任"作为核心价值观，坚持"企业是人、企业靠人、企业为人、企业爱人"原则，积极营造待人宽厚、处事宽容、环境宽松和向心力、亲和力、凝聚力"三宽三力"的人文环境，以及党建文化、企业文化、廉洁文化、安全环保文化"四化融合"的企业氛围，大力培育"四个精心"① 的"五有干部"②，把实现人的幸福作为根本追求，让员工与企

---

① 精心做人、精心做事、精心用权、精心交友。
② 有学习能力、有市场意识、有专业水准、有敬业精神、有思想境界。

业共同成长。这一文化体系是我们多年思考的结晶，也是我们健康发展的法宝。

现在大家越来越重视企业软实力。长期以来，国有企业面对比较复杂的舆论形势，在形象建设和文化宣传等方面比较低调。中国经济地位的提升和"一带一路"愿景的实施，给跨文化经营带来更高的要求。我们要改变观念，更加重视经营无形资产，主动参与舆论场，增信释疑，传播正能量。一把手要亲自抓企业文化。最近几年，我越来越深入地思考企业的终极目的，关注企业文化的传承，不仅积极参与中国经济与企业改革发展问题的讨论，还编撰了多部著作。中国建材打造了新媒体和全媒体的传播平台，将国家政策、企业战略、生产经营、员工心灵与世界脉动紧密相连，将中国建材融合包容的文化带到五湖四海，企业的影响力也在不断扩大。

企业越大越依赖文化，因为文化是最高效的协同，影响管控与活力的微妙平衡。企业家们引领企业，做决策、用干部，一举一动，一言一行，都在塑造文化。企业家应该提高自身修养，有敏感的文化意识。我喜欢读书，勤于动笔，我认为多走多看多思考，特别是多读习近平同志的论著、读儒家的书籍，企业才能做得更好。

企业要成为优秀文化的积极传播者。我提出，企业家要有品格，要做有品格的企业①，要站在道德高地上办企业。中国建材在工作中强调工匠精神，在用人上寻求痴迷者，对员工提出"企业是共享平台"，在行业里推行蓝海战略，在重组中推出"三盘牛肉"，向自然承诺做绿色企业，所到之处模范履行社会责任。关键是要让企业文化成为大家的共识和自觉追求。好的文化是企业的健康基因，不仅能够让企业活得更久，而且能够让它活出质量。

文化是我们最核心的东西。企业文化需要积累与传承，它随着企业发展而沉淀，也很容易遭到破坏和污染。我常说文化是我们的根，大家要维护它，要弘扬好文化，抛弃坏文化，因为大家生活在文化之中，不能只看到厂房、设备、技术，关键要看到人心。我有一张喜欢的照片，那是我在北新建材和工人

---

① 企业的品格包括保护环境、热心公益、关心员工和世界公民。

一起为生产线点火的照片，那时候我思考最多的就是怎样点燃员工心中的火。我希望这把火能够成为一盏长明灯，继续点亮中国建材前进的航程！

01 企业使命

※ "积极履责是做企业的出发点，也是衡量企业价值的最终检验标准。"

问： 中国建材是一家央企，您如何看待企业承载的使命？

答： 中国建材一方面是个国家公司、中央企业，另一方面又是基础原材料行业的大公司，所以，有几个责任：第一，我们做企业的，最基本的责任就是经济责任，就是落实宏观调控政策，保障经济平稳发展，积极吸纳就业，为国家创造高额经济回报等责任；第二，是政治责任，就是自觉贯彻落实国家战略，在推动国民经济发展中发挥顶梁柱和主力军作用；第三，是社会责任，要义不容辞地承担起突发性灾难的处理和救急、节能减排、环保治理等方面的责任；第四，是国家责任。中国建材是集这四个责任于一身的。

问： 什么是国家责任呢？

答： 几年前，中央领导同志视察中国建材的碳纤维项目时，集团的干部汇报说："作为央企，我们担负着经济责任、政治责任和社会责任。"领导同志说："你们还担负着国家责任。"相比其他责任，国家责任有着更广阔的含义和更深层的要求。比如，增强国家的竞争力，要求企业在国际分工中占据更有利的位置；提高国家的创新能力，要求企业担当建设创新型国家主力军的重任；保障国计民生，维护国家经济安全、国防安全等，要求企业进一步做强做优。中国建材的部分科技产品用于重大国防与科研项目，做出了积极贡献。

其实对于央企来说，在考虑自身经济效益之外，还要更多地承担其他的三个责任，实现为国为民谋利。例如，中国建材取得优秀的绩效，不仅是履行对出资人的责任，也是为了全力保障中小投资人的权益、客户利益，带动中小企业共同成长。一方面,我们向市场提供更高质量、更环保、更健康且价格更适中的产品,让消费者得到实惠;另一方面,通过让民企保留部分股份,再通过后来的上市,企业每年创造的利润中,属于国家的权益约占25%,属于社会投资者和股民的权益约占75%。企业的饼做大了,国家和社会投资双双盈利。

积极履责是做企业的出发点,也是衡量企业价值的最终检验标准。企业平时要全力做好经营工作,在国家和社会遇到危难的时刻,企业要挺身而出,不讲条件,不计代价。

※ "一个成功的企业,一定要将积极承担社会责任作为最崇高的使命;一个积极履责的企业,也必然会得到社会的赞赏和支持。"

问: 您刚才提到企业越大,责任越大。能不能这样理解:在社会需要的时候,大企业承担着更多的责任?

答: 是的,履行社会责任是每个企业的必尽职责。特别是在突发性灾难的处理和救急、节能减排、环保治理等方面,作为央企,我们有义不容辞的责任。

2008年的"5·12"汶川大地震后的第二天,中国建材就提出要为灾区捐赠300套新型房屋。后来我们在德阳捐建了500套新型房屋,在都江堰捐建了一所1万平方米的医院,这两次建设都以最快速度、最高质量完工,一个成为援建安置房屋的样板工程,一个成为灾后首个竣工营运的医疗卫生服务项目。此外,我们在绵阳市的北川县和安县建起了两个日产5000吨的水泥厂,为灾后重建提供建材。不只是我们,当时很多央企都把抗震救灾当作义不容辞的责任。国药集团也在第一时间行动起来,将中央医药物资用最快速度送达灾区。后来,我到国药集团就职时得知,这家企业在"抢救61个阶级弟兄"、唐山大地震、1998年抗洪抢险、抗击非典等重大历史事件中,始终冲在第一线,拯救了无数生命,这让我肃然起敬。

古人说,穷则独善其身,达则兼济天下。企业归根结底是社会的一员,来源于社会又服务于社会,因此不能只满足于"独善其身",还要有"兼济天下"的使命感，就是在追求利润最大化的同时，始终把社会责任作为首要目标。

问： 社会责任其实是一个广义的概念，现在很多企业把这个概念简单化了。

答： 是的，有些企业领导者认为社会责任就是对外捐赠，或者参与一些公益事业，为社区或弱势群体提供些救助，这些只是社会责任的一方面内容，社会责任体现在企业运营的方方面面。从经济层面看，获得好的效益是企业最重要的社会责任。有了效益，企业才能为国家多提供税收，为客户提供高质量的产品和服务，为员工提供更好的待遇，为股东创造好的回报，为地方发展和公益事业提供支持。从社会层面看，企业要与利益相关方不断沟通交流，将先进文化散播到生存环境中，增进社会福利，促进公共环境的改善和社会的繁荣安宁。从环境层面看，企业要与自然和谐共处，在节能减排、环保治理中发挥表率作用，创造绿色、舒适、智能的人居环境。

一个成功的企业，一定要将积极承担社会责任作为最崇高的使命；一个积极履责的企业，也必然会得到社会的赞赏和支持。在中国迈向经济强国的道路上，社会和谐稳定、快速发展的责任，将更多落在企业的肩上。这是历史的必然趋势。

问： 中国建材在推动整个行业发展中发挥了什么作用呢？

答： 从行业的角度看，中国建材作为行业领军企业，影响行业技术水平、产业标准、生产质量等，在行业里是举足轻重的，支撑着整个行业的进步。

中国建材的口号是"善用资源、服务建设"，就是说我们用的资源要最少，要用到极致，我们的目标就是服务于整个建设。从自身定位来看，就不是单一的经济效益标准，作为央企，首先要模范地执行党和国家的方针政策，同时还要引领整个行业发展。

集团有一个中国建筑材料科学研究总院，也是我们后来合并进来的。总院并入集团之后，对于这样的大院大所在集团怎样发挥作用，我们也有一些思考。如果院所并到集团之后，变成仅为集团所用的一个单一院所，我个人感觉太狭隘了。因为这些院所原来都是国家的院所，为国家和行业服务，所以总院进入集团之后，我觉得不能让院所功能矮化，就跟总院说，虽然他们是中国建材的一个院，但是要有国家、行业、集团、企业自身、人才培养、国际交流方面的"六大平台"定位。第一要为国家战略服务；第二要为行业共性、关键性和前瞻性技术研发做贡献；第三要做建材与新材料高科技成果的产业化平台，加强自身的成果转化；第四要成为集团的技术中心，为集团所属企业的技术创新提供支撑；第五要成为整个行业和集团科技人才培养的基地；第六要成为行业和集团的国际交流平台。在制定中国建材总院战略定位的时候，我们把国家、行业放在了企业前面，这是国有企业思考问题的一种方式方法。

总院进入集团这么多年来，始终按照"六大平台"来做：国家层面，完成了很多重大的科研项目，完成得非常好；行业层面，总院起到了非常大的支撑作用；作为集团技术中心，和集团的产业平台结合得特别好，促进了集团的科技创新和技术转型；总院自己的产业转化效果也非常好，现在有两家上市公司，部分产业在迅速转化，比如生物光导识别芯片材料，一些"黑科技"产品引起了轰动；同时，在培养人才和开展国际交流方面也发挥了重要的作用。总院进入集团成为科研院所转制的典范，得到了国家领导人的充分肯定。

※"有时候，看着天上成群的大雁自由地飞翔，我会突然感慨：它们无论是排成'人'字形还是'一'字形，都是整齐有序的。要在市场经济背景下形成稳定的企业阵型、团体竞争力和抗风险能力，各行各业都需要有'领头雁'。"

问： 我们也看到，这几年在中国建材的联合重组、整合优化和多方呼吁之下，水泥行业在稳中向好。中国建材起到了行业的引领作用。

答： 在北方，每到深秋总能看到候鸟由北向南迁徙；到了春天，它们又飞回北方。有时候，看着天上成群的大雁自由地飞翔，我会突然感慨：它们无论是排成"人"字形还是"一"字形，都是整齐有序的。在这个变化而稳定的雁阵中，头雁的作用无疑十分重要。要在市场经济背景下形成稳定的企业阵型、团体竞争力和抗风险能力，各行各业都需要有"领头雁"。

前些年，经济领域内的决策由政府说了算，政府用各类审批来引导市场和配置资源，因此，政府算是企业的"领头雁"。党的十八届三中全会以后，政府把资源配置的权力交给了市场，让市场发挥决定性作用。企业家们既高兴又紧张：高兴的是，企业有了一个可以充分竞争且自由发挥的空间；紧张的是，过去有政府在那里引导企业，现在一下子把决定权交给市场、交给企业自己，一时感觉有些无所适从。

但不管怎么说，我认同一点：市场竞争一定要有秩序，不应该是混乱的。秩序应该怎样建立？谁能做市场的"领头雁"？实践证明，在我国各行各业的发展过程中，凡是有领袖企业带领的行业，发展得就比较好；相反，没有领袖企业、群龙无首的行业，往往发展得很混乱甚至很失败。

问： 您认为"领袖企业"需要具备哪些特质？

答： 除了规模大、竞争力强之外，领袖企业还应该具备这样一些特质。

第一，要有创新思想。领袖企业应该知道正确的方向，有超前意识，走在行业前列。领袖企业的创新性、超前性、方向性都应该是一流的。

第二，要有全局观。领袖企业不仅要关注自身成长，努力降低成本，管好工厂，更要着眼于行业发展，积极引导政策，稳定市场。领袖企业就像一个家庭中的老大，老大担负的责任总是最多的，他不仅要自己做得好，还要给兄弟姐妹做榜样。培育健康规范的市场要靠领袖企业带头，以身作则，行业健康了，竞争有序了，领袖企业的价值才能真正得以体现。

领袖企业特质的第三点，也是最重要的一点，就是要有责任感。在履行社会责任这个问题上，领袖企业必须责无旁贷地起到表率作用，唯有如此，才能得到同行的认同和尊重。如果社会各界都能积极鼓励和支持领袖企业，如果更多大企业愿意以领袖企业的标准要求自己，如果各行各业都有一只奋力向前、甘愿付出的"领头雁"，我们的市场也会更加有序和繁荣。

※"做企业就要盈利，但是盈利的基础应该是互利双赢或互利多赢，就是达己达人。"

问： 您曾提到"企业得有境界，包括利己、互利和利他"，刚才您介绍中国建材对国家和行业的贡献，可否归为企业"利他文化"的指引？

答： 其实利他和这个还不完全一样。因为我们是国家的企业，所以要以国家的利益为主要目标。利他是指在我们和兄弟企业、民营企业等其他企业的竞争过程中，不光要想到自己，还要想到别人，包括产业链的上下端，就是利益相关者。不利己肯定是不现实的，做企业就要盈利，但是盈利的基础应该是互利双赢或互利多赢，就是达己达人，自己要富裕，别人也要富裕，中国建材是有这个情怀的。

问： 虽然您很少强调您的"经营哲学"，但我们觉得您一直都在坚持"利他"原则。

答： 是，"利他"我是主张的。你讲到经营哲学，我不大想把自己的一些东西说成理论和哲学层面，因为我更多的经验是实践，还上升不到理论或哲学的层面。但是这个"利他"是很重要的，所以我在 2019 年春节之前，在建材行业的一个年会上讲了一段话：中国古老的思想里，老子说"天之道，利而不害；圣人之道，为而不争"，就是讲利他主义的。在 2019 年夏季达沃斯论坛上，王岐山副主席讲到"达己达人""己欲立而立人，己欲达而达人"，这是孔孟之道，这个"达"是富裕的意思，意思是你自己想富必须也要让别人富。中国人内心深处、潜意识里，是有最古老的这些思想指引的。

西方人认为中国没有真正意义上的宗教，没有像样的哲学观点。实际上，中国人有最朴素的哲学，最朴素的经营之道。中国人最朴素的哲学就是辩证法，我们知道福和祸是相连的：今年日子过得很好，明年就要当心点；今年遇到了很多困难，明年可能会好。我们一代一代地繁衍下来，也是有无数经验传下来的。这是我们的集体记忆，这些指导着我们。包括前面讲的"利他"，孔子的《论语》里讲了很多"利他",儒家文化讲利己利他,不可能不利他。为什么叫"达己达人"?意思是即使你非常想达己,你也得达人,这也是我们企业的文化。

02 文化定江山

※ "企业不只是干活、吃饭、发奖金,我们应该有更高的境界、更高的追求,一种社会追求或者一种家国情怀的理想追求,这在企业里面特别重要。"

问: 您提到企业文化应以人为中心,是一种"人企合一"的观点。作为一家世界 500 强企业,企业文化具有哪些独特性?

答: 其实我们"以人为中心"的企业文化提出得比较早,是我原来在北新建材时提出来的。人是企业的核心,企业的目标是一切为了人。如果我们离开人去考虑企业,肯定是不现实的。那时我就讲,没有比员工对企业有信心更重要的事,没有比客户对企业有信心更重要的事,没有比投资者对企业有信心更重要的事。就是讲企业终极目标是为了人,不要只看树木不看森林,实际上我们做企业是为了人的幸福,为了人的生活便利等,这是根上的东西。

根上定了之后,就定了很多事,一切从这儿出发了,比如说我们的环境保护、产品安全等就都理顺了。中国建材对生产五大要素的排序是:环境、安全、质量、技术和成本。为什么把环境放在第一位?因为环境有时候被破坏了,是不可逆的,所以企业不能光为了自己的一点蝇头小利去破坏环境。深层次的东西就是企业和人的关系,这个人不光是企业人,还包括社会人,是紧密联系在一起的。

后来,我把它升华到"企业是人、企业为人、企业靠人、企业爱人"。第一,企业是人,可以人格化,讲到淘宝就想到马云,讲到联想就想到柳传志。我们应该把企业打造好,把企业当成人一样地去看待,把它变成一个有机的企业来看待。第二，企业为人，企业归根结底是为了人，为了企业人、社会人、客户、投资者等，这是我们的目标。第三，企业靠人，企业实际上是靠人做的，没有人也做不成企业。第四，企业爱人，要有大爱，关爱人，关爱员工，关爱社会。

把企业人的属性突出来，让我们想到企业就会首先想到这些人，想到企业的员工，想到企业的客户，想到企业的投资者。这应该是大企业的一个概念，因为做企业有时候容易越做越封闭，目标越来越狭隘，最后干脆变成只赚钱。我有时候常常跟干部们讲，企业不只是干活、吃饭、发奖金，应该有更高的境界、更高的追求，一种社会追求或者一种家国情怀的理想追求。

※ "文化是我们的根，大家都要维护它。"

问： 您在北新建材建设企业文化时聚焦"要重视员工的精神面貌"，为什么要从这个点切入呢？

答： 因为我接手时企业非常困难，当时的员工上班迟到早退，干活吊儿郎当。那时德国专家就讲过："以你们干的这点活，那点工资都给多了；但是就给你们的那点工资而言，什么都不应该干。"其实这是一种悖论，但真实反映了当时的那种状态。

那时候，最主要的是人没有积极性，不知道企业好与坏和个人之间有什么关系。大家认为企业做得好自己也没有什么好处，工资好多年也不涨；企业做坏了，当时没有国有企业破产的说法，就认为反正自己是国家的职工，"生是国企的人，死是国企的鬼"，也不太在乎。当时是铁饭碗的思维方式，很多员工是旧的思想，殊不知我们已经悄然进入市场经济，关键是那时企业没有机制，员工也没有积极性。

为了调动大家的积极性，我一个车间一个车间地给大家做工作。有的车间有会议室，大家坐着听我讲；有的没会议室，我就在车间空地上召集大家，站着讲。讲的过程大家可以提问题，可以打断我。那个时候听来听去大家就觉得好几年不涨工资，好几年不盖房子，这是最关切的东西。我从大家眼睛里可以看到冷漠，大家有很多疑虑：宋志平能搞好这个企业吗？他有什么本事？他那么年青。也有人在班车上就说：别听他的，他不懂工厂，不懂生产，也不懂设备。有人来跟我报告说人家在班车上说我，我说他们说得对，但是有一点他们不知道，我懂人的心。懂设备、懂生产不重要，最重要的是要懂人的心，知道员工在想什么。

我跟职工说："工资没有涨、房子没有盖，其实不就是钱的问题吗？如果咱们大家努力工作，挣了钱，盖几栋宿舍楼算什么呢？钥匙在谁手里呢？在大家手里，不在我宋志平手里。如果大家不好好做，我确实给大家涨不了工资，盖不了房子。"从那时开始，这个企业就开始变化。

我后来在北新搞了一个企业文化节，一年举办一次，定在8月28日，就是邓小平同志视察我们公司的日子①。文化节时挂上两个大气球，下面的条幅上写着给职工的承诺："工资年年涨，房子年年盖。"后来，工资真的年年涨，房子真的年年盖，员工的热情一下子像火山一样爆发了。

你看，同样是那些员工，过去我们的企业脏乱差，道路上全是石膏，院子里垃圾成山，2000万平方米产能的生产线只能生产七八百万平方米，产能都发挥不出来。当时以为德国人在骗我们，产能根本达不到。后来我当了厂长，换了一个角度去做，还是这些工人，工厂却被打扫得干干净净。那时候工人们就周末休息一天，礼拜天大家来义务劳动，建爱心湖、清理垃圾，工厂一尘不染，1平方千米厂区、14万平方米的厂房都干干净净的，生产也就上去了，产量达到2000万平方米。当时我们德国的供应商可耐福总部都沸腾了，因为这个线设计产能是2000万平方米，但始终也不知道到底能不能达到，而且中国人是烧煤的，别人都不是烧煤的。中国人自己也不知道能不能达到，结果我当了厂长两年就达到了2000万平方米。德国人也觉得不可思议，一个年青的厂长，能把这个东西做到极致。

---

① 1979年，邓小平同志视察紫竹院新型建材试验房屋，并指示要尽快把新型建筑材料生产工厂建起来。

※ "我其实最想点燃大家心中的火。如果大家心中没有火的话，炉子的火就会经常灭；如果大家认真的话，炉子的火就不会灭。"

问：《改革心路》一书中有张您拿着火把给热烟炉点火的照片，并提到"我最想点燃的是员工心中的火"，令人印象深刻，当时是一个什么情景？

答： 我在北新当厂长时，正好是国有企业非常困难的时期，大家有很多的牢骚、埋怨，用一个词形容就是"冷漠"。什么叫冷漠？那时候 MBA 的老师举了个例子，一个水箱中间用玻璃隔开，吃鱼的鱼在一边，被吃的鱼在另一边，吃鱼的鱼多次尝试，总是碰壁，然后就放弃了，一段时间后即使把中间玻璃拿开，两种鱼也能和平相处。老师说这就叫冷漠。

当时我当了厂长，面临一个很大的问题，就是怎么能够让大家积极起来，怎么能够把热情调动起来。我们集团有一个人人皆知的故事，就是点燃员工心中的火。其实那是我由衷的话，那张照片现在还在我办公室放着，就是我给热烟炉点火。热烟炉是德国设计烧低质煤的。因为当时计划经济我们没有用精煤的指标，所以只能烧低质煤。炉子一天到晚灭火，灭火以后生产就得停，好几天才能修好，所以影响生产。大家觉得我当了新厂长，就让我来给炉子点火，然后把火把扔到炉子里去。我点燃了火之后跟他们说，我其实最想点燃大家心中的火，如果大家心中没有火的话，炉子的火就会经常灭；如果大家认真的话，炉子的火就不会灭。结果真是这样，取决于人，我当了厂长以后炉子一年修理一次，中间从来没灭过。

我常想这个故事，为什么我点火之后就没再灭过？一方面是德国设计的炉子不错，但最主要的还是责任心。责任心来源于什么呢？来源于企业对大家的关心和热情，让大家真正以企业为家，这是很重要的。早期北新振兴的时候，也是学习日本"以厂为家"的文化，让大家有归属感，这起了很大作用。

问： 有了归属感之后，大家的激情和热情变化大吗？

答： 是的，主要是人的变化，大家从内心里热爱企业了，这个变化特别明显。有一天我在办公室里面拿起一张纸，就写了北新建材的六条价值观，这个价值观也写在了好几本书里，就按照这个去做。这六条价值观我到现在还能背诵下来：北新建材的发展战略是建设成为一个规模宏大的新型建材技工贸综合产业集团，经营战略是创造独具特色的企业，并以规模效益达到市场竞争的目标，以技工贸相结合的方式，充分利用资源，达到竞争成本最低的目标；坚持"以企业为本"的思想，正确处理投资者、企业和员工的利益；追求在社会大系统中的充分和谐，视盈利和遵纪守法为同等重要的事，所有的动机和出发点是为了最终服务社会；质量和信誉是我们永远的追求，也是对社会的基本承诺；具有坚定的信念和十足的勇气，更凭借智慧和知识，只有具备最活跃的思想、最新的技术和最科学的管理，才能创造企业的辉煌和掌握企业的未来；贯彻"以人为中心"的企业管理思想，企业建设的首要目标是组建一流的员工团队。

若干年以后我来到中国建材，原来在北新时的一位办公室的同志清理档案的时候，找到了我写的两个东西，一个是我写在纸上的六条价值观，还有一个是在北新出口到韩国岩棉吸声板中有脚印事件中我对自己的罚款通知书。

这几张纸我看完以后特别感慨。我常想，企业文化是什么，就是我们企业集体的记忆。为什么说有的企业文化好，是在经历的过程中有很多这样的记忆，这些记忆就形成我们的文化。所以，我看到那几张纸就很感慨，便编辑一条短信，我说我真的很感动，那个时候我们有那样一位年青的厂长，对大家那么要求，才形成了今天的北新。

以人为本是党的十六大、十七大胡锦涛同志提出来的，先前我们并不知道以人为本，那时候我们提出以人为中心的管理，把人放在第一位来管理。企业是人、企业为人、企业靠人、企业爱人，那是到了中国建材之后进行归纳的。但是核心的东西是从北新以人为中心走过来的，所以中国建材的文化是有根基的，同时又是不断地成长和发育的。我觉得一个企业很重要是它的文化传承。

不丹的总理写了一本书《幸福是什么》，他认为国家有幸福指数，叫GNH。不丹这个国家人均收入很低，只有 600～800 美元，但人们的幸福指数很高。他把文化发展作为幸福指数的四个指标之一，所以文化传承很重要。企业也是这样，如果有好文化的话，应该继承下来。联合重组时，我说文化是我们的根，大家要维护它。因为大家生活在共同文化之中，不能只看到厂房、设备、技术，关键要看到人的心。我们这家公司从北新极端困难起家，一路发展过来，发展成为现在的世界500强企业，我们发展的动力，都来源于以人为中心的文化，这个最核心的东西一直没有变。

问： 除了企业文化的影响，有没有一些制度在发挥作用？

答： "以人为本"主要还是靠文化的感染力，当然在企业管理过程中，也确实会有一些制度方面的作用，但前提还是"以人为本"。我经常跟大家讲员工们迟到的故事，在我刚当厂长的时候，工厂的很多员工迟到，上班的时候陆陆续续地来，有的人晚半小时甚至一小时才来，上班中间大家还出去溜达着买菜或干别的。但是一个现代化工厂不应该这样，我就让人劳处长跟我一起到厂门口，看着大家迟到，也不记人名，数数就行了。大概一个星期的时间，就再也没有迟到的了。我说发个通知要求以后不许迟到，我也带头做起，每天早去半小时，晚走半小时。在我做厂长的十年里，员工没有迟到的，也没有出去买菜的，也没有真正因迟到而被惩罚过的。其实这种事不能怪罪员工，管理者有很大的责任。

※ "好的文化最核心就是尊重人、理解人、爱护人，这是根上的事。做企业实际上是做人心的工作。"

问： 什么样的企业文化是好的企业文化？刚才您也提到企业文化应该是集体的记忆，假如要给它赋予一个内涵，您认为应该如何理解一个先进的企业文化？另外，怎样加强企业文化对员工的影响力？企业在运用的过程中，对于可能出现的问题如何进行防范？

答： 企业都有文化，有好文化，也有坏文化。好文化建立起来非常之难，坏文化一夜之间就能形成。因为坏文化满足人的劣根性，而好文化的形成确实要人克服掉自身很多不足，要能约束自己。我常给大家讲，我们要用先进的思想来指引心灵，用好的文化来指引心灵。

什么叫好文化？好的文化最核心就是尊重人、理解人、爱护人，这是根上的事。作为一个企业来讲，人是最基础的，如果我们不尊重人、不理解人、不爱护人，这个文化肯定是不行的。坏的文化其实是漠视人的，而好的文化，像北新以前老讲的质量和信誉是我们的追求、六条价值观等，其实都是以人为核心的。

中国建材也是这样，我们的价值和目标就是"善用资源、服务建设"，这是我们的口号。我们的核心理念就是"创新、绩效、和谐、责任"，我们员工的行为准则就是"敬畏、感恩、谦恭、得体"。这一层一层地下来，都是建立在对人的刻画上。

好的文化应该是引导人积极向上、团结友爱，也是关心社会、关心他人的一种文化。我们的六条价值观写得很清楚，那是30年以前的事情，你们可以看看，我也很珍视这个东西。那是最初文化的根儿，我们是从那儿出发的。

企业文化是先进还是落后，与企业领导者有着密不可分的关系。企业领导者是企业的文化领袖，是文化的塑造者、传播者、实践者。在企业里，要让大家信奉什么、反对什么，弘扬什么、摒弃什么，公司的文化导向是什么，企业领导者必须清晰地告诉大家并反复强调，让干部员工凝聚在共同的价值观之下。"言传"之外，还要"身教"。行为专家认为，语言对人的影响只有25％，其余75％的影响来源于行为。领导者的一言一行都必须符合企业文化。否则，说一套做一套的领导者，没有人会信服，还会对企业的理念和制度造成破坏。

问：您讲到企业文化会受到企业领导者的影响，像华为的"狼性文化"可能更多受到了任正非的影响。您如何看待华为的"狼性文化"？

答：关于狼性，我觉得其实人有不同的性格。我跟任正非深度交谈过，包括董明珠、马云我都跟他们深度交谈过。他们每个人的性格都完全不同。对企业家来讲，我们可能很难说要打造一个什么性格，或者什么性格最好。我有一次在北京石油管理干部学院演讲，有一个学员提问："宋总，我见您之前觉得您应该是一个很威严很霸气的人，刚才一见到您，听您讲，觉得您是很温和又很慈祥的一个人，到底做企业领导应该是严厉一些，还是亲和一些？"我说："给你举个例子可能不恰当，但是能说明这件事。好像家里的父亲一样，严父动不动打屁股，不行还用木板打，如果遇到一个慈父，一天到晚很温和很爱护我们。但是我们没得选择，遇到谁算谁。作为父亲最重要的是责任，不在于是严是慈，如果对家庭、孩子负责任，他就已经是一个好父亲。当然严父也不能往死里打，父亲也不会那么打。"

做企业也是这样，像任正非，是一个有性格的人。任正非经常在院子里散步，年青员工很害怕见到他，他会问他们最近在哪儿工作，怎么还没去非洲。第二天，被询问的员工可能就会接到人事部通知让他去非洲了。任正非有这一面。但是如果遇到宋志平，宋志平不会做这种事情。

人的性格是不同的，对企业的选择是不同的。狼性也好、羊性也好，可能有的人喜欢刺激，觉得那里更风光，愿意到那种企业里去，痛并快乐着。比如爬山，有的人觉得爬山很痛苦，有的人不爬就不行。有的领导者温和一点，像中国建材就是这种，有的领导者严厉一点，这就是企业领导者的性格，不能说哪个更好，哪个不好。

我在日本遇到过很严厉的企业家，大家见到他都哆嗦，他说一句话谁都不敢吭声。有的企业领导者是很温和的长者，说话很慢。我原来见到新日铁的社长，他说话就很慢。他说："宋先生，我听说你很忙还在学习。"我说："是。"他说："那很辛苦吧？"我说："还行。"他说："日本现在年青人不大喜欢学习了。"我们就一句句地聊，聊得很好。他说："别人都说宋先生不错，我就想见见，今天见到了，我决定合资了。"我当时还在北新，是比较年青的时候，看到日本新日铁那么大公司的社长就觉得比较温和，有很大的不同。中国公司的领导者也不同，像我们国企可能需要更温和一点的领导者，公家的企业不能有那么大的脾气，当然也有有脾气的人。员工愿意到狼性还是到羊性的企业？可能大部分人还是愿意到羊性的企业，对吧？

问： 对于85后、90后一代员工，很难在思想上统一，如何对他们开展工作？

答： 这又回到我们最初的题目：人都需要被尊重。尊重人、理解人、爱护人、关心人，这应该是根本的东西。假如说给员工发很多奖金，但要扇他两个耳光，恐怕谁都不愿意，即使给再多奖金，也不愿意。还是回到人性化的角度，把员工当成人来看待。我讲过我女儿几个月时候的故事，从我一抱她就哭，到后来关注她、和她交流，她就笑了，那么小的一个婴儿，她也希望得到关注，何况这么多员工都是成人。如果漠视他们，他们就会冷漠。

做企业实际上是做人心的工作，我们有些年青的干部恰恰不明白这一点，需要别人对他的关注，但是自己却不关注别人。所以我经常跟干部们讲，这个企业中你觉得最差的人，也需要被关注、被关心，大家都应该有均等的机会。不是说你周边的几个人有机会，别人就没机会，不能这么来看待，要让大家都感觉到在这个企业有均等的机会，人生都有舞台，不然的话人不就都走光了吗？怎么创造这样一个氛围？有的企业搞圈子文化，搞拉拉扯扯，几个人在那儿折腾，那大家还愿意和你在一起吗？就不愿意了。这是很重要的一面，就是到底是有大爱还是小爱，是关心整体全局还是就关心自己，企业家也要想清楚这些事情。

※ "企业的管理，核心是人，对人的理解、对人的判断、对人的假定，我们古老文化里面有这些东西。"

问： 您不仅谈到管理实践，还谈到了文化、历史、哲学等知识。中国企业家在建立企业文化体系的过程中如何有效运用西方哲学思想的引导？中国古典文化是如何发挥指导作用的？

答： 西方人一直认为中国没有真正意义上的哲学，这种观点是不对的。西方确实有哲学，像黑格尔的哲学。西方是科学思维、逻辑思维这套模式，大量的科学思维会强调某一个方面，如果某一方面和另一方面联系起来，就更需要哲学的引导。所以西方是需要哲学的，哲学也就派生出来指导科学，就是方法论。对于中国来讲，哲学当然也很重要，中国古代就有哲学，传统的辩证法，《道德经》《易经》都是古老的哲学。中国人很早就有太极图，知道白与黑、阴与阳的关系，可以说中国人潜意识里或基因里就带着哲学的辩证思维。

不是说我们没有西方意义上的哲学，其实我们文化本身就是哲学，这是我们能够胜过别人一筹的东西。比如我们能搞混合所有制，而西方人思路很简单，认为国有企业好就搞国有化运动，认为私营企业好就搞私营化运动。中国是社会主义国家，以公有制为基础，中国就要探讨既有国有、又有民营、还要混合。西方人不会想到这么做，中国人就会，把看似对立的事物统一起来，而这恰恰是哲学辩证法最核心的对立统一规律。西方人看到对立面多，相互联系面少，非黑即白，这是不同的思维方式。中国企业家其实是很有水平的，因为大家的理念是建立在中国经营哲学的思考之上的。

问： 像您刚才提到的太极图，其实并不是非黑即白，而是你中有我，我中有你，两者的融合。

答： 是的。这一点外国人很难理解。有一次美国一家投行的总裁来拜访我，我说美国对中国不是特别了解，他说最近在学习中国的文化——《论语》，我说《论语》可以学，是属于我们处世哲学一类的，建议他多学习老子的《道德经》，是介乎于哲学与宗教之间，比宗教低，还没形成宗教，宗教核心是有一个神，《道德经》没有，但是又高过哲学，实际上是我们中华民族最古朴的价值观。我们判断问题的方法是无为而治，是柔弱胜坚强。我建议中国的企业家也多读一读，其实我是学了大量西方管理的书，现在掉过头来还是要学习我们民族自己的东西，这非常重要。

稻盛和夫被誉为日本"经营之神"，他完全是靠儒家文化、佛学教义等东方思想，先后做成了京瓷与KDDI（日本大型电信公司）两家世界500强企业。他的书里一点德鲁克、泰勒这些西方人的东西都没有，除了"敬天爱人"，就是"阿米巴经营模式"，值得我们深思。

企业的管理，核心是人，对人的理解、对人的判断、对人的假定，我们古老文化里面有这些东西。我一直主张学习管理，一方面要学习西方，改革开放以后企业管理基本是学习西方的管理，另一方面要学习中国古代的管理思想。有时候有些人会将中国古代文化神化，好像无所不能，我觉得也不对。科学地总结这些文化，也科学地学习西方的东西，不要囫囵吞枣，把它们结合起来。西方人讲了半天，可能我们古老哲学里一句话就表达了。现在的西方管理类书籍、经济学书籍、社会学书籍里面，最时髦的方式是上来先讲一句老子、庄子、孔子的话，看上去学问就很大了。很有意思，这就是融合。

问： 如何辩证地看待中西方管理思想？

答： 2014 年 5 月，我卸任国药集团董事长后，五一长假期间突然想到曲阜向孔子学习，在那待了三天，上午到孔子研究院跟着杨院长上半天课，下午我到孔庙、孔府、孔林溜达一圈怀想怀想，很有收获。后来他们吸收我做研究员，第二年我到他们那儿讲了一课，叫"半部论语做企业"。我说的半部是指我对《论语》一知半解，即使如此，《论语》对我也是有些指导的。

大家喜欢讲企业伦理、企业哲学这些东西，学习一些知识还是挺好的。好多理念如果完全用西方的管理理论可能找不到答案，但是从中国古代的哲学思想中就找到了。中华民族是非常有智慧的民族，是懂得辩证法的民族。在做企业方面，西方人崇尚科学，但科学有的时候往往一根筋。又得懂科学，又得懂哲学，恩格斯讲，科学的概括是哲学，哲学的概括是宗教。

有知识是对的，但是有智慧更重要，智慧高过知识。拉丁文里面智慧和哲学是一个词，智慧就是哲学，哲学就是明白学、智慧学。智慧学是不光要看到问题的一面，还得看到另一面，要系统地看问题、全局地看问题、发展地看问题，这就是智慧。但是知识里面不见得含有这些东西，知识就是经过求证的科学。我们很多智慧的东西其实很难求证，就是感觉，这个感觉也得有思想指导。我们中国人是很聪明的，但是似乎不那么科学。但我们也不能全去学科学，把自己智慧那一面给丢了，那就很悲哀，因为西方人正在学习我们智慧的一面。我们做企业真的不输给外国人，做到今天我们跟西方大公司打交道，就是科学的这一面还不如它们，以经营而言、智慧而言，我们在其之上。

※ "本领不一定很大，关键是人心要正，要有一个好的文化，要有一个健全的人格，才能够做好企业。"

问： 中国建材的企业文化主要来源于哪里？您在书里面提到西方的企业三书对您的影响比较大，请问是哪三本书？

答： 讲到文化来源，实际我们企业文化的来源一方面有我们中国人自身的文化，就是中华民族儒家文化，包括老子的《道德经》、孔子的《论语》等先贤们的思想，这是我们文化的基础，我们的根。另一方面我们也学习了西方的市场文化，尤其在改革开放以后学习了美国、日本、欧洲的一些先进企业的思想，再加上我们自己的实践，就慢慢形成了我们自己的一些企业文化。但是根上，我们企业的文化确实有自己传统的文化在里面。像我前面讲以人为中心的管理，也是先贤文化最核心的东西，无论是老子，还是孔子，最关心的还是人，人是万物的核心，是从这儿出发的。

讲到西方，他们也很重视文化，也有一些自己的文化和教育。像我讲到企业三书，实际上是三本书。一本是哈佛大学的著名教授克里斯坦森写的《你要如何衡量你的人生》。他1997年出版的《创新者的窘境》曾风靡全球。几年前，克里斯坦森得了癌症，经过了多次化疗，还做了心脏搭桥手术。2010年春，在给哈佛大学应届毕业生做的题为"如何衡量你的一生"的演讲中，克里斯坦森提出三个问题：如何做出完美的事业？如何拥有一个幸福的家庭？如何坚持原则正直的一生或者说如何拥有善始善终的人生？演讲稿后来结集出版，深受读者喜爱。现在国内也有翻译本，这本书是讲在企业工作了以后该怎么做，是对个人的要求。

第二本是查尔斯·汉迪写的《你拿什么定义自己》，也是给企业人写的，讲企业人怎么定义自己的一生。他讲到，大学毕业后先要到一个大的公司工作，像中国建材这样的公司。然后工作十年以后应该去创业，因为有经验了。老了以后如果创业有成，就可以过回童年时梦想的生活。如果赚的钱还不够用，可能还得再做一点事情。汉迪这本书其实也很值得读。

还有一本就是《品格之路》，是讲人格、怎么约束自己的，这本书也挺好。我们的干部也要读一读这三本书，西方人称为人生三书，来教育企业的干部的。

企业的干部们需要认真地学习，需要陶冶自己的情操、提升自己的境界。就是对企业干部们有一个境界的要求，大家要站得高一点，想清楚怎么对待大和小、多和少、进和退、得和失这些问题，因为每天可能都要碰到这些问题。在一个集体里面，怎么才能够利己利人、达己达人，这些东西都特别重要。如果企业人没有正确的人生观和价值观，企业是做不好的。有些人觉得自己很有本领，但是为什么把企业做得一塌糊涂呢？其实本领不一定要很大，关键是人心要正，要有一个健全的人格，才能够做好企业，不然的话，最后可能会引导着大家把企业给做崩盘了。这也是我经常给大家讲的。

※ "坏文化同化好文化是比较容易的，好文化同化坏文化是比较困难的。"

问： 企业发展的过程中有没有受到过一些坏文化的侵蚀？

答： 在整个企业的经营过程中，中国建材是不断重组发展起来的。我们的根是北新建材，后来我到了中新集团，中新集团更名为中国建材，中国建材又重组了很多企业，包括两材重组，形成了今天新的中国建材。我们根上的文化还是来源于北新最初以人为中心的文化。在发展过程中，我们也受到过一些文化的侵袭，因为我们重组的一些企业带着自身的一些不良的企业文化进来。这个过程中我反复地说，如果好文化不同化坏文化，就会被坏企业同化。坏文化同化好文化是比较容易的，好文化同化坏文化是比较困难的。所以在联合重组的过程中，最重要的是坚守我们的文化。

美国有一家非常有名的连锁集团，并购了另一家有坏文化的连锁企业，三年之后两家企业都倒闭了，就是因为坏文化把好文化腐蚀了。在中国建材重组的企业中，不少企业曾打过败仗。它们败在什么地方？败在落后的文化，非市场的文化，不竞争的文化，政企不分的文化。比如，在我们接收的一些传统国企中，开会时领导前呼后拥，讲究排场，看重主席台位置的安排。旧体制培养的这些落后文化，如果不及时摒弃，就会逐渐生根蔓延。因为落后文化容易满足人的劣根性，让人感觉很舒服，像上班不打卡、半路出去买菜等行为很容易使人产生惰性，久而久之就会固化为一种习气和作风。所以，我在企业中反复强调，每一次新成员的加入，在带来积极、健康的好文化的同时，也可能会带来消极、落后的坏文化。"近朱者赤，近墨者黑"。好文化和坏文化不能同时并存，我们要强化底线思维，不断巩固、完善和捍卫好文化，用好文化同化坏文化，彻底消除企业里的"文化孤岛"。

※ **"在联合重组的过程中，对于集团的重组企业，有一个底线，就是绝不可以动摇集团的企业文化。"**

问： 中国建材在联合重组的过程中，是如何处理外来文化的冲击的？

答： 杰斯帕·昆得在《公司精神》一书中讲到，"在未来的公司内，只有信奉者生存的空间，没有彷徨犹豫者立足的余地"。大家因为共同的愿景、共同的事业走到一起，不信奉企业价值观的人不在此列。这段话用排他法讲了企业文化的纯粹性。

企业文化的一致性非常的重要，不是谁都能随意编造、随意更改的。像肯德基、麦当劳这些企业，它们全世界的标识、员工的服装甚至货架上产品的摆放方式都是一样的，中国的一些职业经理人往往好意做些改动和创新，结果大多数都被炒掉了，就是因为大公司要捍卫其文化的一致性。文化朝令夕改、上下不统一，这是企业最忌讳的。前面提到了，中国建材的人才队伍70%是自我培养，30%靠引进，这就保证了队伍的稳定性和文化的共同性。我们有个不成文的规定，就是不接纳中国建材文化和思想的干部，即使再有才干也不会任用。

所以在联合重组的过程中，对于集团的重组企业，我一直都是比较宽容的，只要有利于集团发展，只要提出的要求合情合理，都可以协商解决。但是，有一个底线，就是绝不可以动摇集团的企业文化。事实上，重组企业能否融入集团文化一直是我最担心的问题。国际知名管理咨询机构统计显示，在众多并购失败的案例中，"并购后整合不力"占失败原因的86%，整合不力又突出表现为文化冲突。

如果重组企业在文化上不能统一，各唱各的调、各吹各的号，那么随着企业的盘子越来越大，加盟的公司越来越多，企业就会越来越危险。所以我们在重组的过程中，专门把对文化的认同写进每一个联合重组的协议里，并通过各种方式加以宣传贯彻。用集团的大文化统一所属单位的小文化，这是我们发展壮大的一条重要经验。在中国建材，各家工厂的感觉基本一样，大家都说着同样的话，有着同样的认识和观念，这就是一致性的体现。

文化是企业的魂，广大干部员工如果能真正把企业文化内化于心，就会始终充满幸福感和使命感，从而转化为对企业的热爱和忠诚。反之，如果没有了文化的支撑，大家就会像一盘散沙，不知为何而做、不知如何相处，只知道干活、吃饭、拿奖金。如果没有共同的价值观，企业打不了硬仗，也不会持久发展。

问： 中国建材联合重组的企业，若要实现每家工厂达到一样的水准，员工有同样的认识和观念，是很难做到的。企业在文化建设方面有哪些经验呢？

答： 让不同所有制、不同文化背景的企业迅速融合并取得效益，是一道世界性难题。联合重组成功的关键是文化融合。在中国建材"三宽三力"的文化实践中，我们认识到要形成同心圆模式的企业文化，实现文化的兼容并蓄、取长补短、融合再造，需要一些方法。

第一，要以"人"为中心。文化融合要以人为本，给予人充分的尊重、理解和信任，充分调动员工的积极性和创造性，挖掘员工潜能，这是根本立足点。我一直提倡，联合重组是人的联合和文化的融合，最终要实现人的价值升华与企业健康发展的和谐统一。

第二，要以先进文化为前提。文化认同的前提是文化具有先进性。企业文化既要符合市场经济和行业发展的规律，也要符合企业历史沿革和成长的逻辑，能对企业全体成员产生巨大的感召力和凝聚力。优秀的文化是企业持续发展的精神支柱和动力源泉，是推动企业快速成长不可或缺的重要生产力。比如，中国建材通过区域整合减少恶性竞争、推动行业和企业健康发展的重组文化得到被重组企业的广泛肯定。2012 年，西南水泥开展联合重组时，几乎每家企业都有三四个"买家"在竞争，有的谈到半途被别家拉走，但最终又都"回心转意"。后来很多加盟者说："其实收购价格别人给我们的更高，但比来比去，我们更愿意接受中国建材的文化。"

第三，要以文化一致为底线。文化融合是一个由文化冲突到文化认同的过程。重组企业原来的文化各有特征、互有差异，如果不能形成正确认识，没有企业间文化的了解、沟通、融合，没有对集团文化的理解、学习、共识，就会出现貌合神离、形连心散的现象。因此，所有企业首先必须高度认同集团的企业文化并与之统一，包括经营理念、发展思路、企业愿景等，并能将其转化为自觉行动。不认同集团文化的企业和企业家，我们一律不予接受。

第四，以机制创新为保证这一点也很重要。企业文化是企业制度的基础，企业制度是企业文化的具体设计。比如，中国建材推行的央企市营、"格子化"管控和"八大工法""六星企业"等独具特色的经营管理模式，对联合重组的成功起到了至关重要的作用。实践证明，优秀的企业文化是联合重组的思想基础，有效的管理机制是文化融合的重要保证。

第五，要以有效宣贯为基础。企业文化建立后不能束之高阁，要迅速宣贯到位，逐级渗透到企业的各个管理层面，这就要求企业必须拥有畅通的信息渠道，建立起由所有企业共同参与的文化建设传播网络、与文化融合工作相适应的沟通机制和传播渠道，充分发挥好网站、报纸、杂志、广告等媒介的桥梁作用，不断创新内容形式、活动载体和方法手段，在有效的沟通与反馈中逐步解决跨文化问题。

问： 刚才谈到企业文化有效宣贯的问题，当代年青人习惯在新媒体平台获取信息，而国企、央企更多是在一些传统媒体上宣传，比如纸媒或电视。您怎么看待在新媒体平台上进行文化推广或者传播的利与弊？

答： 其实对待新媒体我们国企也在加强。中国建材有一个微信公众号叫"小料"，我们就是在微信上最先发布很多消息，全公司都很关注。过去我们有一个杂志叫《中国建材通信》，一个月一期，还有《中国建材报》，主要的消息在《中国建材报》上报，一天一期。现在我们利用新媒体，利用微信平台，可以分分钟将消息发出去。我们遍布五大洲的企业，大家是靠小小的公众号彼此联系着，这个也是我们现在很看重的，包括抖音这些新媒体，我们也希望都能做起来。

央企今天在这方面并不落后，最开始的时候我们有过顾虑，不知道这个东西好不好控制、好不好管理，怕这个东西，相比较而言民企就不怕这个东西。当然，现在我们用得也很好，应该是没有问题的，好多消息都是通过这些新媒体发布的。我们不回避新媒体，也不回避民营的新媒体。我们觉得就得多沟通、多交流，这样大家也能减少误会。

无论国企也好、民企也好，都是企业，我们都在一个产业链、价值链里面，谁也离不开谁。在 2007 年的亚布力论坛上，当地人用当地话说上炕了，我说我们国企和民企也上炕了，不光上炕了还结婚生孩子，混合所有制把大家都连在一起了。我是不太主张，尤其是跟年青一代，过多地去提所有制的标签：过去是赞成国营，诋毁民营、个体户、私营企业等；现在又觉得民营企业更公平，国有企业垄断、补贴、官僚、腐败等。这些都不客观，企业就分两种，就是好企业和差企业。民营企业有好企业，国有企业也有好企业；民营企业有差企业，国有企业也有差企业，和所有制无关。国有企业有好文化，也有坏文化；民营企业有好文化，也有坏文化。企业是有好坏之分，但不应该按照所有制赋予其太多的内涵。现在也不存在国企就不重视新媒体，现在大家都很重视新媒体。如果打开中国建材公众号，你会发现做得也是很好的，包括国资委的"国资小新"办得也很活跃。我也经常跟我们的干部讲，新媒体要更多反映五大洲公司多彩的一面，反映我们公司人性的一面，不要全是那种口号式的宣传，而是多用故事、多用画面，让公司氛围活跃起来，让大家热爱这个公司。这个宣传非常之重要，当然这里也需要一些年青人，因为年青人有年青人的语言，他们能够理解这些。

※ "企业文化的传承不是哪个人的事情，关乎一个企业的历史，也关系到这么多人的未来。"

问： 对于企业文化的传承，您有什么思考和思虑？

答： 我今年 63 岁了，马上也要退休了。我对这个企业未来最不放心就是，文化能不能坚守，年青的一代能不能传承我们的文化，他们知道不知道我们是从哪儿来、向哪儿去的。因为年青的一代没有经历过过去的困难，没有那种对比，不知道今天的一切是怎么来的。所以我也常常给他们讲这些，包括我写的《笃行致远》《改革心路》这些书，是写给中国建材今后年青的一代又一代人看的，他们应该知道我们是怎么过来的，我们传承文化的核心是什么。

只要有这一切，困难都能够被克服。其实我们企业一直有困难，因为我们在充分竞争领域里，几年一个大困难，每年几个小困难。但是我们秉持着这种不变的文化，我们这么多年来一直不断地发展，不断地否定之否定，修正自己，然后就能够过去。可是如果没有这种坚强的文化底蕴，遇到一点事情我们就会崩盘，遇到一点事情大家可能就散掉了，这是我最担心的。

很多企业会有很优秀的创业者，他们把企业做得很辉煌。但是在换代的时候，文化没有延续、没有传承，所以就崩盘了。文化倒掉了，企业自然就倒掉了，所以这种教训让我经常去想这些东西。比如一些年青的接班人，接班以后并不明白这个道理，都想自己搞一套，讲一套别的东西，他不知道历史是多么重要，最后把自己搞垮了，企业搞垮了，把历史也搞垮了，这是经常发生的事情。这就是为什么我常讲继承和发扬企业文化，首先要继承，然后再发扬。

今天我说这些东西，其实也是给企业年青一代的忠告，一定要知道我们是谁、从哪里来、向哪里去。这是很关键的，这就是讲文化。文化在企业里相当于企业的宗教，相当于一种信仰，一旦建立起来我们就要信奉它，不能去怀疑它。你在这个企业里面，首先就要认同它的文化，如果你排斥或者不接受它的文化，你可以不在这个企业。

问： 许多好的企业都有一些脍炙人口的故事，前面您给我们讲过点火、罚款等很多故事，企业故事也成为企业文化传承的一个载体了。

答： 我读过IBM的一本书，IBM的总裁说，IBM的历史就是由IBM的故事组成的。实际上中国建材的历史也是由故事组成的。如果回过头看，你会看到一连串的故事，我在《笃行致远》里面写了108个故事，从我刚刚进工厂，到最后两材重组。最近我们也在画连环画，让这些故事跃然纸上，可以让大家更轻松地看，让大家记住我们这些故事。每个故事讲的实际上就是我们的价值观和文化，或者文化是怎样形成的，是由一个个故事逐渐积淀起来的。

问： 这次您也给我们讲述了很多中国建材的故事。

答： 中国建材真的是有很多故事，如"一个脚印""五朵金花""三盘牛肉""汪庄会谈"等，把多年的故事整理归纳，就是企业的全部。前面提到的"汪庄会谈"，是讲中国建材怎么重组水泥企业的，那是一个非常精彩的故事，透过那些故事大家理解了"三盘牛肉"、混合所有制。点火的故事，让大家理解了企业最核心的是人。"一个脚印"的故事，让大家理解了质量第一、客户至上的原则。

其实这些故事挺简单，如果大家记得它就可以举一反三，文化就会深深烙印在心中。这些故事要经常讲、反复讲，一代人、一代人地讲。当忘记这些故事的时候，企业的末日就到了，因为企业是由这些故事延承下来的。讲故事也很重要，讲故事改变人，讲故事改变企业。要把我们的企业的往事记录成故事，要把故事讲好，把故事讲下去，这个非常重要。其实办学校也一样，学校也要学会讲故事，我去麻省理工学院、去哈佛大学，他们都给我讲了学校的历史和一些脍炙人口的故事，都是印刻在他们心中的东西，这些东西是不能忘记的。

中国建材有40年的历史，正是中国改革开放的40年，40年一直走过来，我们遇到过很多的艰难困苦，也有过悲伤眼泪，能走到今天是不容易的，所以要倍加珍惜。企业文化的传承不是哪个人的事情，这关乎一个企业的历史，也关系到这么多人的未来，传承是很重要的。

※ "文化也一样，一旦我们奠定了这种文化，我们必须传承下来，过程中我们可以改善提高，但是不能进行本质性的改变，要倍加珍惜，因为是来之不易的东西。"

问： 企业传承不利会带来什么影响？

答： 杰克·韦尔奇说他在选继任者的时候经常彻夜难眠。后来，他选了一个跟了他 33 年的干部，就是杰夫·伊梅尔特。伊梅尔特下台后，又换了一位，我也不知他姓名了。今天，据说 GE 快被分拆了，马上分崩离析，主要原因是 GE 的更新换代不成功。当然，GE 今后可能也会重组、也会有新的未来，但是杰克·韦尔奇把公司从 160 亿美元的市值做到 6000 亿美元市值，成为世界第一大企业帝国，现在却因为选人不当公司即将衰亡，是很让人痛心的事。

问：《基业长青》一书中总结企业的成功经验，其中最主要的结论之一也是关于核心价值观的，认为这些企业之所以可以成为百年老店就是因为其核心价值观是保持不变的。

答： 这个道理恰恰是一些人不理解的，人的能力可能有大小，但是文化这个东西，我们是改变不了的。就像张明敏唱的歌一样，"洋装虽然穿在身，我心依然是中国心"。中国人是这样的，改变不了的是那颗中国心。文化也一样，一旦我们奠定了这种文化，我们必须传承下来，过程中我们可以改善提高，但是不能进行本质性的改变，要倍加珍惜，因为是来之不易的东西。

※ "要相信未来一代，他们一定能够做得更好。"

问： 现在 90 后甚至 95 后已经开始进入社会，他们的成长环境跟 70 后和 80 后有所不同，对于这一代人，您认为管理方式上应该如何调整？

答： 你提了一个大问题，也是我现在思考最多的问题。不要说 90 后，我两个小外孙强强和壮壮，才 6 岁半，我在和他们相处中也发现很多问题。我女儿跟他们相处得就很好，我跟他们相处起来就有困难。要说亲肯定是特别亲，但是怎么理解他们，这对我来说就是一个大题目。

我想起年青时看过一部电影叫《英俊少年》，是德国片，里面有首歌大家都会唱。那里面讲到一个少年和他外公之间的关系，少年如何感染了他的外公，是讲代沟的一个故事。现在也是这样一个问题，新技术、新媒体的进步，使现在和以前相比代沟更多了。过去只是政治环境的改变，比如从封建社会清朝到了民国，从民国到新中国，是一种政治环境的改变。文字、书本和教育方式基本没有什么大的改变，住房、交通也没有什么大的改变。

但现在这种变化是非常之大的，每一天都有新的变化，新媒体、通信方式、交通方式、共享方式都产生了特别大的变化。年青人容易接受最新的事物，而老年人不太容易接受，双方在沟通方式上也遇到了问题。老年人想看报纸，年青人没有几个人愿意看报纸。老年人还想写几本书，年青人不大愿意看书了。怎么办呢？我也要适应这些年青人的要求，我以前写文章给大家，都是写万字长文，现在我就很少写万字文，只写两三千字。年青一代没有时间看完万字文，他们就看你到底说什么，说清楚了就行了，交流的方式一定要改变。

现在我和 60 年代、70 年代的人交流没有太大问题，80 后像我女儿这一代就有了一定问题，90 后我接触得还不多，我觉得肯定问题就更大了。我不主张让他们都回到我们那一代传统的那种方法，那不可取。比如我们当年怎么苦他们也得怎么苦，我们当年怎么累他们也得怎么累，给他们讲这些没有太多的意义，也没有必要重复过去的苦难。但是人的这种先人后己、利他主义的精神等，这些东西不管哪一代人都应该传承下来，这些都是中华民族优秀的东西。包括全人类优秀的东西，也都应该传承下来，至于说方式方法我倒觉得都应该更新和改变。也不见得说年青人的一些行为就不好，一代总比一代强，这一点还是应该相信的。

2019 年春节建材行业年会上，我做了一个演讲，叫"相信未来 相信改革开放"①，我们要相信未来一代，他们一定能够做得更好。当然，他们也一定会跌跌撞撞的，我们是代替不了的，无论我们怎么去教他们，他们的人生也会深一脚浅一脚，这些他们也要自己走过，但是是用他们的方式。我写这些书是想让大家记住过去的东西，并不等于让大家重复过去的东西，而是让大家按照新的时代去生活。但是大家也应该知道我们以前是怎么过来的，这个很重要。像我前面讲的《英俊少年》一样，不是说这个老头怎么改变这个小孩子，而是这个小孩子怎么改变这个固执的老头，最后外公和孙子在一起玩得特别好，外公也变得开朗了。我们今天有这种老一代人适应年青一代，也有年青人如何能够让老一代的人接受他们的这种价值观、生活方式的问题。

03 社会责任

※ "我们企业的原则立场，还是要把环境、社会责任放在很重要的位置上，当我们的社会责任和经济责任产生矛盾时，要把社会责任放在第一位去考虑。"

问： 保护环境是企业社会责任的一个体现，但环境治理是有成本的，势必会跟经济目标有一些偏离。您如何看待企业盈利与企业履行社会责任之间的关系？

答： 前面讲到社会责任，包括环境治理、质量，都是有成本的。我的看法是，做企业肯定要盈利，不盈利就会死亡，但是盈利要建立在什么基础上呢？应该建立在环保、安全、质量第一的基础上，也就是健康发展的基础上，而不能盲目去做，可以少挣一点钱，但不能挣黑心钱，做企业必须恪守这些基本的原则。

---

① 2018 年 12 月 17 日，本书作者在第二届建材行业经济论坛做了该主题的演讲，回顾了中国建材 40 年来的辉煌与成长，展望了企业的方向与未来，提出建设共生、共享、共富、共荣的行业新时代。

我有时常讲做企业也好、做人也好，要有原则立场。到底原则立场是什么？是不是有钱就赚，丢一点钱都不行？我们企业的原则立场，还是要把环境、社会责任放在很重要的位置上。当我们的社会责任和经济目标产生矛盾时，要把社会责任放在第一位去考虑。我记得汶川大地震的时候，我们企业去救援，当时的口号就是不惜成本、不惜代价去救援，我们做了很多事情。我们差不多是第一时间到达汶川，给灾民修了很多临时的板房，后来又帮助他们建房子等。因为我们是做房子的，我们就去做这些工作。SARS 期间，在昌平小汤山搭建临时病房，都是用我们的材料。过后也没人给我们钱，干部就来找我说："宋总，咱们拉去的 100 多万元的材料没人给钱。"我说没人给钱就算了，不要再去要了，这是我们的社会责任。当然，我们是一个国家企业，不去算计肯定是不行的，我们一定要精细地去做，企业才能活下去，但是当关乎环境、社会责任的时候，企业必须要慷慨付出。要给年青一代进行这方面的教育，站在道德高地上做企业。

※ "建材这个行业，无论从原料使用、生产过程还是最后的产品，方方面面都是可以对节能环保做出巨大贡献的。"

问： 在环保这一块，中国建材有没有一些把先进技术跟环保相结合，并使得生产的各个环节得以提升的做法和经验？

答： 这次我到华盛顿跟世界银行讲的就是环保和技术进步的问题。

作为水泥来讲，虽然它只有 180 年的历史，但是对人类的贡献非常大。但是做水泥有一个问题，它是一个二氧化碳高排放的产业，碳酸钙分解就排放出二氧化碳。做水泥排放的二氧化碳大概有 60% 是由碳酸钙煅烧时排放的，30% 是烧煤释放的，10% 是用电的能源释放的。我跟大家讲，我们现在没有找到水泥的替代品，而且我们能够预见的未来里也找不到。水泥是一种非常好的胶凝材料，但是就是有二氧化碳高排放这个问题。水泥厂过去还有二氧化硫、氮氧化物排放，现在采取脱硫脱硝脱尘技术就都解决了。过去工厂冒烟，现在都不冒了，你以为没生产，实际上都在生产。

问： 如何治理水泥生产过程中的二氧化碳排放呢？

答： 按照刚才我讲的这三个来源，我们可以通过以下三个方式来治理。

第一，用余热发电、太阳能、风能来解决电能的问题，大概能够替代80%左右的电能，这样能减少大量二氧化碳排放。

第二，提高技术。过去生产1吨水泥要耗煤115千克，水平已经很高了。但是最新智能化工厂生产1吨水泥耗煤只有85千克，减少了30千克。中国一年生产水泥23亿吨左右，这样就减少了非常多的二氧化碳排放。

第三，做高标号的水泥。把水泥从低标号提升到高标号，增加水泥的强度，减少水泥的用量。现在我们正在推进这一改革，当然也遇到很多阻力。我们希望把水泥从低标号做到高标号，现在的标号是32.5，如果能做到72.5，就能减少40%的水泥用量，同时就能够减少40%的二氧化碳排放。

问： 即使减少了40%，毕竟还是有排放的，排放出来的二氧化碳有什么好办法解决吗？

答： 我们现在正在做碳捕捉，把它提取出来。我们在搞现代农业大棚，种西红柿、黄瓜、茄子、彩椒等，这里面需要大量的二氧化碳。如果大棚里没有充足的二氧化碳，植物就不长了，植物的光合作用是用二氧化碳做养料的，所以大棚里面需要充足的二氧化碳。那二氧化碳怎么来？现在我们用的就是工业二氧化碳，是从空气里面压缩的，下一步我们还会把烟气二氧化碳收集下来直接用到农业里去。

所以碳捕捉是一个很好的手段，全世界最好的固碳手段就是植物。木头能长这么粗，不就全是碳吗？它吸收二氧化碳，吐出氧气，把碳固化下来就是木头，再燃烧又放出二氧化碳，就是这么一个过程。现在我们在搞现代农业，将来我们也想从水泥厂拉一根管子直接通到农业大棚。当然要过滤一下，因为工业二氧化碳里面含硫、硝等，植物不能被污染。过滤后让它变成干净的二氧化碳再放进去。

※ "你会突然发现一个水泥厂变成了城市的净化厂，我们不但要解决生产过程中的这些污染问题，同时还要为社会做出环保的贡献。"

问： 这就形成一个循环经济体系。

答： 是的。在环境保护方面，目前我们主要关注的是水、土壤和空气的问题。就水泥工业来讲，我们基本是窑炉的工艺，不像化工厂要排水，我们基本上做到零排放。气体排放能做到粉尘、二氧化硫、氮氧化物达到最先进的标准，超过欧洲标准，能做得非常好。二氧化碳这是个大问题，我们正在综合研究这个问题。

问： 听说水泥窑也可用于焚烧垃圾？

答： 是的，其实做水泥也能够解决一些环境污染的问题。我们现在做的主要是三件事。

第一件事是焚烧垃圾。因为垃圾厂垃圾焚烧是800℃，而600℃到800℃是产生二噁英的阶段，所以焚烧垃圾的工厂很容易就释放出二噁英。二噁英是致癌的剧毒物质，我们现在在空气中二噁英含量是比较高的，就是因为焚烧垃圾带来的。过去中国香港人很喜欢吃内地的大闸蟹，现在香港已经有两年不进口了，因为二噁英超标。空气里的二噁英多了，水里也多了，富集在螃蟹身上，螃蟹身上的二噁英都超标。

解决这个问题，一个最好的办法就是用水泥的窑炉把垃圾给烧掉。因为水泥的窑炉温度高达1600℃，二噁英全部能被分解掉。工业烧垃圾方面我们有几个工厂做得非常好，像巢湖工厂，把巢湖市整个生活垃圾全部烧掉，因为垃圾是有机的，还为工厂提供了能源，同时排放的气体也没有味道，都是最新的技术和装备。有一种细菌叫艾细菌，是跟艾草有关的细菌，能够专门消除垃圾的味道，有了这种细菌以后再没有垃圾的臭味道了。很多人不明白为什么一定要这么做，主要是针对二噁英，这种技术和普通焚烧垃圾的根本区别就在于高温，所以这个技术非常好。

第二件事是处理危废。在化工产业会有危险废品，包括医院里用后的药瓶、各种药、纱布都属于危废，这些都要焚烧。现在也都是在水泥厂焚烧，因为有 1600℃ 的高温，可以把那些废品全部分解掉。

第三件事就是焚烧被污染的土壤。因为做水泥需要土，水泥是碳酸钙和黏土一起混着烧，最后形成硅酸钙的水泥。这样的话我们就烧一些被污染的土，因为很多地方有被油或者各种化工材料污染的土壤，污染的土怎么处理？拉到哪儿都是污染，就放在水泥窑煅烧分解掉，这个土也成为我们需要的一部分原料。

像烧危废，山东、江苏很多化工厂有好多危险废弃物，都没法排放，放在那儿也不行，所以现在都要烧掉。我们在南京的一个工厂，一年光烧这些危险废弃物就有 6000 万元左右的利润。其实今天日本的很多水泥厂靠水泥赚不到多少钱，都是靠垃圾焚烧处理赚钱。水泥这个产业最终变成处理废弃物的产业，一个吃干榨净废弃物的出口。在日本的各大水泥企业基本是靠这个赚钱，把水泥经营的逻辑给改了。原来就是生产水泥，现在变成了利用窑炉特殊的环境，来烧掉城市的废弃物，同时生产水泥。

问： 看来中国建材不但解决了生产过程中的污染问题，还为社会解决了一些环保问题。

答： 我以前在北新讲，我们在原材料采用、生产过程、产品使用三个环节都要做到节能环保。如果在屋子里刷上涂料，结果小孩子得了白血病，这就不行。我们生产的龙牌漆，白天刷上晚上就可以住了。挥发性有机物有一个指标叫 VOCs，我们比国家标准低一个数量级。比如国家标准是 200，我们就是20。包括天安门，都是用龙牌漆去刷，一点味道也没有。

前不久我在世界银行专门讲到这方面，我说能源、大气这些问题都有赖于节能的措施。措施里很多是跟建材有关，能源的浪费 50% 是在建筑上，建筑里边 50% 是透过窗户散发出去的，所以窗户应该用 LOW-E 低辐射玻璃，就像我们瓶胆一样。瓶胆是涂上银了不透光，但是 LOW-E 膜不影响透光，普通光可透过，红外线不可透过。这样的话就可以节约 80% 的能源。玻璃的改进很重要，墙的保温的改进也很重要，比如外墙外保温等。建材这个行业，无论从原料使用、生产过程，还是最后产品，方方面面都可以对节能环保做出巨大贡献，而且特别重要，别的行业替代不了，所以必须很好地去做。世界银行的人听到我讲的这些，特别高兴。

※ "企业实际上完全可以做成一个文化企业，影响到企业里来的人，不光影响企业员工，也影响客户和所有来参观的人，本身是一个文化教育基地。"

问： 中国建材"四化"转型中有一个"绿色化"，环保的理念是不是已经内化为企业的文化了？

答： 其实我对企业文化也有一个新的要求，在企业里面文化是综合的。过去讲企业文化多一点，现在我们讲党建文化、企业文化、廉洁文化和安全环保文化，把这四种文化融合在一起，我们叫"四化融合"，形成了这样一个好的企业氛围。现在到我们任何一家企业去看，你会觉得这个企业政治上很过关，企业文化也很友好，绿色环保要求也很严，廉政这方面风清气正。特别是一些地方政府经常说，我们的企业虽然在他们那儿，他们也很少看，我去了我陪他们看看，他们去看完以后大吃一惊，都说没想到企业是这样的，都是赞不绝口。

企业实际上完全可以做成一个文化企业，影响到这个企业里来的人，不光影响企业员工，也影响客户和所有来参观的这些人，本身是一个文化教育基地。我最近跟中联水泥的干部们说，他们已经在做了，在我们徐州工厂里面，会有一个球幕放映厅，大家去了以后先放一个片子，片子是讲我们怎么炸掉过去的小立窑，我们叫"中国第一爆"。当时中国建材带头把那些落后的产能炸掉，有9个工厂一起炸掉的情景，中央电视台轮番播放过，距现在也有十年的时间了，带动了整个中国水泥业的变革。以后，我们就在厂子里面给大家放映，也讲些绿色的文化，给大家综合性的概念。我们虽然每年有一个社会责任报告，但是像环境友好、企业的核心理念等，宣传得还是不够，还要加大宣传。

问： 您提到"文化企业"的概念非常新颖。

答： 第一爆是在枣庄那边炸的，放映厅建在了徐州厂。每个工厂都是不一样的，但都是这个概念。最近好多工厂都在院子里建太阳能，都在做"水泥+"业务，都在烧垃圾和固废，一方面保护了环境，另一方面也增加了利润。中国建材目前是按照这样的思路在做，效果非常好，这也是企业的品格，企业最深层次的东西。

我们泰安的工厂是智能化的，过去一个工厂需要 200～300 人，现在只需要 50 个人。同时，工厂布置了太阳能，院子里空地上全部是太阳能，最近又装了风能，变成了新能源工厂。工厂不再用电厂的电能，因为新能源就可以供给整个工厂所用能源。由于实现了智能化，用煤少，整个工厂特别清洁。这个工厂是世界最好的工厂，外国人都去参观，像海螺集团他们都去参观过我们泰安的工厂。

问： 刚才提到环保的问题与经济目标之间的冲突和矛盾，日本学者曾提出精确计算商品生产每个环节的能耗量并进行严格控制。能否通过环保节能的理念，倒逼企业加强管理，有意识去促进生产力的提高，使得整个生产效率更高、消耗更少？

答： 本质上就是量化管理了。日本人的做法是精细化，让每个人意识到自己的工段会消耗多少能量。这样的话每个工段都会节约，尤其是消耗能量最大的工段，日本就是用这种方法。反复进行量化管理是管理里面最重要的一个方式。像人的体重，如果想减肥，就要每天称一称。我们老讲数量化的控制，就是进行这种详细分解，知道每一个环节量化概念，进行量化控制和量化管理，反复地去做，越做越精，最后达到这个目的，工厂都应该这么做。

※"我们在'走出去'的过程中，要建立企业的道德高地，这是企业对人类的承诺，因为我们共有一个地球，共享一个大气。"

问： 您认为中国企业国际化的过程中，出征海外承载了什么样的社会

责任？

答： 我们走过了工业发展的道路，知道这个过程中会有什么问题。现在去发展中国家，不能重演过去粗放式生产和高浓度排放的老路。我们现在到发展中国家去做，也是把绿色环保看得很重。我们在白俄罗斯做了一个工业园，因为工业园是在森林里，习总书记去的时候，还说尽量少砍伐树木。后来我们在赞比亚做工业园也是在一个山里面，周围全是森林。我们尽量保护这片森林，把工厂和绿色的森林有机地、相得益彰地建立起来，不要污染环境，把蓝天白云保留下来。我到赞比亚下了飞机，觉得跟天很近，都是蓝天白云，非洲大陆很多地方没有被污染，但是工业化的过程中，一定会带来环境负荷。我们不能走过去的老路，所以对水、土壤、空气都要加大保护力度。

在《企业的品格》①里面，我讲到环境保护、世界公民，这也是我们的承诺。我以前讲的"走出去"三原则：为当地做贡献、跟当地企业合作、和当地人们友好相处，实际上也是做好事。企业环境如果做得不好，会受到当地人的反对，我们要把这方面放在第一位。非洲有些国家非常漂亮，都是原始森林、大瀑布，看完以后很震撼。有时候看到电影电视里面觉得很奇怪，新闻纪录片里面讲的非洲孩子都是黑瘦瘦的，到处是苍蝇，土地干旱裂着大缝，其实非洲很多地方很美，当然也有差的地方。非洲都是原始森林，雨季的时候可以看到鸵鸟、长颈鹿等动物，非常的美丽。其实我们人类就是从那儿迁徙出来的，因为那个地方适合动物的生长。50 万年前人类从那儿产生，10 万年前我们中国人的祖先迁徙出来。我们现在重返非洲大陆，我觉得要倍加珍惜那里的环境，做工业不要产生过度的污染。

其实，中国企业目前的责任意识还是很强的。有一次在桐乡开年会，我们在埃及有一个工厂，埃及政府来了一个领导，看完我们的工厂后特别高兴。他说看了桐乡的工厂，回想我们在埃及的工厂，觉得埃及工厂建设比桐乡的工厂质量还好。原来他总是担心中国是不是把比较差的、落后的产能转移出去了，而把好东西留给自己了。但是他看完我们的以后，觉得中国是把最好的东西拿

---

① 具体见第八章第四节"优秀品格"。

出去。包括现在我们去美国南卡州建工厂，也是用的最好的，比我们在国内技术要好得多，用最新的技术在南卡州建工厂。

这就是回答你刚才的问题，我们在"走出去"的过程中，要建立企业的道德高地，这是企业对人类的承诺，因为我们共有一个地球，共享一个大气，从我们企业来讲这方面的认识和责任感还是很强的。

※ **"社会发展到了今天，企业家应该把社会责任放在第一位。"**

问： 刚才谈到的是企业的社会责任，那什么是"企业家"的社会责任呢？

答： 对于企业家精神，我讲了很多，概括一下就是"创新、坚守、责任"。责任就是家国情怀、社会责任，也是企业家精神的组成部分。做企业要赚钱，但是光赚钱也不是企业家。企业家之所以受人尊重，应该有社会责任感。社会发展到了今天，企业家应该把社会责任放在第一位。不是用赚钱多少衡量，而是在社会责任方面做得怎么样，这方面非常重要。

人类正在面临很大的问题。1962年美国有一位女作家写了一本书《寂静的春天》。她说农药把虫子杀死了，虫子把鸟杀死了，春天本来应该是鸟语花香，但最后却是一片寂静，她认为这个破坏了环境。她第一次提出了环境问题和人类生活对环境造成的影响。后来，美国总统专门做了听证会，到底有没有这个问题。最后的结论是有，从此环境保护进入了人们的视野。过去我们觉得杀虫剂真是个好东西，因为杀虫剂大大提高了农业的产量，但是我们没有想到它可能带来另一方面的问题，所以科技的另一面就是危害性。

20世纪70年代，欧洲的智库罗马俱乐部提出了增长的极限，认为地球上的资源和能源是有限的，如果人类一直用下去，用不了多少年资源就没了，能源也枯竭了。大家发现了这个问题，所以最后就提出了可持续发展。再到后来，20世纪90年代又发现温室气体导致地球的气温在提高。这又是个新问题，因为这个问题威胁到地球的未来。

今天人类为什么那么刻意地去研究火星？因为现在人们已经证实了火星上过去有过水，也就是说火星并不是今天干枯的火星，人们想知道到底水为什么没有了，怎么发展成这样了。人类就是想研究地球会不会是下一个火星。如果人类像现在这样排放温室气体，温室效应是不得了的。不光是二氧化碳，所有的有机气体都有温室效应，像乙醚、氟利昂等，而且它们对温度的负面影响比二氧化碳要大得多。人类为什么把二氧化碳看得特别重？因为二氧化碳的量大，二氧化碳大概能占整个温室气体的 70%，这个问题就威胁到人类的安全了。

我前不久去世界银行也是为了《巴黎协定》提出的 1.5℃ 的目标，即 21 世纪全球平均气温升幅与工业革命前水平相比不超过 2℃，同时"尽力"不超过 1.5℃。1.5℃ 的承诺能不能做到？如果不节制的话，可能会升高 4℃~5℃，后面还会升高，就会带来很多很多的问题。2019 年我到青海去，官员跟我说，2018 年这个地方水多了起来，湖里水多了，大家都很高兴。但后来高兴不起来了，说可能是雪山在溶化，气温在增加。现在水多了，以后雪山没了，水就断了。长江也好，其他河流也好，基本上靠雪山上的积雪均衡地融化，均衡地聚集，千百年来是这样的。如果温度变化了，雪山上没雪了，自然河流就没了，河流没了生态就被破坏了，这是一系列的问题。

问： 很多企业家已经意识到问题的严重性了。

答： 我们做企业，归根结底是为了人。在这方面我们企业家的社会责任是非常重要的。我也讲到水污染，我们国家绝大部分浅层水都被污染了，像我家乡那个地方的水都不能喝了。国家不让排放污水，有一些化工厂就打一个渗井，把污水直接排到渗井里、排到地层里。地层是无法消纳污水的，一百年也不见得能消纳，所以有时候打出来的水是红颜色的。现在大家喝矿泉水，从外地运水，因为当地的水源都被破坏了。记得小时候村里有打机井，上学路上和平时玩的时候，机井在抽水我们就在那喝，那个水特别好喝，没什么污染，现在那些水都不能喝了。很多的污染是不可逆的。像云南的滇池，当年在周围搞了很多化工厂，污染了水，现在要想恢复湖水水质，需要花的钱会比当年那么多化工厂创造的销售收入还要高。为了挣那么点小钱，造成的危害却是后人用十倍、百倍的钱都无法恢复的，所以企业家自身怎么看这个问题非常重要。

不光在这方面，企业家也要善用科技，比如转基因工程、机器人等，到底在发展过程中哪些东西有利于人类，哪些东西是不可控的。企业家也要深度地思考商业的伦理问题，包括对人类造成长期的影响和危害等。比如游戏机，也会让孩子特别地迷恋，最后不好好学习。所以，做企业真的不是一件容易的事儿。企业家在考虑事情的时候要综合考虑，不能只考虑赚钱一个方面，还得考虑产品的回收、产品的效能、产品的降解等。

04 优秀品格

※ "企业要盈利，但前提是取之有道，要坚守道德底线，义利兼顾，以义为先，站在道德高地上做一个有品格的企业。"

问： 您多次提到"站在道德高地做企业"，"道德高地"指的是什么？

答： 中国有句古语"君子爱财，取之有道"。这句话用在做企业上就是企业要盈利，但前提是取之有道。这里的"道"，不仅是指企业的所作所为要符合法律法规要求的基本底线，更高的要求应是坚守道德底线，义利兼顾，以义为先，站在道德高地上做企业。比如绿色环保、利他主义，都是道德高地。我们应该赚什么钱，要从道德高地思考。

道德高地就是在发展观方面，把人类的福祉、国家的命运、行业的利益、员工的幸福结合起来；在利益分配方面，遵循共享、共富的原则；在管理方面，把环保、安全、责任放在速度、规模和效益之前。"小胜靠智，大胜靠德。"一个企业要想快速发展，得到社会的广泛支持，应该把德行和责任摆在首位，时时想到"道德高地"四个字，包括以人为本的仁德、胸怀全局的品德、节能减排的公德、推己及人的美德等。

问： 您写过一篇名为《企业的品格》的文章，提到做有品格的企业。什么是企业的品格？

答： 针对这个问题，我在第三届金蜜蜂 CSR 领袖论坛[①]上做过一次演讲，叫作"站在道德高地上做企业"。大概有 1600 万人网上看了这个演讲，点击率很高，这让我很吃惊。我后来写了一篇文章叫《企业的品格》，这篇文章是我看了迈克尔·布隆伯格写的一本书——《城市的品格》之后写的。布隆伯格在纽约当了好几任市长，他在书中写了纽约市应该是什么样的城市，主要讲了绿色环保和气候问题的一些故事，比如他自己在房顶上刷了一层反射漆等。这对我倒是有很大的启发，我觉得企业也和城市一样，也应该有自身的品格，所以我就写了这篇文章，就是在道德高地上做企业往前的延伸。

企业是个营利组织，但同时又是个社会组织，所以企业既有经济性又有社会性。作为一个社会组织，企业要承担社会责任，处理好方方面面的关系，也只有社会接受和社会支持的企业才能获得长远发展。和人一样，企业在成长过程中会形成自己的品格，而恰恰是这些企业的品格决定了其在社会中的认同度。企业的品格是企业在经营活动和社会交往中体现的品质、格局和作风，反映了企业的世界观、价值观和组织态度。企业的品格，也是集企业理念、文化和行为于一体的企业形象，企业在成长过程中要重视企业品格的养成。

问： 您认为优秀的企业品格应该包括哪些内容？

答： 做企业应该做一个有品格的企业，企业品格应该有哪几个呢？我也归纳了一下：第一，保护环境；第二，热心公益；第三，关心员工；第四，世界公民，不管到哪儿都跟当地人和睦融洽相处。

在企业品格中，保护环境应放在首位。一方面，大多数企业在运行中都会耗费能源和资源，都会对环境产生一定的负荷，但随着企业的增多，能源、资源和环境都会不堪重负。另一方面，随着绿色发展成为共识，绿色低碳经济正在不断壮大，只有积极行动、参与环保的企业，才会有长久的未来。建设美丽中国是我们的当务之急。如今，我国不少地区土壤、地表浅层水遭到污染，让

---

① 2016 年 6 月 7 日，由《WTO 经济导刊》杂志社主办的第三届金蜜蜂 CSR 领袖论坛在北京举行，本书作者受邀出席。

人更难以适应的是严重的雾霾，这些污染也严重影响了人们的健康。过去我们常讲职业病，但今天由于环境带来的疾病已经覆盖了所有人群，怎样保护和恢复绿水青山就成为企业的重要责任。

第二是热心公益。我国是世界上最大的发展中国家。一方面，人民生活水平得到了极大的提高；另一方面，还有一些贫困地区和贫困人口。如何帮助这些地区的人民脱贫致富，也是企业的一项责任。例如，中国建材帮扶安徽、云南、宁夏等省份的五个贫困县，派驻村干部帮助贫困山村脱贫致富，为贫困县架桥修路方便大家出行，还利用互联网技术成立电商平台"禾苞蛋"，把贫困山区的土特产销往全国。另外，企业还要在自然灾害救助、关心和帮助弱势群体等方面竭尽全力。

第三是关心员工。在企业中最宝贵的财富是员工，而不是机器和厂房。有品格的企业善待员工，不只是因为竞争力的需要。企业应当成为员工自我实现的平台，加强员工的学习培训，开展员工的拓展训练，丰富员工的文化生活，关心员工的身心健康，使员工德、智、体全面发展。

第四是世界公民。对于世界公民一词有诸多不同解读，企业作为世界公民是套用联合国全球契约组织里的解释，就是企业在全球化过程中，应遵守可持续发展等共同的原则。在中国企业通过"一带一路""走出去"的过程中，世界公民意识可以进一步引申为遵守国际规则、遵守所在国的法律法规，尊重当地的文化习俗，重视企业的环保、安全，重视对当地员工的培训，热心对当地的公益事业，弘扬达己达人的中华精神等。

※ "今天世界上的好企业，都是把环境和气候问题作为第一项任务的。"

问： 您认为国内外企业中，哪些企业可谓之"有品格的企业"？它们有什么样的共同特点？

答： 这么多年走来走去，我感觉还是日本和德国的一些企业走得是比较超前的。

我到每个日本企业去，它们讲的基本上都是环境的问题。过去到企业去参观，企业会讲历史，会讲企业的管理，现在讲得比较多的是保护气候的问题。每个企业都会先讲对气候做的贡献，这是企业最高的原则。欧洲也是这样。

要说哪些企业能被称为"有品格的企业"，可以说今天世界上的好企业，都是把环境和气候问题作为第一项任务的。中国建材将经营要素按照"环境、安全、质量、技术和成本"排序，这是跟韩国企业学的。有一年我去韩国的浦项钢铁①，它就是把环境放在第一位，把最赚钱的放在最后一位。如果大家到中国建材的工厂看，也能强烈地感受到这一点，我们把环境看得非常重要。会破坏环境的项目，一定会被否决。过去我们是"上有政策，下有对策"，现在不是了，如果决策对环境不好，职工都看不过去。如果企业家为了获利而破坏环境，员工都不答应。

中国的环境意识现在空前地提高了，因为我们吃的苦头太大了。我在世界气候大会上讲了一段话，很多媒体都在转发。我说，如果我们连空气都不能呼吸了，赚再多的钱又有什么意义呢？没有意义了！北京就是这样，如果空气都不能用了，作为北京人还有什么意义呢？现在出国，下了飞机都是晴空万里。我去美国觉得空气好得很，去欧洲也是空气好得很。一回到北京就感觉空气很差，当然去印度跟中国差不多。所以有一次我说，作为"水泥大王"，我一看到雾霾就很内疚，很自责。

后来，媒体登了《"水泥大王"宋志平：每天为雾霾感到自责》。我讲的不光是我自己自责，所有做工业生产的企业——包括汽车企业的尾气排放等最后形成了这样一个空气状况，使我们的生产和生活方式受到了挑战——大家都要自责、自省。宁肯企业少生产一点、少赚一点钱、速度放慢一点，也不要把环境破坏了，环境破坏了是不可逆的。前面我讲到水源和土地污染，我国绝大多数土壤都有重金属超标的问题。我以前做国药董事长，那时候要做人参，很多人参的产地的土壤重金属超标，所以人们都去买韩国的高丽参，这是当前最大的问题。对企业来说，这不是小事，是特别大的事。

---

① 韩国浦项钢铁公司成立于 1968 年 4 月 1 日，是全球第六大钢铁公司。

> ※ "以前大家一想到水泥厂，就是乌烟瘴气的。现在都是花园中的工厂、草原中的工厂、森林中的工厂。"

问： 您把环保放在了企业品格的最前面，一提到环保大家想到的就是绿色制造。中国建材在进行产业升级时，有没有从绿色环保目标出发做出一些改进？

答： 绿色化是中国建材转型升级、走向高端化的重点，也是我们生产经营模式创新的突破口。建材行业在绿色环保方面压力比较大，因为建材行业是高耗能、高排放，对资源和自然环境有一定负荷的行业。同时，大家也知道我们离不了建材，这个行业要对环境有所贡献才是。我前面讲了在北新时提出的三个方面措施，到中国建材后也主要是从这三个方面入手。

第一，从原材料的采用上，尽量采用循环经济的办法，让资源能够物尽其用，不浪费。我们尽量多用一些城市和工业固体废弃物制作建筑材料，像粉煤灰、脱硫石膏等，可以减少对矿山资源的开发。包括前面讲到的将垃圾焚烧用于建材生产，解决城市垃圾问题。第二，在生产过程中尽量做到减少排放。尤其是一些有害气体，像二氧化硫、氮氧化物、粉尘等。我们尽量做到全球最低的排放标准，比欧洲标准还要低。第三，在使用的过程中尽量做到节能、环保和安全。比如岩棉保温材料，用轻质石膏板代替红砖，这些产品都是节能的。还有玻璃，我们现在在用的 LOW－E 玻璃、低反射玻璃，这样能把房屋的能源节省 70%～80%。这些都是我们做出的巨大贡献。

以前大家一想到水泥厂，就是乌烟瘴气的。现在去看中国建材的水泥厂，你会以为没有生产，其实都在生产，但都是干干净净的，是花园中的工厂、草原中的工厂、森林中的工厂。烟囱里看不到粉尘，也没有味道，院子里都是绿草如茵。现在的工厂全是这样的，这也是有一个过程的。从 20～30 年前一个个脏乱差、高排放、冒烟的工厂，到现在一个个干干净净、低排放的工厂，中间经历了一个转变的过程。

问： 环保理念在二三十年前就被提出。企业在进行技术革新的过程中，是由员工自发地想方设法让生产变得更环保、更节能，还是自上而下地贯彻推进？

答： 这两方面都有。第一，前面讲过要素排序，企业把环保放在首位。我们要求工厂首先要做到环保，如果不环保的话，宁可关掉不要开，这不是挣多少钱的问题。

第二，员工的文化。我们"四化融合"里有个绿色环保的文化，每个人心里都要有这些东西。

第三，员工的行动。不管对外、对内，企业的社会责任都要做好。企业每年都会出一个社会责任报告，相当于我们的可持续发展报告，主要讲的是绿色环保、可持续发展、社会责任这些内容，员工们也都认同。

因为现在大家都知道环境保护、社会责任的好处，都变成了主动监督的一分子。过去环保部门来检测的时候，"上有政策，下有对策"，现在绝对不可能了。因为员工就不答应，大家的意识都超前了，这也是社会发展的结果。

※ *"打造阳光企业是企业发展到社会化阶段的必然要求，也应该是企业家应有的品格和不变的承诺与追求。"*

问： 也就是说，企业不仅要接受环保部门的监督，接受全社会的监督，甚至还要接受内部员工的监督，实现完全公开透明。

答： 对，我们就是要打造阳光企业，这也是企业发展到社会化阶段的必然要求。阳光，要求我们公开透明地经营，接受全社会的监督，实现包容共享的发展和正义的增长，同时还要回馈社会。良心、良知是做企业的底线，任何时候都不得击穿。企业是要赚钱，但要赚阳光下的钱，赚干净的钱，赚让大家都满意的钱，不能赚昧良心的钱，不能把自己的幸福建立在别人的痛苦之上。做阳光企业，也应该是企业家应有的品格和不变的承诺与追求。

问： 刚才谈到企业家的品格，企业家个人品格常常与其领导的企业品格相关联，这种联系有利有弊。企业家个人声誉一旦出现危机，就会连带企业进入困境。您是怎么看待领导者个人品格与企业品格之间的关联性？

答： 这个问题是现实中存在的问题，一个领导对企业的影响是很大的，这是没有什么可以怀疑的。但是这里也有一个副作用，假定这个企业领导者像希特勒，这样的领导会带领整个企业从峰谷走向灾难。希特勒当年把德国带到了顶峰，发动战争，又把德国带入了深渊。《第三帝国的兴亡》那本书专门讲了这个，我大学的时候读过那本书。

企业也是一样，企业领导者要特别地自律，要知道自己的责任。因为企业领导者的责任不光是带一个企业，还会影响到千百万人。比如，波音737 MAX机型客机发生坠机，到底停不停飞，波音就面临着一个考验，因为一架飞机出事故几百人的生命就没了，这不是一个简单的问题。一方面是利润：那么多架飞机怎么办？另一方面是现实：这么多的生命怎么办？这些问题会经常考验企业家。企业家是很难做的，要经常与自己做斗争。

※ "我们要弘扬和保护企业家精神，同时企业家这个群体应该不断地学习、提高，而且也要不断地接受教育。"

问： 企业家需要不断地自我修炼和超越。

答： 对，要自我修炼，不停地提高境界。每年春节我在集团跟班子成员有一次谈心会，有一年春节的谈心会上，我专门谈了一个问题：如何提高我们的境界，怎么看待个人和社会、个人和企业、个人和他人之间的关系？我觉得企业家的个人修炼是很重要的。

我们前面讲的人生三书，也是提高企业家素质的。即使是这样，企业家犯错也是经常出现的。企业家犯错就会使企业蒙受重大损失，员工会受苦，利益相关人也会受苦。这方面企业家一定要自警自省，千万不要脑子发热，更不要成为"狂人"。有些企业的领导者做了一些成绩，就变成了"狂人"，目空一切，最后使企业走向衰亡，甚至做一些危害自然、危害社会的事情。我觉得这些教训要吸取。

我们要弘扬和保护企业家精神，同时企业家这个群体也应该不断地学习、提高，而且也要不断地接受教育。企业家不是圣人，更不是神仙，也是普通人，只是有一些特殊的机会，或者取得了一些成就，但不是完人。因此，企业家自身必须要警醒，多学习、多反思，"吾日三省吾身"，这个精神得有。企业家怎样完美地度过一生，这个是很重要的。企业家是个大题目，我们也经常讨论这个问题。并不是成者王侯，最重要的是社会责任，包括自身的境界要高，才会被尊重；如果仅仅赚了钱，没有社会责任，境界太低就不会被尊重。为什么有些企业家说出话来大家反应不好？因为大家已经把他当成英雄看待了，但他突然说出了这么一句话，大家就很难接受。这是企业家自身的修养的问题，内心的东西很重要。

问： 除了自身修养，企业领导者还要在哪些方面加强？

答： 做企业领导者得学会照顾员工，自己能够吃亏。在北新当厂长的第一年，组织上给了我 27 万元奖金，我用这笔钱设了一个奖励基金，用于奖励优秀员工。后来，海淀高新技术开发区奖励给我 10 万元，我全部用来给工厂的托儿所买书和玩具。再后来，北京市表彰有贡献的企业家，先后以优惠价格奖励给我两套大户型住房，我把其中一套奖给了北新的常务副总经理，另一套奖给了两名技术创新有功的干部。我为什么要这么做？因为工作是大家一起做的，只有大家有积极性，我才会心安。做领导不能一心只想着自己，有利益就上、有责任就推，那样的领导得不到大家的拥护。

中国有句俗语"吃亏是福"，现在社会上不少人对各种机会你争我抢，却往往忽略了这个简单的道理。孔融 4 岁能让梨，那么小的孩子尚且知道谦让，更何况我们呢？所以，我常对部下讲，我们要知足常乐，比上不足、比下有余，也常用"是你的失去了还会再有，不是你的得到了也会失去"来宽慰大家，让大家互相谦让，不争不抢。所谓"塞翁失马，焉知非福"，说的就是什么事情都不是绝对的，有时候吃亏和得福是相关联的。与其把心思花在衡量得失上，还不如踏踏实实把工作做好。作为企业的领导干部，心里不要总想着自己，而要装着大家，要想想自己能为股东与员工做些什么，能为社会贡献什么。

就我个人来说，我从来不喜欢计较和争执，在大与小、多与少、进与退等关乎个人利益的问题上，我也从来没有争过什么。大家都在努力，为什么好处一定要是自己的呢？这些年我也遇到不少风浪，但我始终保持平常心，积极正面地看问题，凡事先人后己。这些作风也影响了中国建材的年青一代。

现在社会上不少人对国企领导者提出种种责难，而企业内部的干部员工也有不少不切实际的要求，国企领导者还常面临来自各方的检查，应该说压力是巨大的，也会因此心生委屈。以我这些年的体会和观察，我国绝大多数国企领导者是兢兢业业、甘于奉献的。我希望整个国家和社会也要理解和善待这些国有企业家，同时，作为国有企业的企业家也要用平常心面对各种压力。陶铸在《松树的风格》里有一句话："要求于人的甚少，给予人的甚多。"企业家也要有松树的风格，无论在生活中还是在工作中都要多奉献，不计较私利，"但行好事，莫问前程"。

※ "建材行业是个苦行业，要甘愿付出，要有良好的心态和素质，常怀素直的心、包容的心、仁爱的心、负责的心。"

问： 您多次提到在北新的销售经历对您的影响巨大，从企业家的品格这一角度来讲，有哪些影响呢？

答： 我在北新工作了23年，其中有10年是做销售工作。正是在做销售、在与人打交道的过程中，我学会了怎样对待他人，知道要尊重人、理解人、关心人。同时，从无数次被拒绝的经历中，我也体验到做企业的艰辛，懂得吃企业这碗饭不容易，知道企业的每一分钱都来之不易。尽管做销售工作很艰辛，但恰恰是这段经历影响了我的一生。现在很多年青人刚踏入社会，就希望能被接纳，能前途似锦、一片掌声，但这很难。我们要做的首先就是准备和学会接受拒绝，再通过努力让自己逐渐被认同、被接受。现在常有销售员打我的电话，我一般都会耐心地和他们说几句话，给他们些鼓励。因为我做过销售工作，我知道他们在打电话之前很忐忑，当年我也打过推销电话，所以很理解他们的心情。有一位监事会主席曾对我说："我挺赞成你这种工作风格，很温和，还能把人管好。"我说:"那是我做销售工作时磨炼的心态。"

后来,我被提拔到北新一把的手岗位上。在当厂长的 10 年里,我一直和干部员工相处。那时我住在职工宿舍里,每天中午都在职工食堂吃饭,北新有 2000 多名员工,既有博士,也有工人,还有 6000 多名家属。大家像个大家庭,能这样相处,我自己也觉得有些奇怪。后来我想明白了,就是做事凭心而做,不刻意,不虚夸,不要威风,认真坦诚地对待大家,对员工至诚至爱,大家就会很好地对待你。那 10 年给我留下了人生中最难忘的回忆,即便今天,我仍然很怀念那段美好时光。

问: 有人称您为"儒帅",您的淡定、儒雅和豁达令人印象深刻。

答: 我从事的建材行业是个苦行业,一提到它,大家首先会想到傻大黑粗,想到砖、瓦、灰、沙、石。客观地讲,即使随着技术创新、设备规模大型化等,作为基础原材料产业,建材行业与汽车业、IT 业相比还是有先天的差距。但我们从事的就是这样一个行业,要甘愿付出,要有良好的心态和素质,常怀素直的心、包容的心、仁爱的心、负责的心。

第一是素直的心。"素直"一词源于日语,"素"指的是要心底纯净,不贪不乱;"直"指的是正直公正。"素直"一词如果翻译得更准确一些,应该是"纯正的心"。松下幸之助在 20 世纪 70 年代的时候出了一本小册子——《经营的本质》,其中讲到企业家要有一颗素直的心。我曾在给家人的一封信中写道:"我们都是普通人,这一生,就让我们做点儿普通人能够做的事情吧。"只有把自己定位于普通人,把心态放平,我们才能抛开那些不切实际的想法和行为,干一行爱一行,静下心来,脚踏实地,去完成一个又一个任务。

第二是包容的心。松下幸之助说过,带领十几人的团队,言传身教就够了;带领几千人的团队,用管理就够了;而带领四五万人的团队,就要用思想去感化他们。我觉得还可以加上一条,如果带领的是几十万人的团队,可能就要双手合一,用一颗包容的心去拜托他们。包容是一种力量,我们要有大海一样的胸怀和力量,更要有海纳百川的气度。海纳百川,千条大河归大海,最终都要进行更大的融合,这是规律。

第三是仁爱的心。我崇尚至诚至爱、仁者爱人。一个和谐的社会，需要大家相互照顾，有仁者的素质、修养和胸怀，有爱人的思想。我们所有的劳作，所有的创造，都是围绕人类本身展开的。这些年来，中国建材全力投身震后重建、扶贫活动、公益事业，这些援助和帮扶都是微不足道的，却表达了我们的爱心。同时，也是对员工爱的教育，让大家真正理解我们做企业究竟是为了什么。

第四是负责的心。在中国传统的商业社会里，人们把经营者更多地称为商人，而中国传统文化中的商人与现代企业家的最大区别在于：前者更多是寻求经济利益或者说是利润；而现代企业家，尤其是央企的领导者，则要更多地承担责任，一心一意干好事业，对员工尽心尽责。很多时候，我们常把"企业领导者"称作"企业主要负责人"，强调的就是企业家要担负责任，勇于担当。企业家要把做企业当作自己义不容辞的责任，身处顺境时恪尽职守，谦逊待人；遇到问题时挺身而出，勇于担当。成不争名揽功，败不文过饰非，有这样的胸怀和担当的领导，才能被大家认可，大家才会心甘情愿地追随他。

※ "'忙碌的蜜蜂没有悲哀的时间'，代表了一种豁达乐观、不断进取的人生态度。"

问： 您的座右铭是"忙碌的蜜蜂没有悲哀的时间"。为什么选择这句话作为座右铭？

答： 幼年时，我家里有个青花瓷的笔筒，笔筒上画的是一群蜜蜂围着花丛采蜜，旁边有一段小诗："花香蜂采蜜，辛苦为谁忙。"父亲问我："知道诗的含义吗？"我摇头。父亲告诉我，那是旧社会劳动人民的心声。若干年后，我偶然从《人民日报》上读到一篇介绍冰心老人的文章，其中有冰心老人的座右铭，是一位西方哲人的名言——"忙碌的蜜蜂没有悲哀的时间"。

相较之下，两者讲的都是蜜蜂的忙碌，但对"忙"的理解和感受却有天壤之别。笔筒上的小诗是在探索蜜蜂劳动的目的，慨叹劳动果实和蜜蜂之间的关系。蜜蜂辛辛苦苦去采蜜，可采来的蜜最后却被人拿走了。"忙碌的蜜蜂没有悲哀的时间"则是强调劳动过程中的快乐，不去想采的蜜会给谁，只是勤勤恳恳地去做。忙碌是蜜蜂的特质，也是生命的本质，或许忙碌的蜜蜂从未在乎过过程和目的。这句话让我非常感动，后来我就把它当作我的座右铭。

前些年我看过美国的一个科教片，故事的寓意和"忙碌的蜜蜂没有悲哀的时间"大抵相同。片中介绍，有一种叫蜉蝣的昆虫只有一天的生命，但它们却一直朝着光明，不停地飞，直到死亡。人生对于大多数人来讲都是忙忙碌碌的，就像蜉蝣一直在飞。人这一生能做什么、做成什么，很多时候未必由我们自己决定，可能有各种主客观因素在影响着我们。但那些都不重要，重要的是，我们要珍惜生命，珍惜时光，干一行爱一行，怀着一种笃定的信念和坚守的力量，为自己挚爱的事业全力以赴，奋斗一生。这就是生命的价值。

常有人问："宋总，你喜欢'忙碌的蜜蜂没有悲哀的时间'，是不是有什么悲哀呀？"我认为，不能像这样消极地去理解，蜜蜂的忙碌是在创造，是在酿蜜，这就是价值和快乐之所在。我们不能做什么事情都放到天平上称称得失，如果一天到晚横比竖比心不平，我们得到的一定是一个消极的人生。与其这样，还不如凡事都快乐一点儿，坦然面对。这些年来，无论遇到什么情况，我都要始终保持永远面向正前方的积极心态。

我认为，企业家要有智慧，更要有职业化的态度，把企业的创业、管理和发展作为职业和人生的一种选择、约定与承诺，不懈怠、不停留、不空论、不恋功，始终保持"淡泊明志，宁静致远"的心境。企业成功之时，虚怀若谷；企业困难之际，不妄自菲薄。既要有进取心，也要有平常心；既要有拼劲，也要有耐力；既能平静淡定地迎接成功，也能淡定从容地面对失败。"忙碌的蜜蜂没有悲哀的时间"，代表了一种豁达乐观、不断进取的人生态度。

※ "我希望自己能做一颗铺路石，让每一个行走在路上的人，放心地、满怀希望地走向远方。这就是我人生的追求和归宿所在。"

问： 您从事企业管理40多年了，回顾过去您有什么样的体会，对未来又有什么看法？

答： 我也常想，到底什么样的人生才算好的人生。我想，这个问题没有统一固定的答案。对于每个人来说，我们的一生都在不断地追寻和思考中度过，遍尝酸甜苦辣，历尽百转千回，努力达到平衡的境界，既包括事业、家庭、人生的平衡，也包括业绩、口碑的平衡。真正的成功人士都是用恭敬的至善之心去经营自己的人生，用谦卑的大爱之心找到更好的自己，从而影响整个世界。

企业家既要明德修身，也要引领企业实现和谐发展，最终推动社会的进步和国家的繁荣，这是其应尽的责任，也是其人生的价值。企业家不能只求名求利，计较个人得失，要有"利他主义"的人生态度，有"先天下之忧而忧"的精神，遵从儒家"仁义礼智信"的思想，对国家、社会、企业、员工、家庭和自己负责。在其位就要谋其政，无论做任何事，如果能把自己融入这样的追求之中，时时反躬自省，事事精益求精，那么我们的每一分努力都会是闪光的、有价值的。

古人讲"立德、立功、立言"，我今后一个很重要的工作，就是归纳、整理自己的管理经验，进一步提炼、升华管理思想，为推动中国企业的发展做些贡献。我给自己的定位是，做一个为企业眺望远方的人，一个有精神财富的人，一个有理想、有思想的企业家。曾经有一位书法家送我"铺路石"三个字，我很喜欢。铺路石是一种再普通不过的建筑材料，它平凡、真实却有很强的承载力。我希望自己能做一颗铺路石，让每一个行走在路上的人，放心地、满怀希望地走向远方。这就是我人生的追求和归宿所在。

问： 可否请您谈谈个人经历对您品格塑造的影响？

答： 我想我的经历可能和我们这一代大多数的人差不多，但每个人有自己的特点。幼年时父母工作忙，我常被寄养在亲戚家，包括上小学也总在转校。二年级时"文革"开始，后来回老家跟祖母一起生活了五年；三四年级贪玩，学习成绩差，经常被老师罚站；五年级对学习有了兴趣，初中两年成绩一下子成了班上第一名，高中考试时的作文成了范文。读完了小学和初中，高中后回到父母身边，一年多后又去农村插队，插队三年后去河北大学读书。所以，我接受的教育不系统，但我又是那个时代的幸运儿，最终还是读了大学。

我是个喜欢学习和读书的人。高中时代，记得书店里有本杂志叫《自然辩证法》，每月一期，是介绍西方科技史和科学家的，我很感兴趣，每期都买，攒了几十本，后来插队、上大学和参加工作后都带着。插队那三年，我把在村子里能借到的书都借来看，主要是文学书，那段时间喜欢上了五四时期的文学作品，对二三十年代上海的都市文化感兴趣。通过插队，我还了解了中国的农村，了解了中国的农民。大学时喜欢上了数学，虽然我学的是化学专业，但却对解数学题着迷，我在数学公共课里成绩是排第一名的。前些日子我回母校，老师们找出过去的成绩单，在化学系，我那个年级的 72 名同学的毕业成绩中，我也是排在第一名的，为此老师们还很自豪。

回想一下，童年是那种颠沛的过程，插队时理解了很多事情，后来到工厂做 10 年销售工作也很辛苦，满天飞、到处跑，接触各种各样的客户、各种各样的人，面对各种各样的环境。这种人生的历练对我后来从事管理非常重要。

大学毕业来了工厂，当时改革开放刚开始，我喜欢读西方企业家传记，像哈默和艾柯卡的传记，后来读日本企业家松下幸之助的书，这些对我有很深的影响。我在企业这些年，读了很多经管类书籍。一些流行的经管书籍，我都想先拿来读，有时是港台的版本。我在北新做厂长那些年，致力于学习和推广日式管理。

我来中国建材的这些年，面临更多的市场变化和环境的不确定性，我也完成了从一个管理者向经营者的转变，更多工作是推动企业改革和创新，先后提出"央企市营"和推动混合所有制，展开行业重组和整合优化，而这些工作大多都是我在实践中探索，没有太多的参照，尤其是国企改革，是个世界性难题，也有一定的风险，但我知道要搞好国企，这又是必须迈过的一道坎儿。我常说，我并不是喜欢改革，而是我知道必须要改革的道理。还好，在央企这些年，也是我人生成熟的阶段，我经历了基层的长期历练，有了坚定的意志。

可以说，在企业里从事管理工作从部门负责人做起，做到副厂长、厂长，厂长一做十年，然后再到央企里做大型企业领导者，也有 30 多年了。过去这些年，包括带领两家企业进入世界 500 强，这些过程实际上都是从实践中干出来、学出来的。细想这么多年，开始也没有一个确定的目标，比如要做两个

500 强，那时对我来说就是遥远的梦。但是现在来看这些东西都实现了。一切答案都在我们的实践中，这也是为什么我挺崇尚实践的。

我比较喜欢居里夫人的一段话，是她写给妹妹的，她说："人的一生是不容易的，那有什么关系呢？每个人都想知道自己一生能做些什么，那就一直努力直到成功。"这段话的意思就是说，我们不要总在问我能做成些什么，应该一直努力直到成功。我现在 63 岁了，我这一生能做些什么？做了两个世界 500 强企业。我觉得其实这件事也是必然，得益于中国伟大的时代。如果没有改革开放的伟大时代，我也做不成。当然也得益于这个时代对我的历练，得益于以前的那种艰苦生活、那些曲折经历。如果我一直顺顺利利的话，可能也不见得能做成什么事。恰恰因为那些困难、那些曲折、那么多年的历练，让我就形成了一些性格中的东西，比如说坚持。

我常常说一句话："能做好，为什么不呢？"其实这句话是我心中很深刻的东西，我做一件事情就要认认真真地做，不能轻易放弃，否则就不能原谅自己。如果曾经那么努力地做过，也没有做好，那我也不后悔。这么多年来，对于我过去工作中的失误和说过的一些不得体的话，我一直耿耿于怀，有时很长时间也忘不了，甚至很多年也忘不了。有时我也常想，恰恰是这种性格使我不会再犯同样的错误。过去我们叫"三省吾身"，人需要这样不断地自我检讨、自我提示，才能够不断地前进。这也是一种品格，非常重要。

问： 大家都知道您特别爱看书，听说您家的床边放着一个书筐，您每个月要读一筐书。可否请您谈谈读书方面的心得？

答： 我虽然也特别喜欢读书，特别喜欢学习，但是我不教条，还是实践出真知。什么东西都要自己去做，不做怎么能知道呢？我读书很多也是带着问题读，这么多年我的特点就是，干什么就去学习什么。我读的书也很有特点，我在做什么的时候，基本读的都是什么书。

我还喜欢思考，对一些复杂问题认真反复地思考。我经常在凌晨 4 点醒过来，成百上千次地思考一件事。有时大家会看到我经常发愣，是我正在强迫性地思考问题。这是我思考的一个特点，如果一件事情没找到答案，就会没完没了地去思考，我也喜欢给大家说出来。我爱人对我比较了解。记得30多年前，她跟我女儿有一段对话，她说："你爸爸这个人其实不适合做官员，也不适合做企业，实际上你爸爸这个人最适合做老师，因为他什么道理都能给你掰开揉碎了，讲得特别的清楚。他当老师会是最好的老师。"命运使然我也没有当成老师，而是做了40年企业。当然在这个过程里，我做企业的办法也是像老师一样地去说教，靠这些东西来管理。有时我觉得自己就像个老师，在教大家。好学生可能考一百分，如果学生不爱听了，我一点办法没有了，也不会有体罚或者其他惩罚。我只是循循善诱、喋喋不休地给大家讲。

问： 请问您对今后有什么规划？

答： 我也常想这个问题。也有些人跟我说："宋总，你还再做第三个500强吗？"我笑着说："其实我可能不用了，因为精力也没有那么多了，应该把这些东西让年青的一代人去做。我有45年的工龄，有40年的企龄，就是在企业做了40年，也到了该退休的时候。"

我想人退休有三种状态。一种状态就是高高兴兴地度过晚年，做个愉快的老人。这可能是一种选择，也是社会上很多人做的一种选择。还有一种是做力所能及的事，能够再发挥一点作用，发光放热。比如像我，把自己的经验整理整理，能够到学校来跟大家交流，或者能够在社会上贡献自己一点思想等。这也是目前不少的企业家、干部们退休以后所做的事情。还有一种是不服老，像褚时健那样，不管遇到什么样的磨难，还继续去做。

我可能还是选择第二种，就是把自己的一些思想、一些体会归纳一下，然后贡献给社会。大家会看到，这几年我也陆陆续续写了几本书。写这些书对我来讲是很辛苦的，因为年龄大了，工作压力也很大，还要读书、思考，还要抽出些时间来写作。这对我来讲不是一件轻松的事儿，但是我想还是把它写出来。因为现在有这种心境，也有这种精力，最好把它做完。记忆力也在衰退，我担心，如果今天不把它写出来，有一天想写的时候也不见得能写、愿意写了，也不见得还都记得那些往事。所以，这个时候见缝插针地把这些东西写出来。

写书也不是为了什么名利，其实主要是想把自己过去这些年的感受、经验或者教训贡献给社会，尤其是给年青的一代。有时我常给大家讲自己归纳的那些东西。大家说："宋总，你怎么那么会归纳？"我说："我归纳那些东西，与其说是经验，不如说是我的教训。"因为我最铭心刻骨的是那些教训，所以我把那些失败、失误、教训归纳出来，形成我的一些管理思路，分享给大家。企业管理、企业改革等，都是个试错的过程。回首往事，给我印象最深的并不是带领两家企业进入世界500强等这些事，而是中间所走过的那些曲折道路、受到的那些挫折，以及那些失误失败带给我的教训。这些东西非常重要。

经验教训再加上我从事企业管理工作40年，那些日日夜夜、苦思冥想所得出来的那些东西，我是想把这些东西写出来。其实我写的面也很窄，主要是限于企业里的这些东西。我这么多年，就是把自己深深埋在企业里去工作、去创作、去思考，也没有更多的精力去涉猎别的了。我觉得全身心地做都不一定会真的做好，如果什么都要，什么也做不成。

从未来来看，我也想更多地做一些总结，做一些思考，写一些东西给大家。同时有时间也到一些学校的经管学院、商学院等，给大家上课、讲一讲。这就是今后我自己对自己的一个安排。

问： 您对管理教育是怎么看待？是您今后的一个工作重点吗？

答： 我非常重视管理教育。我见证了这40年中国企业一路走过来，从向日本、西方的企业学习管理，到今天我们自己学会了管理，积累了丰富的管理经验，从不懂企业到懂企业，从不懂管理到懂管理，是一个漫长而意义非凡的过程。其实我们这本书所讲述的就是这样的一个过程。

从个人经历来说，我比较早就接受了管理教育。20世纪90年代初，我一边上班一边利用周末时间参加了北京市组织的"日本产业教育"培训，学了大概大半年时间，对我影响挺大的。后来我又读了MBA，在读的过程中，我从副厂长当了厂长。当时工作压力特别大，我心想是不是不读了。我的老师说，压力越大越应该读。坚持读完MBA，对我很有帮助。我大学期间学的是理科，没有学过财务、公司治理等课程。学习MBA在两方面对我很有用：一方面是理解、了解了公司的会计、财务等基本原理，对于后来做企业打下了非常好的基础，如果没有那段学习经历，可能我对公司的理解会完全不同；另一方面是当时学了一些管理知识，比如定置管理、现场管理等，还学了一些管理思维课，都特别有用。

在此基础之上，一个偶然的机会，我又读了华中理工大学的管理学博士。我读了 MBA 之后，本来没有再学习的想法。当时华中理工大学的一位校领导到北新参观，在交流过程中，他说："我一直想知道中国的 MBA 是什么样子的，今天见到宋志平，就找到了答案。中国的 MBA 应该从实践中来，像宋志平这样。"他提议我读华中理工大学的管理学博士。我实在是太忙了，说还是别读了吧。后来学校希望我读，因为我当时刚读完武汉理工大学的管理学硕士，紧接着就报名了华中理工大学管理系陈荣秋老师的管理学博士，经过了严格的考试，1996 年接着读了管理学博士。但坦率地讲，我当时工作太忙，一边学习一边工作，就没有时间写论文，拖了很长时间。后来我加班加点把论文完成了。最后论文答辩成绩为 A，被评为优秀论文，我当时特别高兴。

问：　您是如何将所接受的管理教育融入工作实践的？

答：　是的。大概就是这么几个阶段：我刚刚到企业，就到欧洲去参加了一段时间的培训，因为当时中国和欧洲差距太大了，所以当时我在欧洲企业里学习了一些企业管理知识；后来我在做销售工作时，买了很多西方关于管理、市场营销等方面的书籍，主要是自学，每次出差都带着这些书在路上读；后面我当了厂长，接受日本产业教育培训，接受了 MBA、管理学博士等课程的教育。这些学习的经历，对我从事企业管理起到了非常大的作用。

这些管理教育经历也让我理解了继续教育和企业培训的重要性。所以在北新的时候，我鼓励北新中层以上的干部，只要学历够、学校能够接受，都去北京大学、清华大学、北京交通大学等高校读 MBA。我觉得大家读了MBA 以后，就有共同语言了。我刚当厂长时，跟干部们讨论问题，会发现大家的想法和认识并不一致。这让我回想起插队当生产队长时，在生活棚里和农民谈话，进行大量的沟通，来安排第二天农活的场景。我觉得企业的管理应该更加高效，大家不应该凭着经验做事，应该提高素质和水平。后来我们组织了培训，把这些年青的干部们都送去接受 MBA 教育，这对提高干部们水平的作用是非常大的。我认为，这些年北新的崛起与这种管理教育是有关的。

到中国建材以后，我发现干部们没有受过培训。所以我就跟国家行政学院联系，看能不能在那儿培训干部，办了一个 CFO 班（财务总监班）、一个 CEO 班（总经理班）。之后，中国建材一直在那大规模地培训干部。现在我们每两年就对三级以上的干部进行一次系统的培训，干部们在那学习两周，可以学到很多新的知识。两周里面有两个周末，因此必须保证十天的学习。同时，在国家行政学院我们还有两个中青班，每个班有五六十人，进行两个月的培训，效果非常好。

最近我们又在中国大连高级经理学院开设了 EMT 班（经营管理培训班），为央企、国企培养经理。我出任 EMT 指导委员会主任。每个班有五六十人，做高级经理培训，现在在做第二个班，之后准备再做第三个。这一点上我们是"吃螃蟹"的人。过去我们可以去学校读 MBA，后来国家有了规定，不允许国有企业和央企干部去读 MBA。怎么办呢？这个也得解决，后来中组部允许国有企业可以进行管理培训，我就和中国大连高级经理学院的院长商量，应该落实这个政策。中国大连高级经理学院应该为央企培训一些经理人才，而不是只做一个普普通通的培训中心。我们就一起合着做了这个 EMT 班，先办了两个班，把它办好。在第二个班中，我们又每人增加了 5 万元培训费，增加了去日本培训的安排。其实现在读 EMBA 的话，要每人六七十万元的学费。但我们的 EMT 班的培训费只要 8 万元，后来增加去日本的培训，就又增加了 5 万元。我们另外多给了 2 万元，让学校有一点点富余。这样每人 15 万元，也很便宜。干部们在那学两个月，管吃管住，学习效果非常好。

这么多年来，我特别关心员工的培训与教育，这也是中国建材干部素质比较高的原因。现在中国建材的管理层绝大多数都通过了 MBA、EMBA 的教育，所以这个团队就和普通的团队不一样。管理教育对于中国建材的发展与成长起到了基础性的作用。

问： 这些年中国建材在管理教育方面做了很多工作。您也是全国 MBA 教育指导委员会的三届委员。您在中国政法大学的授课很受同学们的欢迎，同学们都希望您多去讲课。

答： 全国 MBA 教育指导委员会里企业委员只有两三名，这两三名企业委员主要是负责向委员会反映企业的情况，指导委员会的实践教育。全国 MBA 教育指导委员会委员每一届任期是五年，我是第二届、第三届的委员，第四届没有连任，第五届他们又把我找了回来，让我继续做。我也经常在星期天跟学校里的 EMBA 同学们进行交流，主要是讲实践课程。我觉得我还是充分发挥了作用。

我想我自己不可能再去做第三个、第四个世界 500 强企业，但可以指导培养更多的年青人，让他们去做。我欣赏笛卡儿那句名言，"我思故我在"。从我个人来讲，我是那种一生都在思考的人。在思考的过程中，我才意识到我的存在。所以我想今后能更多地做做管理教育方面的工作，这可能对我来讲是有意义的，对社会也有一点价值。也许年龄大了，真的成为一位老师，这也许是我的归宿。